융 기본 저작집 2

원형과 무의식

Grundwerk C. G. Jung
Archetyp und Unbewußtes
by C. G. Jung

Copyright © 1984, Walter-Verlag
Korean Publication Copyright 2002, SOL Publishing Co.
Korean translation rights 2002, C. G. Jung Institute of Korea(Prof. Dr. Bou-Yong Rhi)
Korean publication and translation rights arranged with
Walter Verlag through Shin Won Literary Agency.

이 책의 한국어판 저작권은 신원 에이전시를 통해
Walter 사와 독점 계약한 솔출판사에 있으며,
번역권은 한국융연구원(대표: 이부영)에 있습니다.
저작권법에 의해 한국 내에서 보호를 받는
저작물이므로 무단 전재와 복제를 금합니다.

| 개정신판 |

Carl
GUSTAV
JUNG

원형과 무의식

융 기본 저작집 Grundwerk C.G. Jung 2
한국융연구원 C.G. 융 저작 번역위원회 옮김

일러두기

1. 이 책은 Grundwerk C. G. Jung ― Band 2. *Archetyp und Unbewußtes*(Walter, 1984)를 완역한 것이다.
2. 이 책의 주석은 본문 뒤에 미주로 두었다.
3. 이 책의 대괄호[ ]는 원서의 표기를 따랐으며, 옮긴이가 보충한 내용은 옛대괄호〔 〕로 구분했다.
4. 인명·지명 등 외국어 고유명사는 2017년에 국립국어원에서 펴낸 외래어표기법을 따라 표기했다. 단, 관습적으로 쓰이는 단어는 그에 따랐다.

융 기본 저작집 제2권의 발간에 부쳐

융의 기본 저작집 두 번째 책의 번역판이 실로 오랜 진통 끝에 햇빛을 보게 되었다. 첫 권과 같은 방법으로 여러 차례의 교열을 거쳤고 독일어 원문에 충실하면서도 알아보기 쉬운 우리말이 되도록 최대한의 노력을 기울였다. 그래도 딱딱한 부분이 있고 이해하기 어려운 부분이 남아 있는 것은 어쩔 수 없다. 융의 서술이 그만큼 깊고 오묘하기 때문이다. 이 책에 적지 않게 인용된 라틴어, 그리스어, 불어 등의 번역은 따로 전문가의 감수가 필요했는데 철학, 신학, 문학 등 프랑스에서 인문학 연구를 두루 거친 변규용 교수가 쾌히 그 역할을 맡아주어서 감사한 마음 이를 데 없다.

제2권에는 융 학설의 핵심이 모두 들어 있다. 정신의 본체에 관한 융의 가장 핵심적이고 총체적인 이론을 위시해 집단적 무의식론과 원형론이 모성 원형, 어린이 원형, 아니마 개념과의 관련 속에 자세히 소개되어 있다. 「민담에 나타난 정신 현상에 관하여」에서는 심혼의 상징적 표현을 다각도로 조명하였고, 의식과 무의식의 합성을 통해 새로운 관점으로 이행하게 하는 「초월적 기능」에서는 실제 꿈의 해석과 적극적 명상 방법을 소개하면서 깊이 있게 다루고 있다. 그리고 짤막하지만 핵심적인 설명이 들어 있는 '동시성'에 관한 논문이 포함되어 있다. 동시성 현상에 관한 학설은 융의 만년의 학설로서 인과론적 원리만으로는 설명할 수 없는 정신-물리적 동시성 현상의 존재와 시간·공간을 상대화할 수 있는 무의식의 비인과적 원리를 제창한 학설이다. 이처럼 제2권에는 마음의 심층에 관한 융의 사상이 골고루 모여 있어 잘 이해하고 소화한다면 융 학설의 핵심을 알 수 있게 될 것이다.

이 책이 나오기까지 변함없는 노력을 아끼지 않은 한국융연구원의 번역위원들과 감수위원, 그리고 좋은 번역서를 내기 위해서 원고를 꼼꼼하게 정리하고 체재를 깔끔하게 챙긴 편집부의 여러분에게 감사드리며 무엇보다도 융의 기본 저작집 한국어판 출판이라는 어렵고도 보람된 사업을 꾸준히 추진해온 솔출판사 임양묵 사장님의 용기와 사명의식에 존경과 감사의 뜻을 표한다. 초가을에 성북동에서.

2002. 9. 26
한국융연구원
C.G. 융 저작 번역위원회 대표 이부영

발행인의 머리말

칼 구스타프 융의 기본 저작집을 출판하는 이유에 대해서는 새삼 길게 말할 필요가 없을 것이다. 융에 대한 독자들의 끊임없는 관심과, 그의 저작의 엄청난 분량 및 다층성은 기본 저작집의 필요성을 제기하기에 충분하리라고 본다.

그러나 광범위한 전집에서 중요한 내용을 선별하고, 그것의 필요성을 명확히 입증하는 데는 여러 가지 어려움이 따를 수밖에 없다. 독자가 융의 저작에 친숙하면 할수록 전체 전집에서 일부를 떼어내어, 그것이 다른 것보다 필수적이라고 설명하는 것은 그만큼 더 어려운 작업이기 때문이다.

그러나 발행인의 역할은 이러한 과제를 수행하는 데 있으며, 이 작업에 간여한 어느 누구도 그 과제를 수행하는 것이 쉽지 않았음을 밝혀두고 싶다. 이 작업에서 모두의 일치된 견해는 선정 작업이 결코 평가와 혼동되어서는 안 된다는 사실이었다. 예를 들어, 융의 초기작인 정신의학적 논문들이 이 기본 저작집에서 완전히 배제된 것은 그 논문들을 낮게 평가해서가 아니라 단순히 그것들이 전집의 대표성이라는 면에서 볼 때 덜 중요하기 때문이다.

융이 현대 정신의학에 어떠한 영향을 끼쳤는가에 관심이 있는 독자라면 이 기본 저작집에서 놀랄 만큼 현대적인 감을 주는 그의 1958년도 논문「정신분열증(조현병)」만을 볼 것이다. 그러나 독자는 융의 이 글에 자극을 받아 아마도 전집의 1권에서 3권에까지 손을 뻗게 될 것이다.

이 선정에서 학설의 발전사적 관점은 고려되지 않았다. 융 연구의 핵심적인 분야, 즉 그의 연금술에 대한 분석 작업을 선정하는 데는 양적인 이유뿐 아니라 질적인 이유도 있다. 이 기본 저작집에『심리학과 연금술』은 전문이 들어 있지만,『아이온Aion』과『융합의 비의秘儀』등 두 권이 빠진 것은 이 두 저작의 분량 때문만이 아니라 그 책들이 독자들에게 요구하는 사항이 너무 많기 때문이다. 보통 수준의 관심을 지닌 독자는 이런 요구에 거의 부응하지 못할 것이고, 반면에 특별히 이 주제에 관해 연구하는 사람은 전집에서 그 두 권을 찾아보리라는 것이 발행인의 생각이었다. 그래서 융의 연금술의 상징성에 관한 탐구 과정을 그의 전성기 작업의 직전에서 중단하고, 두 개의 가장 중요하면서도 가장 난해한 저작을 무거운 마음으로 선정에서 보류할 수밖에 없었다.

발행인은 자주 이런 종류의 타협을 해야 했다.『칼 구스타프 융 기본 저작집』이 되도록 저렴한 값으로 일반 독자들도 쉽게 이해하도록 하기 위해서는 그것을 편성할 때 매정한 결정을 내려야 할 때가 많았다.

그러나 오직 한 경우에는 발행인이 하나의 원칙을 정하였다. 그런 원칙을 적용하면 일하는 것은 수월하겠지만 융의 저작에는 치명적인 상처를 줄 수도 있는 것이었다. 그것은 바로 축소의 원칙이다. 이 기본 저작집에서 줄어든 것은 전집 6권의『심리학적 유형』이다. 그 밖의 다른 저작들—그것이 논문이든 강연이든 책이든—은 축소 없이 재현했다.『심리학적 유형』가운데서는 11장 중 오직 제10장만 받아들였다. 그래서 독자는 이 광범위한 책에서 실질적으로 중요한 결과들을 알 수는 있으나, 융의 연구 방법에 그토록 특징적인, 정신사의 넓은 영역으로 이끌어가는 과정을 더듬어볼 수 없게 되었다. 이 경우에 융의 독자들에게 긴장과 흥분을 불러일으킬 보충설명을 달지 않은 점은 발행인으로서도 어쩔 수 없는 일이었다. 그러나 356페이지를 절약하는 것(전집에서 다시 읽을 수 있는 것들)은 책값 결정에서 중요한 요인이었다. 전집 『심리학적 유형』의 제11장 「정의」는 제외했다. 왜냐하면 그것은 후기 저작의 언어 용법상 이제 더 이상 모든 경우에 적절한 것이 아니기 때문이다.

또한 생략한 것은 융과 프로이트의 정신분석 대결과, 다른 심리학파와의 구별이다. 이에 해당되는 논문들은 융 사상의 발전사를 이해하기 위해서 매우 중요한 것들이기는 하다. 그리고 여기에 관심을 가진 사람이라면 전집 4권 『프로이트와 정신분석』에서 크게 배울 수 있을 것이다. 그러나 발행인에게는 프로이트에 대한 융의 평가와 비판을 함께 담은 추도문인 1939년의 「지그문트 프로이트」가 그의 전집 중에서 질적으로도 우수한 대표격 논문인 듯 생각되었다.

정치, 사회 문제에 대한 융의 인식은 높이 평가되고도 남지만, 여기에 선정된 글로 전체를 조망하기는 어렵다. 그러나 그 의의는 정치, 사회, 경제의 개별적인 문제에 대한 융의 공개적 입장에 있는 것이 아니라, 개별 인간의 개성화 과정에 관한 그의 개념과 그것이 지닌 모든 집단 문제에 대한 암묵적 중요성에 근거를 두고 있다. 이런 이유에서 시대사時代史에 대해 융이 자신의 입장을 밝힌 소수의 논문들은 여기에서 제외되었다. 그 논문들이 다룬 현실성이 부분적으로 퇴색하여 융의 기본 개념을 부각하기보다는 오히려 흐리게 하기에 충분한 것들이었다.

『전집』에 들어 있는 참고문헌은 지면 관계로 포기했다. 그 대신 문헌에 대한 표시는 주석으로 되어 있다. 외국어 인용은 단지 독일어 번역본만을 이용했다. 인용문의 원어는 괄호 속에 표시하였다.

각 권들의 제목은 발행인에 의해서 새로이 작성되어야 했다. 그것은 결코 독창성을 공언하는 게 아니라, 단지 각 권이 어떤 영역에 중점을 두고 있는가를 가리킨다.

발행인과 출판사는 『칼 구스타프 융 기본 저작집』이라는 제목의 의미를 온갖 어려움을 깨끗이 극복한 델포이의 신탁에 쓰일 축약을 내놓는 것이라고 보지 않는다. 바로 융의 저작의 미래성을 잉태한 측면은 오직 독서 작업을 주의 깊게 힘들여가며 자기의 책임으로 받아들이는 사람에게만 그 길이 열릴 것이다. 여기서 제공하는 기본 저작집이 주의 깊은 독자에게, 먼저 칼 구스타프 융 저작의 기초적인 부분에 그의 작업을 집중할 수 있도록 도움이 되기를 바란다.

발터출판사 발행인

차례

융 기본 저작집 제2권의 발간에 부쳐
005

발행인의 머리말
007

◆

정신의 본질에 관한 이론적 고찰
013

집단적 무의식의 원형에 관하여
099

집단적 무의식의 개념
149

아니마 개념을 중심으로 본 원형에 대하여
165

모성 원형의 심리학적 측면
187

어린이 원형의 심리학에 대하여
229

민담에 나타난 정신 현상에 관하여
265

초월적 기능
323

동시성에 관하여
359

주석
375

◆

C. G. 융 연보
408

찾아보기(인명)
421

찾아보기(주제어)
424

융 기본 저작집 총 목차
447

번역위원 소개
451

정신의 본질에 관한 이론적 고찰

A. 무의식의 문제에 관한 역사

고대에서 현대에 이르기까지 정신적 변화를 심리학보다 더 분명하게 보여주는 학문 영역은 아마 없을 것이다. 17세기까지 심리학의 역사[1]에서는 주로 심혼心魂, Seele에 관한 학설이 기록되었을 뿐 연구의 대상으로 심혼을 거론하지는 않았다. 철학자들은 심혼이 직접적인 여건으로서, 추가 경험이나 객관적 경험 같은 것이 필요하지 않다고 확신했다. 그만큼 이미 알고 있는 것으로 여겼다. 현대적인 관점에서는 이러한 입장이 매우 이상한 것이다. 왜냐하면 오늘날 학문성을 요하는 견해를 설명하기 위해서는 아무리 주관적으로 확신하더라도 객관적인 경험을 필요로 하기 때문이다. 그런데도 지금도 여전히 심리학 분야에서 순수하게 경험적이거나 현상학적인 관점을 지속적으로 관철시키기는 힘들다. 그 이유는 심혼이 직접적인 여건으로서 가장 잘 알려진 것이라는 원래의 단순한 견해가 우리의 생각 깊이 뿌리내리고 있기 때문이다. 비단 비전문가뿐만 아니라 심리학자 역시 경우에 따라서는 부당한 판단을 내리기도 하는데, 주체와 연관된 경우뿐만 아니라 그보다 더 중요하다고 볼 수 있는 객체와 관련해서도 그렇다. 그들은 다른 사람이 어떠한 상황에 처해 있으며 무엇이 그에게 도움이 될 것인가에 관해서 알거나 또는 더 잘 알고 있다고 믿는다. 이것은 다른 사람을 무조건 무시해서라기보다는 오히려 암묵적으로 자신과 동일하다는 전제와 관련이 있다. 이와 같은 전제 때문에 주관적인 견해가 보편타당하다고 무의식적으로 믿으려는 경향이 있다. 내가 이와 같은 경우를 언급하는 이유는 3세기에 걸쳐 경험주의가 성장해왔음에도 불구하고 근본적인 태도가 결코 변하지 않았다는 사실을 보여주기 위해서다. 그러한 태도가 존재한다는 사실은 과거의 철학적인 견해로부터 현대의 경험적 견해로의 이행이 얼마나 어렵게 이루어지고 있는가를 보여줄 뿐이다.

인간이 오성悟性, 또는 이성을 수단으로 하여 어느 정도 스스로의 정신적 한계를 벗어나 초超정신적, 합리적 상태에 이를 수 있다는 단순한 가정이 존재하는 한에서는, 그의 학문적 주장이 곧 정신 현상 이외의 다른 것이 아니라는 사실은 과거의 관점에서는 물론 생각할 수 없는 일이었다. 사람들은 심혼의 표현이 결국에는 어떤 정신 조건의 증후가 아닌가 하는 의심을 진지하게 받아들이기를 아직도 꺼리고 있다.[2]

이 문제는 분명해 보이지만, 상당히 포괄적이고 혁명적인 결과를 갖는다. 따라서 과거뿐만 아니라 현재도 가급적 이 문제를 간과하고 있는 것은 충분히 이해할 만하다. 우리는 오늘날 니체와 더불어 철학을, 심지어 신학조차 '심리학의 시녀'로 바라보지 않는다. 왜냐하면 심리학자조차도 바로 자신이 말한 것을, 적어도 부분적으로나마, 주관적으로 제약된 고백으로 간주하려 하지 않기 때문이다. 주체들의 유사성에 관해 말할 수 있는 경우는, 주체들이 매우 무의식적일 때, 다시 말해 그들의 실제적 차이점들을 의식하지 못할 때 가능하다. 어떤 사람이 무의식적일수록 그 사람은 정신적인 현상의 일반적인 규범을 따른다. 그러나 그가 자신의 개성을 의식하면 할수록 다른 주체들과의 차이점이 전면에 드러나고, 또한 그는 보편적인 기대에 그만큼 덜 부합하게 될 것이다. 또한 그의 반응도 예견하기 힘들어질 것이다. 후자는 개인의 의식이 점점 더 분화되고 확장되는 것과 관계가 있다. 그러나 의식이 더 확대되면 될수록 의식은 더욱더 많은 차이점을 인식하고, 더욱더 집단의 규칙성에서 벗어나게 될 것이다. 왜냐하면 의식의 확장에 비례하여 경험적 의지의 자유는 그만큼 증가하기 때문이다.

의식의 개인적 분화가 증대됨에 따라 객관적 타당성은 감소하며, 의식의 주관적 견해는 증가한다. 그것이 반드시 사실이 아니라고 하더라도 주변 사람의 눈에는 그렇게 보인다. 왜냐하면 어떤 견해가 타당하려면 제기하는 논쟁과는 무관하게 가능한 한 다수의 찬성을 얻어야 하기 때문이다. 진실하고 유효한 것은 다수가 믿는 것이다. 그 이유는 그것이 모든 사람들이 동등하다는 것을 증명해주기 때문이다. 그러나 분화된 의식의 경우에는 자신의 전제가 다른 사람들에게도 맞는 것이라든지, 그 반대의 경우도 옳다는 것이 더 이상 당연하지 않다. 이러한 논리적 발달 탓에 학문의 발달에서 매우 중요한 17세기에, 철학 외에도 심리학이 필연적으로 부각되기 시작했다. 최초로 '경험적' 혹은 '실험적' 심리학[3]을 논하고 동시에 심리학에 새로운 토대를 마련해주어야 한다는 필연성을 인식한 사람은 크리스티안 아우구스트 볼프Christian August Wolff(1679~1754)였다. 그 어떠한 철학도 서로 다른 개인들에게 한결같이 적합한 보편타당성을 갖고 있지 않다는 사실이 점차 밝혀지면서 심리학은 철학의 합리적 진리 규정에서 벗어나지 않을 수 없었다. 근본적인 문제에서조차 주관적으로 서로 다른 설명들이 상당수 가능했고, 그 정당성 또한 주관적으로만 반박될 수 있었기 때문에 당연히 철학적 반론을 지양하고 그 자리에 경험을 대체하려는 필요성이 제기되었다. 그러나 그럼으로써 심리학은 자연과학에 속하게 되었다.

물론 처음에는 소위 합리적 혹은 사변적 심리학과 신학의 광범위한 영역이 철학에 속해 있었고 다음 세기가 경과함에 따라 비로소 점차 자연과학으로 발달할 수 있었다. 이 변화 과정은 오늘날까지도 여전히 완성되지 않았다. 많은 대학에서 심리학은 여전히 철학 제1학부의 교과 과목으로 책정되어 있고, 일반적으로 전문 철학가들의 손에 맡겨져 있다. 또한 의학부에서 은신처를 찾는 '의학적' 심리학이 있다. 게다가 자연과학은 '철학 제2학부'로서 '자연철학'에 종속되어 있기 때문에 공식적으로 현 상황은 상당히 중세적이다.[4] 적어도 2세기 이래로 철학이 무엇보다도 심리학적 전제 조건과 연관되어 있다는 것이 분명함에도 불구하고, 지구가 공전한다는 것과 목성의 발견이 더 이상 은폐될 수 없게 된 후에도 경험 과학의 자율성을 감추기 위해 가능한 조치들이 취해졌다. 모든 자연과학 중에서도 심리학은 지금까지 독립성을 거의 획득하지 못했다.

이렇게 뒤떨어진 데는 의미가 있는 것 같다. 심리학의 상황은 의식 편에서 억제된 정신 기능이 처해 있는 상황에 비할 수 있다. 그런 상황에서는 주지하는 바와 같이 의식의 지배적인 경향에 부합되는 부분들만 존재할 권리를 부여받는다. 부합되지 않는 것은 비록 반대를 증명하는 무수한 현상과 주목할 만한 증후가 존재함에도 불구하고, 그 사실에 반해 그 존재가 부인된다. 그러한 정신적 과정을 아는 자는 부적합한 것을 분리해내는 데 어떤 변명과 자기기만적인 수법들이 사용되는가를 익히 알고 있다. 경험적 심리학에서도 마찬가지다. 실험심리학은 일반 철학심리학의 분과로서 철학적 전문용어를 충분히 사용할 수 있으면서 자연과학의 경험 지식이 허용된다. 그러나 정신병리학은 예외적으로 정신의학에 예속됨으로써 의학부에 남아 있게 된다. '의학적' 심리학은 궁극적으로는 대학에서 전혀, 혹은 거의 주목받지 못했다.[5]

나는 19세기 말과 20세기 초 심리학의 상황을 부각하기 위해 의도적으로 약간 노골적인 표현을 사용하겠다. 당시의 상황에서 분트Wilhelm Wundt의 견해가 무엇보다도 대표적이었는데, 그 이유는 20세기 초에 주도적인 역할을 한, 이름을 거론할 만한 일련의 심리학자들이 그의 학파에서 배출되었기 때문이다. 분트는 자신의 저서인 『심리학 개론』(제5판, 1902)에서 다음과 같이 말하고 있다. "의식에서 사라진 어떤 정신적인 요소를 우리는 무의식화된 것이라고 표현하는데, 그것은 이때 그것의 재생 가능성, 다시 말해 정신 과정의 실제 연관관계에 다시 들어서는 것을 전제로 하는 말이다. 우리는 무의식적으로 되어버린 요소에 대해서 재생의 가능성 이외에는 더 이상 아는 것이 없다. 따라서 그 요소들은 … 오직 정신적 사건의 미래의 구성 요소가 될 소질이나 소인素因을 형성할 뿐이다. … '무의식'의 상태나 혹은 그 어떤 '무의식적 과정'을 가정하는 것은 심리학을 위해서는 전적으로 비생산적인 것이다.[6] 물론 그 정신적 소인에 정신적으로 수반되어 나타나는 현상도 있다. 그것은 일부는 직접 증명되고, 일부는 많은 경험에서 추정될 수 있다."[7]

분트 학파의 한 대변자는 다음과 같이 주장한다. "정신적 상태가 적어도 의식의 문턱에 다다르지 않는다면 정신적이라고 칭할 수 없다." 이 주장은 의식만이 정신적인 것이고 따라서 모든 정신적인 것은 의식된 것이라는 점을 전제하거나 규정하고 있다. 이때 저자는 '정신적' 상태라고 말했는데, 논리적으로 보자면 '어떤 상태'라고 말하는 편이 옳을 듯하다. 왜냐하면 그는 그러한 상태가 정신적이라는 사실을 부인하고 있기 때문이다. 또 다른 논거는 가장 단순한 정신의 사실이 감각이라는 것이다. 그에 따르면 감각은 더 단순한 사실들로 나누어질 수 없다. 따라서 감각에 선행하거나 근거가 되는 것은 절대로 정신적이지 않고 생리적인 것이다. 따라서 무의식이란 존재하지 않는다는 것이다.

헤르바르트Johann Friedrich Herbart는 다음과 같이 말한 적이 있다. "하나의 관념이 의식의 문턱 아래로 떨어지면 그 생각은 계속 잠재적인 방법으로 존재하고, 지속적으로 문턱을 다시 넘어서 나머지 생각들을 억압하려고 한다."[8] 이 문장은 의심할 여지 없이 잘못되었음을 알 수 있는데, 왜냐하면 유감스럽게도 진정으로 망각된 것은 절대로 다시 되돌아오려는 경향을 갖지 않기 때문이다. 그러나 헤르바르트가 '관념' 대신에 현대적 의미에서의 '콤플렉스'라고 말했다면 그의 문장은 전적으로 옳을 것이다. 따라서 그가 실제로 무언가 그것과 같은 것을 생각했으리라고 가정해도 가히 틀리지 않을 것이다. 철학적으로 무의식을 반대하는 한 사람은 이 문장에 대해서 다음과 같은 소견을 명백히 밝혔다. "만약 이 문제를 인정한다면 우리는 이 무의식적 삶에 대한 온갖 있을 수 있는 가설들, 즉 그 어떤 관찰로도 통제될 수 없는 가설들에 우리 자신을 내맡기게 된다."[9] 여기에서 알 수 있는 것은 이 저자의 경우에는 사실을 인식하는 것이 중요한 일이 아니라 온갖 어려움에 빠져드는 것에 대한 두려움이 더 결정적이라는 사실이다. 그리고 도대체 그는 이러한 가설이 그 어떤 관찰로도 통제될 수 없다는 것을 어떻게 안다는 말인가? 그는 이것을 단지 선험적으로 확신한다. 그러나 그는 절대로 헤르바르트식의 관찰을 하지는 않는다.

내가 이 사건을 언급하는 이유는 여기에 어떤 구체적인 의미가 있어서가 아니라, 이 일이 경험심리학에 반대되는, 시대에 뒤떨어진 철학적 태도의 특징이기 때문이다. 분트 자신의 견해는, 소위 '무의식적 과정'은 "무의식적인 것이 아니라 어디까지나 **불분명한** 의식적 정신요소들이라는 것"이고, "가정적인 무의식의 과정에서 이것이 실제로 증명될 수 있거나 적어도 덜 가정적인 의식 과정이 이를 대치할 수 있다"[10]는 것이다. 이러한 태도는 심리적 가설로서의 무의식에 대한 명백한 거부를 의미한다. 그는 이중의식의 경우를 "개별적인 의식의 **변화**로 설명한다. 그것은 종종 지속적이고 끊임없는 이행으로 이루어지며 다수의 의식을 가진 개체가 강제적이고 사실에 반대되는 새로운 해석으로 대치된다." 후자의 경우는—분트의 주장에 따르면—"동시에 하나의 동일한 개체에서 나타날 수 있어야만 할 것이다." 그에 의하면 이것은, "일반적으로 인정되는 바대로의 경우가 아니다."[11] 대강 식별할 수 있는 방법으로는, 두 의식이 동시에 한 개체에게서 나타난다는 것은 아마도 의심할 여지 없이 불가능할 것이다. 따라서 이러한 상황은 통상적으로 교대로 출현한다. 그러나 피에르 자네Pierre Janet는 하나의 의식이 머리를 지배하는 동시에 또 다른 하나의 의식이 손가락의 움직임으로 표현되는 코드Code의 도움으로 관찰자와 관계를 맺는다는 사실을 증명했다.[12] 즉, 이중의식은 다분히 동시적일 수 있다.

분트는 이중의식, 즉 상위의식과 하위의식에 대한 생각이 페히너 Gustav Theodor Fechner가 말한 의미에서 여전히 셸링Schelling 학파의 "심리적 신비주의의 잔재"라고 주장한다. 그는 분명 무의식적인 관념이 그 어느 누구도 '갖지' 않는 것이라는 생각에 부딪치고 있다.[13] 이 경우에는 물론 '표상表象, Vorstellung'〔지각에 의해 의식에 나타나는 대상의 상, 또는 마음에 그릴 수 있는 심상. 지각 내용, 기억상 등 마음에 일어나는 것으로 직관적인 점에서 개념이나 이념의 비직관적 작용과 다르다. 관념이라고도 번역됨〕이라는 단어도 적절하지 않다. 왜냐하면 그 자체가 이미 무엇인가를 상상하는 하나의 주체를 시사하기 때문이다. 여기에 분트가 왜 무의식을 거부하는지에 대한 그 근본적인 이유가 있는 듯하다. 그러나 이 난관은 내가 보통 하는 것처럼, '관념'이나 '감각' 대신에 내용을 말함으로써 쉽게 피해 갈 수 있다. 나는 여기에서 나중에 상세히 다루게 될 내용, 즉 생각된 것, 또는 의식된 것이 무의식적 내용과 연결되어 있다는 사실을 미리 말하지 않을 수가 없다. 그렇기 때문에 무의식적 주체의 가능성을 진지하게 고려해야 하는 것이다. 그러나 후자는 자아와 동일한 것이 아니다. 분트의 관심을 끈 것이 '관념들'이었다는 것은 '선천적으로 타고난 관념들'의 생각을 그가 크게 거부했다는 사실에서도 알 수 있다. 그가 이 생각을 얼마나 문자 그대로 받아들이는가는 그의 표현 방식에서도 알 수 있다. "막 태어난 동물이 하는 모든 행동에 관해서 미리 어떤 관념을 갖고 있다면, 동물이나 인간의 본능에는 얼마나 풍부하고 선취된 삶의 경험이 있을 것이며, 인간뿐만 아니라 동물 역시 대부분의 것을 경험과 훈련을 통해 자신의 것으로 만든다는 사실이 얼마나 이해하기 힘들어 보이겠는가?"[14] 그러나 그런데도 타고난 행동양식이 있고, 선취되지 않고 축적된 인생 경험과 같은 보물들이 있다. 문제는 그것이 다만 '관념'이 아니라 그림, 계획 또는 상像들이며 이것들은 비록 자아가 상상한 것은 아니지만 마치 칸트가 자신의 저고리 끝단에 꿰매어놓고도 잊어버린 100탈러〔프로이센의 은화〕처럼 실제로 존재하는 것이다. 분트는 여기에서 그가 스스로 언급했던 볼프를 떠올렸을지 모른다. 그리고 우리가 의식에서 발견하는 것에서만 추론할 수 있는 '무의식' 상태와 볼프의 구별을 생각해냈을 것이다.[15]

'본래 타고난 표상들'에는 아돌프 바스티안Adolf Bastian의 '기초사고'[16]도 포함된다. 이 개념은 도처에 존재하는 유사한 견해의 기본 형식으로 이해될 수 있는 것으로, 우리가 오늘날 원형이라고 설명하는 것과도 같다. 물론 분트는 이 견해를 거부하는데, 항상 '소인들Dispositionen'이 아닌 '표상表象들'이 문제됨을 시사한다. 그는 "여러 장소에 동일한 현상의 원천이 있다는 것"은 "비록 절대적으로 불가능한 것은 아니지만, 경험적 심리학적 관점에서 볼 때에는 거의 가능하지 않은 것"[17]이라고 말한다. 그는 이러한 맥락에서 '인류의 정신적 자산' 전체를 부인하고, 또한 신화 이면에 '개념체계'가 숨어 있다는 가정은 있을 수 없다는 분트다운 이유를 제시하며 해석이 가능한 신화 상징주의Mythensymbolismus의 관념도 거부한다.[18] 무의식이 개념체계라는 고루한 견해는 분트의 시대에도, 그 이전 또한 그 이후에도 말할 것 없이 존재하지도 않았다.

세기의 전환기에 무의식의 관념이 대학의 심리학에서 줄곧 거부되었다고 추측하는 것은 옳지 않다. 사실은 결코 그렇지 않았던 것이다. 이미 테오도어 페히너[19]뿐만 아니라 이후의 테오도어 립스Theodor Lipps도 무의식에 중요한 의미를 부여했다.[20] 비록 그에게 심리학이 '의식에 관한 학문'이었음에도 불구하고, 그는 '무의식적' 감각과 표상들에 관해 언급했다. 그러나 그는 이것들을 '과정'이라고 보았다. 그에 의하면 "'정신적 과정'이란 그것의 본성, 좀더 상세히 표현해서 그것의 개념에 의거할 때 의식 내용이나 의식 체험이 아니고, 그와 같은 것의 존재의 밑바닥에 놓여 있는 … 필수적으로 고려해야 할 정신의 실재다.[21] 그러나 의식적 삶에 대한 관찰은 다음과 같은 확신에 이르게 한다. 즉, 무의식적 감각이나 표상들이 … 우리 안에서 때때로 발견될 뿐만 아니라, 정신적 삶의 맥락이 주로 언제나 그 속에서 이루어지며, 다만 때때로 특정한 시점에 우리 안에서 작용하는 것이 그에 속하는 상들로 자신의 존재를 직접 우리에게 알린다는 것이다.[22] … 그래서 정신생활은 항상 의식 내용의 형상이나 상들로, 우리 안에 현존하거나 현존할 수 있는 것을 훨씬 넘어서서 진행되는 것이다."

립스의 묘사는 오늘날의 개념과 전혀 모순되지 않는다. 오히려 그것은 심리학에서의 무의식의 이론적 기초를 보편적으로 표현하고 있다. 그런데도 무의식의 가설에 대한 반대는 꽤 오랫동안 지속되었다. 예를 들어 막스 데소이어Max Dessoir는 그의 저서 『근대 독일심리학사 *Geschichte der Neueren Deutschen Psychologie*』(제2판, 1902)에서 카를 카루스 Carl Gustav Carus나 하르트만Eduard von Hartmann을 단 한 번도 언급하지 않았다.

B. 심리학에서의 무의식의 의미

무의식의 가설은 정신 개념의 이면에 놓여 있는 커다란 의문 부호를 의미한다. 당시까지 철학적 지성에 의해 규정되고 온갖 능력을 부여받았던 심혼은 의외로 불가해한 성질을 가진 것으로 드러날 기세다. 심혼은 이제 더 이상 직접 알고 있고 알려진 것을 말하는 것이 아니다. 어느 정도 만족할 심혼에 관한 정의 말고는 더 이상 아무것도 찾아낼 것이 없다. 오히려 이제는 잘 알려진 것인 동시에 전혀 모르는 것이라는, 이중의 모습으로 이상하게 나타났다. 이로써 과거의 심리학은 예전의 지위에서 물러나 마치 고전물리학이 방사능의 발견으로 혁신되었던 것처럼 새롭게 태어났다.[23] 최초의 경험심리학자들은 마치 완두콩을 다른 완두콩에 덧붙여 배열하여 이미 주어진 단위에 하나의 새로운 단위를 덧붙이기만 했던 수열數列의 신화적 발견자와 별반 다를 바 없었다. 그가 결과를 관측했을 때, 백 개의 동일한 단위 외에는 아무것도 없는 것 같았다. 그러나 그가 단지 이름으로만 생각했던 숫자들은 예기치 않게, 절대적으로 필요한 특징을 지닌 고유의 존재가 되었다. 예를 들어 짝수, 홀수, 소수, 양수, 음수, 무리수, 허수 등이 있었던 것이다.[24] 심리학도 마찬가지다. 심혼이 실제로 하나의 개념일 뿐이라면, 이 개념은 그 자체로 이미 교감할 수 없는 예상 불가능한 것이다. 이 개념은 그 어느 누구도 믿을 수 없는 성질을 가진 존재다. 심혼이 의식이며 그 내용이라고 사람들이 오랫동안 확신해왔다고 해도 상관없다. 그것이 장애가 되기보다는 오히려 이전에는 짐작하지 못했던 배경, 즉 모든 의식 현상의 진정한 모질母質, Matrix, 그리고 의식의 이전과 이후, 위와 아래의 발견을 촉진시킨다. 사람들이 어떤 사실에서 개념을 만드는 순간, 그들은 그 여러 측면 중의 하나를 포착하는 것에 성공한 것이다. 그러나 사람들은 이때 통상적으로 전체를 파악했다는 착각에 빠져든다. 전체적 파악이 절대로 불가능하다고 자신에게 변명하는 일도 없다. 전체적이라고 규정된 개념조차도 전체적인 것이 아니다. 왜냐하면 그것은 여전히 예견할 수 없는 성질들을 지닌 고유의 존재이기 때문이다. 이러한 자기기만은 물론 안정과 마음의 평화를 가져다준다. 왜냐하면 미지의 것에 이름을 붙였고, 멀리 있는 것이 이제는 손에 올려놓을 수 있을 정도로 가까워졌기 때문이다. 사람들은 그것을 소유하게 되었고, 그것은 마치 죽임을 당해 더 이상 도망가지 못하는 야생동물과 같은 부동不動의 소유물이 되었다. 그것은 원시인이 사물에 대해, 심리학자가 심혼에 대해 행하는 마법의 과정이다. 사람들은 더 이상 그것을 포기하지 않는다. 왜냐하면 만약 사람들이 해석을 통해서 그것을 속박하지 않았더라면 전혀 모습을 드러내지 않았을 모든 특성을 바로 객체를 개념적으로 파악함으로써 발달시킬 가장 좋은 기회를 얻는다는 것을 의심치 않기 때문이다.

 지난 300년 동안에 심혼을 이해하기 위해 행해진 시도들은, 또한 우리를 우주에 상상도 못할 정도로 가깝게 다가가게 한 자연 인식의 엄청난 확대에 속한다. 전자현미경을 통한 수천 배의 확대는 망원경이 관통하는 5억 광년의 거리와 겨룬다. 그러나 심리학은 다른 자연과학과 비슷한 발달을 경험하지는 않는다. 또한 우리가 앞에서 보았듯이 지금까지 심리학은 철학의 마력에서 별로 벗어나지 못하고 있다. 그러나 모든 학문은 심혼의 기능이고, 모든 인식은 심혼에 뿌리를 둔다. 심혼은 모든 우주적 신비 가운데에서 최고의 것이며 객체로서 세계의 필수조건이다. 매우 이상한 점은, 서양 사람들은 몇 가지의 사라진 예외를 제외하고는 이 사실을 그다지 평가하지 않는다는 것이다. 수많은 외적 인식 대상 때문에 모든 인식의 주체는 점차 겉보기에 존재하지 않는 것처럼 뒷전으로 물러났다.

심혼은 많은 점에서 잘 알려진 것처럼 보이는 묵시적 전제다. 무의식적 정신영역의 존재 가능성이 발견됨에 따라 엄청난 정신적 모험을 할 수 있는 기회가 마련되었고, 이러한 가능성에 열광적인 관심이 모아질 것이라고 기대할 만도 했다. 그러나 아는 바와 같이 실제로는 그렇지 않았을 뿐만 아니라 오히려 반대로 이 가설에 대해 전반적인 저항이 일어났다. 만약 인식의 주체인 심혼이 실제로 불확실하고 의식에 직접 이를 수 없는 존재 형식을 가질 경우 우리의 모든 인식도 규정할 수 없을 정도로 불완전하다는 결론을 아무도 내리지 않았다. 의식된 인식의 타당성은 인식 이론의 비판적 숙고에 의한 것과는 전혀 다르게, 더 위협적일 정도로 의문시되었다. 인식 이론은 인간의 인식에 대해 한계를 그었고, 칸트 이후의 독일 이상주의 철학은 그 한계에서 해방되기를 희구했다. 그러나 자연과학과 상식은 이 문제에 주의를 기울였을 때, 쉽게 그들과 타협했다. 철학은 인간 정신에 대한 시대착오적 요구를 위해서, 스스로 인간 오성의 영역 너머에 존재하는 것을 인식하기를 거부했다. 칸트에 대한 헤겔의 승리는 누구보다도 먼저 독일인들의 이성과 그 이상의 정신적 발달을 심각하게 위협하는 것을 의미했다. 헤겔은 변장한 심리학자였으며, 위대한 진리를 주체의 영역에서 스스로 만들어낸 우주로 투사했기 때문에 더욱더 위험했다. 오늘날 우리는 헤겔이 얼마나 널리 영향을 미치고 있는가를 안다. 이 위험스런 발달을 보상하는 힘은 부분적으로 후기의 셸링에게서, 부분적으로는 쇼펜하우어Arthur Schopenhauer와 카루스에게서 구현되었다. 이에 반해 니체에게서는 이미 헤겔이 자연에서 예감한 그 억제할 수 없는 '바쿠스의 신bacchantische Gott'이 드디어 터져 나왔다.

카루스의 무의식에 대한 가설은 당시의 독일 철학의 지배적 성향에 더욱더 치명적으로 충격을 주었는데, 그의 가설이 칸트의 비판론을 극복한 것 같았고 인간 정신—순수한 정신—의 거의 신적인 주권을 부활시킨 정도가 아니라 완전히 새롭게 정립했기 때문이다. 중세인의 정신은 선하건 악하건, 여전히 인간이 섬기던 신의 정신이었다. 인식 비판은 한편으로는 아직 중세인의 겸손함의 표현이었고, 다른 한편으로는 이미 신의 정신에 대한 단념, 혹은 거부, 즉 이성의 한계에서의 인간 의식의 현대적 확장이자 강화였다. 신의 정신이 인간의 타산으로 제외되는 곳에서는 항상 무의식적인 대치물이 등장한다. 쇼펜하우어의 경우에 우리는 새로운 신의 정의로서 의식이 없는 의지를 발견하며, 카루스의 경우는 무의식, 그리고 헤겔의 경우에는 동일화와 팽창을 발견할 수 있다. 동일화와 팽창은 바로 철학적 오성과 정신과의 실제적 동일화를 의미하는데, 이것을 통해 외견상 대상의 추방이 가능하게 되었고, 이것은 그의 국가 철학에서 최고의 전성기를 누렸다. 헤겔은 인식 비판에 의해 제기된 문제들의 해결책을 제시하였는데, 그것은 개념들의 알려지지 않은 독립성을 입증할 기회를 준 것이다. 이에 따라 오성은 오만해져 니체의 초인超人에 이르렀고, 더 나아가 독일이라는 이름을 단 재앙을 초래했다. 때로는 예술가뿐만 아니라 철학자들도 예언가다.

이성의 영역을 넘어서는 모든 철학적 진술들이 인간화되어 있으며,

정신적으로 제약된 진술에 알맞은 것만이 타당성을 지닌다는 것은 명백하다. 헤겔의 철학과 같은 것은 정신적 이면의 자기 현시이며 철학적으로는 오만불손한 것이다. 심리학적으로 이것은 무의식의 침입과 동일한 의미를 지닌다. 이런 견해는 기이하고 과장된 헤겔식 언어와 만나게 된다. 헤겔의 언어는 이미 정신분열증(조현병)적인 '권력 언어'를 상기시키는데, 이것은 초월적인 것을 주관적 형식으로 만들기 위해서, 또는 평범한 것에 새로움의 매력을 주거나, 의미 없는 것을 오래 생각해서 터득한 지혜처럼 보이기 위해서, 힘이 있는 마력의 언어를 사용한다. 이와 같이 억지로 꾸며진 언어는 실체의 약함, 무능력 그리고 결핍을 보여주는 징후다. 그러나 그렇다고 해서 그것이 최근의 독일 철학이 마치 자의적인 심리학이 아니라는 인상을 주기 위해서 그와 똑같은 '권력'과 '힘'의 언어들을 사용하는 것을 막지는 못한다. 프리드리히 테오도어 피셔Friedrich Theodor Vischer는 독일어의 괴팍함을 보다 더 친근하게 사용하는 법을 알고 있었다.

서양에서는 인간 이성의 영역으로의 이와 같은 무의식의 초보적 출현 말고는, 쇼펜하우어도 카루스도 그것을 계속 성장시키고 보상적 영향을 전개시켜 나갈 만한 토대를 갖지 못했다. 구원을 가져오는 선한 신에게 복종하고 어두운 악령으로부터 자신을 보호할 수 있게 거리를 두는 것—과거의 위대한 유산—은 원칙적으로 쇼펜하우어의 경우에는 유지되었다. 카루스는 그 문제를 너무나 교만한 철학적 관점에서 심리학의 관점으로 옮겨놓음으로써 문제의 근원을 파악하고자 시도했던 점에서 그 유산을 건드리지 않은 셈이다. 우리는 여기에서 카루스의 본질적으로 심리학적인 가설들을 강조하기 위해서 철학적 태도는 논외로 해도 좋을 것 같다. 카루스는 심혼의 어두운 측면을 포함하는 세계상을 만들어내기 시작하면서 앞서 암시한 결론에 적어도 가까이 근접했다. 그러나 이 구조물에는 물론 본질적이고도 매우 중요한 것이 결여되어 있기에 지금부터 그것을 설명해보도록 하겠다.

그러기 위해서 우리는 우선 다음과 같은 사실을 분명히 해야 한다. 즉 인식은 의식에 밀려드는 정신체계의 반응이 형이상학적, 또는 근본적으로 실제적인 것들의 행태에 상응하는 방향으로 정리되는 데서 이루어진다는 사실이다. 최근의 관점들도 그것을 선호하지만 만약 정신체계가 의식과 일치하고 동일하다면, 우리는 원칙적으로 인식 가능한 것, 다시 말해 인식론의 범위 내에 존재하는 것을 모두 인식할 수 있을 것이다. 이 경우에는 해부학이나 생리학에서 눈이나 청각기관의 기능과 관련해 지각하는 것 이상의 불안을 느낄 이유가 없다.

그러나 심혼이 의식과 일치하는 것이 아니라, 무의식적으로 의식 가능한 부분과 비슷하게 또는 다르게 기능한다는 것이 사실로 증명된다면, 아마도 우리의 불안은 더 커질 것이다. 왜냐하면 이 경우에는 더 이상 보편적인 인식론적 한계가 문제되는 것이 아니라 우리를 무의식적 정신 내용과 분리시키는 단순한 의식의 문턱이 문제되기 때문이다. 의식의 문턱과 무의식의 가설은 모든 인식의 불가결한 원료, 즉 정신적 반응들, 심지어 무의식적 '사고'와 '인식들'이 직접 의식 곁에, 아래에, 혹은 위에 존재하며, 단지 '문턱'에 의해서 우리와 분리되어 겉으로 보기에 도달할 수 없는 것임을 의미한다. 우리는 무엇보다도 이 무의식이 어떻게 기능하는지를 모른다. 그러나 그것이 하나의 정신체계라고 추측되기 때문에 아마도 의식이 지니고 있는 모든 것, 즉 지각·통각·기억·환상·의지·정감·감정·숙고·판단 등을 지니고 있을 것인데 다만 이 모든 것을 잠재의식의 형태에서 갖고 있다.[25]

여기에서 이미 분트에 의해 제기된 바 있는 이의가 생기게 된다. 즉, 무의식적 '감각', '표상', '감정'과 '의지행위'는, 이 현상들을 경험하는 주체 없이는 상상할 수 없기 때문에 논의될 수 없다는 것이다. 게다가 의식의 문턱이라는 표상은 에너지론적 관찰 방식을 전제로 하는데, 이에 따르면 정신적 내용에 관한 의식성은 본질적으로 그 내용의 강도, 즉 그 에너지에 달려 있다. 오직 특정 강도를 지닌 자극이 의식의 문턱을 넘어설 수 있듯이, 또한 그 밖의 정신적 내용도 문턱을 넘어설 수 있는 특정 강도의 에너지를 가지고 있다고 가정할 수 있다. 그 정신 내용이 에너지를 적게 지니고 있으면 상응하는 감각적 자극과 마찬가지로 의식의 문턱 아래 머문다.

 이미 립스가 강조했듯이, 첫 번째 이의는 다음과 같은 사실로 해결된다. 즉, 정신의 과정 그 자체는 그것이 표상되어 있든 그렇지 않든 그대로 존재한다는 것이다. 의식 현상이 정신 전체를 이루고 있다는 관점을 취하는 사람은 물론 우리가 갖고 있지 않은 '표상들'[26]은 '표상들'이라고 불러서는 안 된다고 주장해야 할 것이다. 그는 또한 관념들 이외에는 모든 정신적 특성을 거부해야 할 것이다. 이러한 엄격한 관점에서는 정신이 단지 스쳐 지나가는 의식 현상의 유령 같은 존재일 것이다. 그러나 이 견해는 의식 없이도 가능한 정신활동을 말하는 보편적인 경험과는 잘 맞지 않는다. 정신의 과정 그 자체의 존재에 관한 립스의 견해는 실제를 더 잘 평가한 것이다. 나는 여기에서 증거를 제시하고자 하는 것이 아니라 단지 다음과 같은 사실을 보여주는 것으로 만족하고자 한다. 즉, 아직 어떤 개도 자신의 정신 내용을 의식하고 있다는 것을 입 밖에 낸 일이 없지만 이성적인 인간은 개에게 정신 과정이 있음을 한 번도 의심하는 일이 없다는 사실이다.[27]

C. 정신의 해리성

무의식적 과정이 반드시 주체를 지녀야 한다고 가정할 만한 근거는 선험적으로 없으며, 마찬가지로 정신 과정의 실재성을 의심할 이유도 없다. 그러나 무의식적 의지행위를 가정할 경우에 문제가 어려워지는 것은 당연하다. 만약 여기서 문제되는 것이 단순한 '충동'과 '성향'이 아니라 의지의 특유한, 겉보기에 깊은 생각에서 나온 '선택'과 '결정'이라면 어떤 것을 그에게 '제시해주는', 계획을 세우는 주체의 필요성을 피할 수 없을 것이다. 그러나 그로써―당연히―무의식 속에 의식이 위치하게 되며 이것은 정신병리학자들에게는 별로 생소하지 않은 사고법이다. 정신병리학자들은 '대학'의 심리학에서는 대부분 잘 모르고 있는 정신 현상을 알고 있다. 그것은 바로 정신의 해리, 혹은 해리 성향이다. 여러 정신 과정 사이의 결합들이 매우 제한되어 있다는 데 그 특이성이 있다. 무의식 과정만이 의식의 체험으로부터 주목할 만한 독립성을 갖고 있는 것이 아니라 의식 과정도 또한 느슨해지거나 분리된다는 사실을 분명 보여주고 있는 것이다. 여기서 바로 연상실험에서 매우 정확하게 관찰할 수 있는 콤플렉스 때문에 일어나는 두서없는 반응이 생각난다. 분트가 믿으려 하지 않은 이중양심의 사례가 실제로 출현되듯이, 인격 전체가 분열된 것은 아니나 작은 부분이 분해된 사례는 훨씬 많이 있을 법하고, 실제로도 더 빈번하게 나타난다. 심지어 이 문제는 인류의 태곳적 경험이며 동일한 개체 속에 있는 다수의 영혼에 관한 일반적으로 널리 퍼진 가정을 반영하고 있다. 원시 단계에서 감지된 다수의 심혼적 요소들이 가리키듯 원초적 상태는 정신 과정들 사이의 매우 느슨한 연계를 의미하며 절대로 완결된 단일성을 의미하는 것은 아니다. 이 밖에도 정신의학의 경험은 발달 과정 동안 어렵게 달성된 의식의 통일성을 별로 힘들이지 않고 와해시키며, 그것들을 다시 원초적 요소들로 해체한다는 사실을 증명하고 있다.

해리 성향이라는 사실에 근거하여 이제는 의식의 문턱에 관한, 그 자체로 필요한 가정에서 생겨나는 어려움도 쉽게 제거할 수 있다. 만약 의식 내용이 에너지 손실에 따라 의식의 문턱 아래로 들어가서 무의식이 되고, 반대로 에너지 증가에 따라 무의식적 과정이 의식화되는 것이 그 자체로 맞는 이야기라면, 예를 들어 무의식적 의지행위가 가능하다면, 무의식적 의지행위가 의식성이 되도록 해주는 에너지를 지니고 있다고 기대해볼 수 있을 것이다. 이때 생긴 의식성은 물론 이차적인 의식성으로서 무의식적 과정이 선택하며, 결정하는 주체에게 '제시되는' 것이다. 이 과정은 의식성에 이르는 데 반드시 필요한 에너지 양을 꼭 지니고 있어야 할지 모른다. 이 과정은 한 번은 그의 '폭발점 bursting point'에 도달해야 할지 모른다.[28] 그러나 만약 그렇다면 도대체 왜 무의식적 과정은 문턱을 넘어서지 않아서 자아가 인지할 수 없는가 하는 의문을 제기하지 않을 수 없다. 그러나 무의식적 과정이 실제로 그렇게 하지 않고 문턱 아래의 이차적 주체의 영역에 머물러 있는 것처럼 보이기 때문에 이제는 다음과 같은 사실이 설명되어야 할 것이다. 즉, 가설에서는 의식성에 이르기 위해 필요한 에너지 양을 지니고 있을 것이라고 보는 이 주체가 왜 문턱을 넘어서서 원래의 자아의식에 편입되지 않는가 하는 문제다. 이 물음에 해답을 주는 데 필요한 자료들을 정신병리학이 제공하고 있다. 즉, 이 이차적 의식은 우연히 자아의식에서 분리된 것이 아니라 특정한 이유 때문에 분리된 인격의 구성요소를 나타내고 있다. 그러한 해리는 두 가지의 서로 다른 측면을 갖고 있다. 한 경우는 원래 의식의 내용이지만 용납될 수 없는 성질 때문에 억압을 통해 의식의 문턱 아래로 잠재된 내용이다. 또 다른 경우는 이차적 주체가 아직 의식으로 가는 입구를 발견하지 못해 머물러 있는 경우인데, 그곳에서는 이를 통각統覺할 가능성이 없다. 다시 말해 자아의식의 이해 부족 때문에 주체를 수용할 수 없는 것이다. 이 때문에 주체는 비록 에너지론의 측면에서 생각해볼 때 충분히 의식화될 수 있음에도 불구하고 주로 문턱 아래 잠재되어 있는 것이다. 이차적 주체의 존재는 억압 덕분이 아니며, 그 자체로는 이전에 한 번도 의식된 일이 없던 문턱 아래의 여러 과정들의 결과를 표현한다. 그러나 두 경우 모두에서 의식화되게 할 수 있는 에너지 양이 존재하기 때문에, 이차적 주체도 자아의식에 영향을 주는데 다만 간접적으로, 다시 말해 '상징들'에 의해 매개된다. 물론 그 표현이 썩 적절한 것은 아니다. 왜냐하면 의식에 등장하는 내용들은 우선 **징후적**symptomatisch이기 때문이다. 그것이 무엇을 가리키는지, 혹은 무엇에 근거를 두는지를 알거나 알고 있다고 믿는 한에서는 **부호학적**semiotisch이다. 이 부호적인 것에 대해 프로이트는 문헌에서 항상 '상징적'이라는 표현을 사용하는데, 여기서는 사람들이 실제로 알지 못하는 것이 항상 '상징적'으로 표현된다는 사실을 고려하지 않고 있다. 증상적 내용들은 부분적으로는 진정 상징적이며, 무의식의 상태나 과정을 간접적으로 대변한다. 이들의 성질은 의식에 나타난 내용으로는 충분히 해명되고 의식화될 수 없는 것이다. 따라서 무의식이 그렇게 큰 에너지 활력을 갖고 있는 내용들을 내포하고 있고, 그 내용들은 다른 상황에서는 자아에 의해 인지될 수밖에 없게 될 것이다. 주로 이 경우의 문제는 억압된 내용이 아니라, 예를 들어 원시인들의 악령이나 신들, 또는 광적으로 신봉되는 현대인의 무슨무슨 주의 등과 같이 아직 의식되지 않은, 즉 주관적으로 인식된 내용들이다. 이러한 상태는 병적이거나 이상한 것이 아니라 **원초적인 정상 상태**이며, 반면에 의식의 통일성 속에서 결합된 정신의 전체성은 이상적인 것으로 결코 도달할 수 없는 목표를 나타낸다.

우리는 의식을 즐겨 감각기능에 비유하곤 하는데 그리 부적절한 것은 아니다. 이 감각기능의 생리학에 '문턱Schwelle'이라는 개념이 도입되었다. 인간의 귀가 감지할 수 있는 소리의 주파수는 20에서 20,000에 이르고, 볼 수 있는 빛의 파장은 7,700에서 3,900옹스트롬Angström에 이른다. 이러한 유사성에서 알 수 있는 것은, 정신 과정에는 하위뿐만 아니라 상위의 문턱도 존재한다는 사실이며, 따라서 뛰어난 인식 체계인 의식을 인지 가능한 소리나 빛의 도수度數와 비교할 수 있다는 것이다. 이 경우 의식에 대하여 소리나 빛처럼 하위뿐만 아니라 상위의 경계를 설정할 수 있다. 아마도 이러한 비교를 정신의 영역으로 확대시켜볼 수 있겠는데, 이것은 정신적 도수의 양쪽 끝에 정신양精神樣, Psychoide의 과정이 있다면 가능할 것이다. "자연에는 비약이 없다"는 원칙에 따르면 이 가설이 완전히 잘못된 것은 아닐 것이다.

내가 '정신양'이라는 표현을 사용하고자 할 때, 드리슈Hans Driesch가 정립한 정신양의 개념과는 상충된다는 사실을 나는 알고 있다. 그는 이 개념을 '조정하는 것', '반응을 결정하는 것', 핵심 요소의 '예시적 잠재력'으로 이해한다. 이것은 "행동에서 발견된 기초적 동인動因"[29]이고 "행동의 엔텔레키(원만실현)"〔엔텔레키Entelechie: 목적을 자체 내에 지니고 있는 것, 발전과 완성을 성취시켜주는 유기체 내부에 있는 힘〕[30]이다. 블로일러Eugen Bleuler가 적절하게 강조하듯이, 드리슈의 개념은 자연과학적이라기보다는 철학적이다. 이에 비해 블로일러는 '정신양'[31]이라는 개념을 주로 뇌하피질의 여러 과정의 집합 개념을 표현한 것으로 사용하는데 뇌피질하腦皮質下 과정이 생물학적으로 '적응 기능'에 해당된다는 전제에서 그렇게 쓰고 있다. 그는 이 적응 기능을 '반사작용과 종種의 발달'이라고 이해한다. 그리하여 그는 다음과 같이 정의한다. "정신양은 … 목표 지향적이며 기억력에 따르고, 생을 유지하려고 노력하는 중추신경의 기능을 포함한 모든 신체적 기능의 합이다(우리가 이전부터 의례적으로 정신적이라고 표현하는 피질의 기능은 예외로 한다)."[32] 또 다른 곳에서 그는 다음과 같이 이야기한다. "개별 인간의 신체정신 Körperpsyche과 계통정신Phylopsyche은 함께 다시 하나의 통일체를 형성하는데, 이것은 우리의 현재 관점에서 볼 때 가장 많이 이용될 것이며 정신양이라는 이름으로 표현하는 것이 가장 마땅할 것 같다. 정신양과 정신Psyche의 공통점은…, 목표 지향성과 목표에 도달하기 위해 과거의 경험을 이용하는 것이다. 이것은 기억(인상명기Engraphie와 인상환기Ekphorie)과 연상, 즉 사고와 비슷한 어떤 것을 포함한다."[33] 비록 '정신양'이 무엇을 의미하는가가 분명하기는 하지만, 이 표현은 여기에서도 나타나듯이 '정신'의 개념과 뒤섞여 사용된다. 그럼으로써 이러한 뇌피질하 기능들이 '심혼 비슷한seelenähnlich' 것이라고 표시되어야 하는가가 불분명해진다. 이렇게 뒤섞이게 된 이유는 분명 블로일러에게서 감지되는 기관학적 견해에서 유래한다. 즉, 이 견해는 '피질Rinden'이니 '뇌간심혼Hirnstamm-seele'이니 하는 것과 같은 개념으로 작업하며, 상응하는 정신 기능을 뇌의 이런 부분에서 나온 것으로 보려는 분명한 경향을 나타내고 있다. 그 자체의 기관이 만들어내고 유지하며 변형시키는 것이 언제나 기능인데도 말이다. 기관학적 견해는 목적과 결부된 물질의 모든 활동들을 '정신적'으로 간주하며 따라서 블로일러의 언어 관용에서 볼 수 있는 계통정신이니 반사와 같은 말처럼 '생명'과 '정신'이 동일시되는 단점을 지닌다. 사실 우리가 정신 과정을 기질적 토대와 관계없이 경험하기는 하지만, 정신 기능의 본질을 그것의 기관과 무관하다고 간주하는 것은 물론 어려울 뿐만 아니라 불가능한 일이다. 그러나 심리학자에게는 바로 이러한 체험들의 총체가 학문의 대상이므로 해부학에서 차용한 전문용어의 사용을 포기해야 한다. 따라서 내가 '정신양'이라는 전문용어를 사용할 경우[34]에는 첫째, 명사 형태가 아니라 **형용사**의 형태로 사용하며 둘째, 이 용어는 정신, 또는 심혼 고유의 성질을 의미하는 것이 아니라 반사적 과정을 지니고 있는 것처럼 **심혼과 유사한** 성질을 말하는 것이고 셋째, 이 용어를 사용함으로써 한편으로는 단순한 생명 현상, 다른 한편으로는 **심적 과정과 구별되는** 현상의 범주를 말하는 것이다. 이러한 구분은 정신적인 것의 종류와 범위, 그리고 특히 **무의식의 정신적인 것의** 정의를 내리기 위해서는 어쩔 수 없는 것이다.

만약 무의식이 의식의 기능으로 알려져 있는 모든 것을 포함할 수 있다면, 결국에는 무의식도 의식과 마찬가지로 **주체**, 즉 일종의 **자아**를 가져야 한다는 가능성이 제기된다. 이러한 결론은 종종, 그리고 되풀이하여 사용해온 '하의식下意識, Unterbewußtsein'이라는 개념 속에서 표현된다. 이 '하의식'이라는 용어는 오해의 소지를 안고 있는데, 그 이유는 이 용어가 '의식의 아래에' 있는 것을 표현하거나 '아래의 것', 즉 부차적인 의식을 표현하기 때문이다. '하의식'과 동시에 생각해볼 수 있는 '상의식'을 추측해본다는 것은[35] 여기에서 내게 중요한 것, 즉 의식 외에 두 번째의 정신체계가 존재한다는 사실을 의미한다. 그것이 어떤 특성을 지니건 간에 이 사실은 우리의 세계상을 근본부터 변화시킬 수 있을 만한 절대적으로 혁명적인 의미를 지닌다. 두 번째 정신체계에서 일어나고 있는 지각을 자아의식으로 옮길 수만 있다면 세계상이 엄청나게 확장될 가능성이 주어질 것이다.

무의식의 가설을 진지하게 고려해볼 때 우리의 세계상이 임시적인 것임을 깨닫지 않을 수 없다. 왜냐하면 인지하고 인식하는 주체에 배가倍加의 변화처럼 근본적인 변화가 일어난다면, 지금까지와는 다른 세계상이 생겨날 수밖에 없기 때문이다. 그러나 이것은 무의식의 가설이 옳을 경우에만 가능한데, 무의식의 가설은 무의식적 내용이 의식의 내용으로 변화될 수 있을 때, 즉 무의식에서 기인하는 장해, 꿈이나 환상, 콤플렉스와 같은 자연 발생적인 것의 작용이 해석을 통해서 의식으로 통합될 수 있을 때 비로소 증명될 수 있다.

D. 충동과 의지

19세기 중에 (특히 하르트만[36]에 의해) 무의식의 철학적 기초가 상당한 정도로 세워졌다면, 19세기 말에는 대략 동시에, 서로 무관하게, 유럽의 여러 다른 곳에서 무의식을 실험적으로, 혹은 경험적으로 파악하려는 시도가 이루어졌다. 이와 같은 분야의 선구자는 프랑스의 피에르 자네[37]와 구 오스트리아의 지그문트 프로이트[38]였다. 자네는 주로 형식적 측면의 연구에, 그리고 프로이트는 심인성 증상의 내용에 기여했다.

나는 여기에서 무의식적 내용의 의식으로의 변환을 상세히 묘사할 입장이 아니고, 대략적으로 보여주는 것만으로 만족해야겠다. 제일 먼저 이루어진 것은 이른바 **심인성 증상**의 구조를 무의식적 과정에 관한 가설로 설명하는 일이었다. 신경증(노이로제) 증상학의 측면에서 프로이트는 **꿈**이 무의식적 내용을 매개할 수 있음을 추정하게 하였다. 이때 그가 무의식의 내용이라고 발견해낸 것은 완전히 의식화할 수 있고, 따라서 다른 조건에서도 개인적 성질의 의식적 요소로 이루어져 있는 것으로 생각되었다. 그에게 무의식적 내용들은 도덕적으로 양립될 수 없는 성질 때문에 '억압된' 것들인 듯이 보였다. 그것은 마치 망각된 내용들처럼 과거의 어느 때에 의식되었고 의식의 측면에서 어떤 반작용이 일어나 의식의 문턱 아래로 들어가버려 상대적으로 재생될 수 없게 된 것이다. 그 잃어버린 내용은 길잡이가 되는 연상, 즉 의식에 보존되어 있는 특징에 주의를 집중함으로써 기억술 훈련에서처럼 재생할 수 있었다. 망각된 내용들이 그 문턱값(식역치識閾値)에 내려감으로써 재생될 수 없는 데 비해 억압된 내용이 상대적으로 재생 불가능하게 되는 이유는 의식에서 억제되기 때문이다.

이러한 최초의 조사 결과에 따라 당연히 무의식은 개인적 차원에서 이해될 만한 억압 현상으로 해석되었다. 무의식의 내용은 이전에 의식되었으나 지금은 상실된 요소들이었다. 후에 프로이트는 원시적 기능 양식의 형태를 지닌 원초적 잔재들도 계속 존재한다는 사실을 인정했다. 그러나 그는 이것 역시 개인적 차원에서 해석하였다. 이러한 견해에 따르면 무의식적 정신은 의식된 마음의 문턱 아래에 있는 부속물인 듯 보인다.

프로이트에 의해 의식화된 내용들은 그것이 지닌 의식 가능성과 본래의 의식성 덕분에 가장 수월하게 재생될 수 있는 것들이다. 이것들은 무의식적 정신에 대해서 의식의 저편에 어떤 정신적인 것이 존재한다는 것을 증명해줄 뿐이다. 아직 재생 가능한, 망각된 내용 역시 같은 사실을 증명한다. 이 내용들이 의심할 여지 없이 **충동 영역과 밀착되어 있다는** 사실이 아니었더라면 무의식적 정신의 성질을 밝히는 데 이 내용들은 별반 도움이 되지 못했을 것이다. 우리는 충동 영역을 생리학적으로, 즉 주로 **선기능**腺機能으로 간주한다. 이러한 생각은 내분비, 즉 호르몬에 관한 현대적 학설로 강력하게 뒷받침된다. 그러나 인간의 충동에 관한 학설은 충동을 개념적으로 규정하는 것뿐만 아니라, 그 수와 한도를 확정하는 것이 엄청나게 힘들기 때문에 다소 곤란한 상황에 처해 있다.[39] 이 점에서 견해가 서로 많이 갈라지고 있다. 어느 정도 확실하게 말할 수 있는 것은 충동이 생리학적 측면과 심리학적 측면을 지닌다는 것이다.[40] '상부partie supérieure'와 '하부partie inférieure'[41]에 대한 자네의 견해는 이것을 설명하는 데 매우 유용하다.

관찰과 경험을 통해 접근할 수 있는 심리적 과정들이 모두 어떤 식으로든 기질적 토대와 연관되어 있다는 사실은, 심리적 과정들이 유기체의 총체적 삶에 편입되어 있고, 그렇기 때문에 유기체의 역동성, 즉 충동의 한 부분임을, 또는 특정 관점에서 보았을 때 충동 활동의 결과임을 증명해준다. 그러나 그렇다고 해서 정신이 예외 없이 충동 영역에서, 그리고 충동 영역의 기질적 토대에서 파생된 것이라고 할 수는 없다. 바로 그런 까닭에 심혼 그 자체는 생리적 화학현상으로 설명할 수 없다. 왜냐하면 심혼은 무생물의 본성을 지배하는 엔트로피 법칙과는 달리, '생명'과 더불어, 자연법칙의, 즉 통계적 질서를 '더 높은', '비자연적' 상태로 변환시킬 수 있는 유일한 자연 요인이기 때문이다. 우리는 생명이 무기물 상태에서 유기물의 복합성을 창출해내듯이, 정신이 어떻게 그렇게 하는지 알지 못하지만 간접적으로는 체험한다. 그렇기 때문에 생명은, 알려져 있는 물리적 자연법칙으로는 도출할 수 없는 고유의 법칙성을 갖는다. 그럼에도 불구하고 정신은 어느 정도 그 기질적인 것에 바탕을 둔 과정에 의존한다. 어쨌든 그러한 데는 상당한 개연성이 있다. 충동의 근원은 기능의 하부를 지배하고 이와는 반대로 상부는 기능의 주로 '정신적' 부분에 상응한다. 하부로서는 비교적 불변인 자동적 부분을, 상부로서는 기능의 인위적이며 변할 수 있는 부분을 나타낸다.[42]

여기에서 다음과 같은 의문이 제기된다. 즉, 우리는 언제 '정신적psychisch'이라는 말을 쓸 수 있는가? '생리적인 것'에 대립되는 '정신적인 것'을 어떻게 정의 내려야 하는가? 두 가지 모두 생명현상이지만, 하부라고 표현되는 기능 부분이 분명히 생리적 측면을 지닌다는 점에서 구별된다. 그것의 존재 여부는 호르몬과 결부된 것처럼 보이고 또한 그 활동은 **강박적 성격**을 띤다. '충동'이라는 표현은 여기에서 나온 것이다. 리버스는 충동의 본성에는 '전부 아니면 전무의 반응all-or-none reaction'[43]이 있다고 보았는데, 즉 기능이 완전하게 행해지거나 전혀 행해지지 않는다는 것으로, 이는 강박적 성격의 특수성을 의미한다. 이에 비해서 정신적인 것이라고 표현되고 또한 그렇게 느껴지는 상부는 강제적 성향을 잃어버리며, 자의自意[44]의 지배 아래 있을 수 있고 심지어는 본래의 충동과는 반대되는 것에 사용될 수 있다.

이러한 고찰에 따르면 정신적인 것이란 기능의 유일한 결정자로서, 기능을 하나의 기제로 경직시키는 본능의 형식과 그 강박성으로부터의 기능의 해방이라고 볼 수 있을 것이다. 정신적 조건이나 성질은, 기능이 외적·내적 제약에서 벗어나 더 폭넓고 자유롭게 사용될 때, 다시 말해 기능이 다른 근원에서 동기유발된 의지에 사용되려고 할 때 시작된다. 나의 역사적인 계획을 앞질러 말하게 되는 위험에도 불구하고, 나는 만약 우리가 정신적인 것을 생리적 충동 영역에서, 그러니까 어느 정도 하위에 경계선을 긋는다면 마찬가지로 위에도 선을 그어야 한다는 것을 지적하지 않을 수 없다. 단순히 충동적인 것들이 점차 자유롭게 됨에 따라 상부는 마침내 기능에 내재하는 에너지에 따라 충동의 원래 의미에 따르지 않고 이른바 **정신적** 형태를 취하는 수준에까지 이르게 된다. 이는 충동 에너지의 실질적 변화를 말하는 것이 아니라 단지 적용 형태의 변화를 의미하는 것이다. 충동 속에, 발달 경과 중 비로소 모습을 드러내는, 생물학적인 것과는 다른 목적의 의미가 숨어 있을 수 있다는 점에서 충동의 의미나 목적은 그리 명확하지 않다.

정신영역 내에서는 기능이 의지의 영향으로 바뀌거나 다양하게 수정될 수 있다. 이것이 가능한 이유는 충동의 체계가 사실상 조화로운 구성을 나타내는 것이 아니라 수많은 내적 충돌에 내맡겨져 있기 때문이다. 하나의 충동은 다른 충동을 방해하고 억압하는데, 전체적으로 보았을 때 비록 충동이 개인의 존재를 가능하게는 하지만 그 맹목적인 강박적 성향이 종종 상호간의 간섭의 계기가 된다. 강박적인 충동성으로부터 자의적으로 사용 가능케 하는 기능의 분화는 존재를 유지해나가는 데 엄청난 의미를 지닌다. 그러나 이러한 기능의 분화는 충돌이 생겨날 가능성을 증가시키고 의식의 통일성에 항상 되풀이하여 의문을 제기하는 해리를 일으키게 한다.

정신영역 내에서는, 우리가 앞에서도 보았듯이 의지가 기능에 영향을 준다. 의지가 그것을 행할 수 있는 것은 의지 자체가 다른 에너지 형태를 압도하거나 적어도 영향을 줄 수 있는 에너지 형태를 나타내기 때문이다. 내가 정신적인 것이라고 정의하는 이 영역에서 의지는 궁극적으로는 본능에 의해 **동기유발**이 된다. 그러나 물론 절대적으로 그렇다고 할 수는 없는데, 왜냐하면 절대적이라면 정의상 특정한 선택의 자유가 수반되는 의지라고 할 수 없기 때문이다. 의지는 의식이 **자유롭게 사용할 수 있는, 제한된 에너지 양**을 의미한다. 아마도 그러한 종류의 자유로운 처분에 맡겨진 리비도(에너지)의 총량이 존재할 것이다. 그렇지 않다면 기능의 변화는 불가능할 것이기 때문이다. 왜냐하면 이 기능은 그 자체가 극도로 보수적이고 또한 불변인 본능에 너무도 밀착되어 있어서 기질적 변화에 의한 경우를 제외하면 어떠한 변이도 일어날 수 없기 때문이다. 이미 언급했듯이 의지의 동기유발은 우선 본질적으로 생물학적인 것으로 평가된다. 정신의—이러한 표현이 허용된다면—'위의' 경계에서, 즉 이른바 원래의 목표에서 기능이 떨어져 나오는 곳에서, 본능은 의지 동기로서의 영향력을 잃어버린다. 그 형태의 이러한 변화로 인해 기능은 이제 명백히 본능과는 무관한 다른 결정요소나 동기에 사용된다. 이로써 나는 다음과 같은 주목할 만한 사실을 지적하고자 한다. 즉, 의지는 정신영역의 한계를 넘어설 수 없다는 것이다. 의지는 본능을 강제할 수 없고, 정신Geist을 지배할 수 없다. 정신을 지능이라고만 이해하지 않는다면 말이다. 정신과 본능은 그 성질상 자율적이며, 두 가지 모두 의지의 적용 영역을 같은 방식으로 제한한다. 내가 정신과 충동 간의 관계가 어떤 것인가를 추정하는 것은 뒤에서 밝히도록 하겠다.

심혼이 아래로는 유기적 물질의 바탕으로 사라지는 것처럼, 위로는 소위 정신적 형태로 이행하는데, 이 정신적 형태의 본체는 충동의 유기적 기초만큼이나 알려진 것이 없다. 내가 고유한 정신Psyche이라고 표현하는 것은 의지에 의해 영향을 받는 모든 기능에까지 이른다. 순수한 충동성은 어떤 의식성이 있다고 생각할 수 없으며, 또한 그런 것을 필요로 하지도 않는다. 그러나 의지는 경험적 선택의 자유 때문에 기능을 수정하기 위해서 그 자체의 의식성과 같은 더 상위의 심급審級을 필요로 한다. 의지는 기능의 목표와는 다른 목표를 '알아야' 한다. 만약 그렇지 않다면 의지는 충동력과 마찬가지가 될 것이다. 드리슈가 "아는 것 없이는 원하는 것도 없다"[45]라고 지적한 것은 당연하다. 자의自意는 다양한 가능성을 직시하는, 선택하는 주체를 전제로 한다. 이런 측면에서 보면 정신Psyche은 본질적으로 **맹목적 충동과 의지,** 혹은 선택의 자유 간의 갈등이다. 충동이 우세하면 의식 불가능한 요소로서의 무의식의 영역에 속하는 **정신양** 과정이 시작된다. 이에 반해서 정신양 과정이 곧 무의식이라고 말할 수는 없다. 왜냐하면 무의식은 현저하게 더 확장될 수 있기 때문이다. 무의식에는 정신양 과정 외에도 관념이나 자의적 행위, 그러니까 의식 과정 같은 것들이 있다.[46] 이에 반해 충동 영역에서는 이러한 현상들이 뒤로 물러나서 '정신양'이라는 전문 용어가 정당하다는 것을 보여준다. 그러나 우리가 정신을 의지행위의 영역 범위로 제한한다면, 정신이 의식과 어느 정도 동일하다는 결론에 이르게 될 것이다. 왜냐하면 의식 없는 의지나 선택의 자유는 생각할 수 없기 때문이다. 이렇게 함으로써 나는 외견상, 우리가 이미 늘 머물러 있던 곳, 즉 정신 = 의식이라는 공리公理에 다다른다. 그러나 그렇다면 사실로서 가정된 무의식의 정신적 본질은 과연 어디에 있다는 말인가?

E. 의식과 무의식

무의식의 본질에 대해 물음을 던짐으로써 무의식적 과정의 심리학이 우리에게 제공하는 엄청난 사고의 어려움이 시작된다. 이런 장애는 오성悟性이 아직 모르는, 불투명한 세계에 발을 들여놓으려는 대담한 시도를 행할 때는 언제나 나타나게 마련이다. 우리의 철학자들은 아주 영리하게도 무의식을 단순히 부정함으로써 복잡한 문제를 단숨에 비껴갔다. 예전의 학파에 속하는 물리학자들도 역시 이와 비슷했는데, 그들은 빛의 파장성만을 믿고 있다가 광미립자로서만 설명 가능한 현상이 있다는 것을 발견했다. 다행히도 물리학은 심리학자들에게, 물리학 역시 외견상의 이중모순을 다룰 수 있음을 보여주었다. 이러한 사례에서 용기를 얻어 이제 심리학자들은 모험으로 자연과학의 정신세계에서 이탈한다는 느낌을 갖지 않고도, 이 모순으로 가득 찬 문제의 해결을 감히 시도해볼 수 있게 되었다. 중요한 것은 **주장**을 내세우는 것이 아니라 다소간의 유용한 문제제기를 약속하는 **모형**을 만들어내는 것이다. 하나의 모형이란, 이것은 이렇다라고 말하는 것이 아니라 단지 특정한 관찰 방법을 보여주는 것뿐이다.

우리의 딜레마를 자세히 살펴보기 전에 나는 무의식의 개념을 특정한 관점에서 명백히 하고자 한다. 무의식은 단지 알려지지 않은 것이 아니라 오히려 한편으로 알려지지 않은 정신적인 것, 즉 의식이 되었을 때 우리가 알고 있는 정신적 내용과 구별되지 않는다고 전제하는 모든 것을 말한다. 다른 한편으로는, 우리가 전혀 알지 못하는 성질을 지닌 정신양의 체계도 함께 고려해야 한다. 이와 같이 정의되는 무의식은 매우 불안전한 사실을 기술한다. 즉, 내가 알고 있지만 지금 이 순간에는 생각하고 있지 않은 모든 것, 언젠가 의식했지만 이제는 망각된 모든 것, 나의 감각에 의해 인지되었지만 의식이 유념하지 않은 모든 것, 내가 의도 없이, 주의하지 않고, 다시 말해 무의식적으로 느끼고, 생각하고, 기억하고, 하고자 하고, 행하는 모든 것, 내 안에 준비되어 있어 나중에야 비로소 의식에 나타나게 될 모든 미래의 것, 이 모든 것이 무의식의 내용이다. 이 내용들은 말하자면 모두 어느 정도 의식될 수 있거나 적어도 언젠가 한 번은 의식되었고 바로 다음 순간에 다시 의식될 수 있는 것이다. 따라서 무의식은 윌리엄 제임스[47]가 언젠가 표현한 바대로 '의식의 언저리'다. 우리는 프로이트의 소견도 이렇게 번갈아 밝아지고 어두워짐으로써 생겨난 변연邊緣현상에 속한다는 사실을 보아온 터다. 또한 이미 언급한 바와 같이 그 존재를 간접적으로만 알 수 있는, 의식될 수 없는, 정신양의 기능도 무의식에 포함시켜야 한다.

이제 우리는 다음과 같은 물음에 당도한다. 정신 내용이 의식적 자아와 연관되지 않는다면 어떤 상태로 존재할까? 이것은 무엇을 의식이라고 표시하느냐 하는 것을 결정한다. 오컴William of Ockham의 "범주는 꼭 필요한 것 이상으로 많아져서는 안 된다"는 명제에 따라, 어떤 내용이 무의식적인 것으로 되면 의식적 자아와의 관계 외에는 아무것도 변하는 것이 없다는 극도로 조심스러운 결론을 내려야 할 것이다. 이런 이유로 나는 순간적으로 무의식적인 내용은 단지 생리적인 것일 뿐이라는 의견을 거부한다. 그럴 증거는 없다. 그러나 신경증(노이로제)의 심리학은 설득력 있는 반증을 제기한다. 예를 들어 이중인격, 몽유병 등의 경우를 생각해볼 수 있다. 자네나 프로이트의 연구 결과는 모두 무의식 상태에서 모든 것이 겉보기에는 마치 의식된 것처럼 기능을 계속한다는 사실을 보여준다. 마치 주체가 있는 것처럼 인지하고, 생각하고, 감지하며, 원하고, 의도한다. 심지어 방금 언급한 이중인격과 같이, 실제로 두 번째의 자아가 등장해서 첫 번째 자아와 경쟁하는 경우도 적지 않다. 이와 같은 소견은 무의식이 실제로 '하의식'이라는 것을 증명하는 것처럼 보인다. 그러나 이미 프로이트도 겪은 바 있는 어떤 체험들은 무의식 내용의 상태가 의식 내용의 상태와는 완전히 동일한 것이 아님을 보여준다. 예를 들어 무의식의 감정적으로 강조된 콤플렉스는 의식에서와 같은 식으로 변화하지 않는다. 이 콤플렉스는 비록 연상으로 풍부하게 될 수는 있어도 수정되지 않고 원래의 형태대로 보존된다. 이것은 콤플렉스가 의식에 대해 지속적으로 한결같은 영향을 주는 것에서 쉽게 확인할 수 있다. 마찬가지로 콤플렉스는 영향을 받지 않는 자동증自動症, Automatismus의 강박적 특성을 취하는데 이것은 콤플렉스를 의식화함에 따라 비로소 제거할 수 있다. 후자의 과정은 당연히 가장 중요한 치료적 요소 중의 하나에 속한다. 결과적으로 그러한 콤플렉스는 추측건대 자기 확충을 통한 의식으로부터의 거리에 비례해서 고태적·신화적 성격을 취하고, 그로써 **누미노제**Numinosität(신성한 힘)를 갖는데 이는 정신분열증(조현병)에서의 인격 분열에서 쉽게 확인할 수 있다. 그러나 신성력은 의식적 자의에서 완전히 벗어난다.

왜냐하면 신성력은 주체를 감동의 상태, 즉 의지가 없는 헌신의 상태로 옮겨놓기 때문이다.

이러한 무의식적 상태의 특이성은 의식에서의 콤플렉스 태도와는 반대된다. 여기에서는 그 특징이 수정되고, 자동적 성격을 잃어버리며 형태가 현저히 변화될 수 있다. 신화적 껍질은 벗어던지고 인격적인 것으로 극단화되고 의식에서 일어나는 적응 과정에 들어서면서 스스로 합리화하게 되고 변증법적 대면이 가능해진다.[48] 따라서 무의식 상태는 명백히 의식 상태와는 다른 것이다. 무의식에서 비록 처음에는 과정이 마치 의식적인 것처럼 진행되다가도 점차 해리가 증가하면서 어느 정도까지 더 원시적(즉 고태적·신화적) 단계로 가라앉아, 그 특성이 근간에 놓여 있는 본능의 형태에 가까이 다가가고, 자동증, 영향받지 않는 성질, 또는 전부 또는 전무 반응 등과 같은 충동의 특징을 받아들이는 것처럼 보인다. 여기에서 스펙트럼의 비유를 사용한다면 무의식적 내용의 침강은 붉은 쪽의 극으로 옮겨지는 것에 비견된다. 이 비유는 붉은색이 예전부터 피의 색으로, 감정과 충동의 영역을 특징짓기 때문에 매우 암시적이다.[49]

따라서 무의식은 의식과는 다른 매개체다. 의식에 가까운 영역에서는 별로 달라지는 것이 없다. 왜냐하면 여기에서는 명암이 너무나도 빈번하게 교차하기 때문이다. 그러나 바로 이 경계층이 정신이 곧 의식이라는 우리의 커다란 문제에 대해 해답을 주는 데 매우 중요한 가치를 가지고 있다. 이 경계층은 무의식적 상태가 얼마나 상대적인가를 보여주는 것이다. 심지어 무의식적 상태는 불분명한 심리 부분을 제대로 특징짓기 위해 '하의식'과 같은 개념을 사용할 유혹을 느낄 정도로 상대적이다. 그러나 의식도 마찬가지로 상대적이다. 왜냐하면 의식의 경계 안에는 의식만이 존재하는 것이 아니라 의식의 모든 등급이 강도에 따라 있기 때문이다. '나는 행한다'와 '나는 내가 무엇을 하는지 의식하고 있다' 사이에는 엄청난 차이가 있을 뿐만 아니라 둘은 때때로 뚜렷하게 대립한다. 따라서 무의식성이 우세한 의식이 있는가 하면 의식성이 우세한 의식이 있다. 완전히 의식하고 있다는 것을 확실히 주장할 만한 의식 내용은 존재하지 않는다는 사실을 분명히 한다면 이러한 역설은 바로 이해할 수 있다.[50] 왜냐하면 그러기 위해서는 상상하기 힘들 정도의 의식의 전체성이 요구되고, 또한 그런 전체성은 인간 정신의 상상할 수 없는 완전성이나 온전함을 전제해야 하기 때문이다. 이렇게 하여 우리는 다른 관점에서 보았을 때 무의식적이지 않은 의식 내용은 존재하지 않는다는 역설적 결론에 이른다. 아마도 의식적이지 않은 무의식적 정신 또한 없을 것이다.[51] 그러나 뒤의 문장을 증명하는 것은 앞의 문장을 증명하는 것보다 어렵다. 왜냐하면 유일하게 그와 같은 확신을 내릴 수 있는 우리의 자아는 의식의 척도이고, 무의식의 본질을 말할 수 있을 정도로 무의식적 내용에 연관되어 있지 않기 때문이다. 무의식적 내용은 자아에게 실질적으로 무의식적이다. 그렇다고 해서 그것이 다른 관점에서도 자아에게 의식적이 아니라는 말은 아니다. 즉, 자아는 경우에 따라서 의식에 장해를 일으키는 것이 바로 이 무의식적 내용이라는 것을 어떤 면에서는 알지만 다른 측면에서는 알지 못한다. 이 밖에도 의식적 자아와의 그 어떤 관계를 입증하지는 못하지만 그런데도 그것을 '대변하는', 의식과 유사한 것처럼 보이는 과정들도 있다. 마지막으로 우리가 앞에서 보았듯이 무의식적 자아와 동시에 두 번째의 의식성이 있는 경우도 있다. 그러나 후자의 경우는 예외에 속한다.[52]

정신의 영역에서 강박성을 수반한 행동 양식patterns of behavior은 경험과 자의적 행위, 즉 의식 과정 때문에 제약된 행동 변이들에게 자리를 내어준다. 그러므로 정신양, 반사적·본능적 상태와의 관련에서 보면 정신은 속박의 이완이며 또한 '선택된' 수정에 이로운 방향으로 부자유스러운 과정들을 점점 더 억제함을 의미한다. 선택 활동은 한편으로는 의식 안에서 이루어지고, 다른 한편으로는 의식 밖에서, 다시 말해 의식적 자아와 무관하게, 바꾸어 말해서, 무의식적으로 이루어진다. 이 과정은 마치 그것이 '표상'된 듯이, 혹은 마치 의식된 듯이 보이는 의식 비슷한 것일 뿐이다.

두 번째 자아가 모든 개인에게 존재하며, 또는 모든 사람이 인격의 해리를 가지고 있다고 가정할 만한 충분한 근거가 없기 때문에 우리는 의지 결정을 행할 수 있는 두 번째 자아의식의 관념을 버려야 할 것이다. 그러나 매우 복잡한, 의식과 유사한 과정을 갖는 무의식의 존재가 정신병리학의 경험이나 꿈 심리학의 경험에 의해서 매우 개연적인 것으로 여겨지기 때문에, 우리는 싫든 좋든 무의식과 의식의 상태가 비록 같지는 않아도 적어도 어느 정도는 유사할 것이라는 결론에 이르지 않을 수 없다. 이러한 상황에서는 무의식 상태와 의식 상태의 개념 사이에 어떤 중간적인 것, 즉 근사近似한 의식approximatives Bewußtsein을 가정하는 수밖에 없다. 우리의 직접적인 경험에 부여된 것은 다만 성찰된 것, 즉 의식되고 인식된 상태이며 다시 말해서 여러 관념과 내용이 경험적 인격을 묘사하는 자아 콤플렉스에 관계된 것이다. 그러므로 다른 종류의 의식—자아가 없는 의식이든가 내용이 없는 의식—은 생각하기 힘들다. 그러나 우리는 이 문제를 그렇게 절대시할 필요는 없다. 대체로 원시적 인간의 단계에서 자아 콤플렉스는 의미를 잃어버리고, 의식은 그럼으로써 독특하게 변하기 때문이다. 무엇보다도 성찰되기를 중단한다. 우리가 고등 척추동물, 특히 가축의 정신 과정을 자세히 관찰해보면, 자아의 존재를 거의 짐작할 수 없는 의식과 유사한 현상을 보게 된다. 의식의 빛은, 우리가 직접적인 경험에서 알 수 있듯이,

다양한 정도의 밝음을 지녔으며, 자아 콤플렉스는 그 강세에 여러 등급이 있다. 동물적이고 원시적 단계에서는 단지 해리된 자아 파편들의 밝기와 거의 구별되지 않는 '광도光度'가 지배할 뿐이다. 마찬가지로 유아기와 원시적 단계에서의 의식은 아직 통일성이 없다. 의식은 견고하게 짜맞추어진 자아 콤플렉스를 중심에 두고 있는 것이 아니고, 외적 또는 내적 사건들, 본능과 정감이 불러일으키는 곳 여기저기에서 피어오른다. 이 단계에서는 아직 섬과 같은, 혹은 군도群島와 같은 성격을 지닌다. 또한 보다 높고 가장 높은 단계에서도 의식은 여전히 완전하게 통합된 전체성이라기보다는 오히려 불확실한 확장이 가능할 뿐이다. 비록 전체 대륙은 아닐지라도, 현대인의 의식에도 먼동이 트는 섬들이 여전히 덧붙여질 수 있을 것이다. 이것은 정신치료자에게는 일상적인 경험이 되어버린 현상이다. 따라서 우리는 자아의식을 많고 작은 빛들로 둘러싸인 것이라고 생각하는 것이 좋을 것이다.

F. 다중의식으로서의 무의식

앞에서 우리가 본 바와 같이, 광도의 다양성에 대한 가설의 근거는 한편으로는 무의식의 내용이 의식 비슷한 상태에 있고, 다른 한편으로는 현대인의 꿈이나 시각적 환상, 혹은 과거의 역사적 자료에서 상징적으로 이해해야 할 어떤 상들이 확인된다는 데 있다. 과거에 있었던 상징적 표상의 주요 원천 중의 하나가 연금술임은 누구나 알고 있는 사실이다. 나는 연금술에서 무엇보다도 불꽃이라는 관념을 빌려오고자 한다. 이것은 '변환물질'[53]에서 시각적 착각으로 나타나는 것이다. 연금술서 『아우로라 콘수르겐스 *Aurora consurgens*』(떠오르는 새벽빛)에서 다음과 같이 말하고 있다. "썩기 시작한 대지는 재빠르고 하얀 작은 불꽃을 지니게 된다는 것을 알아라."[54] 쿤라트Heinrich Khunrath는 이 불꽃을 "범심혼汎心魂", 즉 하느님의 성령과 동일한 우주혼의 "광선과 불꽃"으로서 설명한다.[55] 이러한 해석으로 미루어 볼 때 어떤 연금술사는 이미 이 광도가 정신적인 성질의 것임을 예감했음에 틀림없다. 그것은 쿤라트가 "미래 세계의 못자리"라고 칭한 빛의 씨앗이 혼돈 속에 뿌려져 있다는 것이다.[56] 그러한 불꽃은 인간의 이성이기도 하다.[57] "세계는 주主의 성령으로 가득해야 하기 때문이다"[58]라는 「솔로몬의 지혜 Sapientia」1장 7절에 따라 신비의 물질(물 같은 땅, 또는 땅 같은 물[진흙] 의)은 "세계혼의 불꽃"에 의해 "보편적으로 축복받는다." '예술의 물', 또한 혼돈인 "우리들의 물" 속에서는[59] '순수한 사물의 본질적 형식들'인 세계혼의 불꽃이 존재한다.[60] 이러한 관념 형식[61]은 플라톤의 이념과 일치하며, 영원한 '천상의 장소에 보존되어 있는' 플라톤의 상들이 심리학적 원형을 철학적으로 표현한 것이라고 가정한다면, 이 플라톤의 이념에서 불꽃과 원형을 동일시하는 결과가 나타났을 것이다. 이러한 연금술의 관점에서 우리는 원형 자체가 어느 정도의 밝음, 또는 의식 비슷한 것을 지니고 있고, 따라서 광도가 신성도神聖度에 상응하리라는 결론에 도달할 수 있을 것이다. 파라켈수스Paracelsus 역시 그것을 예감한 것 같다. 그의 『필로소피아 사각스Philosophia sagax』라는 저서에는 다음과 같은 구절이 있다. "그리고 인간 속에 무엇인가 신적인 누멘numen (신성한 힘) 없이 있을 수 있는 것이 적을수록 인간 속에 자연스런 빛 lumen 없이 있을 수 있는 것이 적다. 누멘과 루멘, 오직 이 둘만이 인간을 완전하게 만든다. 이 둘에서 모든 것이 나오며 이 둘이 인간 속에 있다. 그것 없이 인간은 아무것도 아니다. 그러나 그것은 인간 없이 있을 수 있다."[62] 쿤라트는 이런 사상을 인정하는 다음과 같은 글을 남기고 있다. "그것은 … 불타는 세계혼의 불꽃, 자연의 빛, 세계혼의 불타는 섬광 … 위대한 세계의 구조를 꿰뚫으며, 여러 성분의 결실들 속으로, 어디에나 분산되거나 뿌려진다."[63] 이 불꽃은 성령,[64] '여호와의 입김'에서 나온다. 그는 많은 불꽃 중에서 '매우 크고 강한 하나의 완전한 불꽃'을 구별하고 있으며 이 불꽃은 선약仙藥, 비약祕藥 자체이다.[65] 우리가 원형을 불꽃과 비교해도 좋다면 여기에서 쿤라트는 특별히 하나의 불꽃을 강조한다. 그 하나의 불꽃은 또한 신성을 암시하는 달과 해로 표시된다. 안티오키아의 이그나티우스Ignatius von Antiochia가 에페소스의 주민들에게 보낸 편지에서 이와 유사한 그림이 발견되는데, 이 편지에서 그는 예수의 출현에 대해서 다음과 같이 쓰고 있다. "그것이 어떻게 영겁에 드러나게 되었는가? 하나의 별이 모든 별보다 더 밝게 하늘에서 빛났고, 그 빛은 이루 형용할 수 없어서 이방인들은 그러한 현상에 흥분했다. 해와 달과 더불어 모든 별들이 그 별을 둘러쌌다. …"[66] 그 하나의 불꽃 또는 단자單子, Monad는 심리학적으로—내가 여기에서 암시하고자 하는 측면인—자기自己, Selbst의 상징으로 이해할 수 있다.

도른Gerhard Dorn에게 불꽃은 명백하게 심리학적 의미를 갖는다. 그래서 그는 다음과 같이 말했다. "그리하여 그는 어떻게 몇 개의 불꽃이 나날이 더 밝아져서 커다란 빛이 되고, 뒷날 그 '연금술의 대가'에게 필요한 모든 것이 알려지는 것을 그의 정신의 눈으로 지각하게 될 것이다."[67] 이 빛은 자연의 빛이며 이것이 의식을 밝게 하고, 불꽃들은 무의식의 어둠에서 빛을 발하는, 빛의 싹과 같은 광도다. 도른은 쿤라트처럼 파라켈수스의 영향을 받았다. 그가 '대부분의 사람들이 모르는 볼 수 없는 태양invisibilem solem plurimis incognitum'을 인간 속에서 상상한다면 그는 파라켈수스와 관점이 같은 것이다.[68] 도른은 인간이 태어날 때부터 갖고 있는 이 자연의 빛에 대해 다음과 같이 말하고 있다. "즉, 그것은 우리 속에서 인간의 빛으로서 삶을 어렴풋이 비춘다.[69] 동시에 암흑 속에서 빛을 비춘다. '그 빛'은 비록 우리 자신 속에 있지만 그러나 우리에게서 나오지 아니하고, 우리 속에 주거할 가치를 인정받은 어떤 존재로부터 '유래'하지만 우리에게서 취할 수 없는 것이다. 그 존재가 그 빛을 우리에게 심어놓았다. 그럼으로써 우리는 접근할 수 없는 빛에 살고 있는 그의 빛 속에서 빛의 씨를 심는다. 바로 그렇게 함으로써 우리는 모든 생명체 중에서 두드러진 존재가 된다. 이러한 이유에서 우리는 정말로 그(주님)와 비슷하게 만들어졌는데, 그것은 그가 우리에게 그의 빛의 불꽃을 주었기 때문이다. 즉, 진실은 우리 속에서 찾을 것이 아니라 우리 속에 있는 신神의 상像에서 찾아야 한다."[70]

도른도 쿤라트가 강조한 원형을 보이지 않는 태양, 또는 하느님의 이마고imago Dei로 알고 있었다. 파라켈수스는 자연의 빛은 우선적으로 '아스트룸astrum' 또는 '시두스sidus'(둘 다 별, 성좌라는 뜻. 시두스는 빛나는 것에서 유래) 즉 인간에게 있는 '성좌'에서 유래한다고 보았다.[71] 천체와 동의어인 '창공'은 자연의 빛이다.[72] 그러므로 모든 진리의 '초석'은 '천문학'으로, 이것은 "모든 다른 예술의 어머니다. 그녀의 뒤를 따라 신의 지혜가 시작되고 그녀의 뒤를 따라 자연의 빛이 시작된다."[73] 심지어 '가장 탁월한 종교'조차도 '천문학'에 의존하고 있다.[74] 즉, 천체는 "인간을 커다란 지혜로 몰고 가려고 하며… 인간은 그것을 바탕으로 자연의 빛 속에 경이롭게 나타나고 신의 기적의 신비가 발견되며 또한 개현開顯된다."[75] 실로 인간은 스스로 하나의 '천체'다. "그 홀로 그러한 것이 아니라 영원토록 모든 성자와 성인들과 함께 그러하다. 각자가 모두 천체이며 하늘의 별이다. 따라서 성경에 너희는 세계의 빛이라는 말이 있다."[76] "이제 천체 속에 가장 자연스런 빛이 있듯이, 그리고 땅속에서 태어난 인간이 땅에서 양식을 얻는 것처럼, 그 또한 천체 속에서 그렇게 태어난다."[77] 동물조차도 '태어날 때부터 갖고 있는 혼'[78]인 자연의 빛을 갖고 있다. 인간은 "완전한 자연의 빛을 갖추고"[79] 태어난다. 파라켈수스는 그것을 "자연이 지니고 있는 최초의 가장 값진 보배"라 불렀다.[80] (이것은 일반적으로 알려져 있는, 값진 진주로서의 '하나인 것', 혹은 감추어진 보물, '손에 넣기 어려운 귀한 것' 등으로 말하는 것과 일치된다.) 빛은 다음 대목에 나오는 바와 같이 '내면의 사람'이나 내면의 몸(미묘체corpus subtile, 기체氣體, Hauchkörper)에 주어진다. 즉, "그래서 숭고함과 지혜로움 등을 갖춘 사람은 그의 외부의 몸에서 나올 것이다.[81] 왜냐하면 그 사람이 필요로 하는 모든 지혜와 이성은 그 몸과 함께 영원하므로. 그리하여 그는 외면의 사람으로서가 아니라 내면의 사람으로서 살게 될 것이다. 왜냐하면 그러한 내면의 사람은 영원히 정화되고 진실되며 그래서 그는 죽게 될 몸에는 완전하게 나타나지 않으며 그 몸으로부터 분리될 때 완전하게 나타난다. 우리가 지금 이야기하고 있는 것은 자연의 빛이고 이것은 영원하며, 하느님은 내면의 몸에 그와 같은 것을 주었으며, 인간은 내면의 몸에 의해 지배되고, 그렇게 됨에 따라 이성에 의해 지배된다.… 왜냐하면 자연의 빛이 바로 이성 그 자체이기 때문이다.… 빛은 믿음을 주는 것이며… 하느님은 한 사람 한 사람 모두에게 빛을 충분히 주어서 그가 방황하지 않도록 예정해놓았다.… 내성적인 사람이나 내면의 몸이 어디에서 유래하는가를 서술하기 위해 우리가 기억해야 하는 것은 모든 내면의 몸은 오직 하나의 몸이며, 모든 인간 속에 있는 단일한 것이라는 점이다. 그러나 그것은 잘 조직된 몸의 숫자대로 나뉘어 있는 것으로, 그것이 모두 합쳐졌을 때 오직 하나의 빛, 오직 하나의 이성만이 있게 된다."[82]

"자연의 빛은 성령에 의해 점화된 빛으로서 훌륭히 점화되었기에 꺼지지 않는다.… 그것은 불타기를 갈망하며 오래 불탈수록 더욱더 많이, 더 크게 빛나는 그런 종류의 빛이다."[83] … 자연의 빛 또한 점화되고자 하는 뜨거운 열망을 갖고 있다."[84] 그것은 눈에 보이지 않는 빛이다." "그 결과 인간만이 보이지 않는 가운데 자신의 지혜와 예술을 자연의 빛으로부터 얻는다."[85] 인간은 "자연의 빛의 예언자다."[86] 인간은 자연의 빛을 특히 꿈을 통해서 "배운다."[87] "자연의 빛이 말을 할 수 없기 때문에 잠 속에서 (하느님의) 말씀의 힘으로 그 모습을 갖춘다."[88]

나는 파라켈수스가 자연의 빛을 어떻게 이해하고 있는가를 독자들에게 전달하기 위해서 그에 대한 설명을 좀 길게 했고, 몇 개의 원문 텍스트를 제시했다. 우리의 다중의식多重意識 현상에 대한 가설의 관점에서 볼 때 무엇보다 중요하게 여겨지는 것은 파라켈수스에게서 연금술사의 특징적인 환영—검은 신비의 물질에서 타오르는 불빛—이 '내면의 창공'과 별들의 광경으로 변화한다는 사실이다. 그는 어둠에 쌓인 정신을 별이 뿌려진 밤하늘처럼 바라본다. 그런데 이 밤하늘의 행성이나 고정된 성좌의 배열은 모든 광명성과 신성성 가운데 있는 원형을 나타내고 있다.[89] 별이 총총한 하늘은 사실 우주적 투사의 펼쳐진 책, 신화소, 바로 원형의 반영이다. 이러한 관점에서 집단적 무의식 심리학의 고대 그리스의 대표자인 점성술과 연금술이 악수를 나누고 있는 것이다.

파라켈수스는 직접 아그리파 폰 네테스하임Agrippa von Nettesheim의 영향[90]을 받았는데 아그리파는 "자연 감각의식의 광도"를 가정했던 것이다. 이것으로부터 "예언의 빛은 네 발 달린 동물들, 새나 다른 생명체로 내려갔고" 이들로 하여금 미래의 일에 대한 예언 능력을 갖추게 했다.[91] 자연의 감각의식에 관해서 그는 귈리엘무스 파리지엔시스Guilielmus Parisiensis를 근거로 내세우고 있는데 그는 다름 아닌, 1228년 파리의 주교였던 기욤 도베르뉴Guillaume d'Auvergne(G. Alvernus, 1249

년 사망)이다. 그는 많은 저서를 썼으며, 알베르투스 마그누스Albertus Magnus 같은 이가 이 책의 영향을 받았다. 기욤 도베르뉴는 자연의 감각의식이 인간의 이해 능력보다 더 높은 감각이라고 생각했으며, 특히 동물도 그것을 갖고 있다고 강조했다.[92] 자연 감각에 대한 학설은 모든 것을 꿰뚫는 세계혼의 관념에서 발달했는데 알베르누스Alvernus의 선배인 또 다른 귈리엘무스 파리지엔시스, 즉 파리에서 가르쳤던 플라톤적 스콜라 철학자인 기욤 드 콩슈Guillaume De Conches(1080~1154)[93]가 이 관념에 몰두했다. 그는 아벨라르Pierre Abélard처럼 세계혼anima mundi, 즉 자연의 감각의식을 성령과 동일시했다. 세계혼은 생명과 정신의 모든 현상에 책임이 있는 자연의 힘을 나타낸다. 내가 인용한 곳에서 제시하였듯이, 메르쿠리우스가 때로는 세계혼으로, 때로는 성령으로 해석되고 있는 점으로 미루어 볼 때 세계혼의 이러한 개념은 연금술의 전통에서는 잘 알려져 있는 것이다.[94] 무의식의 심리학에서 그토록 중요한 연금술의 관념을 생각해볼 때 불꽃 상징의 매우 분명한 변이에 조금은 주의를 기울이는 것이 유익할 것이다.

불꽃의 주제보다 더 흔한 것은 물고기 눈魚眼의 주제인데, 불꽃과 같은 의미를 갖고 있다. 내가 이미 앞에서 설명한 대로 모리에누스 로마누스Morienus Romanus 책의 한 구절이 불꽃에 관한 '학설'의 원천이라고 여러 저자들은 언급하였다. 모리에누스의 논문에 실제로 이 구절이 있다. 그러나 그것은 다음과 같이 말하고 있다. "순수한 라톤Laton(Lato-sol, 적황색의 열대성 토양)을 물고기의 눈처럼 빛이 날 때까지 오랫동안 끓인다."[95] 이 문장은 이미 그 이전의 원전에서 인용된 것으로 보인다. 그 후의 저자들에서 물고기의 눈이 자주 등장한다. 조지 리플리 경Sir George Ripley의 서술에서는 그 하나의 변이로서 "바다를 바짝 말리면" "물고기 눈"처럼 빛나는 물질이 남는다는 말[96]이 있고 이것은 (신의 눈으로서의) 황금과 태양을 분명히 가리키는 말이다. 그러므로 17세기의 한 연금술사가 그의 니콜라스 플람멜판版에 표어로서 「즈가리야서」 4장 10절의 말("이 일곱 등잔은 천하를 살피는 야훼의 눈이다.")을 앞세운 것은 그리 동떨어진 일이 아니다.[97] 즉, "그들 모두는 기쁨을 갖고 스룹바벨 Serubbabel의 손에 있는 종석宗石을 보게 될 것이다. 이 일곱 개는 지구 전체를 비추는 주主의 눈이다."[98] 해와 달이 신의 눈인 것처럼 이 일곱 개의 눈이란 분명 쉼 없이 모든 곳을 떠돌며 모든 것을 보는 칠성七星이다. 거인 아르고스의 많은 눈에도 이와 동일한 모티프가 그 바탕에 있을 것이다. 그는 파놉테스Panoptes(모든 것을 보는 자)라는 별명을 갖고 있으며, 별이 총총한 하늘을 가리키고 있다. 그는 때로는 눈이 하나, 때로는 네 개, 때로는 백 개, 심지어 천 개이기도 하다. 그는 잠이 없는 것으로 여겨진다. 헤라 여신은 아르고스 파놉테스의 눈을 공작 꼬리에 옮겨놓았다.[99] 아르고스가 파수꾼인 것처럼, 히폴리투스Hippolytus가 아라투스Aratus를 인용한 곳에서는 드라코龍의 별자리 모습도 모든 것을 조망하는 위치라는 의미가 있다. 그는 그곳에서 "극의 꼭대기에서 모든 것을 내려다보는 자"로 기록되어 있다. 말하자면 "모든 것을 보기 때문에 행해지는 그 무엇도 그에게서 감출 수 없다."[100] 극이 "결코 가라앉는 일이 없으므로", 말하자면 이 용은 잠이 없다. 그는 흔히 하늘에 있는 구불구불한 태양의 행로와 혼합되어 나타난다. 쿠몽Franz Cumont은 "가끔 황도 12궁과 뱀의 맴돌기를 배열하는 이유"라고 말한다.[101] 때때로 뱀은 황도광黃道光의 표시를 등에 갖고 있다.[102] 아이슬러Robert Eisler가 강조하듯이, 시간 상징을 통해서 모든 것을 보는 드라코의 능력은 크로노스에게로 옮겨간다. 소포클레스에게 크로노스는 호 판 토론 크로노스ὁ παντ᾽ ὁρῶν Χρόνος, 즉 모든 것을 보는 시간을 의미하며, 케로니아 전투의 전사자들의 묘비명에서는 파네피스코포스 다이몬πανεπίσκοπος δαίμων, 즉 모든 것을 아는 정령으로 불린다.[103] 우로보로스οὐροβόρος는 호라폴로에게는 영원성(아이온αἰών)과 우주를 의미한다. 모든 것을 볼 수 있는 자와 시간과의 동일성으로 미루어 에제키엘 환영의 수레바퀴 위에 있는 눈이 저절로 설명된다(「에제키엘서」, 1장 21절: "그들의 수레바퀴 테는 네 바퀴 모두 빙 둘러 눈으로 가득 차 있었다."). 모든 것을 바라볼 수 있는 배열과 시간과의 동일시는 특히 중요하므로 여기서 언급해야 한다. 그것은 무의식의 원형세계와 시간의 '현상'과의 관계, 즉 원형적 사건의 동시성을 가리킨다. 이에 관해서는 결론 다음의 요약에서 조금 더 자세히 설명하도록 하겠다.

이냐시오 데 로욜라Ignatius de Loyola가 로이스 곤잘레스Loys Gonzales에게 구술한 그의 자서전에서,[104] 그가 때때로 뱀의 형태로 그에게 나타나는 밝은 형체를 본 것을 우리는 알고 있다. 그것은 환히 빛을 발하는 눈과 같았으나 사실 눈은 아니었다. 먼저 그는 이런 현상의 아름다움에 크게 위로받는 느낌이었으나 나중에는 그것이 악령이었음을 알았다.[105] 이 환영은 대체로 여기에서 다루어진 눈眼 주제의 모든 관점을 포함하고 있으며 퍼져나가는 광도를 갖고 있는 무의식의 인상 깊은 형상화를 나타낸다. 중세 사람이 그렇게 분명한 '심리학적' 직관에 직면해서 느껴야만 했던 당혹감을 쉽게 상상할 수 있다. 더구나 그의 판단에 도움을 줄 만한 어떤 도그마의 상징도 교부敎父들의 충분한 비유법이 없는 상황에서는 그 당혹감이 더 클 수밖에 없었을 것이다. 그러나 이냐시오의 생각은 그 표적에서 그리 빗나간 것은 아니었다. 왜냐하면 원초적 인간인 푸루샤puruṣa도 천 개의 눈의 성질을 특성으로 갖고 있었기 때문이다. 『리그베다Ṛgveda』 10권 90에 다음과 같은 구절이 있다. "푸루샤는 천 개의 머리, 천 개의 눈, 천 개의 다리를 갖고 있다. 그는 지구를 둘러싸고 있으며 십지공간十指空間에 우뚝 솟아 있다."[106] 히폴리투스에 따르면 아랍인 모노이모스Monoimos는 원초적 인간, 안트로포스Anthropos는 유일한 단자이며, 짜맞출 수도 나눌 수도 없지만, 그러나 동시에 짜맞추어지고 나누어질 수 있다고 가르쳤다고 한다. 이 단자는 i-소점小點이며 가장 작은 단위인데, 이것은 쿤라트의 불꽃에 해당되는 것으로, '많은 얼굴'과 '많은 눈'을 갖고 있다.[107] 모노이모스는 이 경우에 주로「요한복음」서문에 근거를 두고 있다. 그의 원초적 인간은 푸루샤와 마찬가지로 우주다.[108]

그러한 환영은 무의식 상태를 파악하는 내향적 직관인 동시에 기독교적 중심 관념의 수용이라 이해할 수 있을 것이다. 물론 그 주제는 현대인의 꿈이나 환상에서도 같은 의미를 갖고 나타난다. 예를 들면 별이 총총한 하늘이나 어두운 물에 비친 별, 검은 땅에 뿌려진 황금의 덩어리[109]로, 또는 황금 모래, 밤의 호수 축제, 즉 어두운 물 표면 위에 있는 종이 초롱, 지구나 바다의 깊숙한 곳에 있는 단 한 개의 눈, 또는 빛의 공光球에 관한 초감각적 환영 등으로 나타난다. 예로부터 의식은 빛의 현상에서 얻은 표현의 특성을 가지고 있었으므로, 내 생각으로는 다중성의 광도가 조그마한 의식 현상에 해당된다는 가정은 생각하지 못할 바가 아니다. 광도가 단자적으로 나타나면, 즉 예를 들어 하나의 별이나 태양, 또는 눈으로 나타나면 그것은 곧잘 만다라의 형태를 가지며 따라서 자기自己, Selbst로 해석할 수 있다. 그러나 이것은 이중의 마음double conscience이 아니다. 왜냐하면 자기의 경우에는 인격의 해리가 증명되지 않기 때문이다. 반대로 자기의 상징은 '융합하는' 의미를 갖는다.[110]

G. 행동 양식과 원형

우리는 이상의 설명을 통하여 정신 하부의 시작 단계를 정신 기능이 강박적인 충동에서 벗어나 의지로써 영향을 줄 수 있는 상태로 옮겨놓았다. 그리고 의지란 자유롭게 사용할 수 있는 에너지 양이라고 규정하였다. 그러나 이미 언급했듯이, 이 경우에는 자유롭게 에너지를 사용하며 판단할 능력을 갖춘 주체가 전제되어야 하며 우리는 그 주체에 의식성이 있다고 본다. 이렇게 생각해가는 과정에서 우리는 바로 처음에 배척했던 견해, 즉 정신과 의식이 동일하다는 견해를 증명하기에 이르렀다. 이런 딜레마는 의식이 얼마나 상대적인가를 이해함으로써 저절로 풀린다. 왜냐하면 의식의 내용은 의식적이자 동시에 무의식적이기 때문이다. 즉, 어느 면에서는 의식적이며 다른 면에서는 무의식적이다. 모든 모순이 그러하듯이, 위와 같은 사실도 그리 쉽게 이해될 수 있을 것 같지는 않다.[111] 그러나 우리는 의식은 여기에 있고 무의식은 저기에 있다는 식으로 그 한계가 분명한 것이 아니라는 생각에 익숙해져야 한다. 오히려 정신은 의식적·무의식적 전체성을 표현한다. 내가 '개인적 무의식'이라고 이름 붙인 경계층의 경우에는 그 내용이 우리가 내린 정신적인 것에 관한 정의에 꼭 맞는다는 것을 쉽게 증명할 수 있다. 그러나 '의식의 가장자리'도 아니고, 개인적이지도 않은 우리의 정의에 의거한 정신적 무의식이란 과연 존재하는 것일까?

이미 언급했듯이, 프로이트는 무의식에서 태고의 잔재들과 원시적인 기능 양식들을 확인했다. 그 후의 연구들은 이것을 증명하였으며 풍부하고 구체적인 자료들을 제공해주었다. 신체구조와 관련해볼 때 발달사에서 분명한 흔적을 보여주지 않는 유일한 생물학적 현상이 정신이라면 놀랄 만한 일일 것이다. 또한 이러한 태고의 특성들이 바로 본능의 토대와 밀접하게 연관된다는 것은 전적으로 있을 수 있는 사실이다. 충동과 태고의 양식은 행동유형pattern of behavior이라는 생물학적 개념 속에서 일치된다. 즉, 형체 없는 충동은 없으며 모든 충동은 각기 그 상황에 맞는 형상을 갖고 있다. 충동은 항상 확정된 성질을 갖고 있는 상을 충족시킨다. 나뭇잎을 자르는 개미의 충동은 개미, 나무, 나뭇잎, 자르기, 나르기와 버섯농원의 상 속에서 이루어진다.[112] 위에 확정된 것들 중에서 한 가지만 부족해도 충동은 기능을 발휘하지 못한다. 왜냐하면 충동은 그 전체의 형상, 그 자신의 상 없이는 전혀 존재할 수 없기 때문이다. 그러한 상은 선험적 성질의 전형이다. 이것은 개미의 모든 활동 이전에 개미가 타고난 것이다. 왜냐하면 활동은 그에 어울리게 형성된 충동이 그 활동의 계기와 가능성을 부여하지 않으면 일어날 수 없기 때문이다. 이러한 공식은 모든 충동에 해당되고 같은 종의 모든 개체에게 동일한 형태로 존재한다. 인간의 경우도 마찬가지다. 즉, 인간은 그가 본능적으로 기능하는 한 그 활동의 동기와 본보기를 만들어내는 본능 유형을 선험적으로 갖고 있다. 생물학적 존재로서 인간은 특수하게 인간적으로 행동하고 자신의 행동유형을 실현하지 않을 수 없다. 따라서 인간이 자기 마음대로 할 가능성은 매우 제한되어 있고, 인간이 더욱 원시적일수록, 그의 의식이 본능 영역에 더 많이 좌우될수록 그 제약은 더 심해진다. 비록 특정한 관점에서 볼 때, 니체가 꿈의 기능 방식에 관해서 한 말처럼 행동유형이란 인간에게 아직 남아있는 태곳적 잔재로 본다면 틀린 말은 아니지만, 그렇다고 해서 이것으로 이러한 유형의 생물학적, 심리학적 의미가 올바르게 평가된 것은 결코 아니다. 왜냐하면 그것은 잔존물이거나 이전의 기능 방식의 잔재가 아니라, 항상 존재하는, 생물학적으로 절대 필요로 하는 충동 영역의 조절장치이기 때문이다. 그 충동 영역의 작용은 모든 정신영역에 걸쳐 확대되며, 그 작용이 의지의 상대적인 자유에 의해 제약될 때 비로소 그 절대성을 상실한다. 상(像)은 충동의 의미를 나타낸다.

인간에게 생물학적으로 충동형상의 존재 가능성이 있다고 해도, 그 명확한 유형을 경험적으로 증명하는 것은 쉽지 않은 것 같다. 왜냐하면 이것을 파악할 기관, 즉 의식은 그 자체가 본래 개조된 것일 뿐만 아니라 근원적 충동상을 개조시키는 것이기도 하기 때문이다. 따라서 오성을 가지고 동물의 세계에서 볼 수 있는 것과 같은 정확한 유형을 인간에 대해 세울 수 없는 것은 조금도 놀랄 일이 아니다. 고백하거니와 나 자신도 이 문제를 해결할 직접적인 방법을 제시할 수 없다. 그럼에도 나는 적어도 충동상에 이르는 간접적인 통로를 발견해내는 데는 성공했다고 생각한다.

다음에 이 발견의 과정을 간단히 설명하고자 한다. 나는 풍부한 환상 재료를 보여주는 꿈을 꾸는 환자들을 자주 관찰하였다. 나는 환자들로부터 마치 그들이 환상으로 꽉 채워진 것 같은 인상을 받았다. 그들은 그 내적 압력이 어디에 있는지 말해줄 수 없었다. 그래서 나는 환자들에게 그들 꿈의 상이나 착상을 자유로운 상상활동 가운데서 확장하거나 개발하도록 하는 과제를 주었다. 이것은 개인의 소질이나 재능에 따라서 극의 형태로, 토론식으로, 시각적으로, 청각적으로, 춤으로, 그림으로, 소묘 혹은 조각의 형태로 이루어질 수 있었다. 이 기법의 결과로 무수하게 복잡한 형상들이 만들어졌는데, 나는 그 다양성을 수년간 잘 식별하지 못했다. 다시 말해서 그것이 내가 후에 '개성화'라고 이름한 무의식 과정의 자연 발생적인, 환자의 기법상의 능력에 의해 표현된 것임을 인식하기까지는 시간이 걸렸다. 그러나 이러한 인식이 머리에 떠오르기 훨씬 전부터 나는 이 방법이 상당한 정도로 꿈의 빈도와 강도를 낮추고 그럼으로써 설명하기 어려운, 무의식으로부터 오는 압력을 완화시킨다는 사실을 관찰했다. 많은 경우에서 이것은 상당한 치료적 성과를 의미했고, 드러난 내용들을 계속 파악하지는 못했지만, 그 성과는 나와 환자들에게 용기를 주었다.[113] 내 자신이 어떤 이론적 전제를 근거로 그것을 해석하려 드는 것을 피하기 위해서 나는 이해 불능을 고집해야만 했다. 그런 이론적 전제에서의 해석은 불충분할 뿐만 아니라 환자의 소박한 형상들에 선입견을 줄 수 있다고 느꼈다. 환자가 만들어낸 형상들에 특정한 목적성이 내재한다는 사실을 예감하면 할수록 나는 더욱더 그것에 관해 어떠한 정리定理를 세우려고 하지 않았다. 이와 같은 유보적 행동은 많은 어려움을 안겨주기도 했는데, 환자가 어둠 속에서 완전히 길을 잃지 않도록 하기 위해서 특정한 견해가 요구되는 경우에 그러했다. 나는 항상 수많은 '아마도', '만약' 또는 '그러나'를 삽입하면서, 그때마다 주어진 형상들의 한계를 넘어서지 않도록 최선을 다하면서 적어도 임시적인 설명이라도 해주어야 했다. 나는 점차 상像의 해석이 의문으로 끝나서 그 의문에 대한 답이 환자의 자유로운 상상활동에 맡겨지는 것을 보면서 우려하지 않을 수 없었다.

처음에 혼란스럽게 많았던 상들은 작업이 진행됨에 따라서 특정한 모티프와 형식 요소들로 압축되었고, 이것들은 다른 사람들에게서도 같거나 비슷한 형태로 되풀이되어 나타났다. 혼란스러운 다양함과 질서, 이원성二元性, 그리고 밝음과 어둠, 위 아래, 좌우의 대극과, 대극들의 제3의 것에서의 통합, 4위성(사각, 십자), 회전(원, 구球), 그리고 마침내는 중심잡기Zentrierung, 일반적으로 4의 체계에 따른 방사성 배열 등을 그 주된 특징으로 언급할 수 있다. 3위로 이루어진 형상은, 제3의 것에서의 대극의 총합 외에는 상대적으로 드물고, 명백하게, 특수한 조건으로 설명할 만한 예외를 이루었다.[114] 중심잡기는 내 경험에서 결코 벗어난 적이 없는 발달의 정점을 이루는데, 최대한의 실제적 치료 효과와 일치하는 특징이 있다.[115] 위에 언급된 특징들은 극도로 추상화된 것인 동시에 실제의 형상원리 중에서 가장 간단한 표현이다. 형상의 구체적 실제는 무한히 다채롭고 생생하며, 그 다양성은 이루 다 표현할 수 없다. 내가 이에 관해 말할 수 있는 것은 이 산물에 때때로 등장하지 않는 신화적 주제란 없다는 사실뿐이다. 환자가 신화적 주제를 잘 알고 있을 경우 형상화된 환상의 착상들이 이것을 훨씬 더 능가했다. 일반적으로 내 환자들은 신화에 대한 지식이 별로 없었다.

  이 사실들은 무의식적 조절자에 의해 유도된 환상과, 전통이나 민속학적 연구에 의해 알려진 인간 정신활동의 기념비적 사실과의 일치를 분명히 보여주고 있다. 앞서 언급한 추상적 특징들은 모두 어떤 점에서 볼 때는 의식되어 있는 것이다. 누구나 넷까지 셀 줄 알고, 원과 사각형이 무엇인지를 알지만, 형성원리로서 이것들은 무의식적이고, 마찬가지로 그 심리학적 의미도 의식되어 있지 않다. 나의 가장 본질적인 견해와 개념들은 이러한 체험에 근거를 두고 있다. 처음에는 관찰을 했고, 그 후에야 비로소 나는 그것에 대한 견해들을 힘들여 만들어냈다. 색연필이나 붓을 사용하는 손이나, 춤 스텝을 밟는 발, 보는 것과 듣는 것, 말과 생각도 마찬가지다. 즉, 은밀한 자극이 최후의 조형력造形力을 결정하고, 무의식적이고 선험적인 것이 형상화되기를 촉구하며, 무한한 주관적 우연성에 내맡겨져 있다는 느낌이 있기는 하지만, 다른 사람의 의식이 같은 주제에 의해 이끌어졌다는 것을 우리는 알지 못한다. 전 과정에 걸쳐 조형뿐만 아니라 그 의미에 대한 은밀한 선지식先知識, Vorherwissen이 개재되어 있는 것 같다.[116] 상과 의미는 동일하며, 상이 만들어지면 의미가 분명해진다. 형상은 원래 해석을 요하지 않는 것으로 그 고유의 의미를 나타내고 있다. 따라서 치료적 요구로서 해석을 전혀 하지 않아도 되는 경우들이 있다. 물론 학문적 인식에서는 이와 다르다. 이 경우에는 경험의 총체로부터 어떤, 가급적이면 보편타당한 개념을 탐구해야 한다. 이 개념은 선험적으로 주어진 것이 아니다. 이러한 특별한 작업은 시대를 초월해 항상 존재하는, 그리고 조작적인 원형을 그때그때 시대에 걸맞는 학술적 언어로 옮기는 것을 의미한다.

나는 이러한 경험과 고찰을 통해, 보편적으로 존재하는 무의식적 조건들이 있다는 것을 인식했다. 그것들은 창조적 환상활동의 조절자로서 그리고 자극자로서 작용하며, 이에 상응하는 형상들을 만들어내는데 이들은 주어진 의식 자료들을 그들의 목적에 맞게 이바지하도록 한다. 이것은 꼭 꿈의 동력처럼 활동하기 때문에, 내가 적극적 명상 방법이라고 부른 것은 어느 정도까지는 꿈을 대체한다. 그 기능 양식 때문에 내가 때때로 **주특성**主特性, Dominanten이라고 표현한,[117] 이와 같은 무의식적 조절자의 존재가 매우 중요하게 여겨졌기 때문에 나는 그것을 나의 이른바 비개인적인, 집단적 무의식의 가설을 세우는 근거로 삼았다. 이 방법에서 특히 주목할 만한 것은, 이것이 최초의 상으로의 환원이 아니라 의도적 태도에 의해서 다만 뒷받침이 되었을 뿐이며 그 외에는 수동적 의식 재료와 무의식적 영향과의 자연스러운 **합성**Synthese, 즉 일종의 원형의 **자발적인 확충**을 의미하기 때문이다. 이 상들은 내가 앞서 상상할 수 없다고 말한, 원초적 상들에 이르는 직접적인 길을 나타낼 수도 있겠지만 결코 의식의 내용을 간단한 공통분모로 환원함으로써 인식될 수 있는 것이 아니라, 확충을 통해서 비로소 나타난다.

꿈의 의미를 탐구하는 나의 방법도 자연스러운 확충 과정에 의거해서 실시된다. 꿈은 적극적 명상과 같은 방식으로 진행되기 때문이다. 다만 꿈에서는 적극적 명상과는 달리 의식 내용이 그것을 뒷받침하지 못한다. 원형이 조절하며, 수정하고, 동기를 유발하면서 의식 내용의 형성 과정에 개입하며 취하는 태도는 본능과 똑같다. 그러므로 이러한 원형적 요소들이 충동과 연관된다고 가정하고, 집단적 형식원리를 표현하는 전형적인 상황의 상들이 결국에는 충동형상, 즉 행동유형과 같은 것이 아닌가 하는 의문을 제기하는 것은 당연하다. 나는 이 가능성을 분명하게 반박할 만한 논거를 지금까지 보지 못했다.

고찰을 더 계속하기 전에 나는 원형의 한 측면을 강조하고자 한다. 이것은 그 자료를 실제로 다룬 사람은 잘 알고 있는 사실이다. 원형의 출현은 '마법적'이라고 할 수는 없어도 '정신적geistig'이라고 표현할 만한, 두드러진 누미노제의 성격을 지니고 있다. 그러므로 이 현상은 종교심리학에서 매우 중요하다. 물론 그 효과는 분명하지 않다. 그것은 치료적일 수도, 파괴적일 수도 있다. 그러나 결코 무관심하지는 않은데, 물론 어떤 명료성의 등급이 전제되어 있다.[118] 이러한 측면은 '혼신적'이라는 표현에 훌륭하게 들어맞는다. 즉, 원형이 꿈이나 환상 형상에서 정령精靈, Geist의 모습으로 나타나거나 유령처럼 행동하는 일이 드물지 않다. 원형의 신성력은 종종 신비스런 특질을 지니며 그에 부합되는 기분을 느끼게 한다. 자신은 원형의 그런 갑작스럽고 무기력한 발작으로부터 까마득히 떨어져 있다고 착각하고 있는 바로 그 사람들에게 원형은 철학적·종교적 관조를 일깨워준다. 또한 원형은 흔히 엄청난 열정과 가차 없는 결단으로 목표를 향해 강요하고 주체를 옭아매어 절망적인 저항에도 불구하고 주체가 거기서 헤어나오지 못하게 하고, 결국에는 벗어나려고 하지도 않게 만든다. 그렇게 되는 것은 그 체험이 그때까지는 불가능하다고 보아온 의미 충족을 결과적으로 초래하기 때문이다. 이런 종류의 심리학적 발견에 반대하는, 확고한 토대를 지닌 모든 확신에 찬 저항을 나는 깊이 이해한다. 사람들은 실제로 알기보다는 추측하면서, 모든 인간의 가장 깊은 내면에 묶여 있으면서, 말하자면 그 옭아매는 힘을 깰 수 있는 주문을 기다리는, 위협적인 힘

앞에서 불안해하고 있다. 이 마법의 주문은 항상 무슨무슨 주의에 운을 맞추고, 내면의 심적 사실에 거의 다가가지 않으면서 본능의 토대에서 가장 멀리 떨어진 집단의식의 실로 혼란스러운 세계에서 길을 잃은 사람들에게 가장 성공적으로 영향을 끼친다.

본능과의 이러한 친족성親族性에도 불구하고, 혹은 오히려 이 친족성 때문에 원형은 정신Geist 고유의 요소를 표현한다. 그러나 여기에서 말하는 정신은 인간의 오성悟性과 같은 것이 아니라, 오히려 그 오성을 이끄는 혼spiritus rector을 표현하는 것이다. 모든 신화와 종교, 그리고 무슨무슨 주의의 본질적 내용은 원형적 성질의 것이다. 원형은 정신이거나 비정신이며, 원형이 결국 무엇으로 자신을 드러낼지는 대개 인간 의식이 어떤 관점을 취하느냐에 달렸다. 원형과 본능은 우리가 상상할 수 있는 가장 큰 대극對極을 이루고 있다. 이 사실은 충동의 지배 아래 있는 인간과 정신에 사로잡힌 인간을 비교하면 쉽게 알 수 있다. 그러나 모든 대극에는 밀접한 관계가 있고, 그래서 하나의 명제는 그에 상응하는 반反명제 없이는 밝혀질 수도 생각할 수도 없듯이, 여기에도 다음 글이 타당성을 갖는다. 즉, "양극은 서로 통한다." 서로 상응하는 것으로서 둘은 함께 속하지만, 하나가 다른 하나로부터 도출되는 식이 아니라, 정신적 에너지 설이 그 근간이 되고 있는 대극으로부터 우리가 만든 표상으로서 나란히 존재한다. 인간은 적어도 어떤 것이 되도록 추진하는 자이면서, 동시에 어떤 것을 상상하는 자로서 존재한다. 이러한 대극은 근본적으로 도덕적 의미가 있는 것은 아니다. 왜냐하면 충동 그 자체는 나쁘고, 정신은 근본적으로 좋은 것이라고 할 수는 없기 때문이다. 둘 다 나쁠 수도, 좋을 수도 있다. 양전류는 음전류와 마찬가지로 좋은 것이다. 무엇보다 이것은 전기다. 심리학적 대극도 자연과학적 관점에서 볼 수 있다. 진정한 대극은 비교할 수 없는 것이 아니다.

만약 비교할 수 없다면 그 둘은 절대로 통합될 수 없을 것이기 때문이다. 갖가지의 대립성에도 불구하고 그 둘은 항상 통합되려는 성향을 드러내고 있다. 그래서 니콜라우스 쿠자누스Nicolaus Cusanus는 심지어 신神 자신도 대극의 결합이라고 정의했다.

대극이란 어떤 상태의 극단적인 성질이다. 이 성질 덕분에 대극은 실제적인 것으로 지각될 수 있다. 왜냐하면 그것은 잠재능력을 형성하기 때문이다. 정신은 여러 대극의 조정을 통해 에너지를 만들어내는 과정들로 이루어져 있다. 정신-충동의 대극은, 가장 중요하고도 복잡한 상당수의 정신 과정을 하나의 공통분모로 귀착시키는 이점을 갖는 가장 일반적인 공식 중의 하나다. 이러한 관찰 방식의 측면에서 보면 정신 과정은 정신과 충동 간의 에너지의 균형이다. 이 경우, 하나의 과정이 정신적이라고 할지, 충동적이라고 할지 처음에는 전혀 알 수 없다. 이러한 가치 평가나 해석은 전적으로 의식의 관점이나 상태에 달려 있다. 예를 들어, 대량의 투사가 있음으로 해서 구체적이거나, 겉보기에 구체적인 것처럼 보이는 것들이나, 상황에 의해 지나치게 압도되어 있는 덜 발달된 의식은, 당연히 충동을 현실의 원천이라고 생각할 것이다. 이 경우 그것은 자신의 철학적 확인의 정신성에 대해서는 완전히 무의식적인 채, 자신의 판단으로 정신 과정의 본질적인 충동성을 사실로 받아들였다고 상상한다. 반대로 충동과는 대립된 자리에 있는 어떤 의식은 이때 나타나는 원형의 과도한 영향 때문에 충동을 정신에 종속시킨 나머지 명백한 생물학적 과정에서 기괴한 '정신적 합병증'이 생기게 한다. 이 경우에 그러한 조작에 필요한 광신狂信적인 충동성은 통찰하지 못한다.

따라서 정신 과정은 의식이 따라가는 계기計器의 눈금처럼 행동한다. 때로는 충동 과정 근처에 있으면서 그 영향에 빠지고, 때로는 정신이 우세하며 심지어 그에 반대되는 충동 과정을 동화시키는 다른 한쪽 끝에 접근하기도 한다. 착각을 일으키는 이와 같은 대립적인 위치는 결코 이상한 현상이 아니라, 오늘날의 정상적인 인간에게서 전형적으로 볼 수 있는 정신의 일방성을 만들어낸다. 이 정신의 일방성은 물론 정신-충동의 대극 영역에서만 나타나는 것이 아니라 수많은 다른 형태에서도 나타나는데 그 일부를 나는 『심리유형론』에서 설명하였다.

이렇게 '미끄러져 내리는' 의식은 오늘날에도 현대인의 특징으로 남아 있다. 그러나 그로 인한 일방성은 내가 그림자의 실현화라고 말한 작업을 통해 제거할 수 있다. 이러한 작업을 위해서 좀 덜 '시적詩的'이고 보다 학문적인 느낌을 주는 그리스어와 라틴어의 혼합어를 고안해냈어야 했는지 모른다. 그러나 심리학에서는 실제적인 이유에서 그와 같은 것을 감행하지 않는 편이 좋다. 최소한 현저하게 실제적인 문제가 다루어지는 곳에서는 그러하다. 여기에 속하는 것이 '그림자의 실현', 즉 열등한 인격 부분의 인지다. 이것은 전체 인간에 관련된 체험과 고통을 의미하기 때문에 주지주의적主知主義的인 현상으로 왜곡해서는 안 된다. 통찰되고 동화되어야 하는 것의 성질은 '그림자'라는 시적인 언어로 매우 적절하고 구체적으로 표현되었기 때문에 굳이 이 언어 자산의 사용을 무시하는 것은 거의 부당하다고 할 만하다. '열등한 인격 부분'이라는 표현 자체가 벌써 부적절하고 오해를 불러일으킬 수 있다. 이에 비해서 '그림자'라는 용어는 내용을 규정할 만한 것을 전제하고 있지 않다. '그림자 없는 자'는 그만이 자신에 대해 안다고 생각하는 가장 흔히 볼 수 있는 인간 유형이다. 유감스럽지만 소위 종교적 인간이나 지식인들도 예외가 아니다.

원형과의, 또한 충동과의 대립은 가장 우선적인 질서의 **윤리적 문제**를 의미한다. 그러나 무의식의 동화와 인격의 통합에 대해 결정을 내려야 하는 필연성을 느끼고 있는 사람만이 그 문제의 절박성을 느낀다. 이러한 다급함은 자신이 노이로제에 걸렸거나 자신의 정신상태가 최상이 아니라고 인식하는 사람에게만 엄습한다. 물론 그런 사람은 많지 않다. 지나칠 정도로 대중적인 인간인 사람은 본래 아무것도 통찰하지 못하고, 또한 통찰할 필요조차 없다. 왜냐하면 관습적으로 '국가' 또는 '사회'라고 묘사되는 거대한 익명의 자만이 진정 잘못을 저지를 수 있는 유일한 자이기 때문이다. 그러나 어떤 무엇이 자신에게 달려 있다는 것, 또는 달려 있어야 한다는 것을 아는 사람은, 자신의 정신상태에 스스로가 책임이 있음을 느끼고, 그러면 그럴수록 자신이 더 건강하고 강하고 유능하게 되려면 어떻게 해야 하는가를 분명하게 알고 있다. 그가 무의식을 동화하기 위한 길로 가고 있으면 그는 무의식의 성질상 어쩔 수 없는, 어떤 어려움도 피할 수 없음을 안다. 이에 비해 집단인간은 세계 전체가 연루되는 거대한 정치·사회적 재앙이 있을 때마다 자기에게는 책임이 없다고 믿는 특권을 가지고 있다. 그러나 결국 그만큼 남는 소득도 없다. 이에 비해 전자는 '이 세속의 세계'가 아닌 왕국, 하나의 정신적 입장을 발견할 수 있는 기회를 갖는다.

원형의 감정적 가치를 간과한다면 이것은 용서받지 못할 태만죄일 것이다. 원형의 감정적 가치는 실제적으로, 또한 이론적으로 매우 중요한 의미가 있다. 원형은 신성한(누미노제적인) 요소로, 예지豫知나 중심잡기의 과정으로 표현되는 외견상의 선지식 또는 **목표의 선험적 소유로서, 형상화의 방법과 진행을 규정한다.**[119] 원형이 기능하는 방식을 간단한 예를 통해 보여주도록 하겠다. 내가 엘곤 산의 남쪽 기슭, 적도 근처의 아프리카에 머물렀을 때, 사람들이 태양이 솟아오를 때 움막 앞으로 나와서 손을 입에 대고 그 안에 침을 뱉거나 숨을 불어넣는 것을 보았다. 그리고 나서 그들은 팔을 들어 태양을 향해 손바닥을 내보였다.

나는 그 행동이 무엇을 뜻하는지 물어보았지만 어느 누구도 설명하지 못했다. 그들에 의하면 지금까지 항상 그래왔고, 또한 부모로부터 배운 것이라고 했다. 메디신맨呪醫은 그 뜻을 알 것이라고 했다. 그래서 나는 메디신맨에게 물어보았다. 그러나 그 역시도 다른 사람들처럼 잘 알지 못했으나, 자신의 할아버지는 알고 있었다고 했다. 또한 해가 뜰 때마다, 그리고 달이 새롭게 차오를 때마다 그렇게 한다고 했다. 그들은 태양과 새로운 달이 뜨는 순간을 '뭉구mungu'라고 했는데, 내가 확신하기로 이것은 선교사들이 '신Gott'이라고 번역한 멜라네시아어의 '마나' 또는 '물룽구'에 상응하는 것이다. 실제로 엘곤족에게 아티스타athîsta[120]라는 말은, 비록 그들이 태양은 신이 아니라고 주장하기는 하지만, 태양과 신을 의미한다. 일출의 순간만이 뭉구 또는 아티스타다. 침과 숨결은 심혼의 물질을 의미한다. 따라서 그들은 신에게 자신들의 심혼을 바치는 것인데, 자신들이 무엇을 하는지 알지 못하고, 안 적도 없다. 그들은 이집트인들이 그들의 기념비들에 태양을 숭배하는 개머리원숭이를 그려넣게끔 만든 前의식의 유형에 의해 동기유발되어 그렇게 행동한다. 물론 이러한 의식적 행위가 신에 대한 숭배임을 전적으로 의식하면서 행하는 것이다. 엘곤족의 이러한 태도는 우리에게 매우 원시적인 것으로 보이나, 교양 있는 서양인들도 그와 별반 다르지 않다. 우리 조상들도 우리와 마찬가지로 크리스마스 트리가 무엇을 의미하는지 잘 알지 못했을 것이다. 최근에 들어와서야 비로소 그것의 의미를 알아내려고 노력을 기울인다.

원형은 순수하고 거짓이 없는 성질이며,[121] 인간으로 하여금 말하고 행동하게 하는 성질이다. 그러나 인간은 그 의미를 의식하지 않고 있으며, 심지어 너무도 무의식적이어서 단 한 번도 그것에 대해 생각해 보지 않을 정도다. 후대의, 더 의식화된 인류는 그 어느 누구도 그 의미를 알지 못했던 의미 있는 일들을, 이것을 잘 알고 있으면서 많은 민족들에게 지혜를 가르쳐주었던 인간들이 존재하던, 이른바 황금시대의 잔재가 중요하다고 생각하기에 이르렀다. 후대의 타락한 시대에는 이 가르침을 잊고 이해하지도 못하면서 기계적인 행동만을 반복했다는 것이다. 현대 심리학의 성과에 의해 한 번도 의식된 적이 없고 단지 의식 내용에 미치는 영향을 통해서 간접적으로만 확인할 수 있는 전의식의 원형이 존재한다는 사실은 이제 더 이상 의심할 여지가 없다. 내 견해로는, 오늘날 우리에게 의식적으로 나타나는 모든 정신 기능들이 언젠가는 무의식적이었고, 그럼에도 거의 마치 의식적이었던 것처럼 보였다는 가정에 반대할 만한 확실한 근거는 없다. 인간이 정신 현상에서 내보이는 모든 것은 이미 천성적天性的으로 무의식에 존재하고 있었던 것이라고 말할 수도 있다. 이것에 대하여, 그렇다면 도대체 의식은 왜 존재하는지 이해할 수 없다는 이의가 제기될 수 있을 것이다. 그러나 나는, 우리가 이미 확인했듯이, 무의식적으로 기능하는 모든 것은 자동적으로 본능의 성격을 지니고, 충동은 어느 정도 충돌하거나, 심지어 개인에게 때로는 생명이 위험할 정도의 조건에서도 그 강제성 때문에 영향받지 않고 진행된다는 사실을 상기하지 않을 수 없다. 이에 대하여 의식은 적합하게 조종된 적응 능력, 즉 충동 억제를 가능하게 하며, 그렇기 때문에 의식은 없어서는 안 되는 것이다. 인간은 의식 능력을 지님으로써 비로소 인간이 된 것이다.

　의식과 무의식 내용의 합성과 원형의 의식 내용에 미치는 작용의 의식화가 의식적으로 수행되었을 때 그것은 심적 노력과 정신력 집중의 최고의 성취를 나타낸다. 그러나 이 경우에 따라서 합성이 무의식적으로도 준비되고 유도되어 어느 특정한 정도까지 이루어질 수 있다. 즉, 제임스가 말하는 '폭발점'까지 이루어질 수 있는데, 이 점에서 그들은 자연히 의식으로 뚫고 나오며 때로는 뚫고 나온 내용을 의식에 동화시켜서 한편으로는 자아의식, 다른 한편으로는 침입해 들어온 콤플렉스의 두 체계가 존립할 수 있도록 하는 엄청난 과제를 부여한다. 이러한 과정의 고전적 예는 파울루스Paulus의 귀의 체험과 니클라우스 폰 플뤼에Niklaus von Flüe의 소위 삼위일체 환상이다.

  인식 불가능한 무의식성으로, 혹은 더 나쁜 경우에 본능의 주지주의적인 대체물을 만들게 하는 본능 영역으로의 침강을 통하지 않고도, 우리는 '적극적 명상'을 통해 원형을 발견할 수 있게 되었다. 눈으로 볼 수 있는 스펙트럼에 비유해서 표현하자면 충동의 상像은 색의 단계 중에서 끝부분의 붉은색이 아니라 보라색에서 발견된다. 충동의 역동은 말하자면 스펙트럼의 적외선 부분에, 충동상은 자외선 부분에 존재한다. 이때 잘 알려져 있는 색의 상징을 떠올려보면, 이미 언급한 바와 같이 붉은색이 충동과 꽤 잘 부합된다. 그리고 정신에는 우리가 기대하기로는 보라색보다 파란색이 더욱더 잘 어울릴 것 같다.[122] 보라색은 소위 '신비적인' 색으로, 의심할 바 없이 원형의 '신비적' 혹은 역설적인 측면을 만족스럽게 잘 반영한다. 보라색은 비록 스펙트럼에서는 그 자체로 하나의 색이지만 파란색과 빨간색으로 이루어져 있다. 원형이 보라색으로 정확하게 그 특징을 규정할 수 있다고 강조한다면 그것은 유감스럽게도 별로 좋은 생각이 아니다. 원형은 바로 상 그 자체일 뿐만 아니라 동시에 역동인 것이다. 이것은 신성력神聖力, 즉 원형적인 상의 매혹스런 힘 속에서 나타난다. 충동의 실현과 동화는 절대로 붉은색 쪽에서 이루어지지 않는다. 다시 말해 충동의 영역으로의 침강으로써 이루어지지 않고 오직 상의 동화를 통해서 이루어지는데, 이 상은 충동을 의미하는 동시에 충동을 환기시킨다. 물론 생물학적 수준에서 만나는 충동과는 다른 형태다. 파우스트가 바그너에게 말하기를,

> 그대는 오직 하나의 충동을 알고 있다.
> 오, 절대로 다른 것을 배우지 마라. … [123]

 이 말을 충동에 적용시켜 볼 수 있다. 즉, 충동은 두 가지 측면을 지닌다. 한편으로 충동은 생리적 역동성으로 체험되고, 다른 한편으로는 그 다양한 모습이 상과 일련의 상의 결합으로 의식에 나타나고 생리적 충동과는 극명하게 대립되는, 혹은 대립되는 것처럼 보이는 누미노제(신성한 힘)의 작용을 전개한다. 종교적 현상학을 아는 사람들은, 육체적 그리고 정신적 열정이 비록 적대적이긴 하지만 형제이기 때문에 하나가 다른 하나로 바뀌는 순간이 있음을 잘 안다. 두 가지 모두 진실이며 정신적 에너지의 풍부한 원천이 되는 대극의 쌍을 이룬다. 하나를 다른 하나의 우위에 세우기 위해서 하나를 다른 하나의 근원으로 삼는 것이 중요한 것은 아니다. 처음에는 하나만 알고 있다가 다른 하나를 훨씬 나중에 알게 되었다고 해서 나중의 하나가 처음부터 없었던 것은 아니다. 따뜻함을 찬 것으로부터, 위를 아래로부터 유도할 수는 없다. 대극은 이분성에 있는 것이고, 그렇지 않다면 전혀 존재하지 않는다. 그리고 대극성이 없는 존재는 전혀 생각할 수 없다. 그 현존이 전혀 파악될 수 없기 때문이다.
 따라서 충동 영역으로 침강한다고 해서 충동의 의식적 실현이나 동화同化가 이루어지는 것은 아니다. 왜냐하면 의식이 심지어는 큰 공포에 사로잡혀서, 충동 영역의 원시성과 무의식성에 삼켜지는 것에 저항하기 때문이다. 이 불안은 영웅 신화의 영원한 대상이자 수많은 금기의 모티프다. 본능의 세계에 가까이 다가갈수록 그 세계로부터 벗어나 위험한 심연의 어둠 속에서 의식의 빛을 지키려는 절박한 갈망이 더 강하게 나타난다. 그러나 원형은 충동의 상으로서, 심리학적으로 인간 본성이 지향하는 정신적 목표다. 그것은 모든 강이 굽이쳐 흘러들어가는 바다이고, 영웅이 용과 싸워 이겨 획득한 상금이다.

원형은 충동력의 형식원리이기 때문에 파란색 안에 붉은색을 품고 있다. 즉, 보라색으로 나타나는 것이다. 또는 이 비유는 더 큰 파장 영역에 나타나는 잠재적(즉, 초월적) 원형으로부터 충동을 유도해낼 수 있듯이, 더 높은 주파수 영역에서의 충동의 복원을 의미할 수도 있다.[124] 비록 비유이기는 하지만, 나는 독자들에게 원형과 그의 대극 간의 내적 친화 관계를 보여주는 예로 이 보라색의 이미지를 추천하고 싶은 생각이 든다. 연금술사들의 상상력은 이해하기 어려운 이 자연의 비밀을 이와는 다른, 적지 않게 생생한 상징, 즉 자기 꼬리를 무는 뱀 우로보로스의 상징으로 표현하려고 했다.

이 비유를 신물 나도록 반복하고 싶지는 않지만 어려운 문제를 논의할 때 도움이 될 만한 비유가 뒷받침되면 사람들이 얼마나 다행으로 여기는지를 독자들은 이해해줄 것이다. 게다가 위의 비유는 우리가 아직까지 제기하지 않았고 답을 찾아보지도 않았던 문제, 즉 **원형의 성질**에 관한 문제를 밝히는 데 도움을 준다. 무의식이 우리에게 전달하는 원형적 표상과 **원형 그 자체**를 혼동해서는 안 된다. 원형적 표상은 스스로는 **보이지 않는** 기본 형식을 가리키고 있는, 다양하게 변용된 형상들이다. 이 보이지 않는 기본 형식은 특정한 형식 요소들과 특정한 본질적인 의미를 통해 두각을 나타내지만 이것을 완전히 알 수는 없고 그저 대략적으로만 파악할 뿐이다. 원형 그 자체는 정신양(정신 비슷한) 요소로서, 정신적 스펙트럼의 불가시적인 자외선 부분에 해당된다. 그러한 것으로서의 원형은 의식 불가능한 것인 듯하다. 내가 감히 이러한 가설을 설정한 이유는 의식으로 인지되는 모든 원형적인 것들은 기본 주제에 관한 변이變異들을 나타내는 것으로 여겨지기 때문이다. 만다라 주제의 끝없는 다양성을 연구할 때면 이 정황에 대해 가장 깊은 인상을 받게 된다. 만다라에서는 '중심적'이라고 말할 수 있는 의미를 지닌 비교적 간단한 기본 형태가 다루어진다. 그러나 비록 만다라가 중심의 구조로서 나타나기는 하지만, 그 구조 속에서 중심과 주변, 분리와 비분리성 중 어느 것이 더 강조되어 있는가의 여부는 확실하지 않다. 다른 원형들도 이와 비슷한 의혹을 제기하기 때문에 원형의 원래 본체는 의식 불가능한, 즉 초월적인 것이라고 보는 것이 타당할 듯하며, 그래서 나는 이것을 정신양이라고 부르는 것이다. 이 밖에도 원형의 모든 표상은 이미 의식되어 있기 때문에 그 표상이 나오게끔 동기를 부여한 어떤 것과는 규정할 수 없을 정도로 다르다. 이미 립스가 강조했듯이, 정신적인 것의 본체는 무의식적이다. 모든 의식된 것은 현상계에 속한다. 현대 물리학에서 알 수 있듯이 현상계는 객관적 현실을 얼마나 필요로 하는가에 대한 설명을 해주지 않는다. 객관적 현실은 볼 수도, 보여줄 수도 없는 요소들에 근거하는 수학적 틀을 필요로 한다. 심리학도 이런 보편타당한 사실에서 벗어날 수 없다. 관찰의 대상인 정신이 이미 객관적 현실의 표현 속에 포함되어 있기 때문에 더욱 그렇다. 물론 정신의 이론은 정신의 양을 측정할 잣대가 없기 때문에 수학 공식으로 가정해볼 수 없다. 우리는 오직 그 성질, 즉 형상을 갖춘 구체성에 의존할 뿐이다. 그러나 그렇기 때문에 심리학에서는 무의식 상태에 관해서 말하는 것이 불가능하게 되고 무의식적 상태나 과정에 관한 진술의 타당성이 학문적으로 증명될 수 있으리라는 희망은 없다. 우리가 원형에 관해서 진술하는 것도 의식에 속하는 예증例證이나 구체화다. 우리는 원형을 달리 말할 수는 없다. 우리가 '원형'을 말할 때 그 자체는 분명히 볼 수 없으나 작용을 하는 것, 예증, 즉 원형적 표상을 가능하게 하는 작용이 있다는 뜻으로 말한다는 것을 항상 의식해야 한다.

이와 아주 비슷한 경우를 물리학에서도 볼 수 있다. 물리학에는 그 자체는 보이지 않으나 그 성질에서 특정한 모델을 유추할 만한 효과를 갖고 있는 작은 부분들이 있다. 원형적 표상, 이른바 모티프나 신화소神話素, Mythologem 등도 그와 같은 구조에 해당된다. 모티프나 신화적 요소 등 두 가지 또는 그 이상의 비관조성非觀照性의 존재를 가정할 때,—항상 정당하다고 볼 수는 없지만—두 가지 또는 그 이상의 요소가 문제되는 것이 아니라, 단 한 가지의 요소가 문제될 수 있다. 두 가지의 비관조적 크기가 동일한가 또는 동일하지 않은가는 증명될 수 없기 때문이다. 만약 심리학에서 관찰을 근거로 관조될 수 없는 정신양 요소의 존재가 가정될 때, 심리학은 마치 원자 모델을 고안해내는 물리학과 근본적으로 같은 일을 행하는 것이다. 이때 부정적 특징을 표현한다고 종종 비판받는 '무의식'이라는 이름을 붙이는 오류를 심리학에서만 범하는 것이 아니라, 물리학에서도 가장 작은 질량의 입자들을 오래전부터 주어진 '원자(나눌 수 없는 것)'라고 지칭함으로써 마찬가지의 오류를 범하고 있다. 원자가 나눌 수 없는 것이 아니듯이, 앞으로 더 살펴보게 되겠지만, 무의식도 단지 무의식적인 것만은 아니다. 물리학이 심리학적인 관점에서 관찰자의 성질에 관해서 언급하지 못하면서 관찰자의 현존의 확인 이상의 아무것도 행할 수 없듯이, 마찬가지로 심리학에서도 다만 정신의 물질에 대한 관계만을 암시할 뿐 정신의 본질에 대해서는 조금도 찾아내지 못하고 있는 것이다.

정신과 물질이 하나의, 그리고 같은 세계 안에 포함되어 있고, 서로 끊임없이 접촉하고 있으며, 결국 둘 다 비가시적인 초월적 요소들에 근거하고 있기 때문에 물질과 정신이 하나의, 그리고 동일한 것의 서로 다른 두 가지 측면이라는 사실은 가능성 있는 일일 뿐만 아니라 심지어는 어떤 개연성마저 있는 것이다. 내가 보기로는 동시성 현상이 인과적 연관 없이도 비정신적인 것이 마치 정신적인 것처럼, 또한 정신적인 것이 비정신적인 것처럼 행동할 수 있다는 점에서 이런 방향의 생각을 증명해준다.[125] 우리는 현재 지식으로 정신적 세계와 물질적 세계 간의 관계를 두 개의 원추의 끝이 연장 없는 점, 즉 원래의 영점에서 맞닿고 있거나 또한 맞닿지 않는 것에 비유할 수 있다.

지금까지의 작업에서 나는 원형적 현상을 정신적 현상으로 다루었는데, 그 이유는 표현되거나 탐구되는 자료들이 거의 표상에 관한 것이었기 때문이다. 따라서 여기에서 제안된 원형의 정신양 성질은 과거의 표현과 모순되는 것이 아니라 정신의 본질에 관한 더 일반적인 논쟁에서, 그리고 정신의 경험적 개념과의 관계를 설명할 때 불가피하다고 느껴지는 개념을 더욱 세분화한 것을 의미한다.

'정신적 적외선', 즉 생물학적 충동심衝動心, Triebseele이 서서히 생리적 생명 과정으로, 그리하여 화학적·물리적 조건으로 이행하는 것처럼, '정신적 자외선', 즉 원형은 한편으로는 생리적 고유한 특성을 전혀 보이지 않고, 다른 한편으로는 비록 정신적으로 나타나기는 하지만 결국에는 정신적이라고 말할 수 없는, 그러한 영역을 의미하게 된다. 생리적 과정도 같은 양상을 보이지만 그렇다고 우리는 그것을 정신적인 것이라고 설명하지는 않는다. 우리에게 정신적으로 전달되지 않았을 만한 존재 형태는 없지만 모든 것을 단지 정신적이라고 설명할 수는 없다. 우리는 이 논쟁을 당연히 원형에도 적용해야 한다. 원형 그 자체의 존재가 우리에게 무의식적이기는 하지만, 그것이 우리에게 자연적으로 작용하는 것으로 경험되기 때문에 원형의 성질은 그 주된 작용에 따라 '가이스트Geist'[126]로 표현할 수밖에 없으며 그것도 내가 정신(가이스트)의 현상학에 관해 쓴 글에서 구체화하고자 했던 그런 뜻으로 보아야 한다. 이것으로써 정신영역 저편에 존재하는 원형의 위치가 규정

됨직하다. 그 위치는 직접적으로 물질적 유기체에 뿌리내리고 있는 정신양 성질로서, 물질로 넘어가는 다리를 이루는 생리적 충동의 위치와 유사하다. 정신과 물질Geist und Stoff은 원형적 표상과 충동감각에서, 정신과 물질은 정신적 층위상에서 서로 대립된다. 정신이나 물질 모두 심혼의 영역에서 의식 내용의 특징적인 성질로 나타난다. 둘 다 그 최후의 성질에서 초월적, 즉 비관조적인데, 그 이유는 정신과 그 내용은 우리에게 직접 주어지는 유일한 진실을 표현하기 때문이다.

H. 일반적 고찰과 전망

내가 여기에서 기술한 콤플렉스 심리학의 문제점은 나 자신에게도 매우 놀라운 결과를 안겨주었다. 나는 자연과학을 연구해서 사실을 파악하고, 관찰하고, 분류하고, 인과적이고 기능적인 연관 관계를 훌륭하게 묘사했다고 생각했는데, 결국 나는 자연과학을 훨씬 넘어서서 철학, 신학, 비교종교학과 정신사의 영역에 이르는 사색의 그물망에 붙잡혀 있음을 깨닫게 된 것이다. 이와 같은 피할 수 없으면서도 우려되는 타 영역으로의 침해는 나에게 적지 않은 근심거리를 주었다. 위의 여러 영역들에 대해서 내가 개인적으로 전문 지식이 없다는 사실과는 별개로, 이 근본적인 생각이 의심스럽게 보이는 이유는 내가 심리학적 관찰의 결과에 미치는 소위 개인적인 방정식의 중요한 효과를 상당히 확신하고 있다는 데 있다. 비극적인 것은 심리학이 항상 자신과 동일한 수학을 사용하지 않는다는 것이다. 이로써 심리학에는 물리학이 향유하고 있는 아르키메데스의 점Archimedische Punkt〔그것으로 현상을 객관적으로 관측하고 증명할 수 있는 근거〕이 가지고 있는 커다란 장점이 결여되어 있다. 물리학은 심리적 관점에서 물리적인 것을 관찰해서 이것을 심리적인 것으로 옮겨놓을 수 있다. 이에 비해서 정신은 자기 자신을 관찰하는 것이고 관찰된 것을 다시 다른 정신적인 것으로 옮겨놓을 수 있을 뿐이다. 물리학이 이와 같은 입장이었다면, 물리적 과정에 스스로를 내맡기는 수밖에 없었을 것이다. 왜냐하면 그 방법을 통해서만이 물리적 과정이 가장 분명하게 그 자체일 수 있기 때문이다. 심리학은 그 무엇도 모사할 수 없다. 즉, 심리학은 그 자체 내에서 표현하고 스스로를 묘사할 수밖에 없다. 이것은 또한 당연한 귀결로 나의 방법론의 원칙이다. 심리학은 근본적으로 순수한 체험 과정이며, 이때 개입과 실책, 해석과 오류, 이론과 사변, 의사와 환자는 하나의 심프토시스Symptosis(동시 발생) 또는 심프토마Symptoma(증후)이고, 만남이자 동시에 과정의 표시다. 따라서 내가 기술하는 것은 근본적으로 일종의 통계적 빈도를 보이는 정신 사건들을 묘사한 것에 불과하다. 그 경우에 우리는 학문적으로 결코 정신 과정을 넘어서거나 그것과 나란한 수준으로 가지 않았고 또한 그 정신 과정을 다른 매체로 옮기지도 않았다. 이에 비해 물리학은 순수하게 심리적 활동에 의해 만들어진 수학공식을 통해 폭발을 일으켜 단 한 번에 78,000명의 인명을 앗아갈 수 있는 입장에 있다.

이와 같이 그럴싸하고 설득력 있는 논리 앞에서 심리학은 할 말을 잃을 수밖에 없다. 그러나 심리학이 매우 겸손하게 지적할 수 있는 것은 수학적 사고가 정신적 기능이라는 사실이고, 그 정신적 기능 덕분에 엄청난 힘으로 묶여 있는 원자들이 폭발하도록 물질을 배열할 수 있다는 것이다. 정신 기능이 아니었더라면 원자들의 성질상, 적어도 이런 형태로 되리라고는 상상할 수도 없다. 정신Psyche은 자연법칙에 따라 운행되는 우주의 훼방꾼이다. 그리고 핵분열로 달에 어떤 일을 가하는 데 성공한다면 그것은 아마 정신에 의해서 이루어질 것이다.

정신은 세계의 회전점回轉點이며 세계가 존재하는 커다란 조건일 뿐만 아니라 더 나아가 존재하는 자연의 질서에 대한 개입을 의미한다. 그 개입이 어디까지 미칠지는 누구도 확실히 말할 수 없을 것이다. 학문의 대상으로서의 심혼의 존엄성을 강조할 필요는 없다. 그보다 우리가 훨씬 더 역점을 두어 강조해야 할 것은, 정신적 요소의 아주 작은 변화라 할지라도 그것이 근본적인 성질의 것이면, 세계상世界像의 인식과 형성에 최고의 의미가 있다는 사실이다. 콤플렉스 심리학의 주된 작업인 무의식적 내용의 의식으로의 통합은, 주관적인 자아의식의 독재를 제거하고 그것에 무의식적인 집단적 내용을 대립시킨다는 점에서 근본적인 변화를 의미한다. 자아의식은 다음의 두 가지 요소에 좌우되는 것인 듯하다. 하나는 집단적, 혹은 사회적 의식의 여러 조건들에, 또 다른 하나는 무의식적인 집단적 주특성, 또는 원형에 좌우된다. 후자는 현상학적으로 두 개의 범주로 나뉜다. 하나는 충동 영역이고 다른 하나는 원형의 영역이다. 충동 영역은 자연적인 동인動因을 대변하고, 원형의 영역은 일반적 관념으로서 의식에 나타나는 지배적인 주특성을 대변한다. 일반적으로 인정된 진리라고 표현되는 집단적 의식의 내용과 집단적 무의식의 내용 사이에는 대극이 이루어진다. 그 대극은 너무도 현저해서 집단적 무의식의 내용이 완전히 비이성적이고, 심지어 무의미하다고 배척되는데 그것도 매우 부당하게, 마치 그것이 전혀 존재하지 않는 것처럼 학문적인 연구와 고찰의 대상에서 배제되고 있다. 그러나 집단적 무의식과 같은 이러한 종류의 정신 현상은 존재하고, 그것이 우리에게 무의미하게 보인다면 그것은 우리가 이해하지 못하고 있음을 증명해줄 뿐이다. 그 존재가 일단 인식되고 나면, 비록 의식이 지배하는 세계관으로 문제된 현상을 이해할 능력이 없다고 하더라도 그것들을 세계상에서 더 이상 추방할 수는 없다. 이 현상을 성실히 연구해보면 그 엄청난 중요성을 찾아볼 수 있고, 그렇기 때문에 주체에 제시되어 있는 집단적 의식과 집단적 무의식 사이에는 거의 극복할 수 없는 대극이 존재한다는 것을 인식하지 않을 수 없다.

대체로 '이성적인' 일반 개념을 수반하고 있는 집단적 의식은 보통 사람들의 이해에 아무런 어려움을 주지 않기 때문에 우위를 점하게 된다. 집단적 의식은 여전히 원인과 결과의 필연적인 연관성을 신봉하며 인과관계의 상대성에는 거의 주의를 기울이지 않는다. 아직도 여전히 두 점 사이의 가장 짧은 연결은 직선이다. 그러나 물리학은 무수한 가장 짧은 연결을 생각하는데, 이것은 오늘날의 속물적 교양인에게는 극도로 불합리하게 여겨지는 것이다. 어찌되었건 히로시마에서의 주목할 만한 사건은 현대 물리학의 난해한 확인에도 불구하고 거의 무시무시한 외경심을 제공하였다. 그 영향 면에서 훨씬 더 끔찍한, 우리가 유럽에서 관찰할 기회가 있었던 폭발에 대해서는 오직 소수의 사람들만이 그것을 순수한 정신적 재앙이라고 인식했다. 이에 반해서 사람들은 이치에 맞지도 않는 정치적, 국가 경제적 이론들을 내세우기를 선호하고 있다. 이것은 마치 히로시마의 폭발을 운석이 우연히 명중한 것이라고 설명하고자 할 때나 잘 들어맞는 이론들이다.

주관적 의식이 집단적 의식의 관념과 의견을 선호하고 그것과 동일시하면 집단적 무의식의 내용은 억압된다. 억압은 전형적인 결과를 초래한다.[127] 억압된 내용의 에너지의 양이 억압하는 요소가 가진 에너지 양까지 가중되면, 그 효과가 갖는 중요성은 이에 상응하게 증가한다. 그 에너지의 부하가 증가하면 할수록, 억압하는 태도는 더욱더 광적인 성격을 띠게 되고, 그렇게 됨으로써 대극으로의 반전, 이른바 에난치오드로미Enantiodromie(대극의 반전)가 가까워진다. 집단적 의식의 부하량이 크면 클수록, 자아는 자신의 실제적 의미를 더욱더 많이 잃어버린다. 자아가 집단적 의식의 견해와 경향에 의해 어느 정도 흡수되고, 그렇게 됨으로써 항상 무슨무슨 주의에 빠지는 인간집단(대중)이 생겨난다. 자아는 대극 중의 하나와 동일시되지 않고, 대극 사이의 중간을 유지할 수 있을 때 비로소 독립성을 보존한다. 그러나 이것은 한쪽뿐만 아니라 다른 쪽도 의식하고 있을 때라야 가능하다. 정치 지도자들뿐만 아니라 종교 지도자들도 그가 통찰하는 것을 어렵게 만든다. 이들은 모두 하나를 결정하기를 원하고, 그럼으로써 개체가 일방적인 '진리'와 끊임없이 동일시되기를 원한다. 위대한 진리가 문제되는 경우에는 이 동일시는 재앙을 의미하기도 하는데, 이때 동일시는 더 이상의 심혼적 발전을 정지시키기 때문이다. 이제 인식 대신에 확신만을 갖게 되는데 때로는 이것이 훨씬 편하고 그렇기 때문에 더 끌리게 된다.

이에 비해서 집단적 무의식의 내용이 의식화되면, 즉 원형적 관념의 존재와 작용이 인정되면, 페히너가 "낮 그리고 밤의 견해"라고 표현한 것 사이에 격렬한 갈등이 생겨난다. 중세의 인간이나 과거의 입장을 고수하는 한, 현대인도 '세속 세계의 창조'[128] 밑에 있는 속세와 신의 의지 사이의 의식적 대극 속에서 살고 있다. 이 모순은 수세기를 거치면서 황제와 교황의 권력 대립을 통해 나타났다. 도덕적 영역에서는 이 갈등이 매번 선과 악 사이의 우주적 싸움으로 첨예화되었고, 인간은 원죄에 의해 이들 한가운데에 던져지게 되었다. 이런 인간은 오늘날의 집단인간만큼 확실하게 세속에 빠져버리지는 않았다. 왜냐하면 잘 알려진, 이를테면 손에 닿는 이 세속 세계의 권력에 대하여 그만큼 영향력이 큰, 형이상학적인 잠재력을 인정했기 때문이다. 이런 인간이 비록 한편으로는 정치적이고, 사회적으로는 (예를 들어 노예로서) 자주 자유도 권리도 없었고, 다른 한편으로는 어두운 미신의 횡포에 내맡겨진 바람직하지 못한 상황에 처해 있기는 했지만 적어도 생물학적으로는 저 무의식적 전체성에 더 가까웠다. 아이와 원시인은 비교적 완전한 정도로, 야생동물은 완전무결하게 이 무의식적 전체성을 지니고 있다. 현대적인 의식의 관점에서 볼 때 중세 인간의 상황은 비참하고 개선될 필요가 있는 것처럼 보인다. 그러나 과학을 통한 의식의 필연적 확장은 중세의 일방성을, 즉 과거에서부터 지배해왔으나 점차 기한이 지나버린 무의식성을, 다른 일방성으로 대치하였다. 그것은 '과학적인' 토대를 가진 견해의 과대평가였다. 이것은 모두 외부적 대상의 인식과 관계가 있다. 그것도 너무나 일방적으로 진행되어 오늘날 정신의 그리고 무엇보다 자기인식의 낙후성이 가장 절박한 시대의 문제 중의 하나가 될 정도다. 그런 지배적인 일방성 때문에, 그리고 낯설게 의식 저편에 있는 무의식의 끔찍한 시각적 제시에도 불구하고, 이러한 갈등에 맹목적이고 무력하게 넘어가고, 학문적인 양식을 자신의 마음 상태가 아닌 외적 대상에 대해서만 적용하는 사람들이 아직 무수히 많다. 정신적 사실은 물론 객관적인 탐구와 인정을 필요로 한다. 적어도 실제로 자동차나 라디오만큼의 의미를 갖는 객관적이고 정신적인 요소들이 있다. 결국 중요한 것은 (특히, 핵폭탄의 경우) 그것을 어떻게 사용하는가의 문제이고, 이것은 그때그때의 정신 상태에 따라 다르다. 그러나 그 정신 상태는 우세한 무슨무슨 주의들 때문에 심각하게 위협받고 있다. 이것들은 주관적 의식을 집단적 의식과 동일시함으로써 생겨나는 위험과 다름없다. 이러한 동일시는 틀림없이 대항할 수 없는 재앙의 성향을 지닌 집단정신을 만들어낸다. 이와 같은 무시무시한 위협에서 벗어나려면 주관적 의식이 자신의 그림자와 원형의 존재와 그 의미를 인식함으로써 집단적 의식과의 동일시를 피해야 한다. 그렇게 하면 사회의식과 그에 상응하는 집단정신의 압도적인 힘을 효과적으로 막아줄 수 있다. 효과의 측면에서 보자면 중세 인간의 종교적 신념과 자세는 무의식적 내용을 통합함으로써 생겨나는 자아의 태도에 대체로 상응한다. 물론 후자의 태도에서는 환경의 암시성이나 무의식성 대신에 과학적 객관성과 의식성이 그 자리를 차지했다는 점에서 차이가 있다. 그러나 현대인의 의식에서 종교는 여전히 **종파**Konfession를 의미하고 그럼으로써 성문화되고 교의학적인 문장으로 옮겨진 종교적 진술의, 집단적으로 인정된 체계를 표현하는 만큼, 비록 그 종교의 상징들이 근원적으로 영향을 끼쳐온 원형들을 표현하고 있다고 하더라도 집단적 의식의 영역에 속한다. 교회의 공동체 의식이 객관적으로 존재하는 한, 정신은 (앞서 언급한 바와 같이) 일종의 균형 상태를 누리게 된다. 어쨌든 자아의 **팽창**Inflation을 충분히 효과적으로 막아주는 것이 있게 된다. 그러나 에클레시아Ecclesia(교회)와 그 모성적 에로스가 사라지면, 개인은 그 집단적 무슨무슨 주의와 그에 속하는 집단정신에 무방비 상태로 내맡겨지게 된다. 개인은 이전에 그가 교회에 속하면서 가지고 있던 것과 같은 정신적 태도를 가진 채 비극적 방식으로 사회적 또는 국가적 팽창에 빠지게 된다.

이와 반대로 개체가 사회적 무슨무슨 주의의 편협함을 인식할 정도로 충분히 독립되어 있으면, 주관적 팽창의 위협을 받게 된다. 왜냐하면 개체는 보통 심리적 현실에서의 종교적 관념이란 결코 단지 전통과 믿음에만 근거하는 것이 아니라 원형으로부터 유도되었으며 이것을 '주의 깊게 고려하는 것!'이 종교의 본질을 만들어낸다는 사실을 알지 못하기 때문이다. 원형들은 언제나 존재하며 영향을 주고 있고, 그것들은 믿음을 필요로 하는 것이 아니라 그 의미를 아는 것과 현명한 두려움, 즉 원형의 뜻을 절대 잊지 않는, 신에의 현명한 경외를 필요로 한다.

영리한 의식은 원형을 고려하지 않았을 때 개개인과 사회에 닥치게 될 끔찍한 결과를 잘 안다. 원형이, 일부는 정신적 요소이고 다른 일부는 마치 충동에 내재하여 숨어 있는 의미와 같은 것처럼 정신Geist도 내가 앞에서 제시한 바와 같이, 모순을 간직한 역설적인 것이다. 즉, 커다란 도움이자 동시에 커다란 위험인 것이다.[129] 인간은 마치 원초적 세계의 어두운 심연에 빛처럼 떠오르는 인간 자신의 의식의 힘으로 이러한 의문을 해결하는 데 결정적인 역할을 하도록 사명을 부여받은 것 같다. 사람들은 물론 어디에서도 이러한 일을 모른다. 특히, 심혼적 현실과의 관계 상실을 대체하기 위해 고안된 무슨무슨 주의가 꽃피는 곳에서는 더욱더 알기 어렵다. 그로부터 틀림없이 생겨나는 심혼의 집단화는 개인의 의미를 파괴하고, 그럼으로써 문화의 의미 자체를 파괴한다.

그러니까 정신은 자연 질서만을 방해할 뿐만 아니라 만약 그것이 균형을 잃게 되면, 자신의 창조물까지도 파괴한다. 따라서 정신의 요소들에 면밀히 주의를 기울이는 것은 균형을 만들어낸다는 측면에서 개인에게뿐만 아니라 인간 공동체 자체에도 의미가 있다. 그렇지 않다면 파괴적인 성향이 쉽게 우위를 점하게 될 것이다. 원자폭탄이 지금까지 도달하지 못했던 **물리적** 집단 말살의 수단이라면, 잘못 인도된 정신의 발달은 **심혼**의 집단적 황폐화를 일으킨다. 오늘날의 상황은, 창조주가 현재의 인류를 절멸하기 위해서 다시 한 번 대홍수를 계획하고 있는 것이 아닌가 하고 의심할 정도로 걱정스럽다. 인류에게 원형의 존재에 관한 유익한 확신을 가르칠 수 있을 것이라고 믿는 사람은 전쟁이나 원자폭탄을 추방하려는 사람들만큼이나 순진하다. 이런 조치는 허락 없이 수를 증가시켰다고 해서 쌍무늬바구미를 파문한 주교를 생각나게 한다. 의식의 변화는 하나하나의 인간에게서 시작되며, 그것은 주로 정신의 발달 능력이 어디까지 이를 것인가, 하는 문제에 주로 좌우되는 세기적인 일이다. 우리가 오늘날 알고 있는 것은, 우선 발달 능력이 있는 소수의 개인이 존재한다는 사실뿐이다. 우리는 그 사람들의 수가 얼마나 되는지 알 수 없고, 또한 의식 확장의 암시력이 무엇인지, 즉 그것이 주변에 어떤 영향을 주는지도 알지 못한다. 이와 같은 영향은 결코 어떤 이념의 합리성에 좌우되는 것이 아니라 오히려 변환을 위한 시간의 성숙 여부에 따른 실행에 의해서만 응답될 수 있는 물음에 달려 있는 것이다.

내가 이미 설명한 바와 같이, 심리학은 다른 자연과학과 비교해보았을 때, 그 학문적 대상 바깥에 존재하는 토대가 부족하기 때문에 곤란한 상황에 처해 있다. 심리학은 자체 내에서 직접 옮기거나 자체 내에서 직접 묘사할 수밖에 없다. 그 연구 대상의 영역을 확장하면 할수록, 그리고 그것이 복잡해질수록, 대상과 구별되는 관점이 부족해진다. 그 복잡성이 경험적 인간의 복잡성에 이르게 되면 심리학은 어쩔 수 없이 정신 과정 자체로 귀결되어버린다. 심리학은 더 이상 정신 과정과 차별될 수 없고, 그 자체가 되고 만다. 그러나 그 효과는, 그렇게 됨으로써 그 과정이 의식에 다다른다는 것이다. 이로써 심리학은 무의식이 의식성으로 향하려는 갈망을 실현한다. 그것은 정신 과정의 의식화이지만, 더 깊은 의미에서는 정신 과정의 설명이 아니다. 정신적인 것에 관한 설명은 정신 자체의 생명 과정일 수밖에 없기 때문이다. 심리학은 스스로 학문으로서의 지위를 버리고, 바로 그렇게 함으로써 과학적 목표에 도달한다. 모든 다른 학문들은 그 자체로 외부의 면을 지닌다. 그러나 심리학은 그 대상이 모든 학문의 주체이기 때문에 그렇지 않다.

심리학은 필연적으로 의식 가능한 내용을 통합하는 정신 고유의 발달 과정에서 그 정점에 이른다. 그것은 정신적 인간이 전체를 실현함을 의미한다. 이것은 자아의식에게는 특이하고도 설명하기 어려운 결과를 초래한다. 개성화 과정의 영향 아래에서의 주체의 변화를 내가 적절하게 표현할 수 있을지 잘 모르겠다. 그것은 비교적 드문 현상이며, 무의식의 통합을 위해서 필수적인 무의식적 인격 구성요소에 오랫동안 몰두해본 사람만이 알 수 있는 일이다. 만약 인격의 무의식적 부분이 의식화되면 무의식적 부분이 이미 오래전부터 존재해온 자아 인격에 단지 동화될 뿐만 아니라, 오히려 자아 인격에 변화가 일어난다. 큰 어려움은 바로 방식의 변화를 특징짓는 일이다. 자아는 일반적으로 확고하게 짜맞추어진 콤플렉스이며 병적인 장해를 감수하지 않으려면 그것과 연결된 의식과 그 연속성은 쉽게 변화될 수도 없고 변화되어서도 안 된다. 왜냐하면 자아 변화와 가장 가까운 대비對比는 정신병리학의 영역에 있는데 그곳에서 우리는 신경증적 해리뿐만 아니라 정신분열적 분해, 심지어 자아의 붕괴까지도 볼 수 있다. 같은 영역에서 우리는 또한―이 표현이 허락된다면―병적인 통합의 시도를 관찰하게 된다. 그러나 이것은 무의식적 내용이 어느 정도 거세게 의식으로 침입할 때 생기는데, 이때 자아는 침입하는 것들을 동화시킬 능력이 없다. 그러나 이와는 다르게 자아 콤플렉스의 구조가 강해서 치명적인 와해를 입지 않고도 무의식적 내용이 밀려들어오는 것을 감당할 수 있으면 동화가 이루어질 수도 있다. 그러나 이 경우에는 무의식적 내용이 변화할 뿐만 아니라 자아도 변화한다. 자아는 비록 자신의 구조를 보존할 수는 있지만 중심적이며 지배적인 위치에서 옆으로 밀려나게 되고, 결국 자신의 위치를 어떠한 상황에서도 관철시킬 수 있는 필수적인 수단을 갖고 있지 않은, 고통을 감수할 수밖에 없는 관객이 되어버린다. 의지를 관철시킬 수 없는 이유는 의지 자체가 약해져서가 아니라 오히려 특정한 생각들이 의지를 방해하기 때문이다. 즉, 자아는 무의식적 내용이 흘러들어감으로써 인격이 생기를 얻고 풍부해지며, 범위와 강도 면에서 자아를 넘어서는 형상Gestalt을 만들어내게 됨을 발견하지 않을 수 없기 때문이다. 이와 같은 경험은 지나치게 자기 중심적인 의지를 마비시키고, 또한 비록 어렵기는 하지만, 자아가 두 번째의 위치로 물러나는 것이 어차피 질 것이 분명한 가망 없는 싸움보다는 더 낫다고 자아를 설득한다. 이러한 방법으로, 자유롭게 사용될 수 있는 에너지로서의 의지는 차츰 더 강한 요소, 즉 내가 **자기**Selbst라고 표현한 새로운 전체적 형상에 속하게 된다. 이 상태에서는 물론 덮어놓고 권력 본능을 좇아가서 우세한 자아의 환상을 유지하기 위해 자아를 즉각적으로 자기와 동일시하려는 최대의 유혹이 생긴다. 다른 경우에서는 자아가 무의식적 내용의 유입에 저항하기에는 너무 약하다. 그리하여 자아가 무의식에 동화됨으로써 자아의식이 말소되거나 은폐되고 자아의식과 전의식적前意識的 전체성과의 동일시가 생겨난다.[130] 이 두 가지 방향으로의 진전은 한편으로는 자기실현을 불가능하게 하고, 다른 한편으로는 자아의식의 존재에 해를 입혀서 병리적인 영향을 준다. 얼마 전에 독일에서 관찰할 수 있었던 정신 현상이 이러한 범주에 속한다. 이 경우에 그와 같은 '의식 수준의 저하', 즉 무의식적 내용에 의해 자아가 압도되고, 그로 인해 일어난 전의식적 전체성과의 동일시가 엄청난 정신적 독성, 즉 전염력을 지니고 있으며, 그렇기 때문에 매우 위험한 영향을 끼칠 수 있음을 최대한으로 보여준 것이다. 따라서 그러한 진전은 세심히 관찰되어야 하며 정확한 감시를 요한다. 나는 그러한 성향으로 인해 위험에 처한 사람들에게 성 크리스토퍼 그림을 벽에 걸고 그것에 대해 명상하라고 권하고 싶다. 왜냐하면 자기는 자아의식의 **보상**으로 작용할 수 있을 때에만 기능적인 의미를 갖기 때문이다. 만약 자아가 자기와의 동일시를 통해 해체되면, 교만한 자아와 불명료한 자기를 갖는 일종의 모호한 초인이 생겨난다. 이러한 사람은 그가 구원자처럼 행동하든, 또는 재앙을 가져오는 자처럼 행동하든, 빛scintilla, 심혼의 작은 불꽃, 즉 어둠이 밀려올 때 가장 밝게 빛나는, 작은 신적인 빛을 갖고 있지 않다. 어두운 구름이 앞에 있지 않다면 어떻게 무지개가 존재하겠는가?

이 비유를 통해 내가 상기시키고 싶은 것은 개성화 과정의 병리학적 대비가 유일한 것이 아니라는 것이다. 우리의 개성화 과정의 긍정적 예증을 보여주는 전혀 다른 종류의 정신사적 기념물들이 있다. 나는 특히 선불교의 공안公案을 지적하고 싶은데, 그것은 패러독스를 통해 쉽게 간파할 수 없는 자아와 자기의 관계를 전격적으로 밝힌다. 십자가의 요한Johannes vom Kreuz은 전혀 언어가 다르지만, 서양인들에게는 훨씬 익숙한 언어로 같은 문제를 '심혼의 어두운 밤'으로 묘사했다. 한편으로 정신병리학의 영역과 다른 한편으로는 동·서양의 신비주의의 영역으로부터 유사성을 끌어내는 것이 필요한 이유는 이것의 성질 때문이다. 즉, 개성화 과정은 정신적인 한계 현상이고, 의식화되기 위해서는 매우 특별한 조건을 필요로 하기 때문이다. 그것은 아마도 미래의 인류가 받아들이게 될 발달 과정의 첫 부분일 것이다. 그러나 그것은 먼저 병적인 잘못된 길로서, 즉 유럽의 재앙으로 이끌었다.

콤플렉스 심리학을 아는 사람들에게는 이미 오래전부터 확정된 의식화와 자기화Selbstwerdung(개성화Individuation)의 차이를 다시 한 번 밝히는 것이 불필요할 것이다. 그러나 나는 개성화 과정이 자아의 의식화와 혼동됨으로써 자아와 자기가 동일시되어 심각한 개념상의 혼란이 생겨나는 것을 되풀이해서 보게 된다. 그렇게 되면 개성화는 단지 자아 중심주의나 자기성애가 되어버린다. 그러나 자기는 오랜 옛날부터의 상징학이 증명하듯 단순한 자아보다 무한히 많은 것을 포괄하고 있다. 즉, 그것은 자기 자신이며 자아와 같이 모든, 다른 자기들이다. 개성화는 세계를 배제하는 것이 아니라 자기 자신 속에 세계를 포용하는 것이다.

이로써 나는 이제 설명을 끝맺고자 한다. 나는 심리학의 발달과 근본적인 문제를 대략적으로 설명하고, 그렇게 함으로써 이 학문의 정신, 그 정수에 관한 견해들을 전달하고자 했다. 내가 다룬 주제가 특별히 어렵다는 것을 감안하면서도 이에 기꺼이 응해주고 주의를 기울여 줄 것을 독자에게 지나칠 정도로 요구하게 된 점, 용서를 구한다. 근본적인 논의는 학문의 자기성찰 숙고에 속하지만, 그것이 재미있는 경우는 거의 없다.

후기

무의식을 설명하고자 참작한 견해들은 곧잘 오해받곤 한다. 그래서 나는 앞에서 설명한 원론적인 해석에 주로 일어나는, 적어도 두 가지 편견을 좀더 자세히 논의하도록 하겠다.

특히 원형은 **선천적 표상**表象, Vorstellung을 의미한다는 완고한 전제는 원형을 이해하기 더 어렵게 한다. 어떠한 생물학자도 각 개체가 자신의 일반적 행동 양식을 매번 새롭게 습득한다고는 생각하지 않을 것이다. 오히려 어떤 피리새가 자기 특유의 둥지를 만들 때, 그것이 토끼가 아니라 피리새이기 때문에 그렇다는 것이 더 그럴싸한 생각이다. 이와 마찬가지로 인간이 하마의 행동 양식이나 다른 어떤 동물의 행동 양식이 아니라 인간 특유의 행동 양식을 가지고 태어난다는 것이 더 맞을 법하다. 인간 특유의 행동에는 새나 네 발 달린 동물과는 구별되는 인간의 신체 현상학도 포함된다. **원형은 전형적인 행동 형식이며 의식화될**

때 표상으로 나타난다. 의식 내용이 되는 모든 것은 그렇게 표상이 된다. 특징적 인간적 방식이 문제되기 때문에 지구 반대편에 사는 사람뿐만 아니라 고고학만이 우리와 연결 지어줄 수 있는 수천 년 전 사람에게서도 나타나는 정신적 형식들을 인간이라는 개체 속에서 확인할 수 있다는 것은 별로 놀라운 사실이 아니다.

어떤 특정한 정신적 형식이 단지 일회적일 뿐만 아니라, 전형적 사건임을 증명하려면 내 자신이 여러 다른 개인들에서 필요한 유보 조건 아래 그 같은 것을 관찰했음을 먼저 입증해야 한다. 그러고는 다른 관찰자들도 비슷하거나 같은 관찰을 했다고 증명해야 한다. 아울러 비슷하거나 같은 현상이 다른 여러 민족과 인종의 민간전승에서, 그리고 과거 수백 년이나 수천 년 이래로 전승된 문헌들에서도 입증될 수 있어야 할 것이다. 따라서 나의 방법과 일반적 고찰은, 나뿐만 아니라 다른 관찰자들도 확인한 개인의 정신적 사실을 근거로 한다. 여기에 제시한 민간전승·신화·역사 자료는 일차적으로 시공간에서 정신 현상의 동일한 형식성을 증명하는 데 이바지한다. 개별적으로 발생한 전형적 형식의 의미 내용이 실제로 매우 중요하며, 또한 개별적인 경우에서 그 의미 내용을 인식하는 것이 상당한 역할을 하기 때문에 이를 통하여 신화소 또한 그 내용과 관련하여 이차적으로 어떤 조명 대상이 되는 것은 필연적이다. 그러나 그렇다고 해서 연구 목적이 신화소 해석에 있다는 뜻은 아니다. 하지만 바로 이 관계에서 선입견이 폭넓게 지배하고 있는데, 바로 무의식적 과정의 심리학이란 신화소를 해석하기 위한 어떤 '철학'이 아니냐는 선입견이다. 그러나 유감스럽게도 상당히 널리 퍼져 있는 이러한 선입견은, 우리의 심리학이 관찰 가능한 사실에서 나왔지 절대로 철학적 사변을 근거로 나오지 않았음을 일부러 못 본 체한 것이다. 예를 들어 우리가 꿈이나 상상에 나타나는 만다라 구조를 살펴본다면, 신중하지 못한 비평의 경우, 인도나 중국 철학을 정신 현상에 해석해 넣는다는 이의를 제기할 수 있으며, 실제로도 제기했다. 그러나 실제로는 단지 정신적 개별 현상을 아주 명백하게 동질 집단 현상과 비교했을 뿐이다. 동양 철학의 내성적 성향은 근본적으로 모든 시대와 지구상의 모든 지역에서 모두 내성적 태도를 나타내는 자료로서 드러난다. 비평가들에게 큰 어려움은 물론 만다라를 '만들어내는' 라마승의 정신 상태처럼 문제가 되는 사실을 자기 자신의 경험을 통해서 잘 알지 못한다는 데 있다. 이 두 가지 선입견이 적지 않은 학문적 능력이 있는 두뇌들을 현대 심리학에 다가서지 못하게 한다. 이 밖에도 이성으로는 극복할 수 없는 수많은 다른 장애물들이 있다. 그러므로 언급하지 않은 채로 두겠다.

사람들이 이해할 수 없다든가 대중이 무지하다고 해서 어느 정도 가능성 있는 성찰을 시도하는 일을 막을 수는 없다. 그 불확실성을 학문은 충분히 알고 있는 터이다. 물리학자들이 물리적 현상의 근간이 되는 과정을 알지 못하는 것과 마찬가지로 우리는 무의식 상태나 과정 그 자체를 정확히 알지 못한다. 현상계 너머에 있는 것을 우리는 전혀 생각할 수 없다. 왜냐하면 현상계 이외의 다른 근원지를 가진 생각이란 존재하지 않기 때문이다. 그러나 정신 본질을 근본적으로 깊이 생각하려면 우리는 판단의 준거가 될 아르키메데스의 점이 필요하다. 이것은 오직 **비정신적**일 수밖에 없다. 왜냐하면 생명 현상인 정신은 외견상 비정신적인 자연 속에 파묻혀 있기 때문이다. 비록 우리는 후자를 단지 정신적 소여성所與性으로 인지하지만 그 객관적 실재성을 납득시킬 만한 충분한 근거들이 존재한다. 그러나 그 객관적 현실은 신체적 한계 너머에 있는 한 주로 우리 망막에 비치는 빛의 미립자에 의해 매개된다. 이 미립자 배열이 현상계의 상을 묘사하는데, 현상계의 본질은 한편으로는 통각統覺하는 정신의 성질에, 다른 한편으로는 매개하는 빛의 성질에 달려 있다. 통각하는 의식은 고도로 발달할 수 있음을 증명했고, 도구를 구성해, 그 도움으로 시각과 청각을 상당할 정도로 넓힐 수 있었다. 이로써 현실이라고 설정한 현상계뿐만 아니라 주관적 의식 세계도 엄청나게 넓어졌다. 이러한 의식과 현상계 사이, 그리고 주관적 지각과 객관적 실제 과정, 다시 말해 그 에너지적 효과 사이의 주목할 만한 상관관계 존재는 더 이상 증명할 필요가 없겠다.

현상계가 원자의 수열 과정의 축적을 나타내므로 광자光子가 매개적 에너지 과정의 밑바닥에 있는 현실을 우리에게 뚜렷이 인식시키는지, 그리고 어떻게 그렇게 할 수 있는지 아는 것은 가장 중요하다. 빛뿐만 아니라 물질도 한편으로는 분리된 미립자처럼, 다른 한편으로는 파장처럼 반응한다는 사실은 경험을 통해 알 수 있다. 이러한 모순된 결과 때문에 원자의 수열 단계에서는 자연에 대한 통상적인 시·공간·연속성에서의 인과적 묘사를 포기하지 않을 수 없다.

그 대신 다차원적 공간의 비가시적 개연성의(확률적) 장場들이 나타났는데 이는 사실상 현재 우리가 가진 지식의 위치를 제시해준다. 이러한 추상적 설명 도식은 하나의 현실 개념을 근간으로 하는데, 그 현실 개념은 근본적으로 관찰하는 체계에 대한 관찰자의 영향을 고려한다. 그렇게 함으로써 현실은 그 객관적 성격을 부분적으로 잃어버리며 물리적 세계상에 주관적 요인이 덧붙여진다.[131]

원자 수열 질서 과정에 대한 통계적 규칙성 적용에 놀랄 만치 일치하는 것이 심리학에도 있다. 그것은 심리학이 의식의 기초를 연구할 때, 곧 의식적 과정이 생각할 수 없을 정도로 희미해지고 의식 내용에 배열하는 영향을 주는 작용만을 확인할 수 있을 때까지 의식 과정을 추적해 들어갈 때에 그렇다.[132] 이 작용을 연구하면 그 작용이 무의식의,

즉 객관적 현실에서 나온다는 특이한 사실을 발견하는데 그것은 또한 동시에 주관적 현실처럼, 곧 마치 의식성처럼 반응한다. 무의식 작용의 근간을 이루는 현실은 또한 관찰하는 주체를 포함하기 때문에 상상할 수 없는 성질이 있다. 따라서 현실은 사실 가장 내밀한 주관적인 동시에 보편적으로 진실인 것, 곧 원칙적으로 어디에나 존재하는 것으로서 증명되는 것이다. 이것은 개인적 성질의 의식 내용에는 전혀 해당되지 않는다. 비전문인의 오성悟性이 언제나 정신적 표상과 결부시키는 일과성·임의성·모호성과 일회성은 의식에만 해당되고 절대적 무의식에는 해당되지 않는다. 따라서 양이 아니고 오직 질적으로 규정되는 무의식의 작용 단위, 곧 이른바 원형에는, 사람들이 확실하게 정신적이라고 묘사할 수 없는 성질이 있다.

나는 순전히 심리학적 숙고만으로 원형이 오직 정신적이기만 한 성질을 갖고 있다는 사실을 의심하기에 이르렀지만, 심리학은 또한 물리학의 성과 때문에 단지 정신적이기만 한 원형의 전제 조건을 수정하지 않을 수 없음을 알게 되었다. 즉 물리학은 원자 수열 단계에서 관찰자가 객관적 현실의 전제 조건이며, 이러한 조건에서만 만족할 만한 해석 도식이 가능하다는 결론을 먼저 심리학에 내놓았기 때문이다. 이것은 한편으로 물리적 세계상에 부착된 주관적 요인을 뜻하는 동시에, 다른 한편으로 정신을 설명하는 데 없어서는 안 될 정신과 객관적 공간-시간-연속과의 필연적 결합을 뜻한다. 물리적 연속을 상상하기 쉽지 않은 것처럼, 필연적으로 주어진 그 연속의 정신적 측면 역시 직관하기 어렵다. 그러나 정신과 물리적 연속과의 상대적 또는 부분적 동일성은 이론적으로 매우 중요하다. 왜냐하면 그 동일성은 물리적 세계와 정신세계 사이의 표면상의 비교 불가능함을 극복한다는 점에서 엄청난 단순화를 뜻하기 때문이다. 물론 일목요연한 방법으로 하지 않고 물리적 측면에서는 수학적 비유로, 심리학적 측면에서는 경험에서 유도된 요건, 곧 원형으로 극복한다. 원형의 내용은 만약 있다 하더라도 상상할 수는 없다. 원형은 관찰과 경험을 통해 비로소 나타난다. 곧, 원형은 표상들을 배열하면서 나타나며 그것은 그때마다 무의식적으로 일어나고 그래서 언제나 나중에야 비로소 인식된다. 원형은 현상계에서 유래함이 분명한 표상 자료를 동화하며, 이로써 가시화되고 정신적이 된다. 따라서 원형은 우선 단지 정신적인 크기로 인식되며 유클리드 공간을 우리가 직접 인식하는 물리적 현상의 기반으로 삼는 것 같은 원리로서 파악된다. 정신 현상에 대한 최소 광도의 설명은 비로소 원형에 비정신적 측면이 있으리라는 가정을 하게 된다. 이러한 결론의 근거는 동시성 현상이 제공한다.[133] 동시성 현상은 무의식적 요소들의 활동과 연관되어 있고 사람들이 지금까지 '텔레파시' 등으로 이해하거나 배척해왔다.[134] 그러나 회의론은 당연히 존재하는 사실에 적용할 것이 아니라 옳지 않은 이론에만 적용해야 한다. 선입견 없는 관찰자라면 누구도 동시성 현상을 부인할 수 없을 것이다. 그 현상을 인정하지 않으려는 저항은 주로 정신에 있는 것처럼 꾸며낸 초자연적 능력, 곧 이른바 미래를 내다보는 능력 등에 대해 느끼는 거부감 때문이다. 동시성 현상의 다양하고 혼란스러운 측면은, 내가 지금까지 확인한 바에 따르면 정신적으로 상대적인 공간-시간-연속체를 받아들이면 완전히 해명된다. 어떤 정신 내용이 의식의 문턱을 넘어서면 동시적 주변 현상이 사라진다. 시간과 공간은 통상적인 절대적 성격을 취하고 의식은 다시 주관성 안에 고립된다. 물리학에서 알려진 '상호 보충'이라는 개념으로 이해할 만한 경우 가운데 하나다. 무의식적 내용이 의식으로 넘어가면 동시성적 징후가 멈추고 반대로 주체가 무의식적 상태(황홀 상태)로 옮겨감에 따라 동시성적 현상을 불러일으킬 수 있다.

이와 같은 상호 보충 관계는 임상 경험에서 잘 알려지고 흔한 증례에서 관찰되는데 이들에서는 상응하는 무의식 내용을 의식할 경우에 특정한 임상적 증상이 사라진다. 다 아는 바와 같이 평소에는 의지에서 완전히 벗어나 있는 몇몇 정신 신체 현상을 최면, 다시 말해 의식의 제약을 통해서 불러낼 수 있다. 파울리는 여기서 나타난 보충 관계를 물리적 측면에서 다음과 같이 기술한다. "어떤 지식을 얻고 어떤 것을 잃을 것인가, 또는 쉽게 말해서 A를 측정하고 B를 망가뜨릴지, 아니면 A를 망가뜨리고 B를 측정할지는 실험자(또는 관찰자)의 자유로운 선택에 맡겨져 있다. 그러나 어떤 것도 잃지 않은 채 오로지 지식을 획득하기만 하는 것은 재량권 밖이다."[135] 이것은 특히 물리학적 관점과 심리학적 관점과의 관계에 해당된다. 물리학은 양量과 상호 간의 관계를 규정하지만 심리학은 어떠한 양도 잴 수 없는 질質만을 규정할 수 있다. 그런데도 두 학문은 서로 의미 있게 근접하는 개념에 이른다. 심리적·물리적 설명의 유사성은 이미 마이어C. A. Meier가 논문 「현대 물리학—현대 심리학」에서 제시하였다.[136] 마이어는 "두 학문은 수많은 기간 동안 분리된 작업에서 관찰과 그에 적합한 사고 체계를 쌓아왔다. 두 학문은 … 비슷한 근본 성격을 지닌 어떤 경계에서 마주쳤다. 조사 대상과 감각과 인식 기관이 있는 인간, 그리고 그 확대, 곧 측정 기구와 측정법은 뗄 수 없는 상호 관계에 있다. 이는 물리학뿐만 아니라 심리학에도 있는 상호 보충이다." 마이어는 물리학과 심리학 사이에는 심지어 "진정하고 올바른 보충 관계"가 있다고 말한다.

우연의 일치에 불과하다는 비과학적 변명에서 일단 벗어날 수만 있다면 문제 현상이 절대로 드물지 않고 비교적 자주 발생하는 일임을 알 수 있을 것이다. 이 상황은 확률 이상의 라인J. B. Rhine의 실험 결과와 전적으로 일치한다. 정신은 절대로 임의성과 우연으로 이루어진 혼돈이 아니라 자연과학적 방법으로 탐구할 수 있는 객관적 사실이다. 어떤 징후들은 정신 과정이 생리적 기초와 에너지적 연관이 있음을 보여준다. 문제가 객관적 사건인 만큼 에너지 과정 말고 어떤 것으로도 해석할 수 없다.[137] 다시 말해 우리는 비록 정신 과정을 측정할 수는 없지만, 지각될 수 있는, 정신에 의해 영향을 준 변화의 사실을 에너지 현상 이외의 것으로 파악하는 데는 성공하지 못할 것이다. 이로써 물리학자들이 몹시 불쾌해할 만한 상황이 심리학자들에게 생긴다. 심리학자는 측정할 만한 것을 손에 들고 있지 않은 채 에너지에 관해 말하고, 게다가 에너지 개념은 수학적으로 정확히 정의된 크기를 나타내 정신적인 것에 그대로 적용할 수도 없다. 역학 에너지 공식, 곧 $L = mv^2/2$은 m(질량)과 v(속도)라는 요소가 있는데, 우리가 보기에 이 둘은 경험적 정신의 본체와 비교할 수 없는 것처럼 보인다. 그런데도 심리학이 심혼의 효능(에네르게이아ἐνέργεια, 신적 능력)을 표현하려고 고유의 에너지 개념을 적용하고자 할 때에는, 당연히 수數-물리학 공식을 쓰지 않고 다만 유추를 적용할 뿐이다. 그러나 이러한 유추는 원래 물리적 에너지 개념이 발달되어 나온 더 오래된 견해이기도 하다. 왜냐하면 물리적 에너지 개념은 과거의 수학적으로 정의되지 않은 에네르게이아 사용에 기인하기 때문이다. 에네르게이아는 궁극적으로 '비상한 영향력'이라는 원시적, 또는 태곳적 견해로 거슬러 올라가기 때문이다. 이것이 이른바 마나Mana 개념으로, 멜라네시아에 국한되지 않고 네덜란드령 인도와 아프리카 동부 해안에도 존재하며[138] 부분적으로는 라틴어 '누멘numen'〔신성한 힘, 신적인 세력〕에, 또 부분적으로는 '게니우스genius'〔보호신〕(예를 들어 게니우스 로키genius loci)에도 그 어감이 남아 있다. 현대 의학심리학에서 리비도라는 용어를 쓴 것은 원시적 마나와 놀랄 만한 정신적 연관이 있다.[139] 그러므로 이러한 원형적 견해는 절대로 단지 원시적인 것에 지나지 않는 것이 아니고 물리적 에너지 개념과는 양적이 아니라 주로 질적이라는 점에서 구별된다. 정확한 양 측정 대신에 심리학에서는 강도를 어림잡아 정하게 되는데, 그 목적으로 감정 기능(가치 평가)을 쓴다. 심리학에서 감정 기능은 물리학의 측량 자리를 대신한다. 정신의 강도와 그 도수 차이는 양적인 특성을 가리키지만 직접적 관찰이나 측정은 할 수 없다. 심리학적 확인은 본질적으로 질적인 것이지만, 아울러 잠재적인 '물리적' 에너지론을 갖고 있다. 왜냐하면 정신 현상에서도 특정한 양적 측면을 찾아볼 수 있기 때문이다. 이 양적인 것들을 어떤 식으로든 측정할 수 있다면 정신은 에너지 공식을 적용할 수 있는 공간에서 움직이는 어떤 것으로 나타나야 한다. 다시 말해서 질량과 에너지가 똑같은 본질이므로 정신이 공간에서 확인할 수 있는 효과가 있다면, 정신은 질량과 속도에 적합한 개념일 것이다. 다른 말로 표현하자면, 정신은 움직인 질량이라고 표현할 만한 측면이 있어야 한다. 만일 우리가 물리적·정신적 현상과 관련해서 바로 예정조화설을 주장하지 않으려면, 물리적·정신적 현상은 상호 작용interactio일 수밖에 없을 것이다. 그러나 이 후자의 가설은 물질을 어떤 식으로든 접촉하는 정신, 그리고 반대로 잠재적 정신을 수반한 물질을 필요로 하고, 현대 물리학은 조만간 이 같은 명제에 관한 설명을 내놓을 것이다(에딩턴Arthur Eddington, 진스James Hopwood Jeans 등). 이와 연관해서 나는 초정신적 현상의 존재를 떠올리지 않을 수 없다. 초정신적 현상의 실재성의 가치를 인정하는 사람은 오직 그런 현상을 스스로 충분히 관찰할 기회가 있던 사람들뿐이다.

지금까지 이러한 고찰이 옳다면 정신의 본질에 관한 심각한 파문을 일으킬 만한 결론이 나올 수 있을 듯하다. 이때 정신의 객관성은 단지 생리학적이고 생물학적인 현상일 뿐만 아니라 물리학적인 현상과도 연관되어 있을 것이며, 그것도 핵물리학 현상과 가장 많은 연관을 맺을 듯싶다. 내가 설명에서 분명히 제시한 것처럼 여기서 문제 삼은 것은 어떤 유사성을 확인하는 일이지, 유사성을 가지고 어떤 연관성을 증명하여 결론을 이끌어내는 것이 아니다. 현대 물리학적, 그리고 심리학적 인식 입장으로는 어떤 기본적 고찰의 유사성을 확인하는 것으로 족하다. 그러나 둘 사이에 있는 유사성은 강조해도 될 만큼 충분히 의미가 있다.

번역: 한오수

집단적 무의식의 원형에 관하여

　집단적 무의식의 가설은 무의식의 개념과 마찬가지로 처음에는 일반인들에게 낯설지만 곧 친숙한 관념으로 사용되는 그런 개념이다. 카루스나 하르트만에서 주로 발견되는 무의식에 대한 철학적 관념은 물질주의와 경험주의의 파도 속에 뚜렷한 흔적도 남기지 않고 사라졌다가 다시 서서히 자연과학적 입장을 취하는 의학심리학 가운데에서 떠올랐다.

　처음에는 무의식의 개념이 억압되거나 잊혀진 내용의 상태를 표시하는 것에 국한되었다. 프로이트에게 무의식은—적어도 은유적으로는—이미 행동하는 주체로 나타나지만, 본질적으로는 잊혀지고 억압된 내용의 저장처일 뿐이며 오직 그 때문에 실제적 의미를 갖는다. 프로이트가 비록 다른 한편으로는 무의식의 원초적, 신화적 사유 방식을 일찍이 보았음에도 불구하고 그의 견해에 따르면 무의식은 개인적인 성질일 뿐이다.[1]

　어느 정도 표면에 있는 무의식 층은 명백히 개인적이다. 우리는 그것을 개인적 무의식 das persönliche Unbewußte이라 부른다. 그러나 이 개인적 무의식은 개인의 경험이나 습득에 의하지 않고 태어날 때부터 있는 더 깊은 층의 토대 위에 있다. 이 더 깊은 층이 소위 집단적 무의식das kollektive Unbewußte이다. 나는 '집단적'이란 표현을 선택했는데, 그 이유는 이 무의식이 개인적이 아닌 보편적 성질을 가지고 있기 때문이다. 즉 그것은 개인적 정신과는 달리 모든 개인에게 어디서나 똑같은 내용과 행동 양식을 가지고 있는 것이다. 달리 표현하자면 그것은 모든 인간에게 동일하며 모든 사람에게 존재하는, 초개인적 성질을 지닌 보편적 정신의 토대를 이루고 있다.

심적心的 존재는 오직 의식될 수 있는 내용이 있음으로 해서 인식된다. 그러므로 우리는 내용을 증명할 수 있는 한에서만 무의식에 대해서 말할 수 있을 뿐이다. 개인적 무의식의 내용은 주로 이른바 정감이 강조된 콤플렉스인데, 이것은 정신생활 가운데에서 개인적으로 친숙한 내용들로 이루어지고 있다. 이와는 반대로 집단적 무의식의 내용은 소위 **원형들** die Archetypen이다.

'원형archetypus'이라는 표현은 인간 안에 있는 신의 이마고imago Dei와 관련해서 이미 필로 유다이우스Philo Iudaeus(필론)[2]에게서 발견된다. 이레나이우스Irenaeus(이레네오)[3]도 "세상의 창조자는 자기 자신이 이 세상의 존재들을 창조한 것이 아니라, 다만 자기 밖의 원형들을 묘사했을 뿐이다"라고 했다. 『코르푸스 헤르메티쿰Corpus Hermeticum』(헤르메스 사상총서)[4]에서는 신을 토 아르케튀폰 포스Τὸ ἀρχέτυπον φῶς(원형적 빛)라고 칭했다. 이 표현은 디오니시우스 아레오파기타Dionysius Areopagita의 저술에 자주 나오는데 예를 들어 『천상의 위계에 대하여De caelesti hierarchia』[5]라는 책에서 '하이 아뷜라이 아르케튀피아이αἱ αὔλαι ἀρχετυπίαι'(비물질적 원형)라는 말이 나오고, 또한 마찬가지로 『신의 명칭에 관하여De devinis nominibus』[6]라는 책에도 원형이라는 표현이 나온다. 아우구스티누스의 말 가운데서 원형이라는 표현은 발견되지 않으나, 이데Idee〔이념, 관념〕라는 말이 나온다. 즉『다양한 질문에 관하여 *De diversis quaestionibus*』라는 책에는 "이데, 즉 스스로 형성되지는 않으며 … 신적神的인 지식에 포함되어 있는 관념"[7]들이라는 말이 발견된다. '원형'은 플라톤의 에이도스εἶδος〔형상, 표상〕를 설명할 수 있도록 다른 말로 바꾸어 쓴 것이다. 이러한 명칭은 우리의 목적에 합당하고 도움이 된다. 왜냐하면 이 명칭은 집단적 무의식의 내용에서 고대의, 혹은—더 적합하게 표현하자면—원초적 유형, 즉 고대로부터 존재해 온 보편적 상像을 뜻하기 때문이다. 레비-브륄Lucien Lévy-Bruhl이 원시적 세계관의 여러 상징적 형태를 표시하기 위해 사용했던 '집단표상 représentations collectives'이라는 명칭 역시 무의식적 내용에 적용할 수 있다. 왜냐하면 그것은 거의 같은 것에 해당되기 때문이다. 즉 원시 종족의 규범은 특수하게 변화된 형태의 원형을 다루고 있는 것이다. 물론 원시 종족에게 그것은 더 이상 무의식의 내용이 아니며 전통적인 가르침으로 이미 의식적 공식으로 변한 것이다. 이 공식들은 전통에 따라 주로 비밀 교의의 형식으로 전달되는데 근원적으로 무의식에서 유래하는 집단적 내용을 전달하는 전형적인 표현이다.

잘 알려진 원형의 다른 표현은 신화나 민담이다. 그러나 이것들도 오랜 시간에 걸쳐 특수하게 만들어진 특정한 형식들이다. '원형'이란 개념은 아직 의식의 가공加工을 받지 않은, 또한 그렇기 때문에 직접적인 정신의 소여성所與性을 나타내는 정신의 내용만을 표시한다는 점에서 '집단표상'에는 그저 간접적으로만 적용될 뿐이다. 그러한 것으로서 원형은 역사적인 것이 되어버렸거나 역사적으로 부각된 공식과는 적지 않게 다르다. 특히 비의秘儀의 더 높은 단계에서 원형은 의식적 가공이 지닌, 판단하고 평가하는 영향을 분명히 제시하는 표현 양식으로 나타난다. 이와는 반대로 꿈이나 환상에서 우리가 보는 것과 같은, 원형의 직접적인 출현은 예를 들어 신화의 경우보다 훨씬 더 개인적이며 이해하기 어렵거나 가식이 없다. 원형은 본질적으로 무의식의 내용을 나타내며 그것이 의식화되고 지각됨으로써 변하는 것이다. 즉 원형은 그것이 나타나는 그때그때의 개인의 의식에 맞추어 변한다.[8]

'원형'이 무엇을 뜻하는지는 방금 제시한 원형과 신화, 비의, 민담과의 관계를 통해서 분명해졌을 것이다. 이에 반해서 무엇이 원형인지 그 근본을 **심리학적으로** 규명하고자 시도한다면 문제는 복잡해진다. 사람들은 신화 연구에서 지금까지 항상 태양이나 달, 기상이나 식물, 혹은 다른 보조적인 표상들로 만족했다. 그러나 신화가 무엇보다도 심혼의 본질을 나타내는 정신적인 발현이라는 것에 대해서는 지금까지 거의 관심을 두지 않은 것이나 다름없었다. 원시인들에게는 명백한 일을 객관적으로 설명하는 것이 별로 중요하지 않다. 반면에 그는 피할 수 없는 욕구를 가지고 있는데, 더 정확히 말해서, 그의 무의식적 심혼은 모든 외부의 감각 경험들을 심혼의 사건에 동화시키려는 억제할 수 없는 충동을 가지고 있다. 원시인은 태양이 떠오르고 지는 것을 보는 것만으로는 만족하지 않는다. 이 외부적 관찰은 동시에 정신적 사건이 되어야 한다. 즉 태양은 그 변환에서 근본적으로는 바로 인간의 심혼 속에 살고 있는 어떤 신이나 영웅의 숙명을 묘사해야만 하는 것이다. 여름과 겨울, 달의 변화, 장마철 등과 같은 모든 신화화된 자연 과정들은 이러한 객관적 경험의 비유[9]에 불과한 것이라기보다는 오히려 심혼의 내면적이고 무의식적 드라마에 대한 상징적인 표현이다. 투사되는 동안에, 즉 자연 사건에 반영되는 과정에서 인간의 의식으로 파악할 수 있게 된 것이다. 투사가 너무나 철저해서 투사와 외부의 객체를 다만 어느 정도라도 분리시키기 위해서는 수천 년의 문화를 필요로 할 정도였다. 예를 들어 점성술의 경우, 심지어 이 태고의 '직관지直觀知, scientia intuitiva'에 관한 하나의 절대적인 이단화가 일어나게 되었는데, 그 이유는 사람들이 심리학적 성격학을 별들과 분리할 수 없었기 때문이었다. 그리고 성점星占을 읽을 줄 아는 사람이라면 누구나 알렉산드리아의 히파르코스 Hipparchos 시대 이래로 춘분점春分點이 0°에 확정되었다는 사실과 낮과 밤의 길이가 같은 자전축이 이동하는 세차歲差의 결과로 춘분점이 서서히 물고기좌의 초기 등급으로 나아가게 되기 때문에 모든 성점이 임의로 만든 12궁宮에 근거를 두고 있다는 사실을 알 것이다. 그런데도 점성술을 신봉하는 사람들은 오늘날에도, 혹은 거의 예외 없이, 천체의 영향에 관해 예전의 사람들이 가졌던 미신적인 가정에 빠진다.

원시인은 매우 인상 깊은 주관성을 지니고 있었기 때문에, 가장 먼저 신화와 심혼적인 것을 연관시킬 생각을 했음에 틀림없다. 원시인의 자연 인식이란 근본적으로 무의식의 심적 과정의 언어이며 겉옷과 같은 것이다. 심적 과정이 무의식적이라는 바로 그 이유 때문에 사람들이 신화를 설명할 때 심혼을 제쳐두고 그 밖의 다른 것들만 생각하는 것이다. 사람들은 일찍이 심혼 속에 신화를 생성시킨 저 모든 상像들이 들어 있다는 것을 쉽게 알지 못했고, 또한 우리의 무의식이 행동하며 고통을 받는 주체라는 것을 알지 못했다. 원시인은 그런 무의식의 드라마를 크고 작은 자연의 과정에서 유추해 재발견한다.[10]

"네 가슴속에 네 운명의 별이 있다"라고 세니Seni는 발렌슈타인Wallenstein에게 말했는데,[11] 만약 사람들이 이 마음의 비밀을 약간만이라도 알 수 있었다면 점성술은 매우 만족할 만한 성과를 이룩했을 것이다. 그러나 지금까지 사람들은 그것을 거의 이해하지 못했다. 오늘날 이 상황이 더 나아졌다고 나는 감히 주장하지 못하겠다.

종족의 가르침은 신성하면서도 위험하다. 모든 비밀스러운 교의는 심혼의 보이지 않는 사상事象을 이해하고자 추구하며, 그 모두가 가장 최고의 권위를 주장한다. 이 원시적인 가르침에서 진실인 것은 우세한 세계 종교들에서는 더욱더 큰 진실에 해당된다. 이 종교들은 원래 비밀스러운 계시의 지식을 가지고 있으며 심혼의 비밀을 장엄한 상像들로 표현했다. 그들의 사원과 성서는 상像과 언어로서 일찍이 성화된 가르침을 신앙심 깊은 모든 심성, 감성이 풍부한 모든 견해, 그리고 모든 사색적 활용 가능성에 이용될 수 있도록 알려주고 있다. 뿐만 아니라 생겨나서 전해진 상이 아름다울수록, 숭고할수록, 또한 더 광대하면 할수록 개인적 경험에서는 그만큼 더 멀리 벗어나 있다고 말하지 않을 수 없다. 우리는 그것을 다만 상상으로 느낄 수 있고 감득할 수 있다. 그러나 원초적 경험은 잃어버린 것이다.

심리학은 왜 경험과학 중에서 가장 늦게 생겨났으며, 우리는 왜 무의식을 오래전에 발견하지 못했고, 영원한 상들의 보물을 발굴해내지 않았을까? 그 이유는 단순히 우리가 심혼의 모든 것에 대해 직접적인 경험보다 훨씬 더 아름답고 더 광범위한 종교적 형식을 가지고 있었기 때문이다.

많은 사람들에게 기독교의 관념 세계가 퇴색해버렸다 하더라도 그 대신에 동방의 상징적 보고寶庫는 아직 경이로움으로 가득 차 있어 바라보는 데서 얻는 즐거움이나 새 옷에 대한 즐거움을 오랜 시간 동안 지속하게 만들고 있다. 그리고 이 밖에도 이러한 상들은—그것이 기독교의 것이든 불교이든 또는 어떤 다른 것이든 간에—아름답고, 신비스럽고, 예감에 가득 차 있다. 물론 상들이 우리에게 친숙하면 할수록 빈번한 사용으로 더욱 닳아버리고, 그 결과 거의 무의미한 모순 속에 케케묵은 겉모습만 남아 있게 된다. 동정녀 마리아의 출산의 비밀이나, 아버지와 아들의 닮은꼴(상사상相似像), 그리고 3위성이 아닌 삼위일체성은 더 이상 철학적 상상력을 북돋아주지 않는다. 그것은 단순한 신앙의 대상이 되어버렸다. 그러므로 이전에 고대 그리스인들의 마음과 혼이 그 옛날 기독교 이념에 사로잡혔던 것과 마찬가지로 교육을 받은 유럽인들의 종교적 욕구나 신앙적 의미, 철학적 사변이 동양의 상징들, 신격神格에 대한 인도의 웅대한 견해, 중국의 도교 철학의 심연에 매혹을 느끼는 것은 별로 놀라운 일이 아니다. 많은 사람들이 처음에는 기독교의 상징에 몰두했으나, 키르케고르S. Kierkegaard식의 신경증에 얽혀들거나 또는 그들과 신과의 관계가, 상징 의미의 빈곤이 증가한 결과로 인해, 참을 수 없이 첨예화된 나-너-관계Ich-Du-Beziehung로 발전하게 되었고, 그래서 신선하고 이색적인 동양 상징들에 매혹되는 상태에 이르렀다. 이제는 유럽이 동양의 상징의 지배 아래 있는 것이 무조건 패배를 뜻하는 것은 아니다. 종교적 감성이 개방되어 있고 살아 있음을 증명하는 것이기도 하다. 비슷한 현상을 교육받은 동양인에게서 관찰할 수 있다. 즉, 이들은 적지 않게 기독교의 상징이나 동양 정신에는 너무도 어울리지 않는 과학에 마음이 끌릴 뿐만 아니라 그에 대한 이해를 상당히 발달시키고 있다. 사람들이 이러한 영원한 상像에 빠지는 것 자체는 정상적인 일이다. 그러기 위해 이 상들이 존재하는 것이다. 상들을 마땅히 끌어당기고, 확신하고, 매료하며 압도해야 한다. 그것들은 계시의 원초적 자료에서 만들어진 것이며 그때그때의 신격의 최초의 경험을 묘사한다. 그러므로 그 상들은 인간에게 항상 신성의 예감을 열어주는 동시에 신성의 직접적인 경험을 보증한다. 흔히 수백 년에 걸친 인간 정신의 노력 덕분에 이 상들은 세계 질서를 만들어주는 사상의 광범위한 체계 속에 뿌리박고, 동시에 강력하며 광범위하게 펴져 있으며, 오래되고 존귀한 교회라고 불리는 기관을 통해 묘사되고 있다.

    나의 생각을 가장 잘 설명해줄 만한 예는 아마도 최근에 시성諡聖[교황청에서 성인품으로 올림)된 스위스의 신비주의자이며 은둔자인 니클라우스 폰 플뤼에[12] 수사의 경우일 것이다. 그의 가장 중요한 체험은 소위 삼위일체 환상이었다. 그는 그 환상에 너무도 골몰하여 암자의 벽에 그것을 직접 그리기도 했다. 이 환상은 작젤른Sachseln의 본당 교회에 보존되어 있는 동시대의 그림 한 점에 묘사되어 있다. 그것은 여섯 칸으로 나누어진 만다라로서, 중앙에는 왕관을 쓰고 있는 신의 얼굴이 있다. 니클라우스 수사는 한 독일 신비주의자의 도해가 있는 소책자의 도움을 받아 자신의 환상의 본질을 밝히려고 탐구했으며 그의 첫 체험을 이해할 수 있는 형식으로 만들고자 노력했다. 그는 수년간 그 일에 몰두했다. 내가 상징의 '마무리작업Bearbeitung'이라고 칭하는 것이 바로 이것이다. 니클라우스 수사는 그의 입문서에 있는 신비스런 도식의 영향을 받은 환상의 본질을 깊이 생각한 결과 필연적으로 성스러운 삼위일체, 즉 '최고의 선善', 영원한 사랑 자체를 틀림없이 직접 보았다는 결론에 이르렀다. 작젤른에 있는 명철한 표현 또한 이에 일치한다.

그러나 그의 첫 체험은 아주 다른 것이었다. 즉 수사는 황홀경에서 어떤 얼굴을 보았는데 너무도 섬뜩하여 얼굴이 변할 정도였다. 사람들이 그것을 보고 크게 놀랐고 그를 무서워하게 되었다. 그가 본 것은 극도로 강렬한 환상이었다. 여기 관해 뵐플린Heinrich Wölfflin은 다음과 같이 기술하고 있다. "그에게로 간 모든 사람은 그를 보자마자 크게 놀랐다. 이 놀라움의 원인에 대해서 그는 꿰뚫고 나가는 빛을 보았는데 그것이 사람의 얼굴을 생각하게 했기 때문이라고 말하곤 했다. 그 환상을 보았을 때 그는 심장이 작은 조각으로 파열되는 듯한 공포를 느꼈다고 했다. 공포에 질린 그는 즉시 얼굴을 돌렸고 땅에 쓰러졌다고 말했다. 그래서 지금 그의 얼굴은 타인에게 섬뜩한 것이 되었다는 것이다."[13]

이 환상은 당연히 「묵시록」 1장 13절에 있는 환상들, 즉 저 기묘한

「묵시록」의 예수상과 관계가 있다.[14] 일곱 개의 뿔을 가지고 일곱 개의 눈이 달린 괴물스러운 양¥(「묵시록」, 5장 6절)만이 바로 기괴함이나 진기함에서 이 예수상을 능가할 뿐이다. 이 형상은 복음서의 예수와는 매우 이해하기 어려운 관계에 있다. 그러므로 일찍이 이 환상은 전통적으로 특정한 방식으로 해석되었다. 인도주의자인 칼 보빌리우스Karl Bovilius는 1508년에 한 친구에게 다음과 같이 썼다. "언젠가 별이 빛나는 밤에 니클라우스 수사가 기도와 성찰에 몰두하고 있을 때 하늘에서 나타난 얼굴에 대해 얘기하겠네. 그는 분노와 위협으로 가득 찬 끔찍한 표정을 하고 있는 사람 얼굴을 보았던 것이네." 등.[15]

이 해석은 「묵시록」 1장 13절을 통한 현대적인 확충과 아주 잘 일치한다.[16] 다른 환상들도 역시 잊어서는 안 될 것이다. 예를 들자면 곰가죽을 쓰고 있는 예수나, 남자이며 여자인 신, 아들로서의 니클라우스 수사 등과 같은 것들이다. 그들은 부분적으로는 도그마와는 매우 다른 특성을 보여주고 있다.

이 위대한 환상은 전통적으로 작젤른 교회에 있는 삼위일체상이나 소위 『순례자를 위한 소책자Pilgertraktat』[17]에 있는 수레바퀴 상징과 관련이 있는 것으로 되어 있다. 즉 니클라우스 수사는 그를 방문한 순례자들에게 수레바퀴상을 보여주었다. 그는 이 그림에 몰두하고 있었음에 틀림없다. 블랑케Fritz Blanke는 전통적 견해와 반대로, 환상과 삼위일체상 사이에는 어떠한 연관도 없다는 견해를 가지고 있다.[18] 그러나 이런 회의적 태도는 좀 지나친 것 같다. 수레바퀴 그림에 대한 수사의 관심에는 어떤 이유가 있었을 것이다. 그러한 종류의 환상들은 흔히 정신적 혼란과 분열을 일으킨다("조각조각으로 파열된" 심장). "감싸는 원圓", 만다라가 정신적 혼돈 상태에 대해 예로부터 전해 내려오는 해독제임을 우리는 경험을 통해 배웠다. 그러므로 수사가 바퀴 상징에 매료되었던 것은 아주 납득할 만한 것이다. 끔찍한 환상을 신의 체험으로 해석하는 것 역시 빗나간 것은 아닐 것이다. 위대한 환상과 작젤른의 삼위일체상이나 수레바퀴 상징 사이의 연관성은 내적 심리적 근거로 볼 때 매우 있을 법한 것으로 여겨진다.

도그마의 안내나 성서 해석의 주해 없이 마치 화산과도 같이 니클라우스 수사의 관조 세계를 뚫고 들어온, 이런 분명 무시무시한 환상은 그것을 심혼과 심혼의 전체적 개관 속에 배열시킴으로써 장애를 일으킨 마음의 균형을 다시 복구시키기 위해서는 물론 더 긴 동화 작업을 필요로 했다. 이 체험과의 대면은 당시 확고부동한 교리의 바탕 위에서 일어났는데, 이것은 무시무시하며 생동적인 것을 삼위일체 이념의 아름다운 구체성으로 변화시켜 구해냄으로써 그 동화 능력을 입증했다. 그러나 이러한 대결은 환상 자체, 혹은 환상의 비밀스러운 사실성의 전혀 다른 토대 위에서 이루어졌을 수도 있었을 것이다. 그렇게 되었더라면 아마도 기독교적 신의 개념에 불리했을 것이고, 니클라우스 수사 자신에게는 분명 더 크게 불리한 것이 되었을 것이다. 그는 아마 성자가 아닌 이교도(아니면 환자)가 되어 어쩌면 자신의 생을 화형장에서 마쳤을 수도 있었을 것이다.

이 예는 도그마의 상징이 유용하다는 것을 보여준다. 그것은 그 강력함 때문에 당연히 '신의 체험'이라고 부를 만한 것으로, 강대하고 위급한 심적 체험을 인간의 이해 능력이 받아들일 수 있는 방식으로 명확히 표현한다. 이 경우 체험의 넓이를 근본적으로 침해하지 않으며 그것의 탁월한 의미도 손상하지 않는다. 어떤 의미에서는 야코프 뵈메 Jacob Böhme에게서도 만나게 되는 분노한 신의 얼굴은 신약의 신, 즉 하늘에 있는 사랑하는 아버지와 잘 맞지 않는다. 그래서 쉽게 내면적 갈등의 원천이 될 수도 있었을 것이다. 그와 같은 것은 심지어 시대정신 속에 있었는지 모른다. '대극의 결합'의 공식을 통해서 임박한 교회의 분열을 예견하고자 했던, 니콜라우스 쿠자누스의 시대인 15세기 말이 그와 같았다. 그 후 오래되지 않아서 여호와적 신 개념은 개신교에서 일련의 재탄생을 겪게 되었다. 여호와는 아직 분리되지 않은 대극을 내포한 신의 개념이다.

니클라우스 수사는 집과 가족을 떠나 오랫동안 혼자 살면서 어두운 거울을 깊이 바라봄으로써 관습이나 습관에서 벗어났으며, 그 결과로 경이롭고 두려운 원초적 체험이 그에게 일어났다. 이러한 상황에서 수백 년 동안 발달되어 온 도그마적인 신격상神格像이 마치 구원의 약수처럼 작용했다. 그것은 원형상의 숙명적인 침입을 동화하고 그렇게 함으로써 자기 자신의 붕괴에서 벗어나도록 그를 도왔다. 안겔루스 질레지우스Angelus Silesius(1624~1677, 독일 바로크 시대의 신비주의적 종교시인)는 그처럼 운이 좋지는 못했다. 내면內面의 대자對自가 그를 붕괴시켰는데, 왜냐하면 그의 시대에는 도그마를 보장하던 교회의 확고함이 이미 흔들렸기 때문이다.

야코프 뵈메는 '분노의 불'의 신, 진정으로 숨어 있는 신을 알고 있다. 그러나 그는 자기가 깊이 경험한 대극을 한편으로는 성부 성자의 기독교적 공식을 통해서 극복할 수 있었고, 영지주의적 세계관이기는 하지만 근본적으로 모든 점에서 기독교적인 세계관에 사변적으로 함입해 넣을 수 있었다. 그렇지 않았더라면 그는 이원론자가 되었을 것이다. 다른 한편으로는 오랫동안 비밀리에 대극의 합일을 준비해왔던 연금술이 분명히 그에게 도움이 되었다. '심혼에 대한 40개의 질문'[19]에 포함되어 있고 신격의 본질을 묘사하는 그의 만다라에서의 대극은 항상 분명한 흔적을 남겼고, 그렇게 함으로써 이것은 어두운 절반과 밝은 절반으로 나뉘었다. 그리고 각각에 해당되는 반원半圓은 하나의

원이 되어 있지 않고 서로 반대로 등을 대고 있다.[20]

도그마가 집단적 무의식을 넓은 범위에 걸쳐 공식화함으로써 도그마는 집단적 무의식을 대체한다. 그러므로 가톨릭적 삶의 형태는 이러한 의미에서의 심리적 문제성을 근본적으로 알지 못한다. 집단적 무의식의 삶은 거의 남김없이 도그마적, 원형적 표상에 사로잡혀 있으며, 제어된 흐름으로서 '사도신경'과 의식儀式의 상징적 표현 안에서 흐르고 있다. 그 삶은 가톨릭적 심혼의 내면성에서 나타난다. 집단적 무의식은 우리가 오늘날 알고 있는 바처럼, 결코 심리적인 것은 아니었다. 왜냐하면 기독교 교회 이전에는 고대의 비밀 종교의식이 있었고, 이것은 아득한 옛날 신석기 시대에까지 소급되기 때문이다. 심혼 깊숙이 있는 섬뜩한 생명력에 대항해서 마술적인 보호를 제공해주는 강력한 상들이 인류에게 없었던 적이 결코 없었다. 무의식의 형상들은 항상 보호하고 치유하는 상으로 표현되었으며, 그럼으로써 우주의, 심혼 밖의 공간으로까지 나아가게 되었다.

그러나 종교개혁의 성상파괴 운동은 말 그대로 성스러운 상의 보호벽에 큰 균열을 일으켰고, 그 이후로는 하나씩 차례차례로 부서져 떨어져나가 불쾌한 것이 되어버렸다. 자라나는 이성과 충돌하게 되었기 때문이다. 더구나 사람들은 이미 오래전에 그 성스러운 상들이 무엇을 뜻하는가를 잊어버렸다. 사람들이 그것을 정말로 잊었던 것일까? 아니면 그것이 무엇을 뜻하는가를 줄곧 모르다가 개신교적 인류의 새 시대에 이르러서야 비로소 동정녀의 출산이나 그리스도의 신격神格, 삼위일체의 복합성이 뜻하는 바가 무엇인가를 전혀 알지 못했다는 사실을 깨달은 것일까? 거의 그런 것 같다. 이 상들은 그저 그렇게 살아 있었고 사람들이 그 살아 있는 존재를 아무런 의심이나 생각 없이 단순히 받아들였던 것 같다. 모든 사람들이 크리스마스 트리를 장식하고 부활절

달걀을 감추면서도, 이러한 관습이 무엇을 뜻하는지 전혀 알지 못하면서 그것을 하는 것처럼 말이다. 원형상들에는 선천적으로 충만한 의미가 있어서 사람들은 그것이 원래 무슨 뜻이었는지를 결코 묻지 않는다. 그래서 신들은 때때로 죽어간다. 신들이 아무런 의미도 없으며, 인간에 의해 만들어진 나무나 돌로 형성된 쓸모없는 것임을 사람들이 갑자기 발견하기 때문이다. 실은 인간이 그때까지 그 상들에 대해서 아무것도 생각하지 않았다는 사실을 발견한 것뿐이다. 인간이 그 상들을 생각하기 시작하면서 그는 그 일을 '이성'이라 부르는 것의 도움으로 행한다. 그런데 그 이성이란 것은 사실 자신의 선입견과 단견의 총체에 불과한 것이다.

   개신교의 발달사는 끊임없는 우상 파괴의 역사다. 하나의 벽이 다른 벽에 이어 허물어졌다. 그리고 일단 교회의 권위가 한 번 흔들리자, 이 파괴는 그다지 어려운 일도 아니었다. 우리는 큰 것, 작은 것, 일반적인 것, 개별적인 것에서 어떻게 조각조각 붕괴가 일어났으며, 그리고 현재를 지배하고 있는 경악할 만한 상징의 빈곤이 어떻게 이루어졌는가를 안다. 그럼으로써 교회의 힘 역시 사라져버렸다. 즉 보루가 약탈당한 성채이자, 벽이 부서진 집이어서 세계의 온갖 바람과 위험에 내맡겨졌다. 실제로 역사적 감정에 고통을 주는 이 한탄스러운 붕괴는 수백 개의 종파로 갈라진 개신교의 분열이고, 이것은 불안이 지속될 것임을 보여주는 확실한 징표다.

   개신교적 인간은 사실 무방비 상태에 버려졌다. 자연적 인간이라면 그 앞에서 몸서리를 쳤을 것이다. 계몽된 의식은 물론 그런 것에 상관하려 하지 않는다. 그러나 유럽에서 상실되는 것을 아주 은밀히 다른 곳에서 찾는다. 사람들은 마음과 감각의 불안을 진정시켜주는 데 효과적인 영향을 주는 상들이나 관조의 형식을 탐색하며 동양의 보물을 발견한다.

그 자체에 대해서는 이의를 제기할 것이 없다. 아무도 로마인에게 아시아의 제식祭式을 대중 상품으로 수입하라고 강요하지는 않았다. 로마 군단의 명망이 퇴색해졌을 때, 소위 이질적인 기독교가 게르만 민족에게 잘 맞지 않았다면, 그들은 기독교를 쉽게 밀쳐냈을 것이다. 그러나 기독교는 남아 있게 되었다. 그 이유는 기독교가 기존 원형의 모델과 일치하기 때문이다. 그러나 기독교는 여러 세기가 경과하면서 창시자가 그것을 체험한다면 상당히 의아하게 여겼을지도 모를 어떤 것이 되어버렸다. 흑인이나 아메리카 인디언들이 어떻게 기독교를 받아들이게 되었는지는, 역사적 관찰에 상당한 계기를 제공할 것이다. 다시 말해서 왜 서구인이 동양의 형식에 동화해서는 안 되는가? 로마인도 축성을 드리기 위해서 엘레우시스, 사모트라케, 이집트 등으로 갔다. 심지어 이집트에는 이러한 종류의 관광사업이 있었던 것 같다.

고대 그리스와 로마의 신들은 우리의 기독교 상징과 똑같은 병으로 몰락했다. 오늘날과 마찬가지로 당시의 인간 역시 그들이 상징에 대해 전혀 아무것도 생각하지 않았다는 것을 발견했다. 반대로 이방인들의 신은 아직 신선한 마나(마력魔力)를 갖고 있었다. 그들의 이름은 진기하고 불가해했고 그들의 행동은 올림포스산의 낡은 추문들과는 아주 달리 예감에 가득 차 있으며 비밀스러웠다. 사람들은 적어도 그 아시아의 상징을 이해하지 못했고, 그렇기 때문에 그 상징들은 오래전부터 익숙해 있던 신들처럼 진부하지는 않았다. 사람들이 옛것을 생각 없이 치워버린 것과 마찬가지로 새로운 것을 별생각 없이 수용했고, 그것이 당시에는 문제시되지 않았다.

그러면 오늘날에는 문제시될 것인가? 이국적 풍토에서 자랐고, 낯선 피에 젖어 있으며, 낯선 언어로 말하고, 낯선 문화로 길러진, 그리고 낯선 역사로 바뀐 완성된 상징을 마치 새 옷처럼 우리가 입을 수 있을까? 왕의 옷을 두른 거지나 거지로 가장한 왕은 아닐까? 의심할 여지 없이 충분히 가능한 일이다. 아니면 가장무도회를 하지 말고 우리 자신의 옷을 직접 만들라는 명령이 우리의 마음속 어느 곳에 있는 것일까?

상징이 점점 더 빈곤해지는 데는 어떤 의미가 있다고 나는 확신한다. 이러한 발전에는 내적인 귀결이 있다. 사람들이 생각하지 않았던 모든 것, 그래서 계속 독자적으로 발달해가는 의식과의 의미 있는 관계가 결여되어 모든 것들이 사라지고 있다. 신지자神智者들이 했던 것처럼 벌거벗은 몸을 화려한 동양의 예복으로 덮고자 시도한다면, 사람들은 자신의 역사에 불성실하게 될 것이다. 나중에 인도 연극의 왕처럼 포즈를 취하기 위해서, 먼저 거지로 가난하게 살림살이를 하지는 않는다. 적법한 상속자가 아니라서 절대로 가질 수 없는 어떤 소유물을 마치 자기 것인 양 속이는 것보다는, 상징이 없기 때문에 야기되는 정신적 빈곤을 과감히 인정하는 것이 더 나은 것처럼 내게는 보인다. 확실히 우리는 기독교 상징 표현의 적법한 상속자다. 그러나 우리는 이 유산을 어떤 이유에서인지 헛되이 썼다. 우리는 조상이 세운 집을 허물고, 조상이 전혀 알지 못했던 동양의 궁전으로 밀쳐 들어가려고 한다. 역사적 상징을 잃어버리고 '대체물'에 만족할 수 없는 자는 오늘날 물론 어려운 상황에 처해 있다. 즉 그의 앞에는 허무가 입을 벌리고 있고 사람들은 두려움 때문에 그것을 외면한다. 더 나쁜 것은 이러한 진공 상태가 정신적 황폐로 두드러진 불합리한 정치적·사회적 이념으로 채워진다는 사실이다. 그러나 이러한 훈장티를 내며 아는 체하는 것에는 만족할 수 없는 사람은 그의 이른바 신에 대한 믿음을 진지하게 사용하지 않을 수 없음을 안다. 이때 분명한 것은 대개 불안이 더 설득력 있게 다가온다는 사실이다. 이는 오히려 당연하다고 볼 수 있다. 왜냐하면 신에게 가장 가까운 곳이 가장 큰 위험이 있는 곳처럼 보이기 때문이다. 정신적 빈곤을 인정하는 것은 위험하다. 왜냐하면 가난한 자는 갈망하며 갈망하는 자는 운명을 자신에게 끌어들이기 때문이다. "모든 부유함의 배후에는 하나의 악마가, 그리고 모든 가난의 배후에는 두 명의 악마가 있다"는 스위스의 속담은 그것을 노골적으로 보여주고 있다.

기독교에서 세속적 가난의 맹세가 세속의 재물의 의미를 외면하게 했던 것처럼 영적 가난 역시도 거짓된 영적인 풍요를 포기하게 할 것이다. 그것은 오늘날 개신교의 '교회'라고 부르는 저 위대한 과거의 빈약한 잔재에서 물러날 뿐만 아니라 이국적 향기의 모든 유혹으로부터 물러나서 세계의 삭막함이 의식의 차가운 빛에서 성좌에까지 확대되는 곳에서 우리 자신 속으로 되돌아가기 위함이다.

우리는 조상의 이러한 가난을 이미 상속받았다. 나는 아직도 내 아버지에게서 받았던 견진성사 강의를 잘 기억하고 있다. 교리문답서는 참을 수 없을 정도로 지루했다. 한 번은 재미있는 것이 있지 않을까 하는 생각에 조그마한 책을 뒤적인 적이 있었다. 그러다가 삼위일체에 관한 항목에서 내 시선이 멈췄다. 그것은 나의 관심을 끌었고, 나는 강의가 그 부분에 이르기를 초조하게 기다렸다. 그렇지만 열망하던 그 시간이 왔을 때, 아버지는 "이 장은 생략하자. 나 자신도 그것에 대해 전혀 모르겠단다"라고 말했다. 그럼으로써 나의 마지막 희망은 사라졌다. 비록 나는 아버지의 솔직성에는 감탄했지만, 그 일은 그 뒤부터의 모든 종교적 대화가 끔찍하게 지루해진 점을 바꾸어주지 못했다.

우리의 지성은 엄청난 것을 이룩하였다. 그러는 사이에 우리의 영적인 집은 허물어져버렸다. 미국에서 제작된 최신의 가장 큰 반사망원경으로도 가장 멀리에 있는 별 안개 뒤의 최고천最高天을 발견하지 못하리라는 것을 우리는 틀림없이 확신한다. 그리고 또한 우리의 시선이 무한히 넓은 죽음의 공간 속을 절망적으로 헤매리라는 것을 우리는 안다. 그리고 무한히 작은 것의 세계가 수학적 물리학을 통해서 밝혀지게 된다고 해도 더 나아질 것이 없을 것이다. 결국 우리는 모든 시대와 모든 민족의 지혜를 발굴해내서, 가장 비싸고 가장 훌륭한 모든 것들이 이미 오래전에 가장 아름다운 언어로 표현되고 있다는 사실을 발견한다. 사람들은 욕심 많은 아이들처럼 손을 뻗어 그것을 잡으면 소유할 수 있으리라고 생각한다. 그러나 사람이 가진 것은 더 이상 가치가 없고, 손은 붙잡는 데 지친다. 왜냐하면 재화는 시선이 이르는 도처에 널려 있기 때문이다. 이 소유물은 모두 물이 되어버린다. 그리고 사전에 이 지혜는 옳고 저 지혜는 나쁘다고 말해주는 구원의 망상에 빠져 있지 않다면 적어도 한 명 이상의 마술 견습생은 이처럼 스스로가 불러낸 하천에 익사한다. 연금술사들로부터 예언적 사명을 갖고 있다고 믿는 불안한 환자들이 생겨나는 것이다. 왜냐하면 지혜의 옳고 그름을 인위적으로 분리함으로써 심혼의 긴장이 생겨나고 이것에서 항상 자신의 악습의 동반자를 찾고 싶어 하는 아편 중독자의 고독이 생겨나기 때문이다.

우리들의 본래의 유산이 사라져버렸을 때, 헤라클레이토스의 말로 표현하자면, 모든 정신Geist 또한 불타는 높은 곳에서 내려왔다. 그러나 정신이 무거워지면 그것은 물이 되고, 지성은 악마처럼 외람되게 이전에 정신이 앉아 있던 왕좌를 차지한다. 정신은 아마도 심혼Seele에 관한 '권능의 나라'를 부당하게 차지할 수 있을 것이다. 그러나 인간의 칼이나 망치이지만 정신적 세계의 창조자, 심혼의 아버지가 아닌, 속세의 덧없는 지성은 그럴 수 없다. 클라게스Ludwig Klages가 주장한 말의 목적이 아마 여기에 있었을 것이고, 셸러가 말한 정신의 부흥은 충분히 겸허한 것이었다. 왜냐하면 두 사람 모두 정신이 위가 아닌 아래에, 불이 아닌 물이었던 시대에 속하기 때문이다.

그러므로 소피아Sophia가 잃어버린 아버지 뷔토스Bythos(그노시스 파에서 흔히 언급되는 원초적 심층)를 찾듯이, 심혼의 길은 물에, 심혼의 바다에 쉬고 있는 그 어두운 거울에 이른다. 항상 영적으로 가난한 상태, 즉 시종일관 끝까지 살아남았던 개신교의 진정한 유산을 스스로 선택한 자는 물에 이르는 심혼의 길에 다다른다. 이 물은 이제 은유적인 사설이 아니며 어두운 정신에 대한 살아 있는 상징이다. 나는 이것을 많은 사례를 대신할 만한 하나의 구체적 예에서 설명해보도록 하겠다.

개신교의 한 신학자는 다음과 같은 꿈을 자주 꾸었다.

> 그는 언덕에 서 있으며, 아래에는 깊은 계곡이 있고 그 계곡 안에는 어두운 호수가 있다. 그는 지금까지 자신이 호수에 다가가는 것을 항상 막는 무엇인가가 있다는 것을 꿈에서 알고 있다. 이번에야말로 가까이 물에 가리라고 그는 결심한다. 물가에 가까이 가자 어두워지고 으스스해졌다. 갑자기 돌풍이 물 표면 위로 스쳐지나갔다. 이때 공포감이 그를 사로잡았고,

잠에서 깨어났다.

이 꿈은 자연적인 상징의 내용을 보여준다. 꿈을 꾼 사람은 자기 자신의 깊은 내면으로 들어가고 그 길은 그를 신비스러운 물에 이르게 한다. 그리고 여기에서 베데스다 연못의 기적이 일어난다. 즉 천사가 내려와서 물을 만지며, 그럼으로써 물은 치유의 힘을 갖게 된다. 꿈에서 그것은 바람, 원하는 곳에서 부는 프네우마Pneuma(氣氣, 영기靈氣)다. 물을 소생케 하는 기적을 불러일으키기 위해서 인간이 물로 내려와야 할

필요가 있다. 그러나 물 위를 스쳐 지나가는 정령의 입김은 섬뜩하다. 그 원인이 인간이 아닐 경우, 혹은 인간이 그 원인을 모르는 모든 것에서 그렇게 느끼듯이. 물 위를 스쳐 지나감으로써 눈으로 볼 수 없는 어떤 존재, 누멘Numen(신성한 힘)이 암시된다. 그것은 인간의 어떤 기대나 자의적 계략도 활기를 넣어주지 못했던 것이다. 그것은 스스로 살며 전율이 인간을 엄습한다. 인간에게 있어 정신이란 항상 오직 사람이 믿는 것, 스스로 만드는 것, 책에 있거나 그것에 관해 사람들이 말하는 것만 해당되었다. 그러나 그것이 저절로 생겨나면 그것은 불가사의하고 무시무시한 귀신 놀음이어서 원시적 불안이 순진무구한 이성을 엄습한다. 케냐의 엘고니Elgonyi 노인들은 '불안을 만드는 자'라고 부르는 밤의 신에 대해 내게 설명했다. 그들이 말하기를, "차가운 바람결 같이 그는 당신에게 옵니다. 당신은 오한을 느낍니다. 아니면 그는 높이 자란 목초에서 휘파람을 불면서 돌아다닙니다." 이것은 기이하게 대낮에 갈대밭에서 피리를 불면서 배회하며 목동들을 놀라게 하는 아프리카의 목양신牧羊神, 판Pan이다.

이처럼 꿈에서의 프네우마 입김은 밤의 어두운 시간에 심혼의 깊은 계곡에 있는 물가 갈대밭 기슭에 발을 디딘 목사, 가축 떼를 거느린 목자를 놀라게 하는 것이다. 예전에 불같이 이글거리던 정신은 인류에 싫증이 나서, 창조자의 영광을 위하여 곰과 함께 으르렁거리기 위해 숲으로 간 니체의 『차라투스트라는 이렇게 말했다』[21]의 노인처럼 자연으로, 나무, 바위, 심혼의 물가로 내려온 것일 것이다.

만약에 우리가 보물을, 즉 아버지의 귀중한 유산을 다시 찾으려면 항상 아래를 향해 내려가는 물의 길을 가야만 한다. 심혼에 대한 영지주의 찬가[22]에서는 아버지인 왕의 왕관에서 없어진 진주를 찾기 위해서 부모가 아들을 보낸다. 그 진주는 깊은 우물 밑바닥에 있는데 그 우물은 육체적·정신적 부富의 세계, 육욕적이며 도취된 세계인 이집트 땅에서 용이 지키고 있다. 아들이자 상속인은 보석을 가져오기 위해 길을 떠났으나 이집트적 세속의 광란의 축제 속에서 자기 자신과 자신의 과제를 잊는다. 그러자 아버지의 편지가 그의 의무를 상기시킨다. 그는 길을 떠나 물가로 가서 어두운 깊은 우물 속으로 들어가고, 그곳 바닥에 있는 진주를 찾아서 마침내 그것을 최고의 신격神格에게 헌납한다.

바르데사네스Bardesanes가 써서 보냈다는 이 찬가는 우리 시대와 한 가지 이상의 공통적인 관점을 가진 시대에서 나온 것이다. 인류는 구하고 기다렸다. 그것은 구세주의 상징이 된 샘물에서 나온 물고기— '심연으로부터 끌어올림'[23]—였다.

내가 이 글을 쓸 때 밴쿠버에 있는 낯선 사람에게서 편지 한 통을 받았다. 그는 연속해서 물이 나타나고 물을 다루고 있는 자신의 꿈이 궁금했다.

> 꿈을 꾸면 거의 매번 물에 관한 것이 나타났습니다. 목욕을 하든가 변기가 흘러넘치든가, 관이 터지거나, 내 집이 물가로 휩쓸려가기도 하고 아는 사람이 막 물속으로 들어가려는 것을 본다든가, 내가 물에서 나오려고 하거나, 목욕 중에 욕조의 물이 흘러넘칩니다.[24]

물은 가장 잘 알려진 무의식의 상징이다. 계곡에 있는 호수는 무의식이다. 그것은 어느 정도 의식의 아래에 있기 때문에 흔히 '하의식下意識'으로 표시되기도 하여 종종 의식보다 못하다는 인상을 준다. 물은 '계곡의 영靈'이며, 그 성질이 물과 같은 도道의 수룡水龍이며 음陰에

흡수된 양陽이다. 그러므로 물은 심리학적으로 무의식화된 정신Geist 이라고 불린다. 그러므로 신학자의 꿈 역시 그가 베데스다 연못의 치유 기적과도 같은 살아 있는 혼의 작용을 물가에서 체험할 수 있다고 분명 말해주고 있는 것이다. 깊이 하강하는 것은 항상 상승에 선행하는 것 같다. 어떤 신학자[25]는 다음과 같은 꿈을 꾸었다.

> 그는 산 위에서 일종의 성배聖杯의 성城을 바라보았다. 그는 산자락을 향해 직선으로 뻗어 있고 위로 올라가는 것처럼 보이는 길을 걷고 있었다. 그러나 그가 산 가까이 다가갔을 때에는 매우 실망스럽게도 지하계와 같은 물이 쏴쏴거리며 흐르는 어둡고 깊은 협곡, 심연이 산과 그 사이를 갈라놓고 있음을 발견했다. 가파른 오솔길이 심연으로 나 있었고, 반대편에서 다시 어렵게 위로 오르도록 되어 있었다. 그러나 가능성은 희박해 보였다.

그리고 나서 그 사람은 꿈에서 깨어났다. 여기서도 꿈꾼 사람이 밝은 위쪽으로 오르기 위해서는 우선 어둡고 깊숙한 곳으로 들어가야 할 필요성이 있음을 알게 되고 그것이 더 높이 오르기 위해서 절대로 필요한 조건임이 드러난다. 이 심연에는 위험이 있고 영리한 자는 그것을 피한다. 그러나 그렇게 함으로써 용감하지만 영리하지 못한 모험을 통해 얻을 수도 있을 보배를 경솔하게 놓쳐버린다.

꿈을 꾼 사람의 진술은 '정신'을 오직 높은 곳에 존재하는 어떤 것으로만 알고 있는 의식의 강한 저항에 부딪힌다. '정신'은 겉보기에는 항상 위로부터 온다. 아래로부터는 모든 음울한 것, 사악한 것이 온다. 이 개념에서 정신은 최고의 자유, 심연 위를 떠다니는 것, 지하계적인 것의 구속으로부터의 벗어남을 뜻하고, 또한 그럼으로써 그런 상태로

'되고' 싶지 않은 모든 불안한 사람들에 대한 피난처를 뜻한다. 그러나 물은 지상적인, 만질 수 있는 것이며 충동이 지배하는 육체의 액체, 혈액이자 피비린내 나는 성질, 동물의 냄새이며 열정이 가득 찬 육체성이다. 무의식은 정신적으로나 도덕적으로 뚜렷한 의식의 대낮의 밝음에서부터 예로부터 교감신경으로 불리는 저 신경계神經系 아래쪽까지 미치는 그런 정신Psyche이다. 대뇌 척추계처럼 지각이나 근육활동을 유지하고 그럼으로써 둘러싸고 있는 공간을 지배하는 것이 아니고, 감각기관 없이 삶의 균형을 얻고 매우 비밀스러운 방법으로 동시에 흥분됨으로써 다른 생명의 가장 내면에 있는 존재로부터 오는 기별을 전해 줄 뿐만 아니라, 이 내면의 작용에 영향을 끼친다. 그것은 그러한 의미에서 극도로 보편적인 체계, 모든 신비적 융합participation mystique 고유의 토대다. 반면에 뇌척추 기능은 자아가 명확하게 분리하는 데서 절정에 달하고, 항상 공간 매체를 통해서 표면적인 것과 외형적 형식을 파악하려 한다. 후자는 모든 것을 외부적인 것으로 체험하나, 전자는 모든 것을 내면적인 것으로 체험한다.

    무의식은 이제 일반적으로 일종의 밀폐된 개인의 내밀한 삶으로 간주된다. 이것을 성경은 '마음Herz'이라고 칭하며 특히 온갖 사악한 생각의 근원이 되는 장소로 해석하고 있다. 심실心室에는 나쁜 피의 귀령, 성급한 분노, 취약한 관능이 살고 있다. 의식에서 바라보면 무의식은 그렇게 보인다. 그러나 의식은 본질적으로 모든 것을 나누어 분리시키고 개별화해서 보는 대뇌의 일인 듯하다. 무의식도 마찬가지여서 전적으로 나의 무의식으로 간주된다. 따라서 일반적으로 무의식으로 내려가는 사람은 내적 충동에 몰린 좁은 자기 중심적 주관성에 빠지고 막다른 골목인 심적인 지하세계의 동굴에 살게 됨으로써 모든 악한 동물의 공격에 내맡기게 된다고 생각한다.

물의 거울을 들여다본 사람은, 물론 먼저 자기 자신의 상을 본다. 자기 자신에게로 가는 자는 자신과의 만남을 무릅쓰게 된다. 거울은 아첨하지 않고 그 안에 보이는 것을 충실하게 보여준다. 즉 연극배우의 가면인 페르조나Persona로 가리고 있었기 때문에 우리가 결코 세상에 내보이지 않았던 그 얼굴을 충실하게 내보인다. 거울은 가면 뒤에 있으며, 진정한 얼굴을 보여준다.

이것은 내면으로 향하는 길에서의 첫 번째 담력 시험이다. 많은 사람들을 겁먹게 하기에 충분한 시험이다. 왜냐하면 자기 자신과의 만남이란 불쾌한 일에 속하기 때문이다. 모든 부정적인 것을 환경에 투사하는 동안은 그것을 피해갈 수 있을 것이다. 따라서 자신의 그림자를 보고 그것을 아는 데서 오는 고통을 참고 견뎌낼 수 있다면 비로소 과제의 작은 부분은 해결된다. 우리는 최소한 개인적인 무의식을 지양하는 것이다. 그러나 그림자는 인격의 살아 있는 부분이며 그렇기 때문에 어떠한 형태로든 함께 살아가려고 한다. 사람들은 그것을 무시할 수도 없고 그것이 해롭지 않다고 꾸밀 수도 없다. 이 문제는 극도로 어렵다. 그 이유는 그것이 인간 전체를 불러낼 뿐만 아니라, 자신의 절망감과 무능력을 상기시키기 때문이다. 강한 성질―아니면 오히려 약한 성질이라고 해야만 할까?―은 이러한 시사를 좋아하지 않으며 선악의 어떤 영웅적인 피안을 회상해내고는 매듭을 풀기보다는 단칼에 잘라버린다. 그러나 청구서는 언젠가는 지불되어야 한다. 사람들은 자기 자신의 수단만으로는 풀 수 없는 문제가 있다는 것을 인정해야만 한다. 그러한 자인自認은 정직함, 진리, 현실성의 장점을 갖는다. 그럼으로써 집단적 무의식의 보상적 반응에 대한 근거가 마련된다. 다시 말해서 사람들은 이제 도움이 되는 착상에 귀를 기울이거나, 이전에는 말로 표현하지 않았던 생각을 인지하게 된다. 사람들은 아마 이러한 순간에 모습을 드러내는 꿈에 주의하게 되거나, 혹은 바로 이 시기에 우리에게서 일어나는 어떤 사건을 생각하게 될 것이다. 사람들이 그러한 태도를 갖는다면 인간의 더 깊은 본성에 깃들어 있는 유용한 힘은 깨어나게 되고 영향을 줄 수 있다. 왜냐하면 무력함이나 유약함이 인류의 영원한 체험이며 영원한 문제이기 때문이다. 또한 거기에 대한 영원한 해답도 있다. 만약 그렇지 않다면 인류는 이미 오래전에 몰락해버렸을 것이다. 할 수 있는 모든 것을 하였을 때, 만약 알았더라면 할 수 있었을 것만 남아 있게 된다. 그러나 인간은 자기 자신에 대해서 얼마나 알고 있는가? 총체적인 경험에 비하면 극히 적다. 그러므로 무의식에는 아직도 많은 공간이 남아 있다. 주지하는 바와 같이 기도는 이와 비슷한 태도를 요구하고, 그렇기 때문에 또한 이에 상응하는 효과를 보인다.

집단적 무의식의 필요한, 또는 요구되는 반응은 원형적으로 형태를 갖춘 표상에서 드러난다. 자기 자신과의 만남은 우선 자신의 그림자와의 만남을 뜻한다. 그림자는 물론 좁은 길이며 좁은 문인데, 깊은 우물로 내려가는 자는 그것의 고통스러운 협소함을 감내해야 한다. 그러나 사람은 자신이 누구인가를 알기 위해서 자기 자신을 알아야 한다. 왜냐하면 죽음 후에 오는 것은 예측할 수 없게도 무한한 크기의 엄청난 불확실성이며, 외양상으로는 내면도 외면도, 위도 아래도, 이곳도 저곳도, 내 것도 네 것도, 선도 악도 아니기 때문이다. 그것은 모든 생명체가 떠돌아다니는 물의 세계인데, 여기에서 '교감신경'의 영역, 모든 생명체의 심혼의 영역이 시작되며, 나는 이것저것으로도 분리될 수 없고, 내 속에 있는 타인을 체험하며 타인은 자아로서 나를 체험한다.

집단적 무의식은 밀폐된 개인적인 체계가 아니다. 그것은 전 세계적으로 넓게 열려 있는 객관성이다. 나는 일상의 의식에서는 항상 객체를 가지고 있는 주체이지만 그와는 완전히 반대로 나는 모든 주체들의 객체이다. 그곳에서 나는 가장 직접적으로 세계와의 유대를 맺고 있어서 내가 실제로 누구인가를 쉽게 잊어버린다. 이 상태를 표시하는 데는 '망연자실忘然自失, In sich selbst Verloren'이란 적절한 말이 있다. 그러나 이 자기自己, selbst는 세계, 또는 하나의 의식을 알 수 있다면 하나의 세계eine Welt다. 그렇기 때문에 사람은 자신이 누구인가를 알아야만 한다.

어떤 사람이 무의식에 접촉하기만 해도 그 사람은 이미 그것이다. 다시 말하면 사람은 자신에 대해 무의식적이다. 그것이 원초적 위험이다. 스스로 이 플레로마Pleroma〔영지학, 그노시스에서 말하는 보이지 않는 신〕가까이에 있는 원시인들은 그 위험을 본능적으로 알고 있었고 공포의 대상이었다. 그의 의식성은 아직 불확실하고 확고한 기반을 갖고 있지 못하다. 그것은 아직 어린아이와도 같고 이제 막 원초의 물에서 떠오른 상태에 있다. 무의식의 파도가 쉽게 그를 덮칠 수 있으며 그는 자신이 누구였는가를 잊고 일을 행하면서도 자신을 더 이상 알지 못한다. 그러므로 원시인들은 자제되지 못한 정감을 두려워한다. 왜냐하면 그런 정감에 의식이 너무 쉽게 빠져서 사로잡힐 가능성이 있기 때문이다. 그러므로 인류는 의식을 강화하는 방향으로 지향해왔다. 의식儀式, 집단표상, 교리가 이런 목적에 기여했다. 즉 그것들은 무의식의 위험, '영혼의 위험'에 대항해서 설치된 댐이자 담이었다. 그러므로 원시의 의식은 강신술降神術, 탈마법, 흉조 예방, 위로, 정화, 그리고 이와 비슷한 것들, 즉 마술적으로 유익한 현상을 만들어내는 것으로 이루어지고 있다.

이처럼 고대로부터 설치되었던 울타리는 후에 교회의 토대가 되었다. 그러므로 상징이 오래되고 쇠약해지면 허물어져 붕괴되어버리는 울타리가 있는 것이다. 그러면 물은 더 높게 솟아오르고 무한한 재앙이 인류에게 닥쳐온다. 타오스푸에블로의 종교 지도자인 로코 테넨테

고베르나도르Loco Tenente Gobernador라고 하는 사람은 언젠가 나에게 다음과 같이 말했다. "미국인들이 우리의 종교를 파괴시키는 것을 중단해야 합니다. 만약 우리의 종교가 몰락해서 우리가 우리의 아버지인 태양이 하늘 위로 올라가는 것을 도울 수 없게 된다면 미국인과 모든 세계는 10년 내로 어떤 것을 체험하게 될 것입니다. 즉 그러면 태양은 다시 떠오르지 않을 것입니다." 다시 말하면 밤이 되어 의식의 빛은 사라지고, 어두운 무의식의 바다가 밀려들어온다는 것이다.

원시적이든 아니든 간에 인류는 항상 그들이 스스로 행하기는 하나 지배하지는 못하는 것 사이의 경계에 있다. 모든 세계는 평화를 원한다. 그리고 "평화를 원한다면, 전쟁을 준비하라"의 공리에 따라서 전쟁을 준비한다. 예를 하나만 든다면 말이다. 인류는 인류에 거역해서는 아무것도 할 수 없으며, 신들은 인류에게 운명의 길을 제시한다. 우리는 오늘날 신들을, '요인들Faktoren'이라 칭한다. 그 말은 파체레facere, 즉 '만든다'라는 단어에서 유래한 것이다. 만드는 자는 세계라는 극장의 배후에 서 있다. 그것은 작은 세계이건 큰 세계이건 존재한다. 의식에서는 우리가 우리 자신의 주인이다. 겉으로 보기에 우리 자신이 '요인'이다. 그러나 우리가 그림자의 문을 통해서 들어가면 놀랍게도 우리가 요인의 객체라는 것을 알게 된다. 그러한 것을 안다는 것은 대단히 불쾌한 것이다. 왜냐하면 우리 자신의 불완전함을 발견하는 것만큼 실망스러운 일이 없기 때문이다. 여기에는 심지어 원시적 공황의 동기가 존재한다. 그 이유는 불안하게 믿어왔고 지켜왔던, 실제로 인간의 성공의 비밀인 의식의 패권이 위험하게도 의문시되기 때문이다. 그러나 무지함이 안정을 보장하지 않고 오히려 불안정성을 증가시키기 때문에, 비록 두렵기는 하지만 우리를 위협하는 것을 아는 것이 더 나을 것이다. 올바른 문제 제기는 이미 어떤 문제가 반쯤은 해결된 것을 뜻한다. 여하튼 우리는 이제 우리를 위협하는 가장 큰 위험이 정신적 반응을 예견할 수 없다는 데서 유래함을 안다. 그러므로 통찰력 있는 사람은 이미 오래전부터 어떤 외부 역사적 조건들이 다만 실제로 현 존재를 위협하는 위험에 대한 하나의 계기일 뿐이라는 사실을 이해하고 있었다. 다시 말해 정치·사회적 망상 형성은 인과적으로 외부적 조건의 필연적 결과로서가 아니라 무의식의 결정으로서 이루어지고 있는 것이다.

이러한 문제 제기는 새로운 것이다. 왜냐하면 우리 이전의 모든 시대는 어떤 형태로든 신들을 믿었기 때문이다. 신을 정신적 요인, 즉 무의식의 원형으로 재발견하기 위해서는 전례가 없는 상징성의 빈곤을 필요로 했다. 이 발견은 우선은 아직 믿기 어려운 것이다. 확신을 갖기 위해서는 신학자의 꿈에서 대충 묘사된 그러한 경험을 필요로 한다. 그리고 나서야만 물 위에 있는 정신의 독자성이 체험된다. 별들이 하늘에서 떨어지고 우리의 최고의 상징들이 퇴색한 이래 무의식에서는 비밀스러운 삶이 지배하고 있다. 오늘날 우리는 심리학이 있기 때문에 무의식에 관해서 말한다. 그러나 상징을 지닌 어떤 문화권이나 어떤 시대에서는 이 모든 것들이 필요 없을 것이다. 왜냐하면 상징들은 위에 있는 정신Geist이기 때문이며, 그때는 정신 또한 위에 있다. 그러므로 그러한 사람들에게는 방해받지 않는 조용한 자연이 지배하는 것 말고는 아무것도 들어 있지 않은 무의식을 체험하거나 탐색하는 것은 어리석고 의미 없는 일일 것이다. 그러나 우리의 무의식은 활력이 있는 물, 즉 자연 그대로가 되어버린 정신Geist을 지니고 있다. 그래서 무의식이 교란되는 것이다. 하늘은 우리에게 물리적인 우주 공간이 되어버렸고 신의 천상계는 한때 있었던 그 옛날의 아름다운 추억이 되어버렸다. 우리의 "심장은 그러나 뜨겁게 타오르고", 은밀한 불안은 존재의 뿌리를 갉아 먹는다. 「뵐루스파Völuspâ」와 함께 우리는 이렇게 물어야 할 것이다.

> 광대의 머리를 하고 보단Wodan(게르만 신화의 주신)은 무엇을 웅얼거리는가?
> 샘물에서 이미 끓고 있다.[26]

무의식에 몰두하는 것은 우리에게 매우 중요한 문제다. 문제는 정신적 존재Sein인가 아니면 비존재Nichtsein인가 하는 것이다. 앞에서 언급한 꿈에 암시된 것과 같은 경험을 겪은 사람들은 모두 물속 깊숙한 곳에 보물이 있다는 것을 알고 있으므로 그것을 끌어올리려고 시도할 것이다. 그들이 누구인가를 잊어서는 안 되기 때문에 어떤 경우에도 결코 의식을 잃어서는 안 된다. 따라서 그들은 자신들의 입장을 땅 위에 굳건히 세울 것이며—비유를 계속해보자면—물속에서 헤엄치고 있는 것들을 낚시와 그물로 잡는 고기잡이가 될 것이다. 고기잡이가 무엇을 하는가를 이해하지 못하는 순수한 멍청이와 순수하지 않은 멍청이가 있다면, 후자는 그들이 하는 일의 세속적 의미에 대해서 헷갈리지는 않을 것이다. 왜냐하면 그들의 수작업의 상징은 성배聖杯가 주는 시들지 않는 메시지보다도 수세기나 더 오래되었기 때문이다. 그러나 모든 사람이 다 고기잡이는 아니다. 이 형상은 때때로 그들의 본능적인 전 단계에 머물러 있고 이때 그것은 수달이다. 우리는 이것을 오스카 슈미츠Oscar Schmitz 수달 민담[27]의 예에서 알 수 있다.

물속을 들여다본 자는 자기 자신의 상을 본다. 그러나 그 뒤에 곧 살아 있는 존재가 나타난다. 그것은 물고기들, 깊은 물 속에 사는 순진한 거주자들, 사람들이 호수를 무시무시하다고 여기지 않는다면 무해한 존재다. 그것은 특별한 종류의 물의 생물이다. 흔히 여성이면서 반은 사람인 인어[28]가 어부의 덫에 걸린다. 인어는 매혹적인 존재다.

> 반쯤 그녀가 그를 끌어당기자
> 반쯤 그가 가라앉는다
> 그러고는 더 이상 보이지 않았다.[29]

인어는 우리가 아니마라고 부르는 마술적 여성 존재의 더 본능적인 전 단계다. 그것은 또한 지레네[그리스 신화에서 반은 사람이고 반은 새인 바다의 마녀. 아름다운 노래로 뱃사람을 유혹해 죽인다]일 수 있으며, 멜루지네 Mellusine,[30] 숲의 여인, 우아한 여인, 요정 왕의 딸, 그리스 신화의 흡혈 여괴들, 수쿠부스[꿈에 나타나는 처녀 귀신. 중세 민간 신앙에 나타남]일 수도 있다. 이들은 젊은이들을 현혹해서 생명을 앗아간다. 도덕적인 비판자들은 이 형상들이 연모하는 감정 상태와 부도덕한 종류의 환상의 투사라고 말할 것이다. 이러한 단언에 대해서는 어느 정도의 정당성을 인정하지 않을 수 없다. 그러나 그것이 전적으로 진실일까? 요정의 존재가 정말로 도덕적 해이의 산물에 불과할까? 이미 오래전에, 여명의 인간 의식이 아직도 자연에 결합되어 있었던 시대에도 그러한 존재가 있지 않았던가? 도덕적 양심의 문제가 존재하기 훨씬 이전에 이 정령들은 아마도 맨 처음에는 숲, 들, 개울에 있었을 것이다. 게다가 그들은 마찬가지로 두려움의 대상이었으므로 그들의 다소 기이한 성애性愛적인 태도들은 다만 상대적인 특징일 뿐이다. 당시의 의식은 훨씬 더 단순했고, 의식이 점유하고 있는 부분은 매우 작았다. 우리가 오늘날 우리 고유의 정신적 본질의 구성 요소라고 느끼는 것 가운데서 무한히 많은 것이 원시인들에게는 곧잘 투사되어 그들을 넓은 들판에서 활발히 돌아다니게 한다.

'투사Projektion'라는 단어는 원래 적합한 말이 아니다. 왜냐하면 마음으로부터 밖으로 던져진 것은 아무것도 없고, 오히려 정신Psyche은 일련의 함입활동Introjektionsakten을 통해 오늘날 우리가 알고 있는 것과 같이 더 복잡하게 되어버린 것이다. 정신의 복잡함은 자연의 탈정신화에 비례하여 심화되어왔다. 오늘날 '성적 환상'으로 불리는 섬뜩한 느낌의 우아한 여인은 우리의 심적인 삶을 고통스러울 정도로 복잡하게 만든다. 그것은 인어처럼 우리에게 다가온다. 게다가 그것은 마치 꿈속의 처녀 귀신 수쿠부스와 같고, 마녀처럼 다양한 형태로 변신하며, 보편적인 원래 정신의 내용에는 당연히 걸맞지 않은, 견디기 힘들 정도의 독립성을 보인다. 때때로 그것은 최고의 마법에 버금가는 매혹, 또는 어떤 악령 현상도 능가할 수 없는 불안 상태를 일으킨다. 그것은 짓궂은 존재고, 다양하게 변신하거나 변장하여 우리가 가는 길을 가로지르며, 우리에게 온갖 장난을 치고, 행복을 주거나 혹은 속임수, 우울이나 황홀, 자제 못 하는 감정 등을 불러일으킨다. 이성적 함입의 상태에서도 물의 요정은 그의 장난기 어린 본성을 벗어나지 않는다. 마녀는 사랑과 죽음의 더러운 묘약을 뒤섞는 일을 멈추지 않는다. 그러나 그녀의 마법의 독은 음모와 자기 기만으로 정제되어, 비록 보이지는 않으나, 그렇다고 그것이 위험하지 않은 것은 아니다.

그러나 우리가 이러한 요정을 아니마라고 부를 용기는 어디에서 유래하는가? '아니마'는 심혼Seele을 일컬으며 어떤 매우 경이로운 것, 불멸의 것을 나타낸다. 그러나 늘 그런 것은 아니었다. 이러한 종류의 심혼이, 대단한 자발성과 생명력이 있는 무엇인가를 매료하고 사로잡을 목적을 가진 도그마적 관념이라는 것을 잊어서는 안 된다. 제엘레Seele(심혼)라는 독일어 단어는 고트족 언어 '사이왈로saiwalô'를 거쳐, '움직이는', '형형색색으로 반짝이는' 뜻의 그리스어 '아이올로스 αἰόλος'와 가장 유사하다. 즉 그것은 마치 이 꽃, 저 꽃으로 취해서 비틀거리고 옮겨가면서 꿀과 사랑으로 살아가는 나비—그리스어로는 프시케ψυχή—와 같다. 영지학적 유형학에서는 '안트로포스 프시키코스ἄνθρωπος ψυχικός(정신적 인간psychische Mensch)'는 '프네우마티코스πνευματικός(영적 인간geistiger Mensch)'의 아래에 있다. 또한 영원히 지옥에서 고통받아야만 하는 나쁜 심혼도 있다. 심지어 세례를 받지 않은 신생아의 전혀 죄가 없는 심혼도, 최소한 신의 관조를 박탈하고 있다. 원시인들에게 그것은 마술적인 생명의 입김(그러므로 아니마)이거나 불길이다. 교회가 정한 성경 밖에서의 주님의 말씀은 적절하게도 다음과 같이 표현하고 있다. "내 가까이 있는 자는 불 가까이에 있느니라."[31] 헤라클레이토스에 따르면 심혼은 가장 높은 단계에서는 불 같으며, 메마르다. 왜냐하면 프시케ψυχή는 '서늘한 입김'에 가장 가깝고 프시케인ψύχειν은 입김을 부는 것을 뜻하고, 프시크로스ψυχρός는 추운 것, 프시코스ψῦχος는 서늘함을 뜻하기 때문이다….

혼이 깃든 존재는 살아 있는 존재다. 심혼은 인간 속에 살아 있는 것이며, 그 스스로 살아가는 것, 그리고 삶을 일으키는 것이다. 그러므로 신은 아담이 살도록 그에게 생명의 숨결을 불어넣어주었다. 심혼은 살고자 하지 않는 물질의 타성을 술수와 유희적 속임수를 써서 생명에 이르도록 유인한다. 그것은 믿기 어려운 일들을 확신시켜서 생명이 살아가도록 한다. 심혼은 간계와 술수로 가득 차 있다. 그로써 인간이 추락해서 지상에 이르러 그곳에 얽혀 머물러 있도록 하며 마치 이브가 낙원에서 금지된 사과의 선의를 아담에게 확신시키지 않을 수 없었던 것처럼, 생명이 살아가도록 한다. 심혼에 동요와 현란함이 없다면 인간은 가장 큰 열정인 나태함 속에서 정지 상태에 이르게 될 것이다.[32] 어떤 종류의 이성성理性性은 그것의 옹호자이며, 어떤 종류의 도덕성은 그것에 축복을 보태준다. 심혼을 갖는다는 것은 삶의 모험이다. 왜냐하면 심혼은 생명을 주는 데몬(귀령鬼靈)이기 때문이다. 데몬은 인간 존재의 위나 아래에서 요괴놀이를 하는데, 그렇기 때문에 데몬은 도그마 안에서는 인간으로서 할 수 있는 공적을 훨씬 뛰어넘는 일방적인 징벌이나 축복으로 위협받기도 한다. 하늘과 지옥은 심혼의 운명이지, 하늘의 예루살렘에서 우둔하여 어쩔 줄 몰라하는 벌거벗은 보통 사람의 운명은 아니다.

아니마는 도그마적 심혼이 아니며, 철학적 개념인 이성적 아니마도 아니다. 그것은 자연 그대로의 원형이며 모든 무의식이나 원시적인 정신, 언어나 종교의 역사에 대한 모든 진술들을 만족할 만하게 포괄한다. 아니마는 그 말의 원래의 의미를 볼 때 '요인'이다. 사람이 그것을 만들 수는 없으며, 선험적인 기분·반응 그리고 선험적 충동이며, 그 밖의 무엇이든 정신적 자발성을 부여하는 것이다. 그것은 우리로 하여금 살아 있게 만드는 것, 스스로 살아 있는 것이다. 즉 의식 뒤에 있는 삶으로서, 남김없이 의식에 통합될 수 없는 것이며 오히려 반대로 그 삶에서 의식이 유래하는 것이다. 결국 정신적 삶은 대부분 무의식으로 모든 면에서 의식을 에워싸고 있기 때문이다. 예를 들어 감각·지각을 인식하기 위해서 어떤 무의식적 준비가 필요한지를 단 한 번이라도 납득한다면 즉시 이해가 되는 생각이다.

비록 아니마에 무의식적인 정신생활의 총체성이 부합하는 것처럼 보일지라도 아니마는 많은 원형 중의 하나에 불과하다. 그러므로 아니마가 곧바로 무의식을 특징짓는 것은 아니다. 그것은 다만 무의식의 한 측면에 불과하다. 그것은 이미 아니마가 여성성이라는 사실에 드러나 있다. 남성에서 자아, 즉 남성적이 아닌 것, 그것은 여성적일 가능성이 매우 크다. 그리고 비자아der Nicht-Ich는 자아에 속하지 않는 것으로서 자아 밖에 있는 것으로 느껴지기 때문에, 아니마 상은 보통 여성에게 투사된다. 모든 성에는 대극이 되는 성도 어느 정도 내재되어 있는데, 그 이유는 생물학적으로 유일하게 남성성의 선택을 결정짓는 것은 남성의 유전자가 더 많기 때문이다. 남성 속에 있는 더 적은 수의 여성 유전자는 여성적 특성을 형성할 것이지만 이 여성적 특성은 수적 열세 때문에 보통 남성의 무의식에 남아 있게 된다.

우리는 아니마 원형과 더불어 신들의 영역, 내지는 형이상학이 유보했던 영역으로 들어선다. 아니마가 접촉하는 모든 것은 신성한 힘을 얻는다. 즉 무조건적이며 위험하고, 금기시되고, 마술적인 것이 된다. 아니마는 선량한 의도로 가득 찬 악의 없는 인간의 낙원에 살고 있는 뱀이다. 그것은 무의식과의 작업에 반대하는 확신에 찬 근거를 마련한다. 그것이 도덕적 억제를 파괴한다느니 차라리 무의식에 그냥 두는 편이 나을 법한 힘을 불러일으킨다느니 하면서…. 아니마는 늘 그렇듯이 여기서도 아주 부당하기만 한 것은 아니다. 삶 자체가 다만 선하기만 한 것이 아닌 만큼 악하기도 한 것이기 때문이다. 아니마가 삶을 원할 때, 그것은 선한 것과 악한 것을 원한다. 요정의 삶의 영역에서는 선이니 악이니 하는 범주가 없다. 육체적 삶이나 정신적 삶은, 흔히 인습적 도덕 없이도 훨씬 더 잘 꾸려가고 건강을 잘 지킬 수 있는 점잖지 못한 점을 가지고 있다.

아니마는 칼론 카가톤καλὸν κἀγαϑόν(아름답고 착한 것)을 신봉한다. 이것은 뒤에 발견된 모든 미학과 도덕의 대극성보다 먼저 있었던 원시적 개념이다. 그것은 선이 항상 아름다운 것은 아니며, 아름다운 것 또한 반드시 선한 것은 아니라는 점을 분명히 하기 위해 오랜 세월의 기독교적 분화가 필요했다. 이 개념의 결합이 보이는 모순은 원시인들에게서와 마찬가지로 고대인에게도 별로 부담을 주지 않았다. 아니마는 보수적이며, 피곤할 정도로 오래된 인간 본질을 고수한다. 그러므로 아니마는 역사적 의상을 걸치고 나타나며 특히 그리스나 이집트의 것을 선호한다. '고전주의 작가'인 라이더 해거드H. Rider Haggard와 피에르 브누아Pierre Benoit를 이에 비견할 수 있을 것이다. 르네상스의 꿈 『힙네로토마키아 폴리필리Hypnerotomachia Poliphili』[33]와 괴테의 『파우스트』 역시 '상황에 적절한 낱말le vrai mot de la situation'을 찾기 위해서 고대 그리스 로마 고전에 깊이 파고들었다. 전자는 비너스의 여왕을, 후자는 트로이의 헬레나를 불러냈다. 아니엘라 야페Aniela Jaffé는 비더마이어Biedermeier〔우직한 시「나는 잎사귀들」(1853)의 작가의 필명 비더마이어에서 본뜬 1815~1848년 사이의 독일의 예술사조〕와 낭만주의 작가들 세계에서의 아니마를 생생하게 묘사한 바 있다.[34] 신뢰할 만한 주요 증인들의 수를 늘리는 일은 이제 그만하기로 하겠다. 우리들의 명상을 풍요롭게 하기 위하여 이들은 이미 자료와 자의적이 아닌 진정한 상징적 의미를 충분히 제공하고 있다. 아니마가 현대 사회에서 어떻게 나타나는가를 알고 싶다면, 나는 어스킨John Erskine의 『트로이의 헬레나의 사생활Private life of Helen of Troy』을 최상의 작품으로 추천하겠다. 아니마는 깊이 없는 존재가 아니다. 진정으로 살아 있는 모든 것 위에는 영원의 숨결이 깃들어 있기 때문이다. 아니마는 모든 범주 너머에 있는 삶이다. 그렇기 때문에 그것은 모욕이나 칭찬에서도 벗어날 수 있다. 하늘의 여왕이지만 어쩌다 삶 속에 빠져들어온 어리석은 소녀—성모 마리아 전설에서 어떤 가련한 운명이 신의 별자리로 옮겨졌는지 사람들은 언제 보기라도 했겠는가? 스스로 자기 본래의 다양함을 충분히 행하지 않은, 의미 없는, 무질서한 삶은 자신의 문명세계에 편입된 인간에게는 두려움과 방어의 대상이다. 우리는 그러한 삶을 틀렸다고만 할 수 없다. 왜냐하면 그것은 모든 무의미와 모든 비극의 어머니이기도 하기 때문이다. 그러므로 태초로부터 이 세상의 인간은 그가 지닌 치유의 동물 본능과 더불어 자기 자신의 심혼과 그것의 마력과 결투를 벌이고 있다. 후자가 분명히 암흑이라면 문제는 간단했을 것이다. 그러나 유감스럽게도 그렇지 않다. 똑같은 아니마가 빛의 천사로서, 즉 영혼의 인도자 Psychopompos로서 나타나고, 작품 『파우스트』가 보여주었듯이 최고의 의미로 이끌어줄 수도 있기 때문이다.

그림자와의 대면이 도제徒弟의 작품이라면, 아니마와의 대면은 장인匠人의 작품이다. 왜냐하면 아니마에 대한 관계는 다시금 남성의 정신적·도덕적 힘에 대한 담력 시험이자 불의 심판이기 때문이다. 아니마는 대부분 투사를 통해서 정신영역의 밖에 머물러 있기 때문에, 말하자면 단 한 번도 이전에 인간의 소유물이었던 적이 없는 심리적 사상事象임을 우리는 결코 잊어서는 안 된다. 아들의 아니마는 어머니의 압도적인 위력 속에 숨어 있다. 그것은 흔히 감상적 유대감을 평생 갖도록 하여 남자의 운명을 심각하게 침해하거나, 반대로 대담한 행동을 하도록 그의 용기를 고무시켜준다. 고대 그리스 로마인에게 아니마는 여신 또는 마녀로서 나타난다. 이에 반해서 중세의 사람들에게는 여신이 성모 마리아나 어머니인 교회로 대체되었다. 개신교도들의 탈상징화된 세계는 처음에는 불건강한 감상주의를 불러일으켰고, 그 다음에는 도덕적인 갈등으로 첨예화했다. 이것은 당연히 니체의 '선과 악의 피안'으로 유도되었다. 그것도 단지 그의 참을성 없음 때문이었다. 문명화된 중심부에서는 이 상태가 점차 결혼의 불확실성으로 증대되어 나타났다. 유럽 여러 곳의 이혼율은 미국을 능가하지는 않지만 이에 버금갈 정도가 되었다. 이것은 아니마가 주로 이성에 투사되어 있음으로써 관계가 복잡하고 알 수 없게 되어 있음을 증명하는 것이다. 이 사실은 그 병적인 결과로 인해 현대 심리학이 생겨나는 데 적지 않게 기여했다. 프로이트식 형태를 갖춘 현대 심리학은 모든 장애의 근원이 성性에 있다는 생각을 섬기고 있는데, 이 견해는 기존의 갈등을 더 심화시킬 뿐이다.[35] 사람들이 원인과 결과를 혼동하고 있기 때문이다. 성적 장애는 결코 신경증적 곤경의 원인이 아니다. 오히려 의식의 약화된 적응에서 유래하는 병적인 작용이다. 다시 말해 의식은 감당할 수 없는 상황과 과제에 직면하게 된 것이다. 의식은 어떻게 자신의 세계가 변했는지, 그리고 다시 적응하기 위해서는 어떤 관점을 취해야 하는지를 이해하지 못한다. 한국의 한 묘비문에는 "백성은 겨울의 영향을 받고 있는데 그것을 설명할 수 없다"[36]고 적혀 있다.

그림자나 아니마의 개념을 알고 생각하는 것으로는 충분하지 않다. 또한 감정이입이나 자기가 경험한 것처럼 감득하는 것으로는 그 개념의 내용을 결코 체험할 수 없다. 원형의 목록을 외우는 것은 아무런 도움이 되지 않는다. 원형은 숙명적으로 나타나는 체험 콤플렉스이며 더욱이 그 작용은 우리들의 가장 개인적인 삶에서 시작한다. 아니마는 우리에게 더 이상 여신女神으로서가 아니라, 경우에 따라서 우리의 가장 개인적인 오해나 최선의 모험으로 나타난다. 예를 들어 어떤 공적이 많은 노학자가 70세에 가족을 버려두고 20세의 빨간 머리를 한 연극배우와 결혼한다면, 이때 우리는 신들이 또 한 번 제물을 거두어들임을 알게 된다. 마력적인 위력은 우리에게 이렇게 나타난다. 얼마 전 시대까지만 해도 위의 젊은 여성을 마녀로 몰아 처형하는 것은 어렵지 않은 일이었을 것이다.

내 경험으로는 어느 정도의 지능과 교양을 갖춘 사람들로서 아니마의 관념과 그 상대적 자율성, 또한 여성에서의 아니무스 현상을 쉽게 파악하는 사람들이 많다. 이에 관련해서 심리학자들은 더 큰 어려움을 극복해야만 할 것이다. 왜냐하면 이들은 무의식의 심리학적 특징을 보여주는 복합적인 사상事象에 스스로 직면하도록 강요되지 않았기 때문이다. 그들이 심리학자인 동시에 의사라면 심리적 과정을 지적, 생물학적, 또는 생리적 개념으로 표현할 수 있다고 생각하는 신체·심리적 사고에 방해가 된다. 그러나 심리학은 생물학도 생리학도 그 밖의 어떤 과학도 아닌 심혼에 대한 지식이다.

지금까지 내가 묘사한 아니마 상은 아직 완벽한 것이 아니다. 아니마는 혼돈스러운 삶의 충동이기는 하지만 그 외에도 비합리적인 요정 따위의 성질과는 유별나게 다른, 은밀한 앎, 또는 감추어진 지혜 따위의 희한한 의미가 깃들어 있다. 여기서 나는 이전에 인용했던 저자들에 다시 한 번 주의를 환기하고자 한다. 라이더 해거드는 그녀(She)를 '지혜의 딸'이라 불렀다. 브누아의 아틀란티스 여왕은 심지어 오래 전에 행방불명된 플라톤의 책을 소장하고 있는 훌륭한 도서관을 갖고 있다. 트로이의 헬레나는 그녀의 환생에서 현명한 시몬 마구스Simon Magus에 의해 티루스에 있는 유곽에서 구원되고, 그의 여행에 동행한다. 나는 서두에서 아니마의 전적인 특징인 이와 같은 면을 의도적으로 언급하지 않았다. 왜냐하면 아니마와의 첫 만남은 보통 지혜보다는 다른 것을 추정하게 하기 때문이다.[37] 아니마와 스스로 대면한 사람에게만 이 측면이 나타난다. 이와 같은 어려운 작업을 함으로써 비로소 온갖 인간 숙명의 잔인한 유희 뒤에 어떤 은밀한 의도가 숨어 있음을 점차 알게 된다.[38] 그것은 삶의 법칙에 대한 탁월한 지식에 해당되는 것처럼 보인다. 우선은 예기치 못한 것, 불안한 혼돈이 깊은 의미를 드러낸다. 그리고 그 의미가 인식되면 될수록, 아니마는 더욱더 그의 충동적이고 강박적인 특징을 잃게 된다. 차츰 혼돈의 물결에 맞서서 둑이 생겨난다. 왜냐하면 의미 깊은 것이 의미 없는 것과 구분되고, 의미와 무의미가 더 이상 동일하지 않다는 통찰을 통해서, 즉 의미와 무의미를 떼어놓음으로써 혼돈의 힘은 약화되고 의미는 의미의 힘을, 무의미는 무의미의 힘을 갖추게 된다. 그로써 새로운 우주가 태어난다. 이것은 의료심리학이 새로운 것을 발견하였음을 뜻한다기보다는 삶의 경험의 충만함에서 아버지가 아들에게 전해주는 저 가르침이 나온다는 태고의 진리를 뜻하는 것이다.[39]

현명함과 어리석음은 요정의 존재에게는 하나이며 같은 것으로 나타날 뿐만 아니라, 아니마를 통해 묘사되는 한 그것들은 하나이자 같은 것이다. 삶은 어리석으며 그리고 의미가 깊다. 그리고 이것에 관해 웃지 않고, 또 저것에 관해 궁리하지 않는다면 삶은 진부하고 모든 것은 아주 작은 규모를 갖게 된다. 다만 작은 의미와 작은 무의미만 있게 된다. 근본적으로는 그 어떤 것도 무엇을 의미하지는 않는다. 왜냐하면 생각하는 인간이 없을 때에는 이 현상을 해석하는 사람이 아무도 없었기 때문이다. 단지 이해하지 못하는 자에게만 해석되어야 한다. 이해할 수 없는 것만이 의미를 갖는다. 인간은 그가 이해하지 못한 세계에서 깨어났기 때문에 그것을 해석하고자 시도한다.

따라서 아니마와 삶은 해석을 제공하지 않는 한 의미가 없다. 그런데 아니마와 삶은 해석될 수 있는 본체를 갖고 있다. 왜냐하면 모든 혼돈 속에 질서가 있으며, 모든 무질서에는 은밀한 질서가, 모든 자의성에는 항구적 법칙이 있기 때문이며, 작용하는 모든 것은 대극에 바탕을 두고 있기 때문이다. 이것을 인식하기 위해서는 모든 것을 이율배반적 판단으로 해결하는 인간의 오성이 필요하다. 인간 오성이 아니마와 대면하면 아니마의 혼돈스런 자의성이 은밀한 질서를 예감할 수 있는 계기를 마련해준다. 다시 말해서 그의 본질을 넘어서서 성향, 의미와 의도를—감히 말하자면—'주장할' 동기를 제공한다. 그러나 그것은 진리에 일치하는 것이 아닐 수 있다. 왜냐하면 실제로 사람들은 우선 냉정한 숙고를 하고 있지 않고, 과학도 철학도 도움이 안 되며, 전통적인 종교적 교훈도 매우 제한적이기 때문이다. 사람들은 목적 없는 체험에 말려들어 혼란스러워한다. 모든 범주를 동원한 그의 판단은 무력한 것으로 드러난다. 인간은 해석에 실패하고 만다. 왜냐하면 관습적인 의미 부여에는 어울리지 않는 소란스러운 삶의 상황이 생겨났기 때문이다. 그것은 붕괴의 순간이다. 아풀레이우스Apuleius가 '자살과 같은'⁴⁰이라고 정확하게 말한 것처럼 사람들은 최후의 심연으로 가라앉는다. 그것은 인위적으로 의도된 것이 아니라, 저절로 강요된, 스스로의 능력 포기다. 그것은 도덕적으로 요란하게 꾸며진 자발적인 굴종이나 비하가 아니고 타락의 공황적 불안으로 대미를 장식한 전적으로 명백한 패배다. 모든 버팀목과 목발이 부러지고, 어느 곳에서도 최소한의 안전 대책이 그 방어를 약속하지 않을 때, 비로소 지금까지 깊은 의미가 있는 아니마의 무의식성에 감추어져 유지되어왔던 원형 체험의 가능성이 주어진다. 그것은 의미의 원형Archetypus des Sinnes이며 아니마가 바로 삶의 원형Archetypus des Lebens을 묘사하는 것과 같다.

  의미는 언제나 삶보다도 더 새로운 사건인 것처럼 보인다. 의미를 주는 것은 우리 자신이며 커다란 세계는 해석하지 않아도 존재할 수 있다는 사실을 어느 정도 믿기 때문이다. 그러나 우리가 어떻게 의미를 부여하는가? 결국 우리는 어디에서 의미를 얻는가? 우리들이 의미를 부여하는 형식은 먼 고대에 이르는 역사적 범주인데, 사람들은 이에 대해 보통 충분히 납득하지 못한다. 의미 부여는 어느 정도 언어의 기본 토대를 이용하는데, 이것은 다시금 원초적 상에서 유래하는 것이다. 우리는 어디에서건 이 문제에 착수할 수 있는데 도처에서 항상 원시적인 기적의 세계로 즉각 귀착되는 언어나 주제의 역사 속으로 들어간다.

이념Idee이라는 단어를 예로 들어보자. 그것은 플라톤의 에이도스 εἶδος 개념으로 거슬러 올라간다. 그리고 영원한 이데아는 하늘 위의 장소에 초월적인 영원한 형식으로 보존되어 있는 원상原像들이다. 예언자의 눈은 그것을 '상상한 것들과 귀신들', 또는 꿈의 상, 그리고 계시된 환영의 상임을 알아차린다. 혹은 물리적 사건을 해석하는 에너지의 개념을 들어보자. 과거에 그와 같은 것은 비밀에 가득 찬 연금술사의 불이며, 플로지스톤(연소燃素) 물질에 내재되어 있는 열기熱氣였다. 이것은 두루 퍼져 있는 살아 있는 힘, 보통 마나로서 표시되는 성장력과 마술적인 치유력에 대한 원시인들의 견해와 매우 가까운 스토아 학파의 원열原熱, 또는 헤라클레이토스의 퓌르 아에이 조온πῦρ ἀεὶ ζῶον(영원히 살아 있는 불)과 같은 것이다.

나는 실례를 필요 이상으로 많이 들지는 않겠다. 그것은 역사적인 전제 조건을 가지고 있지 않은 본질이며, 어떤 하나의 이념이나 견해는 없다는 것을 아는 것으로 충분하다. 결국 모든 것에는 원형적인 원초적 형식이 기초를 이루고 있으며 그것이 구체적으로 명백해진 것은 의식이 아직 생각하지는 않았고 지각했던 시대에 생겨난 것이다. 사고思考는 내면 지각의 대상이었으며 생각한 것이 아니고 현상으로 느껴지는, 소위 보고 듣게 되는 것이었다. 사고는 본질적으로 계시이고, 발명된 것이 아니고 강요된 것이며, 그것의 직접적인 사실성에 의해 확신을 갖게 된 것이었다. 사고는 원시적 자아의식에 선행하며 원시적 자아의식은 사고의 주체라기보다는 객체다. 그러나 우리 역시 의식성의 마지막 정점에 아직 오르지 못했다. 그러므로 마찬가지로 우리도 선재先在하는 사고를 갖고 있다. 물론 우리가 전통적 상징에 의해 지지되는 한, 즉 꿈의 언어로 표현되어, 아버지나 왕이 죽지 않는 한 선재적 사고를 우리는 알지 못한다.

무의식이 어떻게 '생각'하고 해결을 준비하는가를 다음의 예에서 보여주고자 한다. 개인적으로는 내가 잘 모르는 한 젊은 신학생이 자신의 종교적 신념에 어려움을 겪고 있었는데 이 시기에 다음과 같은 꿈을 꾸었다.[41]

그는 아주 검은 옷을 입은 아름다운 노인 앞에 서 있었다. 그 남자가 흰 마법사임을 그는 알고 있었다. 마법사는 그에게 비교적 긴 말을 했으나, 그는 그 말을 기억할 수 없었다. 그는 결론만을 기억했다. "그래서 우리는 이를 위해 검은 마법사의 도움이 필요합니다." 이 순간 문이 열리고 마법사와 비슷한 노인이 들어왔다. 그 노인은 흰 옷을 입고 있었다. 검은 마법사는 흰 마법사에게 "나는 당신의 충고가 필요합니다"라고 말했다. 그러면서 검은 마법사가 꿈을 꾸고 있는 그에게 의문스러운 곁눈질을 하자, 흰 마법사는 "마음놓고 말하세요. 그는 죄 없는 사람입니다"라고 말했다. 그러자 검은 마법사는 자신의 이야기를 하기 시작했다. 그는 기이한 일들이 일어났던 먼 나라에서 왔다고 했다. 그 나라는 어떤 왕이 다스리고 있었는데, 그 왕은 죽음이 가까이 왔음을 느끼고 있었다. 그래서 그는 한 묘석墓石을 골랐다. 그 나라에는 예전부터 내려오는 수많은 묘석이 있었는데, 왕은 가장 아름다운 것을 자신의 것으로 선택하였다. 구전口傳에 따르면 그 안에는 처녀가 묻혀 있었다. 왕은 자신의 목적을 위해 그것을 정비하고자 묘석을 열게 했다. 그 안에 들어 있던 유골을 밖으로 들어내자, 그것은 갑자기 생명을 얻게 되었으며 한 마리의 검은 말로 변했다. 이 말은 곧바로 황야로 달아나 사라져버렸다. 검은 마법사는 이 이야기를 듣고 즉시 이 말을 쫓아가기 위해 길을 떠났다. 그는 말의 발자국을 쫓아서 여러 날에 걸친 여행 끝에 황야에 도착했다. 그리고 목초 지대가 다시 시작되는 다른 쪽까지 사막을 횡단했다. 그는 그곳에서 풀을 뜯고 있는 말을 만났으며 귀한 물건도 얻게 되었는데, 그 물건 때문에 흰 마법사의 충고가 필요하다고 했다. 즉 검은 마법사는 천국의 열쇠를 발견했는데, 이제 그것을 어떻게 해야 할지 모른다는 것이었다.

이 흥미진진한 순간에 꿈을 꾼 사람은 깨어났다.

앞서 밝힌 설명에 비추어볼 때 꿈의 의미를 알아내는 것은 그리 어려운 일이 아니다. 즉 늙은 왕은 지배의 상징으로, 영원한 안식을 취하고자 한다. 그것도 비슷한 '우월자'가 이미 묻혀 있는 곳에서—왕의 선택은 하필이면 아니마의 무덤에 내려졌는데, 그 아니마는 잠자는 공주로 정당한 원리(왕자 또는 지도자)가 삶을 조절하고 표현하는 동안 잠들어 있는 것이다. 그러나 왕이 죽게 되면[42] 아니마는 다시 생명을 얻어 검은 말로 변하게 된다. 이 검은 말은 이미 플라톤의 우화에서 난폭한 열정을 지니고 있는 것으로 묘사되고 있다. 그 말을 추적하는 자는 황무지, 즉 인간으로부터 멀리 떨어진 황야에 이르게 되는데, 이것은 정신·도덕적 고독의 상이다. 그러나 그곳에는 낙원에 이르는 열쇠가 놓여 있다.

그렇다면 낙원은 무엇인가? 그것은 분명히 상반되는 두 얼굴을 갖는 생명과 지혜의 나무와 네 개의 강이 있는 에덴의 정원이다. 기독교적으로 파악한다면 그것은 또한 「묵시록」의 천상의 도시인데, 이것은 에덴의 정원과 마찬가지로 만다라로 간주된다. 그러나 만다라는 개성화의 상징이다. 꿈을 꾼 사람에게 괴로움을 주는 신앙의 어려움을 해결하는 열쇠, 즉 개성화의 길을 열어줄 열쇠를 발견한 검은 마법사가 바로 그것이다. 사막과 낙원의 대극은 고독과 개성화 또는 자기됨의 다른 대극을 의미한다.

꿈의 이 부분은 동시에 헌트Arthur S. Hunt와 그렌펠Bernard P. Grenfell이 편집하고 보충한 주님의 말씀에 관한 주목할 만한 의역意譯이다. 이 말씀에 의하면 동물이 하늘 나라에 이르는 길을 알려주며, 경구에는 "그러므로 너희 자신을 알라, 왜냐하면 너희들은 도시이며, 도시는 나라이기 때문이다"[43]라는 말이 있다. 더 나아가 그것은 낙원에 있는 뱀의 의역이기도 한데, 이 뱀은 인류 최초의 부모가 죄를 짓도록 설득했으며 더 나아가 하느님의 아들을 통해서 인류가 구원에 이르도록 한다. 알다시피 이 인과 관계는 뱀을 숭배하여 소테르Soter(구원자, 구세주)와 동일화하는 동기를 제공했다. 검은 말과 검은 마법사는—그것은 현대의 정신적 자산—말하자면 악과 같은 요소다. 그러나 그것의 선에 대한 상관성은 옷을 바꾸어 입은 것에서 암시된다. 그 두 마법사는 우월한 장인匠人이자 스승인 노인의 두 측면이고, 이전부터 존재해온 혼돈의 삶에 감추어진 의미를 나타내는 정신Geist 원형의 두 측면이다. 그 가이스트(정신)는 기이하게도 동정녀-어머니인 심혼Seele의 아버지다. 그러므로 연금술사는 그를 '어머니의 태초의 아들'이라고 불렀다. 검은 마법사와 검은 말은 이전에 설명한 꿈에서 말한 어둠으로의 하강에 해당된다.

젊은 신학도에게 얼마나 감당하기 힘든 어려운 교훈이겠는가? 다행히도 그는 꿈에서 모든 예언자의 아버지가 그에게 말을 했고, 커다란 비밀을 손에 잡힐 듯 가까이 놓아주었다는 것을 전혀 눈치채지 못했다. 아마도 사람들은 그러한 사건들이 얼마나 부적당한 일인가 하고 의아해할지도 모른다. 왜 이러한 낭비를 하는 것일까? 이에 대해 나는 이 꿈이 장기적으로 보았을 때 그 학생에게 어떤 영향을 주는지 알 수 없음을 말하지 않을 수 없다. 또한 적어도 이 꿈이 나에게는 매우 많은 것을 시사해주었음을 강조해야겠다. 꿈을 꾼 사람이 비록 그 꿈을 이해하지 못한다고 해도, 그 꿈이 무의미한 것은 아니다.

이 꿈에 나타난 장인은 추측건대 기독교의 심혼에서 아직까지도 해결되지 않은 도덕적 갈등에 대한 응답으로 선과 악의, 공동 기능을 보여주려고 한 것 같다. 대극의 고유한 상대화를 이룸으로써 동양의 이념, 힌두 철학의 '니르드반드바nirdvandva', 즉 갈등을 화해시키는 해결가능성으로 보이는 대극으로부터의 해방에 어느 정도 가까워지는 것이다. 선과 악에 관한 동양의 상대성이 얼마나 조심스럽고 의미 깊은 것인가를 인도의 현문賢問은 다음과 같이 보여주고 있다. "누가 완성에 이르는 데 더 긴 시간을 필요로 합니까? 신을 사랑하는 사람입니까, 신을 증오하는 사람입니까?" 이에 대한 대답은 다음과 같다. "신을 사랑하는 사람은 완성에 이르기 위해 일곱 번의 윤회를, 신을 증오하는 사람은 다만 세 번의 윤회만을 필요로 합니다. 왜냐하면 신을 증오하는 사람은 신을 사랑하는 사람보다 신에 대해 더 많이 생각하기 때문입니다." 대극으로부터의 해방은 우리들의 기독교적 감각에 반대되는, 대극의 기능적 등가치等價値를 전제로 한다. 우리들의 꿈의 증례가 보여주는 바와 같이, 도덕적 대극의 정돈된 협력은 노자철학이 가장 잘 보여주는 것처럼 동양인에 의해 자연스럽게 인정된 자연의 진리다. 기독교의 전통에도 이 관점에 근접하는 몇 개의 설명들이 있다. 기억나는 것은 예컨대 불성실한 집사에 대한 우화다.

우리의 꿈은 이런 점에서 무의식의 뚜렷한 특성으로서 대극의 상대화 경향을 나타내는 둘도 없는 유일한 정본 따위를 나타내고 있지는 않다. 그러나 바로 부언해서 말해야 할 것은 이런 꿈은 도덕적 민감성이 첨예화된 경우에만 해당된다는 것이다. 다른 경우에는 무의식이 가차 없이 대극의 불일치성을 제시할 수도 있다. 일반적으로 무의식은 의식의 태도에 대해 상대적인 견해를 갖는다. 그러므로 우리의 꿈은 개신교의 특색을 띤 신학적 의식 특유의 확신과 회의를 전제로 한다고 말할 수 있다. 그것은 이 꿈의 진술이 특정 문제 영역에 제한됨을 의미한다. 그러나 타당성의 이와 같은 삭감에도 불구하고 꿈은 자신의 관점의 우월성을 과시한다. 그러므로 꿈의 의미는 모든 점에서 꿈을 꾼 사람의 의식에 비해 훨씬 우월한 지혜로운 마법사의 의견과 목소리로 적절하게 표현된다. 마법사는 바로 원시 사회의 메디신맨에 기원을 둔 노현자老賢者와 같은 뜻의 말이다. 그는 아니마와 마찬가지로 단순한 삶의 혼란스러운 어둠을 의미의 빛으로 뚫고 들어가는 불멸의 데몬이다. 그는 깨우친 자이자 스승이고 장인이며 영혼의 인도자인데, 그것의 인격화 자체는 '잔칫상의 파괴자'인 니체 자신도 피해갈 수 없었다. 비록 그가 거의 호메로스 시대의 우월한 정신, 차라투스트라로의 그의 화신을 자기 자신의 '디오니소스적' 깨우침과 환희의 전달자이며 선도자로서 불러내긴 했지만 말이다. 그에게 신은 죽었다. 그러나 지혜의 데몬은 그에게는 소위 생생한 제2의 존재가 되었다. 그는 말한다.

> 거기, 갑자기, 여자 친구여! 하나가 둘이 되었네—
> ―그리고 차라투스트라는 내 곁을 지나갔다.…[44]

니체에게 차라투스트라는 시적 인물 이상의 것으로, 그의 의도하지 않은 신앙고백인 것이다. 그 역시 신을 저버린 탈기독교적 삶의 어둠 속에서 길을 잃었고, 그렇기 때문에 그의 심혼을 구원하는 원천으로서 계시된 자, 깨달은 자가 그에게 다가온 것이었다. 『차라투스트라는 이렇게 말했다』의 성직자적 언어가 여기서 유래한다. 그것이 원형의 스타일이기 때문이다.

현대인은 이 원형의 체험에서 인간이 그 대상이며 자율적으로 활동하는 태곳적 방식의 사고를 경험한다. 헤르메스 트리스메기스토스Hermes Trismegistos〔고대 이집트의 현인〕, 또는 비술적秘術的 문학의 토트Thoth, 포이만드레스Poimandres, 오르페우스Orpheus와 이에 밀접하게 관련된 헤르마스의 포이멘Poimēn des Hermas[45]은 같은 경험의 다른 공식화인 것이다. '사탄Lucifer'이라는 이름이 편견에 사로잡히지 않았더라면 그것은 아마도 이 원형의 매우 적절한 표현이었을 것이다. 그러므로 나는 그것을 **노현자**나 **의미의 원형**으로 부르는 것에 만족한다. 모든 원형들과 마찬가지로 이것 역시 긍정적인 면과 부정적인 면을 갖고 있는데, 이에 대해서는 여기에서 자세히 설명하지 않겠다. '노현자'의 양면성에 대한 자세한 설명은 나의 논문 「민담에서의 정신의 현상학Phänomenologie des Geistes im Märchen」[46]에서 찾을 수 있다.

지금까지 언급된 세 가지의 원형, 즉 그림자, 아니마 그리고 노현자는 직접적인 경험이 인격화되어 나타나는 원형들이다. 나는 이 원형의 경험이 어떠한 일반적인 심리적 전제 조건에서 비롯되는가를 앞에서 암시하고자 시도했다. 그러나 내가 전달했던 것은 온통 추상적인 합리화일 뿐이었다. 사람들은 직접적인 경험에 어떻게 나타나는지 그 과정을 기술할 수도 있다. 아니, 그 과정을 기술할 수 있어야만 한다. 이 과정이 진행되는 가운데 원형은 꿈이나 환상에서 행동하는 인격으로서 나타난다. 과정 자체는 사람들이 보통 **변환**의 원형이라 부를 수 있는 다른 종류의 원형에서 드러난다. 이것은 인격들이 아니고 오히려 그때그때에 맞는 변환의 방식을 상징하는 전형적 상황이나, 장소, 수단, 방법 등이다. 인격과 마찬가지로 이것들 역시 진정하게 올바른 상징이며, 표징 즉 세메이아σημεῖα나 비유로서는 남김없이 해석될 수 없는 것이다. 그것들이 여러 가지 뜻을 가지고 있으며 풍부한 예감을 내포하고 있고 결국 다 드러낼 수 없는 것인 만큼 오히려 진정한 상징인 것이다. 무의식의 기본 원리, 즉 아르카이ἀρχαί는 그것이 인식될 수 있는 성질임에도 불구하고 그것의 다양한 관계 때문에 기술이 불가능하다. 물론 지적 판단은 항상 그것이 한 가지 뜻임을 확인하려고 하며, 그럼으로써 본질적인 것을 지나쳐버리게 된다. 무엇보다도 그들의 본성에 일치하는 것으로서 유일하게 확인할 수 있는 것은 한 가지 뜻으로는 모두 설명할 수 없는 다양성, 즉 거의 예측할 수 없는 관계의 충만함인 것이다. 그 밖에도 그것은 연금술사에게 정신이 '고령의 노인이자 동시에 젊은이'[47]에 해당되듯이 원칙적으로 역설적이다.

상징적 과정에 관해 이미지를 갖고자 한다면, 연금술의 일련의 그림들이 그에 대한 좋은 보기가 된다. 물론 이 연금술의 이미지들은 흔히 그 출처와 의미가 불명확하지만 대체로 전통적인 상징이다. 동양의 보기로는 탄트라 경전의 차크라 계[48]나 중국 요가[49]의 신비적 신경계가 적절할 것이다. 또한 타로 카드의 일련의 그림들(총 78매로서 점술에 사용됨)은 마치 변환 원형으로부터 유래된 것처럼 보이는데, 베르누이R. Bernoulli 교수의 명쾌한 강의가 내게 이 견해를 더욱 확신시켜주었다.[50]

상징적 과정은 상像 속에서의, 그리고 심상의 체험이다. 그 과정의 진행은 『주역周易』의 문장처럼 일반적으로 에난치오드로미Enantiodromie적 구조로 나타나며, 그렇기 때문에 부정과 긍정, 상실과 획득, 밝음과 어둠의 리듬을 나타낸다. 그 시작은 거의 항상 막다른 골목이나 불가능한 상황의 특징을 가지고 있다. 즉, 그 목표는 일반적으로 표현하자면 깨달음이나 더 높은 의식성이며 그렇기 때문에 더 높은 수준에서 초기의 상황이 극복되는 것이다. 이 과정은 시간적으로 응축되어 단 하나의 꿈이나 혹은 짧은 체험의 순간에 나타날 수도 있고, 또는 막 진행되려는 개인의 출발 상황의 종류와 도달하려는 목표의 종류에 따라서 여러 달, 또는 여러 해에 걸쳐 나타날 수도 있다. 당연히 상징의 풍요함이 전혀 일정하지 않고 동요도 심하다. 우선 모든 것이 상 안에서, 즉 상징적으로 체험됨에도 불구하고, 결코 표면상의 위험이 문제되는 것이 아니고 진정한 위험이 문제되며 경우에 따라서는 운명을 좌우한다. 주된 위험은 원형의 매혹적인 영향에 굴복하는 것인데, 이것은 사람들이 원형상을 의식화하지 않았을 때 가장 잘 나타날 수 있다. 정신병적인 소인이 있는 경우에는 자연적인 누미노제 덕분에 어느 정도의 자율성을 갖게 된 원형의 형상이 의식의 지배로부터 벗어나 완전히 독립성을 얻게 되는, 즉 빙의의 현상을 만들어내게 된다. 예를 들어 아니마에 사로잡히게 되는 경우에 환자는 자기 거세를 통해서 마리아라는 이름을 가진 여자로 변하거나, 그와 같은 것이 그에게 닥치게 될까봐 두려워하게 된다. 이에 대한 예로 잘 알려진 것은 슈레버Schreber의 사례[51]다. 환자들은 흔히 원초적 주제를 갖는 완전한 아니마 신화를 발견한다. 얀 넬켄Jan Nelken이 그 무렵에 이러한 종류의 한 증례를 발표하였다.[52] 또 다른 환자는 자신의 체험을 손수 책에 기록하고는 평하였다.[53] 내가 이러한 증례를 언급하는 이유는 원형이 나의 주관적인 공상이라고 생각하는 사람들이 여전히 있기 때문이다.

정신병에서는 가차 없이 노출되어 있는 것이, 신경증에서는 아직 가려져 뒷전에 물러나 있다. 그러나 그 뒤에서 결코 적지 않은 영향을 의식에 끼치고 있다. 만약 의식 현상의 배후로 들어가 분석을 한다면 정신병적인 섬망 상태를 활성화하는 것들과 같은 원형의 형상들을 발견할 것이다. 끝으로 중요한 것을 말하자면, 이러한 원형들은 실제로 도처에 존재하는 정상적인 유형의 환상들이며, 정신병의 산물이 아니라는 사실을 수많은 문헌과 역사적 기록들이 증명하고 있다는 것이다. 병적 요소는 이러한 표상이 있다는 사실에 있는 것이 아니고, 무의식을 더 이상 지배할 수 없는 의식의 해리에 있는 것이다. 그러므로 해리의 모든 증례에서는 무의식을 의식에 통합할 필요성이 생겨나는 것이다. 그것은 내가 개성화 과정Individuationsprozeß이라고 말한 합성적 과정이다.

이 과정은 원래 삶의 자연스러운 경과에 해당되는 것으로, 이 과정에서 개체는 그가 이미 늘 그러했던 바 그것으로 되는 것이다. 인간은 의식을 갖고 있기 때문에 그러한 종류의 발전이 순조롭게 진행되지 않고 다양하게 변형되어 방해를 받게 된다. 의식은 언제나 다시금 원형적 본능의 토대에서 벗어나게 되고, 그것의 대극으로 빠져들어간다. 따라서 여기에 두 입장이 합성되어야 할 필요가 생기는 것이다. 이것은 이미 원시적 단계에서의 정신치료를 의미한다. 그것은 재건 의식儀式의 형태로 이루어진다. 오스트레일리아의 앨처링거 시대Alcherringazeit(원주민의 신화에서 꿈의 시대, 또는 황금시대)의 조상과의 회귀 동일화나, 타오스푸에블로의 태양의 아들과의 동일화, 아풀레이우스의 이시스 비의秘儀에서의 태양신 숭배 등이 그 예들이다. 콤플렉스 심리학(분석심리학의 초기 명칭)의 치료 방법은 이에 상응하여 한편으로는 배열된 무의식의 내용을 가능한 한 가장 완전하게 의식화하는 것이고, 다른 한편으로는 인식 행위를 통해서 그것을 의식과 합성하는 것이다. 문화인이 아주 커다란 해리성을 가지고 있고 가능한 모든 위험으로부터 벗어나기 위해서 끊임없이 그것을 활용하기 때문에 인식한다고 해서 이에 상응하는 행동이 뒤따르리라는 것은 처음부터 불확실하다. 반대로 사람들은 인식을 해도 별다른 영향이 없을 수도 있다는 것을 염두에 두어야 하고, 그렇기 때문에 인식의 의미에 어울리는 사용을 촉구해야만 한다. 일반적으로 인식만으로는 안 되고, 인식이 또한 도덕적인 힘 자체를 의미하지도 않는다. 그러한 증례에서는 신경증 치유가 얼마나 도덕적인 문제인가를 확실히 알게 된다.

누미노제를 지닌 모든 내용과 마찬가지로 원형은 비교적 자율적이므로 그것을 단순히 합리적으로 통합할 수는 없다. 그것은 변증법적인 절차, 즉 환자에 의해 흔히 대화 형식으로 행해지는 고유의 대면을 필요로 한다. 환자는 이렇게 함으로써 자기도 모르는 사이에 그의 선한 천사와의 내면의 대화를 통해서 연금술적인 명상의 정의 즉 좋은 천사들과 함께하는 대화를 실현하게 된다.[54] 이 과정은 보통 많은 국면에서 돌연한 변화를 수반하는 극적 경과를 갖는다. 그 과정은 이전부터 신화적 주제의 형식으로 심혼의 변환 과정을 묘사해왔던 '집단표상'과 관계가 있는 꿈 상징에서 나타나거나, 꿈 상징에 동반된다.[55]

강의의 한계 때문에 원형의 몇 가지 예만 다루는 것으로 만족해야겠다. 나는 여기서 남성의 무의식 분석에서 중요한 역할을 하는 원형들을 선택했고 또 원형이 나타나는 정신적 변환 과정을 어느 정도 개관하고자 시도했다. 나는 이 강의의 첫 번째 출간 이래로 여기에서 언급된 그림자, 아니마, 노현자의 상태들을 여성의 무의식에 상응하는 상들과 더불어, 자기Selbst의 상징에 대한 나의 저서에서 상세히 묘사하였다.[56] 그리고 개성화 과정은 그 연금술의 상징성과의 관계에서 더 자세히 탐구하였다.[57]

번역: 한오수

집단적 무의식의 개념

나의 개념 중에서 집단적 무의식만큼 그렇게 많은 오해를 불러일으킨 개념은 없을 것이다. 다음에서 나는 집단적 무의식의 (가) 개념의 정의를 내리고 (나) 심리학에서의 그 중요성을 서술하고 (다) 그 입증 방법을 설명하며 (라) 몇 가지 예를 들고자 한다.

(가) 정의

집단적 무의식das kollektive Unbewußte은 정신의 한 부분으로 개인적인 경험에서 생겨난 것이 아니고 개인적으로 획득된 것도 아니라는 점에서 개인적 무의식과 구별될 수 있다. 개인적 무의식이 본질적으로 한때 의식이었던 것이 잊어버리거나 억압되어 의식에서 사라진 내용으로 이루어지는 데 비해서 집단적 무의식의 내용은 결코 의식에 머문 적이 없고 그래서 일찍이 한번도 개인적으로 획득되지 않았으며, 그것은 예외 없이 유전 덕택으로 존재하는 것이다.

집단적 무의식의 관념에 절대적인 상관관계를 이루고 있는 **원형**

Archetypus의 개념은 정신 속 어디에나 보편적으로 있고, 널리 퍼져 있는, 어떤 일정한 형식들Formen이 존재한다는 사실을 가리키고 있다. 신화학적 연구에서는 이것들을 '주제Motive'라 부르고, 원시인 심리학에서는 레비-브륄의 '집단표상représentations collectives'에 해당되며, 비교종교학 영역에서는 위베르Henri Hubert와 모스Marcel Mauss에 의해 '상상의 범주들'이라 정의된다. 아돌프 바스티안은 그것들을 일찍이 '기본적 또는 원초적 사고'라고 이름하였다. 이상의 설명으로 나의 원형의 관념—글자 그대로 선재先在하는 형식—이 오직 나만의 개념이 아니고 다른 학문 영역에서도 인정되고 명명된 것이라는 점이 충분히 밝혀졌을 것이다.

나의 논제는 다음과 같다: 의식된 정신의 개인적 성질과는 달리 우리의 의식 이외에 집단적인 비개인적 특성을 지닌 제2의 정신체계가 존재한다는 것이다. 우리의 의식은 철두철미하게 개인적인 성질의 것이다. 개인적 무의식을 이에 부속된 것으로 추가하더라도 우리가 오직 유일하게 경험할 수 있는 정신이라고 간주되는 것이다. 그런데 집단적 무의식은 개별적으로 발전하는 것이 아니라 상속되는 것이다. 집단적 무의식은 선재하는 형식Form들, 즉 원형들Archetypen로 이루어지며 그것들은 단지 이차적으로 의식될 수 있고 의식 내용에 뚜렷한 형식을 부여하는 것이다.

(나) 집단적 무의식의 심리학적 의미

전문직의 실지 임상에서 성장한 우리의 의학적 심리학은 정신의 개인적인 성질을 강조한다. 무엇보다 프로이트와 아들러의 견해를 생각해볼 수 있다. 이들의 심리학은 개인의 **심리학**Psychologie der Person이며, 원인적인 요소나 인과적 요인들은 그 성질상 거의 전적으로 개인적인 것으로 간주되고 있다. 그래도 이 심리학은 보편적인 생물학적 요소들, 예를 들면 성본능이나 자기 주장의 충동에 근거를 두고 있어 결코 개인적인 특이성에만 의지하고 있는 것은 아니다. 스스로 해석학적인 학문임을 주장하는 만큼 이 심리학은 그렇게 하는 수밖에 없다. 이 두 사람의 관점 중 어떤 것도 본능이 동물과 사람 모두가 지니고 있는 것으로 개인의 심리에 영향을 주고 있다는 사실에 이론을 제기하지 않는다. 본능은 비개인적인, 보편적으로 널리 퍼져 있는, 행동의 계기를 마련하는 특성을 가진 유전적 요소다. 이것이 의식의 울타리에서 너무 멀리 떨어져 있는 경우가 흔하기 때문에 현대의 정신요법에서는 환자가 그것을 의식화하도록 돕는 것을 과제로 삼고 있다. 게다가 본능은 그 본질상 불분명하거나 모호하지 않고 특수한 형식을 갖춘 충동력이며, 의식화되기 훨씬 이전에, 의식성의 정도와는 상관없이 그들의 내재적인 목표를 추적한다. 그러므로 본능은 원형에 전적으로 상응한다. 너무도 비슷해서 원형이 본능 그 자체의 모상模像이라고 가정할 정도다. 다른 말로, 원형은 **본능적인 행동의 기본전형**을 표현한다고 할 수 있다.

　그러므로 집단적 무의식의 가설은 바로 본능이 존재한다는 가정만큼이나 모험적인 가정이다. 의식된 오성의 합리적 동기를 논외로 한다면, 인간 활동이 본능에 의하여 고도로 영향을 받고 있음을 우리는 주저 없이 시인할 수 있다. 그런데 이제 우리의 환상Phantasie, 우리의 지각과 사고가 모두 본능과 마찬가지로 선천적이며, 보편적으로 존재하는 형식 원리들에 의해서 영향을 받는다고 주장한다면, 정상적으로 기능을 발휘하는 오성은 이런 관념 속에서 본능설과 똑같이 크거나 그만큼 작은 신비주의를 발견할 수 있을 것 같다. 나의 견해에 대해서도 신비주의라는 비난이 제기되었으나 나는 집단적 무의식의 개념이 사변적이거나 철학적인 개념이 아니고 하나의 경험적인 것임을 다시 한 번 강조해야겠다. 문제는 단지 그런 보편적인 행동형식이 있느냐 없느냐 하는 데 있다. 그것이 존재한다면 우리가 집단적 무의식이라고 부를 수 있는 정신의 영역이 성립되는 것이다. 집단적 무의식의 진단은 언제나 간단한 과제가 아니다. 무의식적 산물들이 흔히 지니는 뚜렷한 원형적 성질을 강조하는 것만으로는 부족하다. 왜냐하면 이것들은 언어와 교육에 의해 얻은 것들에서 유도된 것일 수 있기 때문이다. 잠재기억 또한 제외되어야 할 것이다. 대부분의 경우에 이를 확인하는 것은 거의 불가능한 일이다. 그러나 이 모든 어려움에도 불구하고 온갖 이성적인 회의를 넘어서 자생적으로 새롭게 소생하는 신화적 주제들을 보여주는 개별적인 사례들이 충분히 많이 남아 있다. 그러한 무의식이 분명 존재한다면 심리학적 설명은 이에 주목해야 할 것이며 몇 가지 소위 개인적인 원인론은 날카로운 비판을 받아야 할 것이다.

이와 같은 나의 생각을 다음의 구체적인 예로써 설명할 수 있을 것이다. 독자들은 아마 레오나르도 다 빈치[1]의 어떤 그림에 관한 프로이트의 논평을 읽었을 것이다. 그것은 마리아, 아기 그리스도와 함께 있는 성 안나의 그림으로 프로이트는 그 주목할 만한 그림을 레오나르도 자신이 두 어머니를 지녔다는 사실에 근거하여 설명하였다. 이 인과성은 개인적인 것이다. 우리는 그런 그림들이 오직 하나밖에 없는 독특한 그림들이 아니라는 점, 성 안나는 사실 그리스도의 할머니라는 작은 착오에 구애받을 생각은 없다. 다만 우리는 다른 것을 통해서 잘 알고 있듯이 외견상 개인적인 심리학에도 비개인적인 주제가 얽혀 있다는 사실을 강조하고 싶다. 그것은 두 어머니의 주제인데 이것은 하나의 원형이며 신화와 종교의 영역에서 다양한 변이를 통해 나타나는 수

많은 집단표상의 토대를 이루고 있는 것이다. 나는 여기서 이중혈통의 예를 들 수 있겠다. 즉, 인간적인 부모와 신적神的인 부모의 혈통으로서 자기도 모르게 헤라의 양자가 되어 불사不死의 힘을 얻은 헤라클레스처럼 말이다. 그리스에서 신화인 것이 이집트에서는 심지어 제의祭儀가 되어 있다. 여기서 파라오는 본래 인간인 동시에 신적인 본질적 특징을 갖고 있다. 이집트 사원의 산실 벽에는 파라오의 두 번째 신적인 수태와 출산이 묘사되어 있다.─그는 "두 번 태어났다", 이것은 모든 재탄생 비의秘儀의 토대를 표현하는 관념인데 기독교의 비의도 이에 포함된다. 그리스도 자신은 두 번 태어났다: 요단강에서의 세례로 그는 물과 성령으로부터 재탄생을 이루었다. 로마의 전례에서 세례 반盤을 '교회의 자궁'이라고 말하는 것은 사리에 맞는 일이다. 로마 가톨릭 미사책에서 읽을 수 있듯이 오늘날에도 성토요일sabbatum sanctum〔유대인의 안식일〕, 부활절 전 토요일의 세례수 축성 때 그렇게 말한다. 어쨌든 예전 그노시스에서 사람들은 비둘기의 모습으로 나타난 성령을 소피아Sophia, 사피엔치아Sapientia, 즉 지혜라고 상상했고 그리스도의 어머니라고 생각했다. 이와 같은 이중부모의 주제에 근거해서 오늘날 아이들에게 저주나 축복과 함께 '마술적 양자 결연'을 실시하여 좋고 나쁜 요정을 갖게 하는 대신에 세례부모가 주어지는데 이는 스위스 독일어로 '괴티Götti'와 '고테Gotte', 영어로는 'godfather〔대부代父, 신神아버지〕'와 'godmother〔대모代母, 신어머니〕'다.

　두 번째 탄생의 관념은 시간·공간적으로 널리 퍼져 있다. 최초의 의료에서 그것은 마술적 치유 수단으로 나타나고 많은 종교에서 그것은 신비적 경험으로 체험된다. 그것은 중세 자연철학의 핵심 이념을 이루고 있고, 자라나는 많은 어린아이들의 유아적 환상들──그들의 부모가 진짜 부모가 아니고 그들을 넘겨받은 양부모라는 환상은 결코 하찮은 환상이 아니다. 예컨대 벤베누토 첼리니Benvenuto Cellini도 그의 자서전[2]에서 말하듯이 이와 같은 관념을 가지고 있었다.

그런데 이중혈통을 믿는 모든 인간이 실제로 두 어머니를 가지는 일은 없고, 반대로 레오나르도와 숙명을 나누어 가진 소수의 사람들이 나머지 인류를 그들의 콤플렉스로 전염시키는 일도 전혀 있을 수 없다. 오히려 이중탄생의 환상이 보편적으로 출현하며 이와 함께 두 어머니의 환상이 어디에나 존재하고, 그것이 이 주제 속에 모사된 인간적 필요성에 상응한다는 가정을 받아들일 수밖에 없는 것이 사실이다. 만약 레오나르도 다 빈치가 정말 두 어머니의 초상을 성 안나와 마리아에게 투사해 그렸다면—나는 이를 의심하지만—그는 다만 헤아릴 수 없는 수백만의 인간이 그의 이전과 이후에 믿은 것을 내놓았을 뿐이다. 마찬가지로 프로이트가 이미 언급한 논문에서 다루고 있는 독수리 상징은 이런 견해를 더욱 그럴듯하게 만들고 있다. 프로이트가 상징의 참고 문헌으로 그 당시 널리 알려진 호라폴로의 『히에로글리피카』[3]를 인용한 것은 합당한 일이었다. 그 속에서 우리는 콘도르 속 독수리들이 오직 암컷이며 상징적으로 어머니를 의미한다는 말과, 이들이 바람(그리스어로 프네우마pneuma)에 의해 잉태한다는 말을 읽을 수 있다. 프네우마라는 그리스 말은 무엇보다 기독교의 영향 아래 '성령'이라는 뜻을 얻게 되었다. 심지어 성령 강림의 기적에 관한 보고서에 '프네우마'는 아직 바람과 성령의 이중의미를 가지고 있다. 나의 생각으로 이 사실은 그 본질상 처녀이며, 마치 독수리처럼 프네우마에 의해 잉태된 마리아를 가리키고 있다. 그 밖에도 독수리는 호라폴로에 의하면 최고의 신의 이마에서 직접 솟아난 처녀 신이고, 분명 오직 정신적인 모성성만을 알고 있던 여신 아테네의 상징이기도 하다. 이 모든 것이 분명히 마리아와 재탄생 주제를 가리키고 있다. 레오나르도가 그 그림에서 어떤 다른 것을 생각했을 만한 증거의 흔적은 발견되지 않는다. 그 자신이 그리스도인 아기와 동일시하고 있다고 가정하는 것이 옳다면 그는 이중의 신화적 모성성을 그렸을 가능성이 매우 크고 결코 그 자신의 개인적인 역사를 묘사하지는 않았을 것이다. 그리고 똑같은 주제를 묘사한 다른 예술가들은 어떤가? 그들 모두가 두 어머니를 가진 것은 아니지 않은가?

이제 우리는 레오나르도의 사례를 노이로제의 영역으로 옮겨서 모성 콤플렉스를 가진 한 환자를 가정해보자. 그리고 그 환자는 자신의 노이로제가 두 어머니를 가지고 있었기 때문에 생긴 것이라는 망상으로 고통받고 있다고 가정하자. 개인적인 해석은 그의 생각이 옳다고 시인했을 것이다. 그러나 실제로 그런 해석은 전적으로 잘못되었다. 왜냐하면 결국 그의 노이로제의 원인은 이중二重 어머니 원형의 재각성에 있기 때문이다. 그가 실제로 한 어머니, 또는 두 어머니를 가졌는지 갖지 않았는지와는 전혀 관계가 없는 것이다. 왜냐하면 우리가 보아왔듯이 이 원형은 개인적으로나 역사적으로 비교적 드문 실제적인 이중모성과의 어떤 관련 없이 기능을 발휘하기 때문이다.

물론 그렇게 간단하게 개인적인 원인을 전제로 삼는 것에 매력을 느낄 수 있다. 그러나 그런 가설은 부정확할 뿐만 아니라 전적으로 잘못된 것이다. 물론—의학 수업만 받은 의사가 알 턱이 없는—이중모성의 신화적 주제가 어떻게 그렇게 마치 마음에 상처를 주는 상태처럼 결정적인 힘을 가지고 작용하게 되는지를 이해한다는 것은 어려운 일이다. 그러나 우리가 인간 정신의 신화적인 영역에 숨어 있는 엄청난 힘을 고려한다면, 원형의 인과적 의미는 별로 대단한 것처럼 보이지 않는다. 실제로 환자의 정신생활에 바로 이런 신화적 영역의 추진력과의 공동 작용이 결핍되었기 때문에 장애를 일으킨 수많은 노이로제 환자들이 있다. 그런데도 순전히 개인적인 심리학은 가능한 한, 문제를 개인적인 원인으로 환원함으로써 원형적 주제를 부인하거나 심지어 그 존재를 개인적인 분석을 통해 파괴하려고 한다. 나는 이것을 정말 위험한 처사라고 생각한다. 20년 전에 비해 오늘날은 여기에 관여하는 힘의 성질을 훨씬 더 잘 판단할 수 있게 되었다. 바로 지금 우리는 한 나라 전체가 고태적 상징, 심지어 고태적 종교 형태들을 어떻게 되살리고 있는지, 그리고 이 새로운 집단적 정동情動이 각 개인에게 얼마나 혁명적인, 그리고 얼마나 변환적 방식으로 영향을 주는지를 경험하고 있지 않은가? 과거의 인간이 전쟁 전에는 꿈꿀 수도 없었을 만큼 강력하게 우리 마음속에 살아 있다. 그리고 큰 민족들의 숙명이 결국 개인의 정신적 변화의 총화가 아니고 무엇이겠는가?〔이 글은 1936년에 융이 영국에서 행한 강연임을 참조할 것.〕

노이로제(신경증적 장애)가 사적인 것이라면, 즉 그 뿌리가 오직 개인적인 원인에 있다면, 원형은 아무 역할도 하지 않을 것이다. 그러나 노이로제가 보편적인 모순성으로 빚어진 것이거나, 또는 상당히 많은 수의 개인에게서 생기는 해로운 상태라면 우리는 원형의 현존을 받아들여야 한다. 노이로제는 대부분의 경우에 사적인 일일 뿐만 아니라 사회적 현상이므로 우리는 또한 대부분의 사례에서 원형의 존재를 받아들여야 한다. 그 상황에 해당되는 종류의 원형이 되살아나 결과적으로 원형 속에 숨어 있는 저 폭발적이며 그토록 위험한 충동력이 활동을 개시하여 흔히 예견할 수 없는 결과들을 빚게 된다. 원형의 지배 아래에서 인간을 희생시키지 못한 악은 없다. 30년 전에 누군가가 감히 다음과 같은 예언을 했다면, 즉 유럽의 심리 상태는 중세의 유대인 박해가 다시금 잠을 깨는 방향으로 전개되고 있다고—유럽이 새삼스럽게 로마 집정관의 속간束桿, Liktorenbündel〔나뭇가지 묶음 사이로 도끼가 솟아나게 한

식별표로서 고대 로마 집정관의 최고 권위를 상징함〕 앞에서, 그리고 로마 군단의 행진하는 구둣발 아래서 전율할 것임을. 사람들이 2000년 전과 같은 로마의 인사법을 다시 도입하게 될 것임을. 그리고 기독교의 십자가 대신에 고태적인 스바스티카Swastika(卍)〔본래 고대 인도의 종교적 상징, 나치 독일이 이것을 이용〕가 수백만 명의 전사戰士들로 하여금 죽을 준비를 하도록 유혹하리라는 것을 예언했더라면, 사람들은 그 사람을 신비주의적인 바보라고 목 터지게 야유했을 것이다. 그런데 지금은? 그 말이 아무리 당황스럽고 충격적인 것으로 보인다 하더라도 어쨌든 이 모든 미친 짓은 소름 끼치는 현실이다. 사생활, 사적인 동기와 원인, 그리고 사적인 노이로제들은 오늘날의 세계에서 거의 허구가 되어버렸다. 과거의 인간, 고태적 집단표상 가운데 살았던 인간이 다시금 매우 가시적이며 극도로 생생한 삶을 부활시켰다. 이것은 불안정한 몇 사람의 개인에서뿐만 아니라 수백만의 인간들에게서 일어나고 있다.

  인생에는 여러가지 전형적인 상황들이 존재하기 때문에 그만큼 많은 원형들이 존재한다. 끝없는 경험의 반복이 인각印刻되어 정신적인 체질을 이루었는데 그것은 내용으로 가득 찬 상像들의 형태라기보다 거의 내용이 없는 형型들로 인각되었다. 이것은 단지 어떤 견해를 갖고 행동을 하게끔 하는 특정한 형型, Typus의 가능성을 묘사할 따름이다. 인생에서 원형에 해당되는 사건이 일어나면 그 원형이 활성화된다. 강박성향이 나타나 마치 본능 반응처럼 이성이나 의지에 반해서 자신을 관철하거나 병적인, 즉 노이로제에 이를 정도로 증강된 갈등을 일으키게 된다.

(다) 증명 방법

우리는 이제 원형의 존재가 어떻게 증명될 수 있는가 하는 물음에 집중해야겠다. 원형은 일종의 정신적 형식들을 만들어내기 때문에 우리는 어디서, 어떻게 이 형식들을 보여주는 자료를 얻을 수 있느냐를 설명해야 할 것이다. 주된 원천은 꿈이다. 꿈은 의지로부터 독립된, 무의식적 정신의 자연 발생적인 산물이고 그래서 순수한, 의식의 의도로 영향받지 않은 자연 산물이라는 이점을 가지고 있다. 우리가 꿈을 꾼 사람에게 물어보면, 꿈속에 나타난 어떤 주제가 그에게 알려져 있던 것인지 아닌지를 전해줄 수 있다. 그가 알지 못하는 것들 가운데서 우리는 물론 그에게 알려져 있을 법한 주제, 이를테면—레오나르도의 경우로 되돌아간다면—독수리 상징 같은 주제를 모두 제외해야 한다. 우리는 레오나르도가 이 상징을 호라폴로의 책에서 끄집어냈는지 확신할 수 없다. 그러나 그의 시대의 교양 있는 사람은 어려움 없이 생각해볼 수 있는 일이기는 하다. 예술가들은 특히 그 옛날에는 인문과학 지식에 상당히 출중했던 것이다. 그러므로—새의 주제는 원형 그 자체지만—그것이 레오나르도의 환상에 나타난다고 해서 증명되는 것은 아무것도 없다. 그러므로 우리는 꿈꾼 사람이 모르고 있는 것들, 그런데도 그의 꿈속에서 우리가 역사적인 문헌에서 알고 있는 원형의 기능처럼 그렇게 기능하고 있는 주제들을 찾아야 할 것이다.

원형을 증명하는 데 필요한 자료의 그 밖의 원천은 이른바 **적극적 명상**aktive Imagination이다. 적극적 명상이란 일련의 환상을 의도적인 집중으로 현재화하는 것이다. 이해할 수 없고 무의식적인 환상들이 있음으로써 꿈의 빈도와 강도가 증강되고, 이 환상들을 의식으로 떠올리게 되면 꿈의 성격이 바뀌고 약화되고 뜸해진다는 것을 나는 경험하였다.

이를 통하여 나는 꿈은 흔히 환상을 내포하며, 그 환상은 의식화의 경향을 가지고 있으며, 꿈의 원천은 흔히 억압된 본능이며 그것은 의식된 이해력에 영향을 주는 자연스런 경향을 지니고 있다고 추론하였다. 이런 경우에 우리는 환자가 중요하게 여기는 환상의 모든 단편들을 이른바 맥락에 따라 살펴보도록 그에게 과제를 준다. 그것을 그에 속하는, 묻혀 있는 연상 자료를 이해할 때까지 살펴보는 것이다. 이것은 프로이트가 꿈의 해석 방법으로 권한 자유 연상과는 다르다. 환상을 그 환상의 단편에 자연스럽게 부착되어 있는 그 이상의 환상 자료를 지속적으로 관찰함으로써 처리하는 것이다.

여기는 이 방법을 기술적으로 설명하는 자리가 아니다. 현실로 끄집어낸 환상의 계열이 무의식을 완화시키고 원형적 형태가 풍부한 자료를 표현한다는 설명으로 족할 것이다. 물론 이 방법은 오직 특정한, 주의 깊게 선택된 사례들에서만 적용될 수 있다. 아주 해롭지 않은 작업은 아닌 것이다. 왜냐하면 환자를 현실과 너무 동떨어지게 만들 수 있기 때문이다. 경솔한 적용에 대한 경고는 어쨌든 합당하다.

마지막으로, 그리고 특히 흥미 있는 원형적 자료의 원천을 제공하는 것은 정신병 환자의 망상 관념, 황홀 상태에서의 환상, 그리고 초기 소아기의 꿈(3세 내지 5세 사이)이다. 그런 자료는 얼마든지 많이 입수할 수 있다. 그러나 확신이 갈 만한 역사적 유례를 찾아내는 데 성공하지 못했다면 가치가 없다. 뱀에 관한 꿈을 뱀의 신화적 출현과 관련짓는 것만으로는 물론 충분치 않다. 왜냐하면 꿈에서의 뱀의 기능적 의미가 그 신화적 관련과 같은 것인지 누가 보증하겠는가? 그러므로 유효한 유례를 얻어내기 위해서는 개별적인 상징의 기능적 의미를 알고 난 다음에 그것이 비교되는 신화적 상징과 같은 종류의 경우에 속하는지, 그래서 같은 기능적 의미를 갖는지를 꼭 찾아낼 필요가 있다. 그런 실질적 자료의 설정은 시간이 오래 걸리는 힘겨운 탐구일 뿐만 아니라 널리 보여주기에 달갑지 않은 일이기도 하다. 상징들은 그 서로의 연관에서 갈라내어서는 안 되므로 남김 없는, 개인적인, 동시에 상징사象徵史적인 표현들을 제시해야 한다. 사실상 이에 관한 이야기는 단 한 번의 강연으로는 불가능하다. 그런데도 나는 나의 청중의 반을 잠들게 만들 위험을 무릅쓰고 설명을 시도했다.

(라) 한 가지 예

이미 출판되었지만 실제의 사례 하나를 골라서 여기서 새롭게 다루고자 한다. 사례의 내용이 짧아서 여러분에게 보여주기에 특히 적합하기 때문이다. 게다가 이전의 출판물[4]에서는 삭제했던 몇 가지 논평들을 덧붙이겠다.

1906년 나는 여러 해 동안 입원해 있던 한 편집증 환자의 주목할 만한 환상을 만나게 되었다. 환자는 젊은 시절부터 불치의 정신분열증(조현병)을 앓고 있었다. 초등학교를 다녔고 어떤 사무소의 직원으로 일하고 있었다. 그는 아무런 특별한 재능도 가지고 있지 않았다. 나 자신도 당시에는 신화학이나 고고학에 관해서 아는 것이 없었다: 그래서 선입견을 가지고 있다고 의심할 만한 상황이 결코 아니었다. 어느 날 나는 그가 창가에 서서 머리를 이리저리 움직이며 해를 보면서 눈을 깜박이는 것을 보았다. 그리고 그는 나에게도 그렇게 하도록 부탁했다. 아주 재미있는 것을 보게 되리라고 장담하였다. 무엇을 보고 있는지를 묻자 그는 내가 아무것도 못 보는 것에 놀라면서 말했다. "태양의 음경이 보이지 않아요? 내가 머리를 이리저리 움직이면 그것도 함께 움직이고 그것이 바람의 근원이지요." 물론 나는 이 특이한 생각을 전혀 이해하지 못했다. 그러나 그것을 잘 기록해두었다. 약 4년 뒤에 내가 신화학 연구를 할 무렵에 나는 그 환상을 밝혀낼 유명한 철학자, 알브레히트 디테리히Albrecht Dieterich의 책을 발견했다. 1910년에 간행된 이 저술은 파리의 국립도서관의 고대 그리스 파피루스를 다루고 있었다. 디테리히는 그 책의 한 부분에서 미트라Mithra 제의를 발견했다고 믿었다. 그 글은 의심할 바 없이 미트라의 이름이 언급된 어떤 특정한 간구懇求를 수행하는 종교적 교시였다. 그것은 알렉산드리아의 비학파秘學派에서 나온 것으로 그 의미상으로 비교秘敎 모음집, 『코르푸스 헤르메티쿰』과 일치했다. 디테리히의 글에서 다음의 안내를 읽을 수 있었다.

> 빛에서 숨을 가져오라, 네가 할 수 있는 한 세차게, 세 번 들이마시면서. 그러면 너는 너 자신이 들어올려지고 위로, 높은 곳으로 걸어올라가서 공기의 지대 한가운데 있는 것처럼 믿게 될 것이다. … 눈으로 볼 수 있는 제신諸神의 길은 신이며 나의 아버지인 태양을 통해서 나타날 것이다. 마찬가지로 또한 봉사하는 바람의 기원인 이른바 관管이 보이게 될 것이다. 너는 태양의 원반에서 밑으로 드리워진 관을 볼 것이다, 그것도 서쪽 지역을 향한 끝없는 동풍東風처럼. 만일 다른 바람이 동쪽 지역을 향할 때면, 너는 마찬가지로 그쪽 지역을 향하여 방향을 돌리는 (계속 움직이는) 얼굴을 볼 것이다.[5]

이 글은 글을 쓴 이가 가졌거나 최소한 믿었던 환상을 독자 자신이 체험할 수 있는 상황에 처하도록 하려는 지은이의 의도를 나타내고 있다. 독자는 지은이의 내적 경험으로 인도될 것이며―더 있음직한 것은—필로 유다이우스가 동시대인으로 증언하고 있는 그 당시에 있었던 신비주의적 공동체로 인도될 것이다. 왜냐하면 여기에 간구한 불의 신과 태양신은 역사적 유례를 예컨대 신현神顯, Offenbarung의 그리스도 상과 밀접한 관계를 가진 것으로 증명될 수 있는 모습이기 때문이다. 그러므로 여기서 문제되는 것은 동물의 소리를 흉내 내는 것과 같은 의식행위의 기술처럼 집단적 관념이다. 이 환상은 그래서 분명 망아忘我 상태의 성질을 지닌 종교적 관련 속에 자리잡고 있고 신격神格의 신비주의적 경험으로의 일종의 이니시에이션(입사入社, 어린이가 어른의 사회로 수용되는 과정)을 기술하고 있다.

우리의 환자는 나보다도 열 살 정도 나이가 많았다. 그는 과대망상 속에서 신과 그리스도가 한 몸 속에 있다고 믿고 있었다. 나에 대한 그의 태도는 호의적이었다. 내가 그의 모순된 관념에 관심을 보인 유일한 사람이어서 나를 좋아했다. 그의 망상 관념은 주로 종교적인 성질의 것이었고 그가 나에게 해를 보고 눈을 깜박이면서 머리를 이리저리 굽히라고 요구했을 때 그는 분명 나를 그의 환상에 함께 참여시키고자 하는 의도를 가지고 있었다. 그는 신비한 안내자였고 나는 그의 제자였다. 그는 심지어 태양신 그 자신이었다. 왜냐하면 그는 머리를 흔듦으로써 바람을 만들어냈기 때문이다. 신격으로의 제의적 변환은 아풀레이우스가 이시스 비의에서, 그것도 태양의 신격화의 형태로 확인하고 있다. 봉사하는 바람의 의미는 태양신으로부터 심혼心魂 속으로 흘러 그것을 수태시키는, 생산하는 정신(프네우마는 바람)일 가능성이 크다. 태양과 바람의 결합은 고대 그리스의 상징학에서 흔히 나타난다.

이제 이 두 개의 사례가 단순히 우연한 일치가 아니라는 증명이 제시되어야겠다. 그러므로 우리는 바람의 관管과 신 또는 태양과의 결합은 앞의 두 개의 표명과는 독립적으로 하나의 집단적인 존재를 가지며, 달리 표현해서 다른 시간에 다른 곳에서도 나타난다는 사실을 제시해야 한다. 어떤 중세의 회화는 수태고지受胎告知를 관管과 같은 기구로 묘사하고 있는데 이 기구는 신의 왕좌에서 마리아의 몸에 이르고 있다. 비둘기나 그리스도 아기는 그 속에 내려앉는다. 비둘기는 수태자, 즉 성령Geist-바람Wind이다.

이 환자가 4년 뒤에 간행된 파피루스의 지식을 갖고 있었으리라고는 전혀 생각할 수 없고, 그의 환상이 수태고지에 대한 중세의 진기한 묘사와 조금이라도 관계를 가지고 있을 가능성은 거의 없다. 그가 어떤 상상할 수 없는 우연으로 그런 그림의 도판을 볼 수 있었다 하더라도 말이다. 환자는 이십 대 초반에 정신병을 앓은 것으로 되어 있다. 그는 여행한 일이 없다. 그의 고향인 도시 취리히의 공공미술관 어디에도 그런 그림은 없다.

나는 이 사례를 원형의 환상을 증명하기 위해서가 아니라 여러분에게 연구 과정을 생각할 수 있는 간결한 형식을 보여주기 위해서 언급한 것이다. 만일 우리가 그런 사례들만 가지고 있다면 우리의 검증은 비교적 간단할 것이다. 그러나 증거 자료를 제시하는 것은 실제로는 복잡하다. 단지 우연한 일로서가 아닌, 전형적인 현상들로서 인식할 수 있기 위해서 먼저 어떤 상징들을 명확하고도 충분히 가려내야 한다. 이것은 일련의 꿈들, 말하자면 수백의 꿈의 전형적인 형상들을 조사하고 꿈의 계열 내에서 그 형상들의 전개를 관찰함으로써 수행된다. 이 방법으로 하나의 동일한 형상에서의 어떤 연속성과 일탈을 확인할 수 있다. 우리는 그 여러 꿈속에서의 행동이나 꿈속에서 원형의 인상을 주는 꿈의 형상을 임의로 고를 수 있다. 만일 그에게 제공된 자료가 잘 관찰되고 내용이 매우 풍부하다면 그 유형이 경험한 변화에 관해서 흥미 있는 사실들을 발견하게 될 것이다. 유형 그 자체뿐만 아니라 그 변이變異들 또한 비교신화학적 자료에서 나온 여러 증거를 통하여 밝혀낼 수 있다. 나는 이 연구 방법을 1935년 발표한 논문[6]에 기술했고, 그 속에서 또한 필요한 사례 자료를 제시했다.

번역: 이부영

아니마 개념을 중심으로 본 원형에 대하여

 현대인의 의식은 한때 경험에 토대를 두지 않은 심리학이 존재했었다는 사실을 벌써 잊어버린 것 같다. 그러나 그들의 일반적인 기본 태도는 여전히 심리학을 정신적인 것에 관한 이론과 동일한 것으로 보던 예전의 태도와 비슷하다. 학계에서는 심리학이 철학 이론이 아니고 경험 분야라는 사실을 학문의 세계에 분명히 밝히기 위해서 일찍이 페히너[1]와 분트[2]로부터 유래된 저 대담한 방법론적 혁명이 필요했다. 우리가 오늘날까지도 그 뜻깊은 서술들의 덕을 보고 있는 '경험적 심학心學, Erfahrungsseelenkunde'이 한때 존재했었다는 사실[3]은 19세기에 점증한 물질주의의 관점에서는 물론 더 이상 의미가 없었다. 기억나는 것은 유스티누스 케르너Justinus Kerner의 『프레포르스트의 예언녀Seherin von Prevorst』(1846)이다. 새로 대두한 자연과학적 방법론의 방향에서 보면 '낭만적'으로 기술된 모든 심리학은 파문감이었다. 실험실 과학에 대한 과장된 기대는 이미 페히너의 '정신물리학Psychophysik'에 반영되어 있다. 그 오늘날의 결과는 심리기술학Psychotechnik과 보편적으로 현상학에 유리한 변화가 학문적 관점에서 일어났다는 사실이다.

 그러나 우리는 아직 현상학적인 관점이 모든 사람의 머릿속에 속속들이 들어가 있다고 주장할 수는 없을지 모른다. 이론은 아직도 모든 곳에서 너무도 큰 역할을 하고 있다. 이론은 당연히 현상학 안에 들어 있어야 마땅한데도 말이다. 의심할 바 없이 경험적 입장에 서 있던 프로이트 자신도 마치 뭔가를 이루려면 정신 현상을 일정한 측면에서 보는 것이 필수적이라는 듯이 그의 이론을 필수 조건이라는 방법과 서로 묶어놓았다. 그렇지만 프로이트는 최소한 신경증의 영역에서는 복합적인 현상을 조사하는 길을 열어놓았다. 그런데 그 개방된 영역은 몇 가지 생리적 기초 개념이 허용하는 범위를 넘지 못했다. 그래서 심리학이 마치 충동생리학의 몫인 듯한 풍조가 생겨났다. 심리학의 이와 같은 제약은 이제 곧 50년이 넘어선 그 당시의 물질주의적 세계관에서는 환영할 만한 일이었다. 이러한 정황은 세계상世界像의 변화에도 불구하고 오늘날에도 여전히 상당한 정도로 남아 있다. 사람들은 '제약된 작업 영역'의 이익뿐만 아니라 그 밖의 넓은 세상에서 일어나고 있는 일에 개의치 않아도 되는 적절한 구실을 가지게 된 것이다.

그리하여 총체적 의학심리학은 예컨대 프로이트 심리학의 경우처럼, 신경증의 심리학이 일반적인 현상학 지식 없이는 완전히 허공에 뜬 근거 없는 것이라는 사실을 간과하고 있다. 마찬가지로 간과하고 있는 점은 신경증 분야에서 피에르 자네[4]가 이미 프로이트 이전에 묘기법描記法을 작성하기 시작했으며, 그것도 프로이트처럼 지나치게 많은 이론적·세계관적 전제라는 부담을 주는 일 없이 실시했다는 사실이다. 엄격한 의학적인 영역을 넘어서 정신 현상의 전기적 묘기描記를 선택한 것으로는 제네바의 철학자, 테오도르 플루르누아Théodore Flournoy의 주저主著, 즉 비상한 인격의 소유자의 심리에 관한 그의 묘사[5]가 대표적이다. 그 뒤를 이어 윌리엄 제임스William James의 주저, 『종교체험의 다양성Varieties of Religious Experience』(1902)에서 최초의 종합적인 시도가 이루어졌다. 내가 정신 장애의 본질을 인간 정신의 전체와 관련하여 이해하는 법을 배우게 된 것은 이 두 사람 덕분이다. 나 자신은 여러 해 동안 실험적 연구를 하였다. 그러나 신경증Neurose과 정신병Psychose을 집중적으로 작업하는 가운데 나는—비록 양적인 조사가 바람직하다고는 하더라도—질적인 기술적記述的 방법 없이는 더 이상 나아갈 수 없다는 사실을 깨달았다. 의학심리학은 결정적인 사상事象이 극도로 복잡하다는 것, 오직 사례 기술을 통해서만 그것을 파악할 수 있다는 사실을 인식했다. 그러나 이런 방법은 이론적인 선입견에 좌우되지 않는다는 점을 전제로 하고 있다. 모든 자연과학은 더 이상 실험적으로 진행할 수 없을 때는 현상을 기술한다. 그렇다고 과학임을 중단하는 것은 아니다. 그런데 경험 과학이 이론적인 개념에 따라 그 작업 영역을 제약하면 스스로 무능을 자초하게 된다. 심혼은 생리학적인, 또는 그 밖의 과학적인 전제가 미치는 범위가 끝난다고 해서 그 기능을 중지하지는 않는다. 다시 말해 우리는 과학적으로 관찰되는 하나하나의 사례에서 심혼의 종합적 현상을 고려해야 한다.

   이러한 고려는 경험적 개념인 '아니마Anima'와 같은 개념을 설명하는 데 없어서는 안 될 필수적인 것이다. 아니마에 대해 흔히 표명되었던 편견들, 즉 이론적 발명이나 더 심하게는 신화라는 편견에 대해 나는 '아니마'가 순수한 경험적 개념이라는 사실을 강조하지 않을 수 없다. 이 개념은 이와 밀접한 관계를 가지거나 이와 같은 종류의 현상들에 이름을 부여하는 것 말고는 아무것도 의도하지 않는 경험적 개념이다. 이 개념은 예컨대 '절지동물節肢動物'이 모든 절족동물節足動物을 포괄하고 그 현상학적 무리에 붙인 이름인 것처럼, '아니마'라는 말도 그 이상의 무엇을 제공하는 것도 아니고 그 이상을 의미하는 것도 아니다. 앞에서 언급한 편견들은 유감스럽게도 무지에서 나온 것이다. 비판자들은 여기서 문제가 되고 있는 현상을 알지 못한다. 왜냐하면 이 현상은 대부분 단순한 의학 지식의 경계표 밖에 있는 보편적·인간적 경험 영역에 존재하기 때문이다. 그러나 의사가 다루어야 할 심혼은 의사의 제약된 지식에는 상관없이 인간적 경험의 모든 영역으로부터 나오는 영향들에 반응하며 그 살아 있음을 표명한다. 그 본체는 개인적인 것, 본능적인 것, 또는 사회적인 것 속에서만 나타나는 것이 아니고 세계의 현상 속에 자신을 드러낸다. 다시 말해, 우리가 '심혼'을 이해하려면 세계를 끌어들여야 한다. 우리는 우리의 작업 영역의 경계를 표시할 수 있다. 임상적인 이유에서 심지어 그 경계를 지을 수 밖에 없는 경우도 있다. 그러나 이것은 다만 제약이라는 의식적 전제 아래에서 그렇게 할 수 있을 뿐이다. 그러나 실제 치료 과정에서 대면해야 할 현상이 복잡하면 할수록 그 전제는 더욱 넓어야 하고 그 지식도 그에 필적하는 것이어야 한다.

그러니까 원시인의 심리학과 신화학, 비교종교학과 문학사에서 짝지음의 주제Syzygien Motivs(Paarungsmotiv)의 중요성과 그 보편적인 분포[6]를 모르는 사람은 아니마 개념의 문제에 끼어들어 이야기하기 매우 어려울 것이다. 신경증 심리학에 관한 그의 지식이 아니마 개념에 관한 어떤 지식을 전달해줄 수는 있을 것이다. 그러나 아니마 고유의 의미에 대하여 눈뜨게 할 수 있을 아니마의 보편적인 현상학에 관한 지식은 그가 아니마를 개인적으로, 흔히는 병적으로 왜곡된 형태로 만나게 될 때 얻을 수 있다.

인식의 유일한 근본적 토대는 예외 없이 밖에서 주어진 것이라느니, "이미 이전에 감각기관에 들어오지 않은 것은 지성知性, Intellekt에도 없다"[7]는 일반적인 편견이 아직도 신봉되기는 하지만, 고대의 로이키포스Leukippos와 데모크리토스Demokritos의 주목할 만한 원자설은 원자의 붕괴에 관한 관찰에 근거를 둔 학설이 결코 아니라, 가장 작은 조각이라는 신화적 관념에 근거를 둔 학설이었다. 그것은 심혼의 원자로, 살아 있는 가장 작은 조각으로, 이미 구석기 시대의 오스트레일리아인들도 알고 있었던 것이다.[8] 얼마나 많은 것들이 심혼 상태에서 미지의 외부적 현상의 세계로 투사投射되었는지는 고대 자연과학과 자연철학을 알고 있는 사람들이라면 누구나 아는 사실이다. 그것이 너무도 많이 투사되어 있어서 우리는 세계 그 자체가 도대체 어떤 성질을 가지고 있는지를 말할 수 없다. 왜냐하면 만약 우리가 인식에 관해서 말하고자 한다면 어쩔 수 없이 물리적 사건을 정신적인 과정으로 전화轉化시켜야 하기 때문이다. 그러나 이 전화로써 충분한 '객관적' 세계상이 나온다고 누가 보증하겠는가? 그것은 물리적 사건이 마찬가지로 정신적 사건일 경우에 한한다. 이러한 확신은 아직 우리와는 거리가 먼 이야기 같다. 그러므로 그런 확신이 서기까지 우리는 싫든 좋든 심혼이 상像, Bilder들과 형식들Formen을 공급하여 특히 객체의 인식을 가능하게 한다는 가정으로 만족해야 할 것이다.

대체로 사람들은 이러한 형식들이 전통에 의해 전달되고 있다고 생각한다. 그래서 우리는 현재도 여전히 '원자들'에 관해 말한다. 왜냐하면 직·간접으로 우리가 데모크리토스의 원자설을 들었기 때문이다. 그러나 데모크리토스나 혹은 최소의 구성 요소에 관해 처음 말한 사람은 어디에서 원자에 관해 들었던가? 이런 관념은 원형적 관념이라고 하는 것, 즉 근원상에서 기원한다. 그것들은 물리적 사건의 모상模像들이 아니라 심적 요소의 고유 산물이다. '심혼'을 본질적으로 물리적·화학적 과정의 단순한 모방으로 이해하려는 물질주의적 경향에도 불구하고 이런 가설은 하나도 증명된 것이 없다. 오히려 그 반대로 수많은 사실들은 심혼이 물리적 과정을 일련의 심상心像으로 번역하며 그 심상들은 흔히 객관적 과정과 거의 인식할 수 없는 관련을 가지고 있음을 증명하고 있다. 물질주의적인 가설은 너무도 대담하며 '형이상학적' 오만으로 이것은 경험 가능한 것을 능가한다. 우리가 알고 있는 현재의 관점에서 확실하게 확인할 수 있는 것은 심혼적인 것의 본체에 관해 우리가 아무것도 모른다는 사실이다. 그러므로 정신Psyche을 하나의 이차적인 것, 또는 표층 현상이라고 볼 만한 아무런 계기도 없으며 오히려 그것이─적어도 가설적으로는─요인 그 자체로 파악할 수 있다는 이유는 충분하다. 이런 관점은 심적인 과정이 시험관 안에서도 만들어질 수 있다는 것이 증명되기까지 계속될 것이다. 사람들은 체體, corpus와 아니마와 혼魂, spiritus으로 이루어지는 현자賢者의 돌lapis philosophorum을 만들려던 연금술사의 공언公言을 불가능한 일이라며 웃었다. 그러므로 이러한 중세적 전제의 논리적 귀결인 심혼에 관한 물질주의적인 선입견을 마치 증명된 사실이기나 한 것처럼 현재까지 계속 끌고 다니지 말아야 한다.

복잡한 심적 사상事象을 화학 공식으로 처리하는 것이 그리 빨리 성공하지는 못할 것이다. 그러므로 심적 요소란 우선 수수께끼 같은 성격을 지닌 자율적인 현실이라고 인정해야 할 것이다. 그 이유는 무엇보다도 심적 요소가 온갖 실제 경험에 따를 때 생리적·화학적 과정과는 **본질적으로** 다르게 나타난다는 사실에 있다. 만약 우리가 심적 요소의 실체성이 무엇인지 결국 알 수 없다면 이것은 또한 물리적 대상, 즉 물질에 대해서도 해당된다. 그러므로 우리가 심혼적인 것das Seelische을 독립된 요소로 본다면 이로부터 의식적 발명이나 조작의 자의성에서 벗어난 심혼적 존재가 있다는 결론이 나온다. 그러니까 만약 저 일과성, 피상성, 희미함, 심지어 하찮음의 성격이 어떤 심적인 것에 결부된다면 이것은 주관적·정신적인 것das Subjektiv-Psychische, 즉 의식의 내용에 해당된다. 객체적·정신적인 것das Objektiv-Psychische, 즉 의식 내용의 선험적인 조건을 나타내는 무의식에 해당하는 것이 아니다. 미리 결정짓는 작용은 무의식으로부터 나온다. 그것은 전승과는 관계없이 모든 개인에게 비슷한, 심지어 똑같은 경험과 똑같은 상상된 형상들을 보장한다. 이에 대한 주된 증거의 하나는 신화적 주제의 보편적인 유사성인데, 나는 이것을 그들이 지닌 원초상原初像으로서의 성질에 의거하여 원형들Archetypen이라고 불렀다.

이러한 원형들 중에서 특히 정신치료자에게 실제로 의미가 있는 원형을 나는 아니마라 불렀다. 이 라틴어 표현은 기독교적 도그마나 지금까지의 어떤 철학적 심혼心魂 개념과 결코 혼동되어서는 안 될 어떤 특정한 것을 지시하는 말이다. 만약 이 개념의 본질을 반쯤이라도 구체적으로 상상하려 한다면 마크로비우스Macrobius[9]와 같은 고대 그리스의 작가나 고대 중국 철학[10]으로 소급해 생각해보는 것이 좋을 듯하다. 여기서 아니마(중국어로 '포魄', '구이鬼')는 심혼의 여성적·고태적 부분으로 파악되고 있다. 물론 그렇게 소급하여 파악하는 것은 항상 형이상학적 구상주의具象主義에 빠질 위험성과 결부되어 있어 가능한 한 피하려고 하지만, 눈앞에 보이듯 생생한 표현을 시도할 때는 어느 정도까지는 감수하지 않을 수 없다. 문제는 추상적인 개념이 아니라 경험적 개념이라는 점이다. 이 개념에는 그것을 나타내는 형상이 반드시 부착되는데, 이 경험적 개념을 우리는 또한 그 특수한 현상학 말고는 달리 기술할 수 없다.

시대정신에 얽매인, 세계관적인 긍정과 부정에 상관없이 학문으로서의 심리학은 모든 시대의 인간 정신에서 솟아난 저 초월적인 견해들을 투사 현상으로 파악해야 한다. 다시 말해 형이상학적 공간에서 내몰리고 실체화된 정신 내용으로 보아야 한다.[11] 무엇보다도 우리는 아니마를 역사적으로 신적인 짝,[12] 남녀 신의 짝에서 만난다. 이것은 한편으로는 원시 신화학의 어두운 심층에까지 미치고,[13] 다른 한편으로는 위로 그노시스[14]와 고전적 중국 철학의 철학적 사변에 도달하는데, 중국 철학에서는 우주 진화론적 개념의 짝을 양陽(남성적)과 음陰(여성적)으로 부르고 있다.[15] 우리는 이 짝Syzygien이 남녀의 출현만큼이나 보편적이라고 주장할 수 있다. 이러한 사실로 미루어, 상상 행위는 이런 주제에 결부되어 있어, 그것은 모든 장소와 모든 시간에, 항상 되풀이하여 똑같은 것을 투사하도록 한다고 결론 내릴 수 있다.[16]

우리가 의료 경험으로 알 수 있듯이 투사는 하나의 무의식적·자동적 과정이다. 이를 통해 주체가 의식하지 못하는 내용이 객체로 옮겨지며, 그럼으로써 그것이 마치 객체에 소속된 것처럼 보인다. 이에 반해서 투사는 그것이 의식될 때, 즉 그 내용이 주체에 속하는 것이라고 간주되는 순간에 중지된다.[17] 고대 그리스의 다신교적 제신諸神의 세계를 무력화시키는 데는, 제신의 형상은 다만 인간의 성격이 반영된 것이라는 에우헤메로스Euhemeros[18]에 의해서 처음으로 제기된 견해가 적지 않은 공헌을 하였다. 신의 짝이 이상화된 부모의 짝에 불과하거나, 인간적인 (사랑의) 짝인데 어떤 이유로 하늘에 나타나게 된 것뿐이라고 설명하기는 쉬운 일이다. 투사가 무의식적 과정이 아니라 의식적 의도라면 이런 가정을 내리기는 무척 쉽다. 일반적으로 사람들은 자기의 부모를 가장 잘 알고 있다고 가정한다. 다시 말해 주체에게 가장 많이 의식된 개인들이라고 생각한다. 그러나 바로 이 때문에 부모들은 투사되지 않을 수 있다. 왜냐하면 투사되는 것은 주체에게는 무의식적인, 즉 외견상 그에 속하지 않는 내용이기 때문이다. 부모의 상은 투사가 가장 덜 되는 바로 그러한 상인지 모른다. 그것은 너무 많이 의식되어 있다.

그런데 실제로는 바로 부모의 이미지들이 가장 흔하게 투사되며 이것이 너무나 명백한 사실이다 보니 투사되는 것이 바로 의식 내용이라고 단정 지을 지경이다. 우리는 이런 현상을 전이轉移의 사례들에서 가장 뚜렷이 볼 수 있을 것이다. 환자는 아버지의(또는 어머니의) 이미지를 의사에게 투사하고 있다는 것을 명확하게 알고 있고 심지어 그것과 결부된 근친상간의 환상을 상당 정도 통찰하고 있는데도 그의 투사의 반작용, 전이의 영향에서 해방되지 못하고 있다. 즉 그는 마치 자신의 투사를 전혀 통찰하지 못하고 있는 듯이 행동하고 있는 것이다. 그러나 우리의 경험으로는 투사란 결코 의식적으로 되는 것이 아니고 투사가 먼저 일어난 뒤에 비로소 인식되는 것이다. 그러므로 우리는 근친상간의 환상을 넘어서 더욱 고도로 정동적인 내용이 부모의 이미지에 결부되어 있으며 이에 대한 의식화가 필요하다고 가정해야 할 것이다. 그것은 아마도 근친상간의 환상보다 의식화하기가 더욱 어려운 것임에 틀림없는데, 이것은 심한 저항으로 억압되어 무의식 상태에 있다고 가정할 수 있다. 이런 견해가 옳다면 우리는 근친상간의 환상 너머에 이보다 더 큰 저항에 의하여 억압된 내용이 존재한다는 추론을 하지 않을 수 없다. 그러나 근친상간보다 더 혐오스러운 것을 상상하기는 쉽지 않으므로, 이런 의문에 해답을 얻으려면 좀 당황스러워진다.

이 해답을 얻기 위해 실제 경험을 동원해보자. 경험은 근친상간의 환상 이외에 종교적 관념들이 부모의 이미지에 연관됨을 우리에게 말해주고 있다. 여기에 관해서는 역사적 증거를 제시할 필요가 없을 정도로 잘 알려진 사실들이다. 그러나 종교적 연상들의 상스러움은 어떤 형편인가?

어떤 사람이 한번은 이런 말을 했다. 평범한 사람들의 모임에서 식사 끝에 신에 관해 말하는 것은 좀 위험스런 농담을 하는 것보다 더 괴롭다고. 많은 사람들에게는 성적 환상을 시인하는 것이 그의 의사가 구세주라고 고백해야 하는 것보다 훨씬 더 견딜 만하다는 것이다. 왜냐하면 첫 번째 경우는 결국 생물학적으로 합법적이지만, 두 번째 경우는 분명 병리적이며 사람들은 그것에 커다란 두려움을 갖고 있기 때문이다. 그러나 내가 보기에는 사람들이 이 '저항'에 너무 신경을 쓰는 것 같다. 문제가 되고 있는 현상은 상상력과 숙고의 부족 때문이며, 그것이 환자로 하여금 의식화의 작용을 어렵게 만든다고 설명할 수도 있다. 그렇게 말하는 이는 아마 종교적 관념들에 대해서 아무런 특별한 저항도 갖고 있지 않을지 모른다. 다만 그는 의사를 하나의 신이나 구원자로 볼 수 있다는 생각을 진지하게 하지 못할 뿐이다. 그의 이성이 벌써 그가 이와 같은 착각을 하지 못하게 막고 있다. 그러나 그는 의사가 그런 구세주를 상상하고 있다는 가정을 하는 데서는 별로 주저하지 않는다. 만약 그 자신이 교의신학자敎義神學者라면 다른 사람을 예언자나 종교의 창시자라고 보는 것은 쉬운 일이다.

역사가 증명하듯 종교적 관념들은 고도로 암시적이며 정동적인 힘을 가지고 있다. 물론 나는 종교사宗敎史가 보고하는 모든 '집단표상 représentations collectives'과 무슨무슨 주의로 마무리되는 모든 것을 종교적 관념에 계산해 넣고 있다. 어떤 사람이 자기는 종교적 이념을 결코 지니고 있지 않다고 굳게 확신하는 일이 있을 수 있다. 그러나 자신이 우세한 집단표상을 전혀 갖고 있지 않다고 할 만큼 그토록 전체 인류에서 벗어나 있는 사람은 아무도 없다. 바로 그의 유물론·무신론·공산주의·사회주의·자유주의·지성주의·실존주의 등등이 바로 그에게 무해하지 않음을 증명하고 있다. 그는 어딘가에서, 이런저런 모양으로, 요란하게 또는 조용히, 상위의 이념에 사로잡혀 있다.

심리학은 얼마나 많은 종교적 이념이 부모의 이미지와 관계가 있는지를 잘 알고 있다. 역사는 이에 대한 엄청난 양의 증거를 보존하고 있다. 이와는 상관없이 현대의 의학적 소견은 심지어 부모와의 관계를 종교적 이념이 발생하게 된 고유한 원인이라고 보는 견해조차 시사하였다. 물론 이런 가설은 전문 지식의 부족에서 기인한다. 첫째로 우리는 현대의 가족 심리학을 그것과 전적으로 사정이 다른 원시적인 관계로 무조건 번안해서는 안 되며, 둘째로 무분별한 원부原父 및 원초적 집단에 대한 환상에서 우리 자신을 지켜야 하며, 셋째이자 무엇보다도 중요한 것은 그 고유한 문제인 종교적 체험의 현상학을 정확하게 알아야 한다는 점이다. 그런 선상에서 보면 지금까지의 심리학적인 시도들은 이 세 가지 조건 중 어느 것도 충족하지 않는다.

심리학적 경험상 우리가 알고 있는 긍정적인 것은 다만 부모의 이미지에는 신의 관념들이 연상되고 있다는 것, 그것도(우리의 임상 자료에서) 대부분 무의식적으로 그러하다는 사실이다. 만약 이에 해당되는 투사들이 통찰을 통해서도 거두어지지 않는다면 가장 합리주의적인 환자의 저항에도 상관없이 우리는 종교적 성질의 정동적 내용이 여기에 개재한다고 생각할 모든 근거를 가진다.

인간에 관한 정보의 한계 내에서 우리가 알고 있는 사실은 인간이 언제나 어디서나 우세한 표상들의 영향 아래 있다는 것이다. 그렇지 않다는 사람은 모두가 기대하는, 알려진 신앙 형태를 자신이나 다른 사람들이 잘 모르는 다른 종류의 변이와 바꿔치기하지 않았나 하고 곧바로 의심받는다. 그는 유신론 대신에 무신론을 섬기고, 디오니소스 대신에 현대적인 미트라를 선호하고, 하늘 대신에 땅 위의 천국을 찾는 것과 같다.

우세한 집단표상을 가지고 있지 않은 사람이 있다면 그것은 극히 비정상적인 현상일 것이다. 그런 것은 그들 자신에 관해 착각하고 있는 개인의 환상에서만 나타난다. 그들은 종교적 이념들이 존재한다는 사실뿐만 아니라 그 이념들이 지닌 강렬함에 관해서도 착각하고 있다. 종교적 관념들의 원형은 모든 본능과 마찬가지로 특수한 에너지를 가지고 있고, 비록 의식이 그것을 무시한다 하더라도 원형은 그 에너지를 잃는 법이 없다. 모든 인간이 평균적인 인간적 기능들과 성질들을 갖추고 있다는 사실을 우리가 최대의 개연성으로 가정할 수 있듯이, 우리는 모든 인간 속에 정상적인 종교적 요인들 또는 원형들이 존재한다고 기대해도 좋으며 이러한 기대는 어긋나는 일이 없다는 것을 쉽게 볼 수 있다. 신앙의 외투를 벗어버리는 데 성공한 사람은 오직 다른 사람이 그에게 도움을 준 덕분에 그럴 수 있는 것이다. "변화가 많을수록 그만큼 남는 것도 많다Plus ça change, plus ça reste la même chose!" 인간 존재의 선입견을 피할 수 있는 사람은 아무도 없다.

집단표상은 지배력을 지니고 있다. 그러므로 그것들이 강렬한 저항으로 억압되는 것은 놀랄 일이 아니다. 억압된 상태에서 그것들은 이제 눈에 띄지 않는 하찮은 것들 뒤에 숨어 있는 것이 아니라, 이미 다른 이유로 문제시되고 있는 표상과 형상 뒤에 숨어 있으면서 이들의 수상함을 강화시키고 복잡하게 만든다. 예를 들어 우리가 유아적으로 부모에게 의지하고 부모 탓으로 돌리고 싶어 하는 모든 것이 이와 같은 은밀한 추가 보조에 의해 환상적인 것으로 과장된다. 그러므로 저 악명 높은 근친상간의 환상에 관해서도 얼마만큼 진지하게 받아들여야 할지는 미해결의 의문으로 남는다. 부모 또는 애인의 짝 뒤에는 고도로 긴장된 내용이 있고 그것은 의식 속으로 통각統覺되지 않기 때문에 다만 투사를 통해서 감지될 수 있을 뿐이다. 그런 투사들이 단지 전통적인 견해들이 아니라 고유한 사건임은 역사적 문헌이 증명하고 있다. 이 문헌들은 그런 짝이 전통적인 신앙적 관점과는 전적으로 대립되는 방향으로 투사되고 또한 그것이 체험되기 알맞은 환상Visionär의 형태로 일어나고 있음을 제시하고 있다.[19]

이에 관련해서 가장 교훈적인 사례 중 하나는 최근에 성인으로 선포된 15세기 스위스의 신비가, 니클라우스 폰 플뤼에의 환상들인데 우리는 이에 관한 그 시대의 보고들을 볼 수 있다.[20] 그가 하느님의 아들로서의 지위를 비전秘傳받는 환상 속에서 신격은 이중으로 나타난다. 즉 한 번은 제왕 같은 아버지로, 다른 한 번은 여왕과 같은 어머니로 나타난다. 당시 교회는 이미 1000년 이래 여성적 요소를 이단이라고 해서 삼위일체에서 제외시켰으므로 이와 같은 표현은 너무나도 비정통적인 것이었다. 클라우스(성 니클라우스의 애칭) 수사는 글을 읽을 줄 모르는 소박한 농부로서, 틀림없이 승인된 교회의 가르침 이외의 다른 가르침을 받아들이지 않았으며, 성령을 여성적·모성적 소피아Sophia[21]로 보는 그노시스 파의 해석을 모르고 있었다. 이 신비가의 이른바 삼위일체성 환상은 투사된 내용의 강도를 보여주는 분명한 보기가 된다. 니클라우스 수사의 심리 상황은 이와 같은 투사에 매우 적합하다. 왜냐하면 그의 의식적 관념은 무의식적 내용과 거의 일치하지 않으므로 무의식적 내용이 낯선 체험의 형태로 출현하게 된 것이다. 이런 사실에서 우리는 다음과 같이 추론할 수 있다. 즉 환상으로 드러난 것은 결코 전통적인 신의 관념이 아니라 그 반대로 '이단적인' 상,[22] 즉 의식된 전달 없이 언제나 자연 발생적으로 눈을 뜨는 원형적 성질의 해석인 것이다. 그것은 신의 짝(쌍신雙神, Syzygie)의 원형이다.

그와 매우 비슷한 경우를 기욤 드 드길빌Guillaume de Deguileville[23]의 '영혼의 순례' 환상에서 만날 수 있다. 그는 신을 높은 하늘 위에 빛나는 둥근 왕좌 위의 왕으로 본다. 그의 옆에는 갈색 수정으로 된 비슷한 왕좌 위에 하늘의 여왕이 앉아 있다. 특히 엄격하다고 널리 알려진 시토 교단의 승려에게 이 환상은 충분히 이단적인 것이다. 그러나 투사의 조건은 여기서도 충족된 셈이다.

신의 짝에 관한 환상체험의 특성을 인상 깊게 묘사하고 있는 것으로는 안나 킹스포드Anna Kingsford의 자서전을 서술한 에드워드 메이틀랜드Edward Maitland의 저작을 들 수 있다. 메이틀랜드는 거기서 자신의 신체험을 자세히 기술하였는데, 그것은 클라우스 수사의 환상과 아주 비슷한 빛의 환상으로 이루어져 있다. 그는 글자 그대로 이렇게 말하고 있다. "그것은 … 주님으로서의 신, 그의 이중성을 통하여 신이 질료質料이면서 동시에 힘이며, 사랑이면서 동시에 의지이며, 여성적이면서 동시에 남성적이며, 어머니면서 동시에 아버지다."[24]

이 몇몇 예들은 투사의 체험, 그리고 전통으로부터의 투사의 독립적 특징을 제시하기에 충분할 것이다. 우리는 무의식 속에 이미 정동적으로 긴장된 내용이 있어서 어떤 순간에 투사하게 된다는 가설을 외면할 수 없을 것이다. 그 내용은 신의 짝의 주제인데 그것은 남성적이면서 동시에 항상 그에 해당되는 여성성이 부여되고 있음을 보여주고 있다. 이 주제가 엄청나게 널리 퍼져 있고 정동성을 지니고 있다는 사실은 이것이 근본적이며, 따라서 실제로도 중요하다는 것을 증명한다. 개별적인 정신치료자나 심리학자가 이 심적 요소가 어디서 어떤 식으로 그의 특수한 작업 영역에 영향을 주는지를 이해하고 있느냐 없느냐 하는 것과는 무관하다. 다 알다시피 미생물들은 그것이 발견되기 이전에 이미 그들의 위험한 역할을 수행해왔다.

위에서 지적한 대로, 신의 짝에서 부모의 짝을 추측하는 것은 당연하다. 여성적 부분, 즉 어머니는 아니마에 해당한다. 그러나 위에서 논의된 이유대로 대상에 대한 의식성은 그 투사를 방해하기 때문에 부모 역시 모든 인간의 가장 미지의 것이라고 가정하지 않을 수 없다. 그러니까 부모 짝의 무의식적인 반영상反映像이 있다는 것, 그것은 부모 짝과 닮지 않거나 심지어 완전히 낯선 모습이라는 것, 인간과 신의 비교만큼이나 헤아릴 수 없는 것이라는 점을 가정해야 한다. 무의식적 반영상은 초기 소아기에 획득된, 과대평가된, 그와 함께 주어진 근친상간 환상 때문에 나중에 억압된 부모상 이외에 다른 아무것도 아님을 생각할 수 있을 것이고 그런 생각이 표명된 것도 주지의 사실이다. 물론 이러한 견해는 그 상像이 한 번은 의식되었음을 전제하고 있다. 그렇지 않다면 그것이 '억압'될 리가 없기 때문이다. 게다가 또한 전제되어야 할 것은 도덕적 억압행위 자체가 무의식화하였다는 사실이다. 그렇지 않다면 억압행위는 최소한 억압하는 도덕적 반응의 기억과 함께 의식 속에 보존된 채 남아 있을 것이고 이러한 상태에서 억압한 것의 성질이 쉽게 인식될 수 있을 것이기 때문이다. 그러나 지금 이런 염려들을 하나하나 살필 생각은 없다. 다만 강조할 점은 일반적인 견해에 따르면 부모의 이미지는 전 사춘기前思春期쯤, 또는 얼마간 발달된 의식을 갖춘 시기에 생기는 것이 아니라, 오히려 의식의 초기 단계인 한 살에서 네 살 사이에, 즉 의식이 아직 그 고유의 연속성을 보이지 않아서 드문드문 흩어져 있는 섬처럼 불연속성의 특징을 나타낼 때에 생긴다는 사실이다. 연속적인 의식에 없어서는 안 될 자아 연관성은 부분적으로 존재할 뿐이므로 이 단계의 정신생활의 큰 부분은 상대적으로 무의식적이라고 규정할 수밖에 없는 상태에서 진행된다. 어쨌든 그런 상태는 성인에게 몽유병적인, 몽환夢幻 상태의 인상을 줄 것이다. 그러나 이런 상태들은 우리가 어린이의 관찰을 통해서도 알 수 있듯이, 항상 환상으로 가득 찬 현실 통각의 특성을 나타낸다. 환상상들은 감관자극의 영향을 압도하여 선행하는 심혼상의 뜻에 따라 그 상들을 형상화한다.

내 생각에 신생아의 정신을 아무것도 들어 있지 않은 백지 상태로 가정하는 것은 엄청난 잘못이다. 어린이가 분화된, 유전적으로 미리 결정된, 그래서 또한 개별화된 뇌를 가지고 세상에 나오는 한, 그는 외부에서 오는 감관자극들에 대하여 어떤 막연한 준비 태세를 갖추는 것이 아니고 **특수한** 준비 태세를 갖추게 된다. 그것은 곧 통각Apperzeption의 독특한(개별적인) 선택과 형성의 조건이 된다. 이런 준비 상태는 유전된 본능과 전성설前成說, Präformation을 입증하고 있다. 전성설이란 본능에 근거한 통각의 선험적·형태적인 조건들이다. 그것이 있음으로 해서 어린이 심성과 꿈을 꾼 사람의 세계에 인간의 모습을 띤 각인이 부여된다. 그것들은 원형들이며 모든 환상 활동에 일정한 길을 제시하고 이런 식으로 어린이의 꿈에 나타나는 환상적 형상이나 정신분열증(조현병)의 망상 구성에서 놀랄 만한 신화학적 유례들을 만들어낸다. 마찬가지로 우리는 그것들을 정상인과 신경증 환자의 꿈에서도 가끔 발견한다. 그러므로 문제는 상속된 **표상**Vorstellungen이 아니고 상속된 표상의 **가능성**Möglichkeiten이다. 또한 그것은 보편적인 원형들의 출현으로 미루어 추정할 수 있듯이 개인적인 상속Vererbung이 아니라 주로 일반적인 상속이다.[25]

 신화로서의 원형이 민족사적 현상이듯이 원형들은 또한 각 개인 속에서 발견되며, 주로 의식이 가장 좁거나 가장 약해서 환상이 외부 세계의 여건을 넘어서 무성할 때 언제나 가장 강하게 작용한다. 다시 말해 그 현실을 가장 많이 인격화한다. 어린이에게 이 조건은 틀림없이 출생 첫해에 이미 부여되고 있다. 그러므로 신의 짝의 저 원형적 형태는 실제 부모의 상으로 우선 옷 입혀지고 동화되었다가 그 뒤에 결국 의식의 성장과 동시에 진정한 부모의 모습이―드물지 않게 아이들의 실망과 함께―감지된다는 사실이 내게는 더 그럴듯하게 여겨진다. 부모의 신화화가 흔히 성인기까지 계속되며 그것을 포기하는 데는 커다란 저항을 극복해야 한다는 사실을 정신치료자보다 더 잘 아는 사람은 없다.

생각나는 사례 하나가 있다. 그는 자신을 고도의 모성 콤플렉스와 거세 콤플렉스의 희생자라고 소개하였다. '정신분석'에도 불구하고 아직도 이를 극복하지 못했다고 한다. 그는 나의 도움 없이 스스로 몇 개의 그림을 그렸는데 처음에는 어머니를 초인적인 존재로 묘사했으나 그 다음에는 초라한 피투성이의 장애인으로 묘사했다. 특히 눈에 띄는 것은 모성에서 분명 거세가 이루어진 점이었다. 그녀의 피투성이가 된 음부에 절단된 남성의 음핵이 놓여 있었기 때문이다. 그림들은 '큰 것의 절정에서 작은 것으로'[26]를 표현하고 있었다. 처음에 어머니는 신적인 양성자兩性者로, 다음에는 실망스런, 더 이상 부인할 수 없는 현실의 경험을 통하여 그의 반음양성·플라톤적(비정욕적 정신적 사랑) 완전성을 박탈당한 평범한 노파의 초라한 모습으로 변하였다. 그러니까 어머니는 분명 가장 초기의 소아기부터 신의 짝, 또는 남녀 융합의 원형적 이념에 의해 동화되었고 그래서 완전하고 초인적인 모습으로 나타났다.[27] 이 성질은 항상 원형에 붙어다니며 또한 원형이 의식에게 낯설고 의식에 속하지 않은 것으로 나타나는 근거를 마련하기도 한다. 그것은 또한 주체가 원형을 동일시하였을 경우, 흔히 파괴적인 인격 변화를, 대개 과대망상 또는 과소망상의 형태로 일으키게 되는 이유가 된다.

현실적인 모성을 인식한 데서 오는 실망감은 앞에서 말한 환자의 그림에서 양성적인 어머니의 거세를 수행하였다. 그것은 환자의 이른바 거세 콤플렉스였다. 그는 어린 시절의 올림포스산에서 떨어져버렸고 이제는 더 이상 신적인 어머니의 영웅아英雄兒가 아니었다. 그의 '거세 공포'는 소아적인 원초적 기대에 결코 상응하지 않는 진정한 삶에 대한 공포였다. 또한 그의 공포의 대상인 진정한 삶에는 그가 최초의 청소년기부터 어렴풋이 기억하고 있는 저 신화적 의미가 도처에서 회피되어 있었다. 그의 현존재는——글자 그대로——'탈신화脫神化'되었다. 비록 그는 그것을 이해하지 못하였지만, 그것은 그에게 삶의 희망과 추진력의 심각한 손실을 의미하였다. 그는 마치 그 자신이 거세당한 것처럼 여겼지만 이것은 그럴듯한 신경증적 오해이며 너무도 그럴듯하여 신경증 이론이 될 수 있었던 것이다.

사람이 살아가는 가운데 의식의 본능적·원형적 전 단계와의 관계를 잃어버리지 않을까 하는 두려움은 보편적인 것이어서, 예로부터 새로 태어난 아기에게는 그의 육친 이외에 세례 대부모를 붙여주는 관습이 있어왔다. 이들을 영어로는 '대부god father'와 '대모god mother', 스위스 독일어로는 '괴티Götti'와 '고테Gotte'라 부르는데, 이들은 주로 영세 받은 아기의 종교적인 안녕을 담당했을 것이다. 이들은 '이중탄생'의 주제를 보여주며 출생 시에 나타나는 신의 짝을 묘사한다.[28]

아들의 눈에 비친 어머니에게 그토록 초인적인 빛을 부여한 아니마의 상은 일상생활의 진부함을 통하여 점차 떨어져나가고 그로써 무의식으로 빠져든다. 그렇다고 그것이 지닌 본래의 긴장과 본능적 충만함이 상실되지는 않는다. 그것은 그 뒤부터 이를테면 도약의 준비를 하고 있다가 첫 기회에, 즉 만약 어떤 여성이 평범함을 뛰어넘는 인상을 줄 때 그녀에게 투사된다. 그렇게 괴테가 폰 슈타인 부인Frau von Stein[29]에게서 체험했고 미뇽Mignon과 그레첸Gretchen에게서 반복하여 묘사한 일이 벌어진다. 다 아는 바와 같이 후자의 경우에서 괴테는 우리에게 그 체험이 전체 배경을 이루는 '형이상학'을 보여주었다. 남성의 애정 생활의 경험 속에서 원형의 심리학은 끝없는 매혹의 형태로 그 모습을 드러낸다. 과대평가와 현혹 또는 여성 혐오의 모든 단계와 변이 등 그때그때의 '객체들'의 진정한 성질로는 결코 설명될 수 없고 오직 모성 콤플렉스의 전이로써만 설명 가능하다. 그런데 모성 콤플렉스는 모성이 선재先在하는 '남녀' 대극쌍 원형의 여성적 부분에 정상적으로 어디서나 일어나듯 동화된 뒤에 모성의 원상原像으로부터의 분리가 비정상적으로 지연됨으로써 생기는 것이다. 인간은 원형의 완전한 상실을 견디지 못한다. 여기서 엄청난 '문화의 거북함'이 생기며 사람들은 그 속에서 편안하지 못하다. 왜냐하면 '아버지'와 '어머니'가 그곳에 없기 때문이다. 종교가 이에 대해 늘 얼마나 예비해왔는지는 누구나 알고 있다. 그러나 유감스럽게도 많은 사람들은 항상 심리학적인 필요에 의해 문제가 제기될 때 경솔하게 진리의 문제를 제기하고 있다. 여기서는 '이성적인' 단정적 해명으로는 아무것도 이룰 수 없다.

아니마는 투사될 때 항상 특정한 성질을 가진 여성의 형태를 지닌다. 그러나 이와 같은 경험적 확인이 결코 원형 그 자체가 그렇게 만들어져 있다는 말은 아니다. 남녀 짝은, 있을 수 있는 수많은 대극쌍의 하나일 뿐이다. 물론 그것은 실제로는 가장 중요하고 가장 흔한 것 중의 하나다. 남녀 신의 짝은 전혀 성 차이를 나타내지 않는 다른 짝들과 많은 관계를 맺고 있다. 그러므로 그저 억지로 성 대극 아래 분류될 수 있을 뿐이다. 특히 이런 관계들은 쿤달리니 요가Kundaliniyoga[30]나 그노시스,[31] 특히 연금술적 철학[32]에서 다양한 뉘앙스로 발견된다. 신경증이나 정신병의 자료 속에 자연 발생적으로 나타나는 환상상들은 말할 것도 없다. 이 모든 자료들을 자세히 살펴볼 때 우리는 원형이 정지된, 투사되지 않은 상태에 있을 때는 특정할 만한 아무런 형태도 갖고 있지 않고 형식상 부정不定의 소산인데, 투사 덕분에 특정한 형태로 나타나게 될 가능성을 갖게 된다고 추정한다.

이와 같은 확인은 '유형Typus'이라는 개념과 모순되는 것처럼 보인다. 내가 알기로는 그것은 그렇게 보이는 정도가 아니고 모순이다. 경험적으로 우리는 늘 '유형', 즉 특정한 형식들을 다룬다. 그래서 그렇게 이름을 붙이고 다른 것과 구별할 수 있는 것이다. 그러나 이러한 유형들에서 임상 증례 현상을 벗겨버리고 그 유형들을 다른 원형적 형식들과의 관계 속에서 연구하고자 시도하면 그 유형들은 그토록 광대한 상징사적인 관련으로 확대된다. 결국 우리는 정신의 근저에 놓여 있는 정신적 요소들은 불확실하고 현란하며 다양한 형상성을 지녀 인간적인 표상 능력을 넘어서는 것이라는 결론에 도달한다. 그러므로 경험론은 이론적인 '마치Als-ob'로 만족해야 한다. 그렇게 함으로써 경험론은 비록 자신의 방법이 질량적인 측정이 아닌 형태학적인 묘사라 하더라도, 핵물리학보다 더 나쁜 위치에 있는 것은 아니다.

아니마는 남성의 심리학에서 정동과 정감이 작동하고 있는 곳에서는 어디서나 가장 중요한 요소다. 그것은 직업과 이성의 인간과의 모든 감정적인 관계를 강화하고 과장하며, 변조하고 신화화한다. 그 밑바닥에 있는 환상물들은 아니마의 작업이다. 아니마가 강도 높게 배정되어 있으면, 그것은 남성의 성격을 여성화하여 예민하고 신경질 부리고 짜증내며, 질투하고 게으르고 적응하지 못하게 만든다. 그는 '거북한 마음'의 상태에 있으며 그것은 주변으로 넓게 퍼져나간다. 때로는 그의 아니마에 해당되는 여성에 대한 아니마 관계는 이와 같은 증상 콤플렉스의 존재를 설명해준다.

위에서 이미 지적하였듯이 시인들은 아니마 상을 결코 놓치는 법이 없다. 시인은 보통 원형이 착상되어 있다고 여겨지는 상징적인 맥락에 관한 정보를 탁월한 묘사를 통해 우리에게 나누어주고 있다. 나는 무엇보다 라이더 해거드의 『그녀She』, 『그녀의 귀환The Return of She』, 그리고 『지혜의 딸들Wisdom's daughter』을 언급하고 싶고, 그 다음으로 브누아의 『아틀란티스*L' Atlantide*』를 들고자 한다. 그 당시에 브누아의 작품은 라이더 해거드의 표절이라며 고소당한 일이 있다. 왜냐하면 두 사람의 묘사가 기막힐 정도로 비슷했기 때문이다. 그러나 그는 고소에서 벗어날 수 있었던 것 같다. 슈피텔러Carl Spitteler의 『프로메테우스 *Prometheus*』 역시 아주 섬세한 관찰을 내포하고 있고, 그의 소설 『이마고*Imago*』는 아니마의 투사를 가장 적절하게 기술하고 있다.

치료는 몇 마디 말로 해결할 수 없는 문제다. 그것을 여기서 다룰 생각은 없다. 그러나 나는 이 문제에 대한 내 입장을 간단히 그 윤곽만 그려보겠다. 중년(35세쯤) 이전의 젊은이들은 아니마의 외견상의 전적인 상실을 견딜 수 있다. 어쨌든 남자는 무엇보다 남자가 되어야 할 것이다. 자라나는 청소년은 스스로 모성의 아니마 매혹에서 해방되어야 할 것이다. 그 예외도 있는데 특히 예술가들에게는 문제가 전혀 다르다. 보통 아니마와의 동일성이라는 특징을 지닌 동성애자에게도 문제가 다르다. 이런 현상이 흔하다는 것이 인정되고 있는 점에서 병적인 도착이라는 견해는 매우 의심쩍다.

심리학적인 소견에 따르면, 여기서 문제가 되는 것은 양성적 원형의 불완전한 분리이며 그것은 스스로 일방적인 성적 존재와 동일시하는 것에 대한 현저한 저항과 결부되어 있다. 그 소인이 비록 일방적인 성적 존재의 면에서는 어느 정도 상실되어 있지만 원초적·인간적 유형을 보존하고 있는 만큼 이와 같은 소인을 모든 경우에서 부정적으로 판단할 일은 아니다.

그러나 이에 반해서 중년 이후의 지속적인 아니마 상실은 생동성, 융통성 그리고 인간성에 손해를 입힌다. 대개 성격의 조기 경직이 일어나고 그렇지 않다면 석회화, 상동성常同性, 광신적인 일방성, 완고함, 원칙주의 또는 그 반대, 즉 체념, 피로, 나태함, 무책임성 그리고 마침내

과음 성향을 동반한 유아적인 '연화軟化'가 생긴다. 그러므로 중년 이후에는 원형적 체험 영역과의 관련을 가능한 한 재현해야 할 것이다.[33]

번역: 이부영

모성 원형의 심리학적 측면

1. 원형 개념에 관하여

    태모太母, Große Mutter 개념은 종교사에서 나온 것으로 모성母性-여신女神 유형의 매우 다양한 표현들을 포괄하고 있다. 이런 형태의 '태모' 상은 아주 드물고, 있다 하더라도 실제 경험에서는 아주 특별한 조건에서만 나타나기 때문에 태모의 개념은 심리학과는 일단 상관이 없다. 말할 것도 없이 그 상징은 모성 원형에서 파생된 것이다. 그러므로 만약 우리가 태모 상의 배경을 심리학적 측면에서 조사하고자 한다면, 어쩔 수 없이 이보다 훨씬 더 보편적인 모성 원형을 고찰의 근거로 삼아야 한다. 오늘날 원형 개념을 장황하게 설명할 필요는 거의 없을 테지만, 몇 가지 원칙적인 지적을 여기에 미리 제시해두는 것은 필요할 듯하다.

    이전 시대에서는—약간의 이견들과 아리스토텔레스적 사고 성향에도 불구하고—모든 현상적인 것에 앞서 이념Idee이 상위에 있다는 플라톤의 생각을 이해하는 데 그리 큰 어려움이 없었다. '원형'은 다름 아닌 고대 그리스에 이미 나타난, 플라톤적 의미의 이념이라는 표현과 같은 뜻을 가지고 있다. 예를 들어 약 3세기경에 씌어진 것으로 보이는

『코르푸스 헤르메티쿰』이라는 기록에서 신을 원형적 빛[1]으로 표현한 것은 신이 빛이라는 현상에 앞서 존재하며, 더 상위에 있는 빛의 '원상原像'이라는 생각을 표현한 것이다. 만약 내가 철학자라면, 나의 전제에 따라 플라톤의 논증을 계속 진행시켜 다음과 같이 말할 것이다. '하늘 위의 어떤 곳' 어디엔가 어머니의 원상이 하나 있는데, 그것이 '모성적인 것'(이 단어는 좀더 넓은 의미로)의 모든 현상에 앞서 존재하고 상위에 있는 것이라고. 그러나 나는 철학자가 아니라 경험론자이므로, 사색적인 문제들에 대한 나의 특별한 기질, 즉 나의 개인적인 관점을 보편타당한 것이라고 전제할 수는 없다. 그런 일은 자기의 성향과 관점을 보편타당한 것이라고 전제하고, 개별적인 의문거리를 어떻게든 자기 철학의 본질적인 조건으로 인정하지 않는 철학자만이 감행할 수 있을 것 같다. 경험론자로서 나는 어떤 기질의 사람에게 이념은 본질이지 이름만이 아니라는 사실을 확인하지 않을 수 없다. 공교롭게도—이렇게 단언하고 싶을 정도다—약 2백 년 이래 우리는 이념이 이름과는 근본적으로 다른 것일 수 있다는 사실을 받아들이는 일에 별로 흥미가 없을 뿐만 아니라 심지어 이해하지도 못하게 된 그런 시대에 살고 있다. 아직도 시대착오적으로 플라톤식 생각을 하는 사람은, 실망스럽게도 '천상적天上的'인, 다시 말해 이념의 형이상학적인 본체가 신앙과 미신의 통제 불가능한 영역으로 추방되거나, 측은하게도 시인에게 맡겨두는 수밖에 없다는 것을 경험하게 될 것이다. 유명론적有名論的 관점은 보편 개념에 관한 과거 백 년간의 논쟁에서 실재론적 관점을 다시 한번 '극복'하였고 원상은 단어의 소리내기가 되어버렸다. 이러한 변화는 강력한 경험주의의 등장과 더불어, 혹은 상당 부분 그로 인해서 일어났다. 그 경험주의의 장점은 사람들의 오성에 너무도 분명하게 떠올랐다. 그 이후로 '이념'은 더 이상 선험적인 것이 아닌 이차적인 것, 파생된 것이 되고 말았다. 최근 유명론이 특정한, 그래서 제약된 기질상의 전제에 근거를 두고 있음에도 불구하고 무조건 보편타당성을 요구하는 것도 당연한 일이다. 그것은 타당한 것이란 외부에서 오는 것이며 입증할 수 있는 것이다. 이상적인 경우란 실험적인 증명이다라고 말한다. 이에 대한 반反명제는 다음과 같다. 타당한 것은 내면에서 나온 것이면서 입증할 수 없는 것이다. 이러한 관점이 가망 없다는 것은 분명하다. 그래서 구체성으로 방향을 돌린 그리스적 자연철학은 아리스토텔레스식 이해와 결합되면서 플라톤을 넘어 늦게나마 상당한 승리를 거두었다.

그러나 모든 승리에는 미래에 있을 패배의 씨앗이 들어 있다. 최근 들어 일종의 관점의 변화를 시사하는 징조들이 늘어나고 있다. 특기할 것은 바로 칸트의 범주론Kategorienlehre인데, 그것은 한편으로는 고대적 의미의 형이상학적 시도를 미연에 방지하고, 다른 한편으로는 플라톤적 정신의 부활을 준비한다. 만약에 인간적인 능력 밖으로 나오는 형이상학이 성립할 수 없다면, 이미 인식 구조의 선험성을 통하여 포착되고 제약되지 않은 경험적 방법도 역시 성립할 수 없다. 칸트의 『순수이성비판Kritik der reinen Vernunft』이 나온 이후 지난 백오십 년 동안에 사고·이성·지성 등 그 어떤 것도 독자적으로 존재하여 모든 주관적 조건에서 자유로우면서 단지 논리의 영원한 법칙에만 이바지하는 과정이 아니라는 사실, 그것들은 하나의 인격에 속하는 심리적 기능들이라는 통찰이 차츰 인정받게 되었다. 그것을 보고, 듣고, 손으로 만져보고, 무게를 재고, 세어보고, 생각했는가. 그리고 논리적으로 판정했는가, 라는 물음은 더 이상 제기되지 않는다. 누가 보는가, 누가 듣고, 누가 생각했는가 등으로 묻게 되는 것이다. 극히 미세한 과정의 관찰과 측정에서 '개인 방정식'으로부터 시작된 그 비판은 계속 진행되어 우리

시대 이전에는 알려지지 않았던 경험심리학을 만들기에 이른 것이다. 오늘날 우리는 모든 지식 분야에서 재료의 선택, 조작 방법, 추리 방식 그리고 가설과 이론의 구성에 관해 결정적인 것을 말해주는 심리학적 전제가 있다는 점을 확신한다. 심지어 우리는 칸트의 개인적 인격이 그의 학설인 '순수이성비판'의 상당한 부분을 차지하는 근본적인 전제였다는 것을 믿는다. 철학자들뿐만 아니라, 자기 고유의 철학적 성향까지도, 아니 우리의 이른바 최상의 진리도 개인적 전제에서 나온다는 생각을 하면, 위협적이라고까지는 할 수 없더라도 마음의 동요를 느끼게 된다. 그로써 모든 창조적 자유는 빼앗겼다!―그렇게 우리는 부르짖는다. 어떻게 한 인간이 그에게 있는 바 오직 그것만을 생각하고 말하며 행동할 수 있단 말인가?

또다시 과장해서 사람들이 무제한의 심리만능주의에 빠지지 않는다고 전제한다면 물론 그것은 피할 수 없는 비판인 듯 여겨진다. 이 비판은 현대 심리학의 본질이자 근원이고 방법이다. 모든 인간 활동에는 선험성이 있다. 그것은 정신의 타고난, 전前의식이자 무의식이며 개인적인 구조다. 이 전의식적인 정신, 예를 들어 신생아의 정신은 좋은 조건일 때 모든 것을 집어넣을 수 있는 그런 텅 빈 상태의 무無가 아니다. 그것은 매우 복잡하고 개별적으로 가장 세련되게 정해진 전제 조건인데, 그것이 아무것도 없는 무처럼 보이는 것은 우리가 그것을 직접 볼 수 없기 때문이다. 최초로 가시적인 심리적 삶이 표현되자마자 그 표현은 개인적 특성, 즉 고유한 인격을 나타내는데, 이것을 보지 않으려면 장님을 데려다 놓아야 할 것이다. 이 경우 이와 같은 개개의 사항 모두가 그것이 나타나는 그 순간에 처음으로 생겨난 것이라고 가정할 수는 없다. 예를 들어 우리는 이미 부모의 병적인 소인에 대하여, 유전질 Keimplasma을 통한 유전을 가정한다. 뇌전증을 앓는 어머니를 가진 아이가 뇌전증을 앓는다고 해서 이것을 신기한 돌연변이로 간주하지 않는다. 마찬가지로 재능도 이와 같은 방식으로 대를 이어온다는 것을 알고 있다. 어미를 한 번도 보지 못해서 어미에게 '배울' 수 없었던 동물들이 나타내는 복잡한 본능 행위의 재출현도 같은 방식으로 설명된다.

우리는 오늘날 인간이 다른 동물들처럼 어떤 환경 아래서도 미리 형성된 종種에 따른 정신Psyche을 가진다는 점에서, 다른 피조물 가운데서 결코 예외가 아니라는 가설에서 출발해야 한다. 그러한 정신은 더욱 정확한 관찰이 가리키듯이, 분명히 가족적 예정 조건의 경향을 나타내고 있다. 우리에게는 이러한 규칙에서 예외적인 인간 활동(기능)이 있으리라는 아무런 근거도 없다. 동물에게서 본능 행위를 하게 하는 소인이나 준비 태세가 어떤 모습인지는 전혀 알 길이 없다. 마찬가지로 인간이 인간적 양식으로 반응하도록 되어 있는, 무의식의 심리적·정신적 소인의 상태를 인식하는 것도 그만큼 어렵다. 그것은 내가 '상像들Bilder'이라고 말한 기능 형식임에 틀림없다. '상'이란 수행되어야 할 활동의 형식일 뿐만 아니라 활동성이 발생된 전형적인 상황도 나타낸다.[2] 이런 상들은 인간이라는 종족에 고유하다는 점에서 '원초적 상들Urbilder'이며 만약 그것이 '생성'된 것이라면 그 생성은 적어도 그 종족의 시작과 일치한다. 그것은 인간의 인간다움이며 인간 활동의 특수한 인간적인 형식이다. 그러한 특수한 방식은 이미 처음부터 유전질 속에 있다. 그것이 유전된 것이 아니라 각 인간에게서 새롭게 생겨난다고 가정한다면, 마치 어제저녁에 진 태양이 아침에 뜨는 태양과 다르다고 하는 원시적 견해만큼이나 어리석은 것일 게다.

정신적인 모든 것은 미리 형성되어 있기 때문에 그것의 개별적인 기능들도 그러하며, 특히 무의식적인 준비에서 직접 유래한 기능이 그렇다. 여기에 속하는 것은 무엇보다 **창조적 환상**이다. 환상의 산물 속에서는 '원상들'을 볼 수 있는데, 특별히 여기에서 원형의 개념을 적용할 수 있다. 이런 사실을 처음으로 지적한 것은 물론 나의 공적이 아니다. 그 공로에 대한 칭송은 플라톤에게로 돌아가야 한다. 민족심리학의 영역에서 보편적으로 널리 퍼져 있는 '원초적 사고'의 출현을 처음으로 강조한 사람은 아돌프 바스티안이었다. 그 후에 뒤르켐 학파 출신인 위베르와 모스는 환상의 고유한 '범주들'에 관해 언급하였다. '무의식적 사고' 형태로 무의식적인 선先 형성이 이루어진다는 사실은 심지어 헤르만 우제너Hermann Usener[3]조차 알고 있었다. 내가 이런 발견에서 한몫을 차지한다면, 그것은 원형들이 전통, 언어 그리고 이주를 통하여 보편적으로 전파되는 것이 결코 아니라 언제나 어디서나 저절로 다시 생겨날 수 있으며, 외부로부터의 전달의 영향을 전혀 받지 않는 방식으로도 다시 생겨날 수 있다는 점을 증명한 데 있다.

우리는 이런 확인이 미치는 영향을 과소평가해서는 안 된다. 비록 무의식적이지만 활동적인, 즉 생생한 준비 태세, 형식들, 플라톤적인 의미의 이념들이 모든 사람의 정신에 내재하며, 그의 생각과 느낌 그리고 행위를 본능적으로 미리 형성하고 영향을 준다는 사실이 갖는 의미는 결코 작지 않다.

나는 원형들이 내용상 결정되어 있다는, 말하자면 일종의 무의식적 '관념들Vorstellungen'〔표상表象이라고 번역되기도 함〕이라는 오해를 되풀이해서 접하고 있다. 그래서 원형이 내용상이 아니라 다만 형식상으로 결정되어 있다는, 그것도 제한적인 방식으로 결정되어 있다는 점을 다시 강조해야겠다. 원초적 상이 내용적으로 결정되어 있다는 것은, 그것이 의식되어 의식적 경험의 자료들로 채워질 때라야만 증명된다. 그에 반해서 그 형식은 내가 다른 곳에서 설명하였듯이 수정水晶의 축계軸系와 비교할 수 있는 것이다. 축계는 그 자체가 질료적 존재를 갖추지 않은 채 모액母液 속에서 결정의 형성을 미리 준비하고 있다. 질료적 존재는 먼저 이온들이, 그 다음에 분자가 결정을 이루어가는 방식에 비로소 나타난다. 원형은 그 자체로는 텅 빈, 형식상의 요소인데, 그 요소는 '미리 형식을 만드는 능력facultas praeformandi'으로, 즉 선천적으로 주어진 관념 형식의 가능성이다. 유전되는 것은 관념들이 아니라 형식들이며 마찬가지로 이것은 이런 관점에서 형식상 결정된 본능에 바로 해당한다. 원형 그 자체의 존재와 마찬가지로 본능도 구체적으로 활동하지 않는 한 그 존재를 증명하기 어렵다. 형식의 특정성을 수정 형성과 관련지어 비교하는 것은, 그 축을 이루는 체계가 단지 입체기하학적 구조를 결정하지, 개별 수정의 구체적인 모양을 결정하지는 않는다는 점에서 설득력이 있다. 그 하나하나의 수정은 클 수도 있고 작을 수도 있는데 그 표면이 여러 가지로 다르게 이루어지거나, 수정이 서로 뒤섞여 자라기 때문에 그 모양이 다양할 수 있다. 다만 변하지 않는 것은 원칙적으로 불변의 기하학적 관계를 고수하고 있는 축이다. 그것은 원형에서도 마찬가지다. 원형은 원칙적으로 명명될 수 있고, 변하지 않는 의미의 핵을 가지고 있다. 그러나 이것은 항상 원칙적으로만 그러하며, 구체적으로 나타나는 양식을 결코 결정하지는 않는다. 예를 들면 모성 원형이 어떻게 경험적으로 나타나는가 하는 것은, 원형만으로 유도되는 것이 아니라, 다른 요인들에 근거를 두고 있다.

2. 모성 원형

모든 원형이 그렇듯이, 모성 원형도 끝없이 많은 측면을 가지고 있다. 단지 몇 가지의 전형적인 형태만을 언급하면 다음과 같다. 개인적인 어머니와 할머니, 계모와 장모 및 시어머니, 관계를 맺고 있는 그 밖의 여인, 유모나 보모, 조상 할머니나 백색의 여인(민담에 나오는 유령으로 성에 출몰한다. 그 여인의 출현은 죽음을 예고하며 눈의 인격화이다), 보다 높은 의미에서는 여신, 특히 모성신母性神, 성처녀Jungfrau(되젊어진 어머니로서, 예를 들면 데메테르와 코레(페르세포네)), 지혜의 여신 소피아(어머니 애인 또는 키벨레-아티스 유형, 혹은 딸-[되젊어진 어머니]-애인) 등이 있다. 또한 구원을 희구하는 궁극적 목표(낙원, 신의 나라, 천상의 예루살렘)가 되기도 한다. 보다 넓은 의미로는 교회, 대학교, 도시, 나라, 하늘, 땅, 숲, 바다, 고요한 물, 물질, 지하 세계 그리고 달이 있으며, 보다 좁은 의미로 출산 및 생성처로서의 논밭, 정원, 바위, 동굴, 나무, 수원지, 깊은 우물, 세례 반盤, 그릇으로서의 꽃(장미와 연꽃), 마법의 원으로서(파드마로서의 만다라) 혹은 어린 제우스에게 젖을 먹였다는 염소의 뿔로서 나타난다. 가장 좁은 의미로는 자궁, 모든 구멍 형태(예를 들면 암나사), 요니, 빵 굽는 오븐, 요리 냄비, 동물로서는 암소, 토끼, 도움을 주는 일반 동물들이 있다.

이 모든 상징들은 긍정적이고 유익한, 혹은 부정적이고 파괴적인 의미를 가질 수 있다. 양가적 측면으로는 운명의 여신(파르젠, 그래엔, 노르넨)이 있으며, 부정적으로는 마녀, 용(거대한 물고기와 뱀같이 모든 것을 삼키고 칭칭 감는 동물들), 그리고 무덤, 석관石棺, 물의 심연, 죽음, 유령 그리고 어린이를 놀라게 하는 괴물(엠푸사 유형, 릴리트 등)이 있다. 이렇게 열거한다고 해서 전부 다 망라했다고 할 수는 없다. 단지 모성 원형의 본질적인 특성만을 시사할 뿐이다. 모성 원형의 성질은 '모성적인 것'이다. 그것은 오로지 여성적인 것의 마술적인 권위; 상식적 이해를 초월하는 지혜와 정신적인 숭고함; 자애로움, 돌보는 것, 유지하는 것, 성장하게 하고 풍요롭게 하고 영양을 공급하는 제공자다. 또한 그것은 마술적 변용의 터고 재생의 터다. 도움을 주는 본능이나 충동이며, 비밀스러운 것, 감추어진 것, 어둠, 심연, 죽은 자의 세계, 삼켜버리고 유혹하고 그리고 독살하는 것, 두려움을 유발하는 것, 그리고 피할 수 없는 것이다. 나는 이런 모성 원형의 특징들을 나의 책 『변환의 상징Symbole der Wandlung』[『기본 저작집』 7권과 8권]에서 충분히 묘사했고 해당되는 전거들을 제시했다. 나는 거기서 이러한 특징들이 가진 대극성을 사랑하면서도 엄한 어머니로 묘사했다. 우리에게 가장 잘 알려진 역사적 유비는 마리아일 것이다. 마리아는 중세 시대의 비유에서는 그리스도의 십자가로 묘사되기도 했다. 인도에서 대극적 특성을 나타내는 것은 칼리Kali일 것이다. 삼키야Sāṃkhya 철학은 모성 원형에 프라크리티prakṛti 개념을 부여하여 나타내는데 그것은 기본이 되는 특징으로서 세 가지의 구나guṇas〔삼덕三德〕로 나누어진다. 즉 자애, 정열 그리고 암흑으로, 사트바sattva〔희喜, 순질純質〕, 라자스rajas〔우憂, 결질質, 근본원리〕, 타마스tamas〔어둠, 잘못 인식하게 하는 원인〕라고 한다.[4] 이들은 본질적으로 세 가지의 모성적 측면인데, 돌보고 기르는 자비와, 열광적인 정동과, 지하계적인 어둠이다. 푸루샤puruṣa〔순수정신, 진아眞我〕 앞에서 프라크리티〔근본질료인〕가 분별하는 인식을 상기해내도록 **춤을 추는** 철학적 전설의 특징은 모성 원형에 직접 속하는 것이 아니라 아니마 원형에 속한다. 이 아니마 원형은 남성 심리학에서 흔히 모성상과 혼합된다.

어머니에 관한 민족심리학적 형상이 비록 보편적인 것이라고는 해도 이런 상은 임상적인·개별적인 경험에서는 근본적으로 변한다. 임상경험에서 우리는 먼저 개인적인 어머니가 가지는, 겉보기에 어마어마한 중요성에서 깊은 인상을 받는다. 이러한 개인적인 어머니의 형상이 인격주의적 심리학〔개인(인격)을 강조하는 심리학〕에 많이 등장하면 할수록 인격주의적 심리학의 견해는 물론, 그 이론조차도 개인적 어머니에게서 결코 빠져나오지 못하게 됨은 다 아는 사실이다. 이 문제를 바로 처리하기 위해 나는 정신분석 이론과 근본적으로 견해를 달리한다. 즉 나는 개인적인 어머니에 단지 제한된 의미를 부여할 뿐이다. 문헌에서 묘사하고 있는, 어린이의 정신에 미치는 어머니의 모든 영향은 개인적인 어머니로부터 나온 것일 뿐만 아니라, 또한 어머니에게 투사되고 있는 원형이며, 이것이 어머니에게 신화적인 배경을 제공하고, 그와 함께 권위, 심지어 누미노제Numinosität를 부여하는 것이다.[5] 어머니의 병인적 또는 외상적 영향은 두 그룹으로 나누어 생각할 수 있다. 첫째는 개인적인 어머니에게 실제로 존재하는 성격 특질이나 태도에 해당되는 경우이고, 둘째는 어린이 쪽에서의 환상적인(원형적인) 투사 때문에 그런 특징이나 자세를 가지고 있는 것처럼 보이는 경우다. 프로이트는 진정한 신경증의 원인이 처음에 짐작했듯이 외상적 작용에 있는 것이 아니라, 오히려 유아기 환상의 특이한 전개에 있다는 사실을 이미 인식하고 있었다. 그러한 전개가 어머니 편의 해로운 영향 때문일 가능성은 거의 부인할 수 없다. 그 때문에 나는 유아기 신경증의 근거를 무엇보다도 어머니에게서 찾는다. 왜냐하면 첫째로 아이는 신경증보다는 정상적으로 발달할 가능성이 훨씬 크다는 점, 둘째로는 결정적인 장애의 원인들이 대부분 부모에게서, 특히 어머니에게서 월등히 많이 증명된다는 점을 경험을 통해 알기 때문이다. 비정상적 환상의 내용은 단지 부분적으로만 개인적인 어머니와 관련된다. 왜냐하면 그 환상 내용은 사람들이 실제의 어머니 탓으로 돌리기에는 너무도 동떨어진 진술을 분명하고도 틀림없이 포함하는 경우가 많기 때문이다. 신화적 형상形像이 개입될 때 특히 그러하며 유아기 공포증에서 자주 그렇듯이, 어머니는 짐승, 마녀, 유령, 사람을 잡아먹는 여자, 자웅동체적 인간 등으로 나타난다. 환상들이 늘 신화적인 것은 아니기 때문에, 혹은 그것이 신화적인 것이라 하더라도 반드시 무의식적 전제에서 생겨나는 것이 아니라, 경우에 따라서는 민담과 같은 것을 이야기 해준다든가, 우연히 무엇을 지적하는 데서도 생길 수 있기 때문에 모든 사례를 조심스럽게 조사할 필요가 있다. 어린이들의 경우 그것은 실제적인 이유에서 어른들의 경우보다 훨씬 덜 문제가 된다. 어른들은 치료 중에 그 환상들을 거의 항상 의사에게 전이시키는데, 더 정확히 말하자면, 이 환상들은 투사된 상태에서 발견된다.

 그 환상들을 알아차리고 바보짓이라고 제쳐놓는 것, 최소한 오랫동안 그렇게 내버려두는 것만으로는 부족하다. 왜냐하면 원형들은 모든 사람의 정신의 양도할 수 없는 구성 요소에 속하며, 칸트가 말했듯이 "어두운 표상들의 영역에 묻힌 보물"을 형성하기 때문이다. 민담은 무수히 많은 보석 주제로 이를 설명하고 있다. 본질적으로 어떤 원형은 단순히 화를 돋우는 선입견 정도가 아니다. 그저 잘못된 자리에 있을 뿐이다. 그것 자체는 인간 심혼의 가장 고귀한 가치에 속하는 것이고, 그로 인하여 모든 종교들이 올림포스산을 가득 메웠다. 그것을 의미 없는 것으로 제쳐두는 것은 바로 에너지의 상실을 의미한다. 보다 중요한 것은 투사를 해소하여, 그 내용을 자기도 모르게 자기 밖으로 보내서 잃어버린 사람에게 되돌려야 하는 것이다.

3. 모성 콤플렉스

 모성 원형은 이른바 모성 콤플렉스의 기초를 이룬다. 인과적으로 증명할 만한 어머니의 참여 없이도 모성 원형이 성립될 수 있느냐의 여부는 아직 해답을 찾지 못한 문제다. 나의 경험에 따르면, 어머니는 특히 유아기 신경증, 혹은 그 원인이 틀림없이 초기 소아기로 거슬러 올라가는 신경증의 경우에, 그 장애를 일으키는 데 적극적으로 간여하는 것 같다. 그러나 이 모든 경우에 어린이의 본능 영역이 장애를 받게 되므로 원형들이 배열되는데, 그것들은 낯설고 자주 불안스런 요소가 되어 아이와 어머니 사이에 나타나게 된다. 예를 들어 지나치게 걱정하는 어머니의 아이들이 보통 꿈에서 어머니를 한결같이 악한 동물이나 마녀로 본다면 그런 체험은 어린이의 마음에 분리를 일으켜서 신경증이 되게 할 가능성이 있다.

A. 아들의 모성 콤플렉스

모성 콤플렉스의 작용은 아들이냐 딸이냐에 따라 각기 다양하다. 아들에 대한 모성 콤플렉스의 전형적인 작용은 동성애, 돈 후안 같은 호색벽, 경우에 따라서는 성 불능증으로 나타난다.[6] 동성애에서는 이성異性의 요소들이 무의식적 형태로 어머니에게 부착되어 있고, 돈 후안 같은 호색벽에서는 무의식적으로 '모든 여성에게서' 어머니를 찾는다. 아들에 미치는 모성 콤플렉스의 작용은 키벨레-아티스 유형Kybele-Attis-Typus[대지의 풍요신이며 태모신인 키벨레는 사랑스런 소년 아티스가 다른 여자와 결혼하자 질투심에서 결혼식에 나타나 아티스를 미치게 하고 아티스는 스스로 거세하여 죽는다는, 그리스 신화와 제의에 근거함]의 표상에 묘사된다. 그것은 자기 거세, 광기, 이른 죽음으로 표현된다. 아들의 모성 콤플렉스는 성性이 다른 만큼 순수하지 않다. 모든 남성들의 모성 콤플렉스에서 모성 원형과 나란히 성적 반려자의 원형, 즉 아니마가 중요한 역할을 하는 이유는 이와 같은 차이 때문이다. 어머니는 미래의 남성이 만나는 가장 최초의 여성적 존재인데, 그것은 요란하게 또는 조용히, 거칠게 혹은 부드럽게, 의식적 혹은 무의식적으로 아들의 남성성을 늘 넌지시 시험해본다. 마찬가지로 아들은 어머니의 여성성을 점점 더 의식하게 되거나, 무의식적으로, 최소한 본능적으로 그에 대해 반응한다. 그래서 어머니와 동일시하거나 구분하려고 저항하는 단순한 관계, 에로스적인 매력과 혐오의 요인들이 아들 안에서 서로 충돌한다. 그래서 아들의 모성 콤플렉스의 상은 매우 복잡해진다. 그러나 나는 그 때문에 아들의 모성 콤플렉스가 딸의 모성 콤플렉스보다 더 심각하게 받아들여져야 한다고 주장하고 싶지는 않다. 우리는 이런 복잡한 심혼의 현상에 관한 연구에서 아직 시작 단계, 개척자적인 단계에 있다. 다른 것과의 비교는 통계적으로 응용 가능한 수치가 있을 때 비로소 가능하지만 그러한 것은 아직 아무 데도 없다.

    모성 콤플렉스는 오직 딸한테만 순수하며 덜 복잡하다. 여기서 문제가 되는 것은 한편으로는 어머니에게서 비롯된 여성적 본능의 강화이며, 다른 한편으로는 여성적 본능의 약화 내지 소실이다. 앞의 경우에는 본능적 세계가 너무 과중하여 자기 고유의 인격을 의식하지 못하는 무의식성이 생기고, 뒤의 경우에는 본능의 투사가 어머니를 향해 이루어진다. 지금으로서는 다음과 같은 확인에 만족해야겠다. 즉 딸의 모성 콤플렉스는 여성적 본능을 과도하게 촉진하거나 억제하고, 아들의 경우는 부자연스럽게 성적 측면을 강조함으로써 남성의 본능을 손상시킨다는 점이다.

    '모성 콤플렉스'는 정신병리학적 개념이기 때문에, 늘 손상과 고통의 개념과 결부되어 있다. 그러나 만약 우리가 그 개념을 좁은 병리학적 범위에서 끄집어내어 더 넓고 포괄적인 의미를 부여한다면, 그에 대한 긍정적인 영향을 말할 수 있다. 예를 들어 아들에게는 동성애 대신, 또는 그것과 함께 에로스의 분화가 생겨난다.[7] (이런 방향의 에로스는 플라톤의 『향연』에 암시되어 있다.) 마찬가지로 취미와 심미성이 발달하는 데 일종의 여성적 요소는 이에 결코 지장을 주지 않는다. 더 나아가서 여성적 공감 능력이 최고의 완성을 부여하는 교육적인 자질, 또한 좋은 의미의 보수적 정신이며 과거의 모든 가치를 가장 충실하게 보존하는 역사적 정신, 놀랄 만치 부드러운 유대를 남성들 사이의 마음에 이어주며 심지어 도저히 생각할 수 없는 저주로부터 이성 간의 친밀감을 이루어내는 우정의 소질, 영성적 교회를 현실화하는 종교적 감정의 풍성함, 마침내는 계시를 위해 기꺼이 바치는, 그릇과 같은 영적인 수용성 등이 그것이다.

돈 후안적 호색벽의 부정적인 것은 긍정적인 것을 뜻할 수도 있다. 그것은 대담하고 거침없는 남성성, 고매한 목표를 향한 야심, 모든 명청함, 고집불통, 불공정성 그리고 태만에 대항하는 난폭한 행위, 옳다고 본 것을 위하여 기꺼이 자신을 희생하는 일종의 영웅주의에 가까운 마음, 인내력, 굽히지 않는 의지의 강인함, 우주의 수수께끼에도 놀라지 않는 호기심, 끝으로 자기의 이웃에게 새로운 삶의 터전을 만들어주거나 세계에 변화를 가져다주는 혁명적인 정신이 있다.

이런 모든 가능성들은 내가 앞에서 모성 원형의 측면으로 나열한 신화소에 반영되어 있다. 나는 아들의 모성 콤플렉스를 이미 일련의 논문에서 아니마와 관련해 다루었기 때문에, 모성의 유형을 문제 삼는 남성 심리학은 이 강의에서 다루지 않으려고 한다.

B. 딸의 모성 콤플렉스

a. 모성성의 비대

딸의 모성 콤플렉스[8]는 여성성의 비대를 만들어내거나 그에 상응하는 여성성의 위축을 일으킨다는 점이 앞에서 지적되었다. 여성성의 항진이란 모든 여성적 본능의 강화를 의미하는데, 우선 모성 본능이 강화된다. 그 부정적인 측면은 아이를 낳는 것을 유일한 목표로 삼는 여성이 잘 표현하고 있다. 이때 남자는 분명 부차적인 존재다. 즉 남자는 본질적으로 아이를 낳기 위한 도구이면서 아이들, 불쌍한 친척들, 고양이, 닭들 그리고 가구들로 이어지는 돌봐주어야 할 대상의 하나로 편성될 뿐이다. 또한 그녀 자신의 고유한 인격도 부차적인 것이 된다. 심지어 그녀의 인격은 대체로 무의식적이다. 왜냐하면 우리가 자기 고유의 인격의 무의식성 때문에 자신을 그것과 동일시하듯이, 그녀의 삶은 다른 사람 속에서, 그리고 다른 사람을 통하여 살게 되어 있기 때문이다. 먼저 그녀는 아이를 갖고 그 다음에는 아이들에게 완전히 매달린다. 이 아이들 없이는 도대체 아무런 존재도 아니기 때문이다. 마치 데메테르처럼 딸의 소유권을 신들에게서 억지를 써서 얻어낸다. 에로스는 단지 모성적 관계에서만 발달하고, 개인적 관계에서는 무의식적이다. 무의식적 에로스는 늘 권력으로 나타난다.[9] 그래서 이런 유형의 여성은 모든 경우에 누구나 알아차릴 수 있을 만큼 모성적인 자기희생을 하는데도 실제로 전혀 진정한 희생을 할 수 없으며, 오히려 종종 자신의 모성 본능을 가차 없이 권력 의지로 휘둘러 자신의 인격과 자녀들의 삶이 파탄에 이르도록 밀어붙인다. 그러한 어머니가 자기의 인격에 무의식적일수록, 그녀의 무의식적 권력 의지는 더 강력하고 폭력적이 된다. 이런 유형에서는 데메테르가 아니라 바우보Baubo(그리스 신화에서 딸을 잃은 데메테르의 슬픔을 거친 익살로 달래는 명랑한 시녀)가 오히려 더 잘 어울리는 상징이라 할 경우가 적지 않다. 오성悟性的 능력은 자기 자신을 위해서 키우지 않고 대부분 근원적인 성향의 형태를 고수하고 있다. 즉 그것은 근원적인 자연 그대로의 상태에 머물러 있어 인정머리 없고 포악한 상태이지만 진실하고 때로는 심지어 대자연처럼[10] 매우 심오하기도 하다. 그러나 그녀 자신은 그것을 모르기 때문에 한편으로는 자신이 가진 오성적 능력의 기지機智를 평가할 줄 모르고, 다른 한편으로는 그 깊이를 철학적으로 감탄하기보다 자신이 말한 것을 될수록 잊어버린다.

b. 에로스의 과도한 항진

그 같은 어머니가 딸에게 심어주는 콤플렉스는 반드시 모성 본능의 비대가 아니다. 오히려 그와 반대로 딸에게서 여차하면 모성 본능이 소실되기조차 한다. 그 대신 에로스의 과도한 증가가 나타나서 보통 아버지와의 무의식적 근친상간 관계로 유도된다.[11] 과도하게 항진된 에로스는 다른 사람의 인격을 이상하리만치 강조한다. 어머니에 대한 질투가 생겨나 어머니를 능가하려는 것이 후반의 여러 활동의 지표가 되며 이것은 흔히 파괴적인 성질을 띤다. 이런 종류의 한 예는 자신을 위해 꿈꾸는 듯한 스릴 넘치는 관계를 맺길 좋아하여 결혼한 남자에게 관심을 갖는다. 물론 그들의 안녕보다는 그들이 기혼 남성이어서 부부 관계를 깨뜨릴 기회가 있다는 사실 때문에 접근하는데, 그것이 또한 이런 장난의 주 목표다. 만약 그 목표에 도달하면, 모성 본능이 부족하기 때문에 관심을 잃고 다른 상대에게로 옮겨간다.[12] 이런 유형은 두드러진 무의식성을 나타낸다. 그런 여성들은 바로 그녀들의 행동과 충동에 눈먼 상태에 있다.[13] 그것은 그녀와 관련된 사람들뿐만 아니라, 자기 자신에 대해서도 도움이 되지 못한다. 활발하지 못한 에로스를 가진 남성들에게 이런 유형은 아니마 투사의 최상의 기회를 제공한다는 사실을 새삼 강조할 필요는 없겠다.

c. 어머니와의 동일성

여성의 모성 콤플렉스에서 에로스의 항진이 나타나지 않으면 어머니와의 동일성Identität이 일어나서, 자신의 여성적 활동의 마비가 일어난다. 자신의 본능 세계, 모성 본능 또한 에로스의 무의식성 때문에 자기 고유의 인격은 어머니에게 투사된다. 이런 여성들은 어머니라는 것, 책임감, 개인적인 유대감, 에로스적인 요구를 생각나게 하는 모든 것이 열등감을 자극하고 그로부터 도망치게 만든다. 물론 그들은 어머니에게 도망간다. 어머니는 딸이 결코 도달할 수 없을 것 같은 모든 것을 완벽하게 살아내는, 말하자면 초인격이다. 어머니는 본의 아니게 딸의 숭배를 받은 채 딸이 살아가야 할 모든 것을 미리 살아버린다. 딸은 줏대 없이 어머니에 매달려 있는 것에 만족하는 동시에 무의식적으로, 이를테면 자기 의지에 반하여 차츰 어머니의 폭군으로 군림하려고 하는데, 그것은 당분간은 우선 완전한 충성과 순종이라는 가면 아래 있다. 그녀는 있는지 없는지조차 모를 존재로 살면서 종종 눈에 드러날 정도로 어머니에 의해 흡수되고, 어머니의 삶은 딸에 의한 지속적인 수혈에 의해 그 수명을 연장한다. 그렇게 핏기 없는 처녀들은 결혼에서도 안전하지 못하다. 반대로 그녀들의 그림자 같은 특성과 무관심에도 불구하고, 아니 오히려 그 때문에 결혼 시장에서는 주가를 올린다. 무엇보다도 그녀들은 너무도 텅 비어 있어서 남자가 그녀들 속의 모든 것을 짐작할 수 있을 정도다. 또한 그녀들은 무의식이 무수한 촉수—보이지 않는 문어 다리라는 말을 쓰지 않으려면—를 뻗치게 하여 모든 남성들의 투사를 흡입할 정도로 무의식적이어서 그것이 남성들의 마음을 매우 흡족하게 한다. 왜냐하면 그렇게 큰 여성적인 애매모호함은 남성적인 단호함과 명료함의 바람직한 대극이기 때문이다. 이것들은 남성이 모든 의심쩍은 것, 이중적 의미, 애매모호함, 불명확함을 매혹적인 여성적 순진성에 투사하면서 전가할 수 있을 때 어느 정도 만족스럽게 드러난다.[14] 내적인 무관심 때문에, 그리고 항상 상처 입는 순진무구함처럼 착각하게 하는 그런 열등감 때문에, 남자에게는 우월하면서도 관대하게, 마치 기사 같은 태도로 널리 알려진 여성적인 부족함을 견디도록 하는 이로운 역할이 주어진다(이것은 많은 부분 그 자신의 투사에서 일어나지만, 다행스럽게도 그는 그 사실을 모른다). 특히 매혹적인 영향을 주는 것은 소녀의 공공연한 연약함이다. 그녀는 어머니에게 매달려 있어서 남자가 그녀에게 가까이 다가와도, 자신에게 무슨 일이 일어나는지 전혀 모르고 있다. 그녀는 그토록 도움이 필요하여 가장 순진한 목동이 너무도 대담하게 처녀 도둑이 되어 사랑하는 어머니에게서 딸을 훔칠 정도가 되어도 그야말로 아무것도 모른다. 한번 팔방미인일 수 있는 끝없는 기회가 매일 일어나는 것은 아니기 때문에 그것은 적지 않게 그런 동기를 유발하는 힘이 된다. 그래서 플루토Pluto도 역시 위로받지 못한 데메테르의 딸 페르세포네를 유혹했고, 그 대신에 신들의 충고에 따라 자신의 아내를 여름에는 장모에게 맡겨야 했다(관심이 있는 독자라면 그러한 전설이 '우연히' 생긴 것이 아니라는 사실을 알아차렸을 것이다!)

d. 어머니에 대한 저항

앞서 다룬 극단적인 세 유형은 많은 중간 단계들과 결부되어 있는데 그중에서 중요한 것만을 언급하고 싶다. 이런 중간 단계의 유형에서는 여성 본능의 증대나 마비보다는 오히려, 어머니의 강세에 대한 지나친 저항이 더 문제가 된다. 이 경우는 소위 부정적 모성 콤플렉스의 전형적인 예다. 여기서의 주된 동기는 무슨 일을 해도 어머니와 같아지는 것만은 안 된다는 것이다! 한편으로 어머니와의 동체성에는 이르지 못하지만 어머니에 대한 매혹이, 다른 한편으로 어머니에 대한 질투에서 나오는 저항으로 자기 자신을 온통 소모하는 그런 에로스의 상승이 문제가 된다. 이 딸은 자신이 무엇을 원하지 않는지는 잘 알고 있으나, 그녀 자신의 운명으로 무엇을 선택할지에 관해서는 전혀 모른다. 그녀의 본능은 모두 어머니에게 저항하는 양상으로 집중되어 있고, 그 때문에 자신의 고유한 삶을 형성하는 데는 몹시 서투르다. 자기 고유의 삶을 이루어야 할 때가 오면, 예를 들어 결혼할 때도 어머니로부터 벗어나기 위하여 그 결혼을 이용하지만, 짓궂은 운명이 본질적으로 어머니와 같은 성격 특성을 가진 남자를 그녀에게 들이밀도록 한다. 모든 본능적인 과정과 필요가 전혀 예기치 않은 어려움에 부닥치게 된다. 성욕이 전혀 생기지 않거나, 아이들이 달갑지 않고, 모성으로서의 의무가 견딜 수 없거나, 혹은 결혼의 공동생활이 주는 요구에 힘없는 짜증으로 대응한다. 왜냐하면 그 모든 것은 어떻게든 본질적인 실제 삶이 되지 못하고, 지속적인 어머니의 세력에 대한 방어가 최고의 삶의 목표를 이루고 있기 때문이다. 이런 경우에 종종 모성 원형의 특성을 상세히 볼 수 있다. 예를 들면 가족(혹은 씨족)의 대표자로서의 어머니는 가족·공동체·사회·관습이라 부르는 것들 모두에 대한 저항과 무관심을 야기한다. 자궁으로서의 어머니에 대한 저항은 생리 불순, 잉태의 어려움, 임신에 대한 두려움, 임신 중의 출혈, 조산, 임신 중의 심한 입덧과 같은 양상으로 나타난다. 물질로서의 어머니는 대상들과의 관계에서 인내심이 없고, 음식 그릇이나 기계를 다루는 솜씨가 없으며, 또한 옷도 잘 다루지 못한다.

 어머니에 대한 저항으로부터 때로는 어머니가 더 이상 없는 그런 영역을 만들어낼 목적으로 오성悟性이 저절로 발달된다. 오성의 이러한 발달은 자신의 고유한 필요에 의해 나온 것으로, 사람들이 감탄하고 정신적인 친교를 맺고 싶어 하는 남성에 대한 존경에서 이루어진 것이 아니다. 그녀는 어머니의 세력을 지성적 비판과 우세한 지식으로 무찌르기 위하여, 혹은 어머니에게 모든 어리석음, 논리적 오류와 교양의 결함을 지적해 보이기 위하여 그렇게 수행하는 것이다. 오성의 발달과 함께 차츰 남성적 특징들이 드러나게 된다.

C. 모성 콤플렉스의 긍정적 측면들

a. 어머니

첫 번째 유형의 긍정적 측면, 즉 모성 본능의 과도한 증대는 모든 시대, 모든 사람들의 입에서 칭송하고 칭찬되어온 어머니 상像이다. 어머니의 상은 어른이 되어도 감동적이며 잊을 수 없는 추억에 속하는 것, 모든 생성과 변환의 비밀스런 뿌리, 귀향과 내성內省, 그리고 시작과 끝에서의 침묵의 근원지를 의미하는 모성애다. 마음 깊이 알지만 동시에 대자연처럼 낯선 것, 사랑이 넘치게 자상하면서 운명적으로 잔혹하며, 기쁨에 찬, 결코 지칠 줄 모르는 삶의 제공자, 고통을 주는 어머니이자, 죽은 자의 뒤에서 문을 닫아버리는 어두운, 응답 없는 문이다. 어머니는 모성애 그 자체이며, 나의 체험이고 나의 신비다. 우리는 거기서 어머니라고 부르는 저 인간에 대해 너무 많은 것, 너무 부당한, 너무 불충분하며, 너무 거짓스러운 무엇을 말해야겠는가? 저 어머니라고 부르는, 그리고—이렇게 말하고 싶다—우연히도 그녀와 나 그리고 모든 인간을, 아니 무엇이 되었다가 사라지는, 모든 살아 있는 피조물을 그 자체에 품고 있는, 우리는 그 자녀로서 저 체험의 추진자이다. 우리는 늘 그렇게 해왔고 늘 다시 그렇게 할 것이지만, 아는 자라면 자신의 의미와 책임과 과제, 천상과 지옥 놀이의 엄청난 무게를 그렇게 허약하고 오류투성이를 어머니에게, 사랑이 가득하고, 이해와 용서를 할 만하다고 하여 떠넘길 수는 없다. 그는 어머니가 바로 우리 안에 타고난 자연의 어머니이자 심혼의 어머니, 우리가 아이로서 전적으로 신뢰하고 의탁하는, 삶의 모든 것을 포괄하는 자의 상을 나르는 추진자임을 안다. 그는 어머니와 자신을 생각해서라도 인간적인 어머니를 끔찍한 부담에서 해방시키는 일을 한순간도 주저해서는 안 될 것이다. 왜냐하면 바로 이러한 의미의 무게가 우리를 어머니에게 고착시키고, 어머니를 아이에게 속박시켜 둘 다 정신적·육체적으로 불행에 이르기 때문이다. 어머니를 일방적으로 인간의 수준으로 환원하는 것, 즉 어느 정도 '바로잡는 것'을 통해서는 모성 콤플렉스를 해결하지 못한다. 이때 우리는 '어머니' 체험을 여러 개의 원자들로 분해하여 가장 고귀한 가치를 파괴하고 자비로운 선녀가 요람에 넣어둔 황금 열쇠를 내다버릴 위험이 있다. 그래서 인류는 본능적으로 부모에게 늘 앞서 존재하는 신격神格의 짝을 마련하며 신생아의 '대부'와 '대모'를 삼게 한다. 그럼으로써 아기가 무의식성 혹은 근시안적인 합리주의 때문에 부모가 신적 속성과 연결되어 있다는 것을 잊지 않도록 한다.

원형은 학문적인 문제라기보다는 오히려 정신건강의 직접적이고도 다급한 문제다. 또한 우리에게 심혼의 현존에 대한 모든 증명이 결여되어 있다고 하더라도, 그리고 똑똑한 사람들 모두가 그러한 것은 결코 있을 수 없다고 확신을 가지고 증명한다 하더라도, 우리는 자신의 가장 고귀하고 자연스러운 가치를 무의식에 그대로 가라앉게 내버려두지 않기 위해서 그것들을 발견해야만 한다. 이런 원형의 가치가 무의식에 떨어져 있으면 근원적 체험의 본래의 힘이 모두 사라져버리고 그 대신에 모성상Mutterimago에 대한 고착이 일어난다. 이 모성상이 궤변으로 충분히 꾸며지게 되면, 우리는 전적으로 인간 이성에 매이게 되어, 그에 따라 판단하고 마침내는 이성적인 것을 믿어버린다. 한편으로는 이런 점이 미덕이고 이득이지만 다른 한편으로는 제약이고 빈곤이다. 왜냐하면 그렇게 함으로써 우리는 공리공론과 '계몽'이라는 황무지를 가까이하게 되기 때문이다. 이러한 이성의 여신은 사람을 미혹시키는 불빛을 비추어 사람들이 이미 알고 있는 것들만을 밝히지만, 어둠에 가려 있는 최소한의 알아야 할 것, 의식화하는 데 반드시 필요한 모든 것들을 밝히지는 못한다. 이성이 독자적으로 작동할수록 이성은 점점 더 순수한 지성이 되어 현실 대신에 학설을 내세워, 무엇보다도 있는 그대로의 실제적 인간이 아니라 실제적 인간의 가상假像을 보는 것이다.

원형의 세계는 인간이 그것을 이해하든 못하든, 인간에게 의식되어 있어야 한다. 왜냐하면 그 원형의 세계 속에서 인간은 아직 자연이며 그 자신의 뿌리와 연결되어 있기 때문이다. 인간을 삶의 원상들에서 단절시키는 세계관이나 사회 질서는 문화가 아닐 뿐만 아니라 감옥이나 마구간이라고 할 정도이다. 만약 원상들이 어떤 형식으로든 의식되어 있다면, 이 상들에 상응하는 에너지는 인간에게로 흘러갈 수 있다. 만약 원초적 상들과의 관계를 더 이상 제대로 유지하는 데 성공하지 못한다면, 상들에서 표현되고 유아적 부모 콤플렉스의 고착적인 유혹의 원천인 에너지는 무의식으로 되돌아간다. 그래서 무의식은 세력을 얻어 탐욕스런 지성이 유혹적인 목표로서 들어 보이는 모든 관觀, 이념, 혹은 성향에 거의 억제할 수 없는 힘으로 작용한다. 이런 식으로 인간은 구원할 길 없이 자신의 의식과, 옳고 그름에 관한 의식의 합리적 개념에 빠져버린다. 신이 인간에게 내린 선물 중 가장 고귀한 이성을 과소평가하려는 것이 아니다. 그러나 이성이 유일 절대의 독재자라면 아무런 의미가 없다. 어둠과 대립해 있지 않은 세계에서는 빛이 의미가 없는 것과 같다. 어머니의 지혜로운 조언과 자연적인 제약으로 나타나는 가차 없는 법칙에 인간은 주의를 기울여야 할 것이다. 세계가 유지되는 것은 대극이 평형을 유지하기 때문임을 인간은 결코 잊어서는 안 된다. 그래서 합리적인 것은 비합리적인 것을 통해서, 그리고 목표로 하는 것은 주어진 여건에 의하여 균형을 잡게 되는 것이다.

어머니를 말하는 데서 이처럼 일반적인 것으로 탈선한 것은 피할 수 없는 노릇이다. 왜냐하면 어머니는 아이들의 최초의 세계이면서 어른의 최후의 세계이기 때문이다. 이러한 거대한 이시스 신의 외투 속에서 우리는 그녀의 자녀로서 모두 감싸여 있다. 이제 우리가 논하던 유형인 여성의 모성 콤플렉스로 다시 되돌아가자. 남성의 모성 콤플렉스는 결코 '순수하지' 않다. 그것은 언제나 아니마의 원형과 혼합되어 있어서 결과적으로 어머니에 대한 남성의 진술은 대부분 정서적 반응, 즉 '흥분된animos' 반응이 전제되어 있다. 여성만이 유일하게 모성 원형의 효과를 '흥분'된 감정이 섞이지 않은 상태로 조사할 수 있는 가능성이 있다. 물론 거기서도 보상적인 아니무스가 아직 생기지 않은 경우에만 성공할 가망이 있다.

b. 과도하게 항진된 에로스

우리는 이제 여성의 모성 콤플렉스의 두 번째 유형, 즉 에로스의 과도한 항진亢進을 다룰 것이다. 이 경우에 관해서 나는 병리학적 영역의 사례를 다루었기 때문에 매우 좋지 않은 모습으로 묘사했다. 그러나 이런 환영받지 못할 유형도 사회가 아쉬워할 만한 긍정적인 측면을 가지고 있다. 이 유형의 관점이 지닌 가장 나쁜 영향, 즉 결혼 관계의 가차 없는 파괴를 예로 들어보자. 우리는 그러한 행위의 배후에서 본성Natur의 의미 깊고도 합목적적인 배열을 볼 수 있을 것이다. 이런 유형은 이미 서술한 대로 소박하기만 하고 순전히 본능적이어서 모든 것을 삼켜버리는 어머니에 대한 대항 작용에서 나오는 경우가 흔하다. 이러한 어머니 형은 일종의 시대 착오이며, 남성이 단지 수태시키는 자와 경작지의 노예로, 무미건조한 존재로 살아가는 음산한 모권사회로의 역행이다. 딸에게 나타나는 에로스의 반동적 증대는 모성적 여성성을 너무 많이 가지고 있어 그것이 제거되어야 할 남자를 겨냥한 것이다. 그러한 여성은 결혼한 부부의 무의식성에 의하여 자극될 때면 어디서나 본능적으로 끼어든다. 그녀는 남성이 즐겨 정절이라고 간주하는, 남성적 인격에 그렇게도 위험한 안일함을 훼방놓는다. 이 같은 안일함은 결국 자기 고유의 인격을 보지 못하게 만든다. 즉 자신에 대한 무의식성으로 인도된다. 그리고 또한 남자는 '아빠'일 뿐이고 여자는 '엄마'일 뿐이며 부부도 서로를 그렇게 부르는 이른바 이상적인 결혼으로 인도한다. 그것은 가파른 내리막길로, 결혼의 가치를 쉽게 배우자 간의 무의식적 동일성으로 낮추어버린다.

    이런 유형의 여성은 그녀의 에로스의 뜨거운 빛을 모성성의 그늘에서 살고 있는 남성에게 보내 도덕적인 갈등을 일으킨다. 이러한 갈등 없이 인격의 의식성은 있을 수 없다. 사람들은 물론 이렇게 물을 것이다. "왜 인간은 무작정 à tort et à travers 보다 더 높은 의식성에 도달해야 하는가?" 이 물음은 문제의 검은 부분을 지적하는 만큼 그에 대한 대답은 그리 간단하지 않다. 나는 실제 대답 대신에 일종의 믿음을 고백할 수 있을 뿐이다. 마치 나에게는 산, 바다, 태양, 달, 은하, 항성들의 안개, 식물과 동물 들의 놀라운 세계가 **존재한다**는 사실을 수천만 년 동안에 적어도 누군가 알아야 했다고 여겨지는 것이다. 내가 동아프리카의 아티 평원의 나지막한 언덕에 서서, 상상할 수 없는 시간 이래로 줄곧 그렇게 해온 대로 수천의 무리로 이루어진 야생의 짐승 떼가 소리 없이 풀을 뜯어 먹고 있는 것을 보았을 때, 나는 이 모든 것이 **존재한다**는 것을 인식하는 유일한 최초의 존재, 즉 최초의 인간이라는 느낌을 가졌다. 나를 둘러싼 이 모든 세계는 여전히 태초의 정적에 휩싸여 있었으나 그 세계가 있음을 알지 못했다. 내가 그것을 알게 된 바로 그 순간에 이 세계가 이루어진 것이다. 그리고 이러한 의식의 순간이 없었다면 그것은 결코 존재하지 않았을 것이다. 모든 자연은 이런 목적을 구하며, 그 목적의 충족을 인간에게서, 그것도 항상 가장 의식화된 인간에게서 찾고 있다. 의식화의 길로 나아가는 가장 작은 발걸음이 세계를 창조한다.

대극의 구별 없이는 의식성도 없다. 그것은 로고스Logos라고 하는 부성 원리이며 그것은 끝없는 싸움 속에서 모성적 품의 따스함과 어둠, 말하자면 무의식성을 뿌리친다. 어떤 갈등, 어떤 고통, 어떤 죄도 마다 않고 신과 같은 호기심은 새로운 탄생을 지향한다. 무의식성은 원죄, 즉 로고스에 대하여 바로 악이다. 그러나 그의 세계 창조적인 해방 행위는 모친 살해이며, 온갖 높이와 깊이에서 두려움 없이 시도하는 심혼은 또한 시네시우스Synesius가 말하였듯이, 캅카스산의 바위에 묶이는 신의 징벌을 견뎌내야 한다. 왜냐하면 어떤 것도 다른 것 없이는 존재할 수 없으며, 그 둘은 처음부터 하나였고 마지막에도 하나가 될 것이기 때문이다. 의식은 오직 무의식을 끊임없이 인정하고 고려할 때 존재할 수 있다. 이는 모든 생명이 수많은 죽음을 통과해야 하는 것과 같다.

갈등을 자극한다는 것은 단어의 본래적인 의미로 보면 악마의 덕행이다. 갈등은 정감과 정동의 불을 일으키는데, 모든 불이 그러하듯이 두 측면을 가지고 있다. 즉 이른바 타버리는 것과 빛을 발하는 것이다. 한편으로 정동은 연금술의 불로서 그 따스함은 모든 것을 드러내고, 그의 열기는 "넘쳐나는 모든 것을 태워 없애버리는 것이다." 다른 한편으로 정동은 강철이 돌과 부딪쳐서 불꽃을 만드는 순간이다. 즉 정동은 모든 의식화의 주된 원천이다. 정동 없이는 어둠에서 빛으로의 변환도 없고, 처져 있는 상태에서 움직임으로 나아가지도 못한다.

숙명적으로 방해꾼이 된 그런 여성은 오직 병적 사례에서만 예외 없이 파괴적이다. 보통의 경우 그녀는 방해꾼으로서 그 장해에 스스로 사로잡히며, 변환의 여인으로서 스스로 변환된다. 그리고 그녀가 자극하는 불빛으로 얽히고설킨 모든 희생물이 밝혀지고 깨우쳐진다. 의미 없는 장해처럼 보이던 것이 정련 과정이 된다. "바로 하찮은 것이 모든 것을 날려 보낸다는 것이다."[15]

이런 종류의 여성이 자신의 기능이 지닌 의미를 의식하지 못하면, 즉 그녀가 "늘 악이 되려 하나 늘 선을 만드는 힘"의 일부를 이루고 있다는 점을 전혀 모르고 있으면,[16] 자기가 가져온 칼에 의해 또한 죽게 된다. 그러나 의식성은 그녀를 해방자이자 구원자로 변화시킨다.

c. 딸에 불과함

세 번째 유형의 여성은 자기 고유의 본능이 마비되어 어머니와 동일화된[17] 유형인데, 그렇다고 언제나 가망 없는 무無라고 할 수는 없다. 정상적인 범위에서는 오히려 강력한 아니마의 투사를 통하여 빈 그릇을 채울 가능성이 있다. 물론 그런 여성은 그 투사에 의존하고 있다. 그녀는 남성 없이는 자기 자신에 조금도 접근할 수 없다. 그녀는 어머니에 의해 정말 강탈당한 상태에 있다. 게다가 그녀는 그 뒤에도 오랫동안 자신에게 할당된 역할을 최대한의 노력을 기울여 넌더리가 날 때까지 수행해야 한다. 그녀는 이를 통해 어쩌면 자신이 누구인지를 발견할 수 있다. 그런 여성들은 오직 직업이나 재능과의 전적인 동일성에 의해서 존재하지만 그 밖에는 무의식적인 채 있는 남성들의 희생적인 아내들일 수 있다. 그것들 자체는 하나의 가면을 나타낼 뿐이므로 당사자인 여성은 얼마간의 자연스러움으로 동반자의 역할을 수행할 수 있다. 그런데 이런 여성들이 가치 있는 재능의 소유자일 수도 있다. 자신의 인격이 대부분 무의식 상태에 있기 때문에 발달하지 못했을 뿐이다. 이런 경우 그녀의 능력은 전혀 재능이 없는 남편에게 투사하게 된다. 그리하여 우리는 그다지 대단하지 않던 남자가 갑자기 마치 마술의 양탄자에 실린듯 가장 높은 정상으로 떠올려지는 것을 보게 된다. 여자를 찾아라cherchez la femme, 그러면 그의 성공 비결을 갖게 된다. 그런 여성들에서 나는—점잖지 못한 비유를 용서해주기 바란다—몹시 짖어대는 제일 작은 개 앞에서 도망치는 커다랗고 힘센 암캐들이 생각나는데, 왜냐하면 단순히 그가 사나운 수컷이고, 그를 물어야겠다는 생각을 전혀 못 하기 때문이다.

그러나 결국 그녀의 공허함은 위대한 여성의 비밀이다. 공허함은 남성에게 원초적인 낯설음, 공동, 깊은 심연의 타자인 음陰이다. 이런 공허성의 동정을 유발하는 가련함은 (나는 여기서 남성으로서 말한다) 안타깝게도—나는 거의 그렇게 말하고 싶다—여성성의 파악할 수 없는 강력한 신비 그 자체다. 그런 아내란 순전히 숙명 그 자체다. 남자는 거기에 관해, 거기에 반해, 그리고 그것을 위해서 모든 것을 말할 수 있거나 또는 아무것도 말하지 못하거나 혹은 둘 다이며, 마침내는 이러한 함정 속에서 이성적으로는 이해할 수 없는 행복을 느끼게 되거나, 혹은 그렇지 않을 경우 자신의 남성성을 획득하게 될 유일한 기회를 놓칠 수도 있고, 솜씨가 서툴러 망칠 수도 있다. 우리는 전자의 경우에서는 그의 멍청한 행복을 없앨 수 없고, 후자의 경우에서는 그의 불행을 납득시킬 수 없다. "어머니들이여! 어머니들이여! 그 말이 너무나도 놀랍게 들리는구나!"[18] 모성 영역의 경계에서 남성의 항복을 확인하는 이러한 탄식과 더불어 우리는 네 번째의 유형으로 눈을 돌린다.

D. 부정적인 모성 콤플렉스

이 유형은 부정적인 모성 콤플렉스의 특징을 가지고 있다. 병리적 현상으로서 볼 때 이런 여성은 상대 남자에게 불쾌하고, 바라는 게 많으며, 만족스럽지 못한 동반녀이다. 왜냐하면 그녀의 모든 노력은 자연의 원천에서 솟아나오는 모든 것을 거역하는 데 있기 때문이다. 그러나 인생 경험의 증가가 그녀에게 더 나은 것을 가르쳐주지 않는다는 말은 어디에도 적혀 있지 않기 때문에, 그녀는 우선 개인적이자 좁은 의미의 어머니와의 싸움을 포기한다. 그러나 최상의 경우라 하더라도 어둡고 불명확하고 의심스러운 것은 그녀의 적이 되고, 그녀는 모든 확실한 것, 명석함, 이성적인 것을 키우고 이를 강조한다. 그녀는 실용성과 냉철한 판단에서는 자신의 자매를 능가하고, 그녀의 남편에게는 친구이며 누이이자 판단력 있는 조언자가 될 수 있다. 게다가 무엇보다도 그녀의 남성적인 야심은 남성의 개성에 대한 인간적인, 모든 에로스를 초월한 이해를 가능하게 할 수 있다. 모성 콤플렉스의 모든 형태 중에서 이 유형의 여성은 인생의 후반부에 결혼 생활의 기록을 갱신할 가장 좋은 기회를 가지게 될 것이다. 물론 그것은 그녀를 주로 위협하는 오직 여성적이라는 지옥, 어머니 품의 혼돈을(부정적인 콤플렉스로 인한) 성공적으로 극복할 수 있을 때에만 비로소 가능하다. 콤플렉스라는 것은 잘 알려져 있듯이 실제로 삶을 통하여 그 최후의 바닥까지 다 퍼올렸을 때만이 극복된다. 우리가 콤플렉스에서 빠져나오려면 콤플렉스의 토대로부터 우리를 멀리 떨어뜨리게 한 것들을 반드시 쓰레기와 함께 모두 받아 삼켜야 한다.

이런 여성은 고개를 돌린 채 세계에 다가간다. 소돔과 고모라 쪽으로 돌아보다가 굳어진 롯Lot의 아내와 같다. 그러는 사이에 착각과 실망과 자극의 부담스런 원천으로서의 세계와 삶은 마치 하나의 꿈처럼 그녀를 지나친다. 그 모든 것은 그녀가 세계와 삶을 한번 똑바로 바라보려는 노력을 하지 못한 데 그 이유가 있다. 그리하여 그녀의 삶은 그녀가 주로 투쟁하는 것, 오직 모성적·여성적인 것에 대한 투쟁이 된다. 이것은 현실에 대한 그녀의 무의식적 반응 태도의 결과다. 그러나 그녀가 얼굴을 돌리면 그녀에게는 처음으로 보다 성숙한 투명한 빛 속에 세계가 열리며, 생생한 삶의 색깔와 젊은 시절의, 아니 가끔은 어린 시절의 애교 있는 경이로움으로 장식된 세계가 열린다. 그러한 것을 본다는 것은 진리의 인식과 발견을 의미하며 진리는 의식성의 필수 조건인 것이다. 삶의 한 조각은 잃어버린 듯이 지나가지만, 삶의 의미는 그녀를 구제한다.

아버지와 싸우는 여성은 그저 자신에게 낯선 것만을 멀리하기 때문에 아직 충동적 여성의 삶을 살아갈 가능성을 가지고 있다. 그러나 만약 그녀가 어머니와 투쟁한다면 그녀는 본능성의 손상이라는 위험 부담을 안고 보다 높은 의식성에 이를 수 있다. 왜냐하면 어머니 안에서 자신의 존재의 모든 암흑성, 충동성, 모호함, 무의식성을 부정하기 때문이다. 그녀의 투명성, 실용성 그리고 남성성 덕분에 이런 유형의 여성은 종종 아주 중요한 지위에서 발견되는데, 그 자리에서 그녀가 늦게나마 발견한 모성적 여성성이, 냉철한 이해력에 이끌려 축복에 찬 영향력을 발휘하게 된다. 그러나 여성성과 남성적 이해력의 혼합은 이렇게 밖에서만 확인될 뿐 아니라, 심혼의 은밀한 영역에서도 확인된다. 그녀는 남편의 정신적인 인도자이자 조언자로서 외부 세계에는 드러나지 않으면서도 보이지 않는 고도의 심혼의 책임자로서 영향력을 행사한다. 그러한 특징 때문에 남성은 그녀를 다른 형태의 모성 콤플렉스의 여성들보다도 더 잘 꿰뚫어볼 수 있다. 그래서 남성 세계는 그녀에게 흔히 좋은 유의 모성 콤플렉스를 투사한다. 여성 속에 있는 너무나 여성적인 측면은 엄청나게 섬세한 감정의 특성을 지닌 모성 콤플렉스를 가진 남성을 놀라게 만든다. 그러나 그는 이런 여성에게 놀랄 필요가 없다. 그 이유는 그녀가 남성적인 정신에 다리를 놓아 그 위로 그가 감정 저편 기슭으로 안전하게 건널 수 있기 때문이다. 그녀의 명료한 오성은 남성에게 신뢰를 불어넣는다. 그 같은 신뢰는 결코 과소평가되어서는 안 될 요소다. 남녀 관계에서 신뢰가 없는 경우가 생각보다 훨씬 많기 때문이다. 남성의 에로스는 위로 끌어올려질 뿐만 아니라, 동시에 또한 아래로, 모든 지성적인 남성이 몸서리치는 여신 헤카테Hekate〔그리스 신화에서 지혜와 자애의 여신이며 밤의 지배자, 달의 여신으로, 죽은 자의 혼을 불러내고 유령들을 보내 사람들을 놀라게 한다〕와 칼리Kali〔인도 신화의 여신. 시바의 아내 중 하나로, 검은 얼굴에, 피를 머금고 있는 끔찍한 모습을 하고 있다〕의 무시무시한 어둠의 세계로 하강하기도 한다. 이런 여성의 오성은 끝없는 미로처럼 보이는 절망의 어둠에서도 남자에게 별이 되어줄 수 있다.

4. 요약

지금까지 이야기된 것으로 미루어, 신화의 표명과 모성 콤플렉스의 영향력은, 개별 사례가 보여주는 다양성을 벗겨내고 본다면, 결국 무의식에 관계된다는 점이 분명해졌을 것이다. 만약 인간이 자신에게는 의식과 영향력을 발휘하지만, 보이지 않는, 즉 알 수 없는 무의식 속에서 그에 대한 본보기Vorbild를 발견하지 못했다면, 어떻게 그처럼 밤과 낮, 여름과 겨울의 우기雨期를 비유로 하여, 우주를 밝은 낮의 세계와, 환상적인 존재들로 가득 찬 어둠의 세계로 나누는, 그러한 생각에 이르렀겠는가? 근원적인 객체 파악이 사물의 객관적 행태에 의해 일어나는 경우란 다만 일부분에 불과하고 그 대부분은 정신 내적 사상事象에 의해 이루어지는 것이다. 그런 내적 사상은 오직 투사됨으로써 사물과 관계를 가진다. 그렇게 되는 이유는 전적으로 원시인들이 정신Geist의 고행, 즉 인식 비판을 아직 경험하지 않은 데에 있다. 이들은 세계를 오히려 일반적 현상으로, 주관적인 것도 객관적인 것도 서로 뒤섞이는, 넘치는 환상의 흐름에서 그저 희미하게 경험하고 있는 것이다. "밖에 있는 모든 것은 안에도 있다." 괴테와 함께 우리는 이렇게 말해도 좋을 것이다.[19] 근대의 합리주의는 '안'을 '밖'에서 파생된 것으로 보고 싶어 하지만 '안'은 그 고유의 구조를 가지고 있고, 그것은 모든 의식의 경험을 선험적 경험으로 앞질러 간다. 가장 넓은 의미의 경험, 도대체 정신적인 것이 어떻게 예외 없이 외부적인 것에서만 생겨날 수 있는지 우리는 전혀 상상할 수 없다. 정신은 삶의 비밀의 가장 내면에 속하며, 살아 있는 모든 유기체가 그 고유의 구조와 형태를 가지듯이 정신도 그런 것을 가지고 있다. 심적 구조와 그 요소들, 즉 원형들이 생성된 것인지의 여부는 일종의 형이상학적 물음이므로 대답할 수 없다. 정신의 구조는 그때그때 발견되는 것이다. 다시 말해서 모든 경우에 이미 존재하고 있는 것, 즉 선행 조건이다. 그것은 어머니이며, 체험된 모든 것을 담고 있는 형식Form이다. 이에 대해서 아버지는 원형의 역동성Dynamik이다. 왜냐하면 원형은 형식이자 동시에 에너지이기 때문이다.

원형의 보유자는 일차적으로 개인적인 어머니다. 아이는 우선 무제한의 신비적 참여, 즉 어머니와의 무의식적 동일성 속에서 살기 때문이다. 어머니는 아이의 신체적인 선행 조건일 뿐만 아니라, 또한 정신적인 선행 조건이기도 하다. 자아의식이 깨어남과 함께 그 참여 상태는 점차 해소되고, 의식은 무의식에 대립하면서 자신이 가진 고유한 선행 조건을 나타내기 시작한다. 거기서 자아는 어머니와 분리되고, 어머니의 개인적인 특수성은 점차 분명해진다. 그래서 어머니의 심상에서 환상적이고 신비스러운 성질이 모두 떨어져나가고, 바로 가까이에 있는 가능성, 예를 들면 할머니와 같은 사람에게 옮겨간다. 할머니는 어머니의 어머니로서 어머니보다 '더 위대하다'. 그녀는 정말 '위대한 어머니'다. 그녀는 지혜와 함께 마녀 같은 면을 가지고 있는 경우도 적지 않다. 왜냐하면 원형이 의식에서 멀어지면 멀어질수록 이런 특징이 더 뚜렷해지고 더욱 분명한 신화적 형상을 취하기 때문이다. 원형에게서 어머니에서 할머니로의 이행은 한 등급이 높아짐을 의미한다. 이런 사실은 바탁Batak족 사람들의 견해에 분명히 제시되어 있다. 죽은 아버지를 위해 영전에 바치는 제물은 하찮은 것이다. 그것은 일상의 음식이다. 그러나 만약 죽은 자의 아들에게 이미 아들이 있다면, 그는 할아버지이고, 그 때문에 저승에서 더 고귀한 존재에 이른다. 그래서 그때는 그에게 큰 제물을 바친다.[20]

의식과 무의식 간의 거리가 더 멀어지면, 할머니는 등급의 상승으로 태모로 변하는데, 이때 이 심상의 내적 대극들이 종종 와해된다. 한편에서는 자비로운 선녀가, 다른 한편에서는 악한 선녀가 생겨나는가 하면, 혹은 호의적이고 밝은, 그러면서도 위험하고 어두운 여신이 생겨난다. 서양 고대와 특히 동방의 문화에서는 그러한 대극들이 자주 하나의 심상 속에 융합되어 있어 의식이 이러한 모순을 전혀 거슬리게 느끼지 않는다. 신에 관한 전설들이 자주 모순에 차 있는 것처럼, 신들의 이미지가 보여주는 도덕적 특성도 모순에 차 있다. 서양 고대에서 신들의 그러한 모순과 도덕적 이중성은 이미 일찍부터 거부감을 유발했고, 그에 상응하는 비판이 생겨나서 결과적으로 한편으로는 올림포스 신들의 집단의 가치를 떨어뜨렸고, 다른 한편으로는 철학적 해석의 계기를 마련했다. 이 같은 점이 가장 분명히 표현된 것은 아마 유대교의 신 개념의 기독교적 혁신일 것이다. 도덕적 이중성을 지닌 야훼는 한편으로는 절대적으로 선한 신이 되었고, 그에 대립하여 마귀가 모든 악을 한 몸에 지니게 되었다. 마치 서구 사람들에게 보다 강력한 감정의 발달이 일어나 신격을 도덕적으로 둘로 나누는 결정을 해야만 했던 것으로 보인다. 동방에서는 그에 반하여 직관적·지성적 입장이 우세하여 감정 가치에 결정권을 부여하지 않았다. 그래서 신들이 본래의 도덕적 모순을 전혀 방해받지 않고 유지할 수 있었다. 그리하여 동방에서는 칼리, 서방에서는 마돈나로 대변되는데, 마돈나의 경우 그림자를 전적으로 상실해버렸다. 그림자는 저급한 지옥으로 추락해 그곳에서 '마귀 할멈'으로서 거의 눈에 띄지 않는 생활을 영위한다. 감정 가치의 발달 덕분에 밝고 자비로운 여신은 헤아릴 수 없을 정도로 고양되었지만, 마귀를 통해서 묘사되어야 할 어둠은 이제 인간에 국한하여 존재하는 것이 되어버렸다. 이런 독특한 양상은 주로 기독교가 마니주의적 이원론에 기겁을 한 나머지 온 힘을 다해서 유일신교를 지키려 했기 때문에 발달한 것이다. 그러나 인간은 어둠과 악의 현실성을 부인할 수 없었기 때문에 인간 자신에게 그 책임을 떠맡기는 길밖에 달리 다른 방도가 없었다. 사람들은 마귀를 거의, 또는 심지어 완전히 없앴다. 그럼으로써 이전에는 완전히 신격의 일부를 이루었던 형이상학적 형상이 인간 자신 속으로 투입되었다. 그래서 인간은 추구되어야 할 신비의 실제적인 담당자가 되었다. "모든 선은 신으로부터, 모든 악은 인간으로부터!"[21] 이러한 진전은 근래에 와서 극악하게 뒤집혔다. 양의 탈을 쓴 이리가 우리를 맴돌면서 실제 악은 선의 오해일 뿐이고, 진보의 유용한 도구라고 속삭인 것이다. 사람들은 그로써 어둠의 세계를 완전히 없앴다고 믿고 있다. 그리고 그것이 인간에게 어떠한 심리적 중독을 일으켰는지를 생각하지 못하고 있다. 인간은 스스로 마귀가 되어버린 것이다. 왜냐하면 마귀는 원형의 반쪽이어서, 그 저항할 수 없는 힘은 신앙심 없는 유럽인도, 적절한 경우든 아니든 매번 "오, 하느님!"이라고 외치도록 하기 때문이다. 가능하다면 우리는 원형과 결코 동일시되어서는 안 된다. 왜냐하면 바로 정신병리학과 시대적 사건이 제시하듯 그것은 충격적인 결과를 빚어내기 때문이다.

서방은 심리적 경영을 잘못하여 파멸에 이르렀다. 즉 집어삼킨 악 이외에 선까지도 자기 것으로 삼기 위해, 인간에 의해 길들여지지도 않았고 또한 길들일 수도 없는 심적인 위력, 말하자면 신격 그 자체를 부인해야 할 정도가 된 것이다. 심리학적 비판의식을 가지고 니체의 『차라투스트라는 이렇게 말했다』를 한번 주의 깊게 읽어보기를 권한다. 니체는 보기 드문 귀결에 도달하면서 진정으로 종교적인 인간이 가지는 열정으로 신이 죽었다고 하는, '초인超人'의 심리학을 표현하였다. 니체는 신적인 모순을, 죽음을 극복하지 못한 인간의 좁은 집에 가두어둠으로써 무너져버린 인간의 심리를 표현한 것이다. 현자賢者, 괴테는 "얼마나 무서운 전율이 초인을 사로잡고 있는지"[22]를 알았던 것 같다. 그리고 이로써, 교양 있는 속물의 우월한 미소를 끌어들였다. 어머니에 대한 그의 이상화 작업은 하늘의 여왕에서부터 동시에 이집트의 마리아까지 모두 포괄하는 크기였는데, 그것은 사색적인 서구인들에게 최고의 지혜와 사순절 설교 같은 뜻을 담고 있었다. 그러나 기독교의 소명을 받은 대표들 자신이 종교적 경험의 토대를 이해하지 못하는 무능을 공개적으로 고告하는 시대에 무엇을 기대하겠는가? 나는 한 신학자의 논고(개신교적인)에서 다음과 같은 구절을 발췌해본다. "우리는 우리 자신이—자연주의자든 이상주의자든—단일 존재이며, 낯선 세력이 우리 내면의 삶에 끼어들 만큼 그렇게 특이하게 분리되어 있지 않다는 사실을 알고 있다.[23] 『신약성서』가 전제하고 있듯이."[24] 이 글을 쓴 저자는 50년도 전에 이미 인간 의식의 불안전성과 해리 가능성이 과학적으로 확인되었고 실험적으로 증명되었다는 사실을 모르고 있었던 것이다. 우리가 의식하는 의도들은 항상 그 원인을 알 수 없는 무의식적인 것의 간섭으로 방해받기도 하고 차단당하기도 한다. 정신은 단일성과는 거리가 멀고 그와 반대로 서로 용납되지 않는 충동, 억제와 격정이 부글거리는 혼합물이다. 많은 사람들에게 그 갈등 상태는 너무도 견디기 어려운 것이어서 신학이 그렇게도 칭송하는 구원을 소망할 정도다. 무엇으로부터의 구원이란 말인가? 당연히 무척이나 의심쩍은 정신 상태로부터의 구원이다. 의식의 단일성 또는 이른바 인격의 단일성은 결코 진실이 아니라 사람들의 바람일 뿐이다. 지금도 한 철학자가 생생하게 생각난다. 그도 이러한 인격의 단일성을 꿈꾸고 있었는데 신경증 때문에 나에게 상담하러 왔다. 그는 자신이 암에 걸렸다는 생각에 사로잡혀 있었다. 얼마나 많은 전문의에게 진료를 받았고, 방사선 촬영을 얼마나 많이 했는지 나는 모른다. 그는 늘 자신이 암에 걸리지 않았다는 사실을 확인받았다. 그가 말했다. "나도 내가 암에 걸리지 않았다는 것을 압니다. 그러나 그래도 암에 걸렸을지 모르지요." 누가 이러한 터무니없는 상상에 대한 책임을 떠맡겠는가? 그가 그러한 상상을 만든 것은 아니다. 낯선 힘이 그에게 그러한 것을 강요한 것이다. 나는 이런 상태와 『신약성서』의 사로잡힘(빙의) 상태가 다를 바 없다고 본다. 내가 공중에 살고 있는 마귀를 믿든, 악마적인 싸움을 걸어오는 무의식의 어떤 요소를 믿든 그것은 조금도 상관이 없다. 인간이 그런 낯선 힘들에 의해 상상으로 만든 단일성을 위협받는다는 사실에는 변함이 없다. 신학은 백 년 전의 낡은 논조로 여전히 계몽적으로 '탈신화화脫神話化'하기보다, 이제는 한번 이런 심리적 사실을 고려하는 편이 나을 듯하다.

앞에서 나는 모성상의 우세 때문에 일어난다고 보이는 정신의 여러 현상들을 조망하고자 시도했다. 비록 인격주의적 심리학으로 가려져 있고 그 특징이 일일이 지적되지 않았어도, 독자들은 태모의 형상이 신화적으로 나타내는 여러 특징을 인지할 수 있었을 것이다. 만약 우리가 모성상의 특별한 영향 아래 있는 우리의 환자에게—긍정적이든 부정적이든—'어머니'하면 무엇이 떠오르는지 말과 상像으로 표현하도록 요구한다면, 우리는 직접적으로 신화적인 모성상에 비유되는 상징적인 표현들을 거두어들이게 될 것이다. 이런 비유에서 우리는 이제 아직도 많은 작업이 요구되는 다른 영역으로 들어서게 된다. 나는 내가 그에 대해 새삼 어떤 결정적인 의견을 표명할 입장에 있다고 느끼지 않는다. 그런데도 몇 가지 소견을 피력할 때는 그것이 일시적이고 구속력이 없는 것이라고 보아주기 바란다.

무엇보다도 주의를 환기시키고 싶은 것은 모성상을 표현하는 사람이 여성이 아니고 남성이라면 모성상이 다른 차원에 있다는 점이다. 여성에게는 어머니가 그녀의 의식적인 성의 역할에 상응하는 삶의 유형이 된다. 그러나 남성에게는 어머니가 체험해야 할 낯선 대자對者의 유형이며, 잠재된 무의식의 상들의 세계로 가득 채워져 있다. 이런 근거만으로도 남성의 모성 콤플렉스는 여성의 모성 콤플렉스와 근본적으로 다르다. 따라서 어머니는 특히 남성에게 처음부터 상징적 성격을 지니는 것이므로 남성이 어머니를 이상화하는 경향이 생긴다. 이러한 이상화는 사실상 은밀한 재앙막이이다. 우리는 두려움을 떨쳐버려야

할 때 그것을 이상화한다. 두려움의 대상은 무의식이자 그 마술적 영향력이다.[25]

남성에게는 어머니가 사실상 상징적인 데 반해, 여성에게는 어머니가 심리학적 발전 과정에서 비로소 상징이 되는 것 같다. 경험상 남성에게는 우라니아Urania〔그리스 신화의 아홉 시신詩神 중 하나로, 교훈 문학과 천체학에서 신성시한다〕유형이 일반적으로 더 강하게 등장하는 반면, 여성에게는 지하계적 유형, 이른바 대지인 어머니가 우세하다는 점이 주목을 끈다. 원형이 나타나는 시기에는 보통 다소간 원초적 상과의 완전한 동일성이 일어난다. 여성은 직접, 대지인 어머니와 동일시될 수 있다. 그에 반해 남성은 그렇지 못하다(정신병 증례를 제외한다면). 신화가 우리에게 밝혀주듯이, 태모는 흔히 그에 상응하는 남성과 짝을 이루어 나타나는 특성이 있다. 그러므로 남성은 소피아에 의하여 축복과 사랑을 받는 아들-애인인, '영원한 소년Puer aeternus', 혹은 '지혜의 아들Filius sapientia', 즉 현자와 동일시한다. 그러나 지하계적인 어머니의 동반자는 그와는 반대로 발기된 성기를 가진 헤르메스(혹은 이집트에서의 베스Bes〔이집트의 신〕처럼), 혹은——인도식으로 표현하면——링감(링가, 남근)이다. 이 상징은 인도에서 가장 높은 정신적 의미를 갖는데, 헤르메스는 결정적으로 서구의 정신 발달이 시작된 헬레니즘적인 혼합주의Synkretismus에서 보이는, 모순에 가득 찬 형상 중의 하나이다. 또한 헤르메스는 계시의 신이면서, 초기 중세의 자연철학에서 결코 무시할 수 없는 세계 창조의 주체인 누스nous〔신적 이성〕그 자체이다. 이런 비밀은 『에메랄드 서판Tabula Smaragdina』에 나타난 신비로운 말로 표현된다. "위에 있는 모든 것은 동시에 아래에 있는 것과 같다Omne superius sicut inferius."[26]

이러한 동일시와 더불어 우리는 신의 짝, 즉 짝짓기Gegensatz paarungen

의 영역으로 들어서게 된다. 하나가 또 다른 하나, 즉 대립적인 것과 한 번도 떨어져본 적이 없는 대극의 쌍을 의미한다. 그것은 개성화, 자기화Selbstwerdung로 직접 인도하는 그 경험 영역이다. 서구의 중세 문헌에서, 그리고 동방의 지혜의 보고에서 그 과정의 풍부한 상징을 제시할 수도 있겠으나 이런 일에는 말과 개념은 물론 이념 자체도 사실 별 의미가 없다. 그렇게 하는 것은 심지어 너무 위험한, 잘못된 길이 될 것이다. 아직 비밀에 쌓인 이러한 심적 경험 영역은 이를테면 원형을 직접 대면하게 되는 곳이며, 또한 그 원형의 정신적 세력이 가장 뚜렷하게 나타나는 곳이기도 하다. 만약 그러한 영역에 어떤 의미가 있다면, 그 영역은 순수 체험의 영역일 것이다. 그러므로 어떠한 공식으로도 포착할 수 없고 지레짐작으로 처리해버릴 수 없는 것이다. 아풀레이우스가 천상의 비너스에게 "한밤중에 포효함으로 공포를 유발하는 프로세르피나Proserpina"[27]에 해당한다고 함으로써, 그가 천상의 여왕에 대한 기도 속에서 얼마나 큰 긴장을 표현하고 있는지 아는 사람은, 물론 더 이상의 설명 없이도 이해할 수 있을 것이다. 그것은 태고의 모성상의 경악스러운 모순이다.

내가 1938년 처음으로 이 글을 썼을 때, 나는 12년 뒤에 모성 원형의 기독교적 형상이 도그마의 진리로 드높여지리라고는 미처 알지 못했다. 기독교에서의 천상의 여왕은 당연히 빛, 선, 영원함을 제외하고는 올림포스 신의 특성들을 모두 제거했으며 심지어 그녀의 인간적인 육체도 에테르적인 불멸성으로 변했다. 사실 그 육체는 거친 물질성의 덧없음의 의미가 전반적으로 담겨 있었던 것이다. 그럼에도 신의 어머니에 대한 풍부한 비유는 이시스(혹은 이오)와 세멜레의 이교도적인 선행 형상들과의 관계를 보존하고 있었다. 이시스와 아들 호루스만이 성화상聖畵像학적으로 범례가 될 뿐만 아니라, 원래 인간인 디오니소스의 어머니인 세멜레의 천상 여행 또한 성처녀의 승천을 앞질러 보여준 예다. 또한 세멜레의 아들은 죽음과 동시에 부활하는 신이다(그래서 올림포스 신들 중 가장 어리다). 마치 그리스도를 낳은 성처녀 마리아가 대지인 것처럼 세멜레 자신도 오래된 대지의 여신이었던 것 같다. 이런 상황에서 심리학자는 당연히 다음의 의문을 제기한다. 모성상에 그토록 특징적인 대지와 어둠의 관계, 동물적인 충동 및 열정의 성질을 가진 육체적 인간과 끝을 모르는 심연의 관계, 또한 '물질'의 관계는 결국 어디에 이르겠는가 하는 물음이다. 도그마의 선언은 자연과학과 기술의 성과가 합리주의적·물질주의적인 세계관과 협동하여 인류의 자산을 엄청나게 파괴하고자 위협하던 시기에 생겨났다. 인류는 두려움과 내키지 않는 마음으로 엄청난 범죄 행위를 준비하고 있다. 예를 들면 우리가 수소폭탄을 사용해야 할 경우가 올지도 모른다. 그때 자신의 생존의 정당한 방어를 위하여 생각조차 할 수 없는 끔찍한 행위가 불가피할지 모른다. 사물의 이러한 운명적 전개에 대한 가장 극단적인 대극으로 신의 어머니는 하늘 높이 올려지고 있다. 그녀의 승천은 지하계 세력의 반란을 나타내는 물질주의적 공리공론주의에 대한 의도된 대항으로 해석된다. 그리스도의 현시와 더불어 당시에는 먼저 본래의 마귀이며 신의 대립자가 근원적인, 하늘에 존재하는 신의 아들로부터 생겨났듯이 이제는 그 반대로 천상적인 형상이 그 본래의 근원적이며 지하계적인 영역에서 분열되어, 사슬에서 풀려나 자유로워진 대지와 지하계의 거대한 힘과 대립하는 위치를 차지하게 된 것이다. 마치 신의 어머니에게서 물질성의 본질적인 특성이 모두 제거되었듯이, 물질도 철저하게 탈혼화脫魂化되었으며 그것도 바로 물리학이 다음과 같은 인식을 진행하는 시점에서 일어났다. 즉 물질을 바로 비물질화하지는 않는다 하더라도 여러 성질이 부여된 것으로 보고 그 정신과의 관계는 더 이상 선반 위에 얹어둘 수 없는 문제를 제기한다는 인식이다. 자연과학의 엄청난 발전은 우선 심혼의 왕관을 성급하게 벗겨버리고 마찬가지로 깊은 생각 없이 물질의 신격화로 인도했다. 그리하여 똑같은 과학적 인식에 대한 충동은 정신과 물질이라는 두 세계관 사이에 벌려진 엄청난 간극에 다리를 놓으려 한다. 심리학은 승천의 도그마에서 상징을 보고자 한다. 그 상징은 어떤 의미에서는 미래에 암시된 발달을 미리 취하고 있는 것이다. 심리학은 대지와 물질에 대한 관계를 에누리 없는 모성 원형의 특성으로 여긴다. 이와 같은 제약된 모습을 통해 하늘에, 즉 정신Geist의 나라에 수용된 것이라고 묘사될 때 그것은 땅과 하늘, 혹은 물질과 정신의 융합을 시사하는 것이다. 물론 자연과학적 인식은 반대 방향의 길을 제시할 것이다. 그것은 물질 그 자체에서 정신에 필적하는 것을 인식한다. 이런 과정에서 이 '정신'의 상은 지금까지 알려진 모든, 혹은 적어도 대부분의 성질로서 처리된 것처럼 보인다. 마치 지상의 물질이 하늘로 옮겨가 자신의 특별한 고유성을 제거당하는 것과도 같다. 그럼에도 불구하고 서로 분리된 두 원리의 합일은 시작되는 것이다.

구체적으로 보면 승천은 물질주의에 대한 절대적 대극을 의미한다. 이렇게 볼 때 이 반격은 대극 간의 긴장을 결코 감소시키지 않고 오히려 극단적인 긴장으로 치닫게 만든다.

그러나 상징적으로 이해하면, 육체의 승천은 물질이 오직 압도적인 프네우마적(영기적靈氣的) 경향 때문에 결국 악과 동일시되었음을 인정하는 것이다. 정신이나 물질은 그 자체로는 중립적이다. 더 나은 표현을 하자면 "두 가지 특성을 다 받아들일 수 있다utriusque capax." 말하자면 인간에게는 선이니 악이니 부르는 것을 모두 할 수 있는 능력이 있다. 비록 선이니 악이니 하는 것이 고도로 상대적인 성질의 명칭이지만 그 이름의 토대에는 실제적인 대극이 있으며 그 대극은 정신적인 것과 마찬가지로 신체적 성질의 에너지 구조에 속하는 것이다. 이런 에너지 구조 없이는 어떤 확정될 만한 존재도 없다. 그 부정 없이는 어떤 견해도 없다. 이런 극단적인 대극에도 불구하고, 아니 바로 그 대극 때문에 다른 하나 없이 하나일 수 없다. 이는 고대 중국 철학이 설명하는 바와 같다. 양陽(밝고, 따뜻하고, 건조한, 남성적인 원리)은 음陰(어둡고, 차갑고, 축축한, 여성적인 원리)의 싹을 품고 있고 그 역도 성립한다. 그러므로 물질 속에 정신Geist의 싹이 있고, 정신 속에서 물질의 싹이 발견될 수 있는 것이다. 예로부터 알려져 왔고 라인Rhine의 실험을 통해 통계적으로 입증된 '동시적' 현상들은 추측건대 이런 방향을 제시하고 있다.[28] '혼이 깃든' 물질이라는 생각은 정신의 절대적 비물질성에 의문을 제기한다. 왜냐하면 정신에 일종의 물질성을 부여해야 하기 때문이다. 교회의(신의 어머니) 도그마는 역사상 가장 커다란 정치적 분열의 시기에 선포되었으며, 그것은 자연과학 분야에서의 어떤 통일체적인 세계상을 추구하는 노력에 걸맞은 하나의 보상적 징후이다. 어떤 의미에서 이 둘의 발달은 연금술에서 대극의 신성한 결혼hieros gamos의 형태로 선취되었는데, 물론 이것들은 단지 상징적인 형태에서 일어난 것이다. 상징은 이종異種의, 바로 비교할 수 없는 요소들을 하나의 상 속에 총합할 수 있는 커다란 장점을 가지고 있다. 연금술의 쇠퇴로 말미암아 정신과 물질의 상징적 통일성은 무너지고, 그 결과 현대인들은 자기 뿌리를 상실한 채 혼이 빠져나간 자연 앞에 낯설게 서 있는 것이다.

연금술은 대극의 합일을 나무의 상징에서 보았다. 그러므로 자기의 세계에서 더 이상 편안하지 못하며, 자신의 존재 근거를 현재에서도, 과거에서도, 또한 아직 오지 않은 미래에서도 찾지 못하고 있는 현대인의 무의식이, 이 세계에 뿌리박고 하늘 꼭대기를 향해 자라는 인간을 의미하기도 하는 세계수世界樹의 상징을 다시 붙잡으려 한다는 것은 그리 놀랄 일이 아니다. 상징의 역사는 나무가 불변의 영원한 존재로의 길이며 성장임을 묘사하고 있다. 그 성장은 대극의 합일을 통하여 생겨나고 또한 그의 영원한 이미-현존함을 통하여 그 합일을 가능하게 한다. 부질없이 자신의 실존을 추구하고 그것으로 철학을 만드는 인간은 오직 상징적인 진실의 체험을 통해서 저 너머의 세계, 그가 그곳에서 더 이상 이방인이 아닐 수 있는 그런 세계로 회귀하는 길을 재발견하는 것 같다.

번역: 이유경

어린이 원형의 심리학에 대하여

1. 들어가는 말

 '어린이', 혹은 어린이 신격神格, Kindgottheit의 신화학에 관한 논문의 저자[1]는 자신의 연구 대상을 심리학적으로 설명해달라고 나에게 청하였다. 나는 그의 요청을 기꺼이 받아들이기는 했지만 어린이를 주제로 한 신화의 의미가 실로 엄청나므로 그러한 일을 떠맡는다는 것이 적지 않은 모험으로 여겨진다. 케레니Karl Kerényi 자신은 그리스-로마 신화에 나타난 주제가 인도, 핀란드 그리고 그 외의 여러 곳에서 유래한 주제와 유사함을 비교 해석하였다. 그러고는 그 표현이 훨씬 더 넓은 범위로까지 확장될 수 있음을 예시하였다. 포괄적인 묘사는 근본적으로 결정적인 것에 기여하지는 못하지만, 어떤 주제가 널리 퍼져 있고 자주 등장한다는 강력한 인상을 줄 수는 있을 것이다. 오늘날까지 언어학·민속학·문화사·비교종교사 등 서로 다른 학문 영역에서 별도로 이루어져온 신화의 주제에 관한 관례적인 연구 방법은 그 주제의 보편성을 인식하는 데 별 도움이 되지 않았다. 또한 신화적 주체의 보편성에 의해 제기된 심리학적 문제는 주제의 전파설에 의해 가볍게 무시되었다. 이에 따라 아돌프 바스티안의 생각도 당시에는 거의 호응을 얻지 못했다. 이미 그 당시에 광대한 심리학적 추론을 보증할 정도로 경험적 자료가 충분히 있었다. 하지만 그런 추론에 필요한 전제들이 없었다. 빌헬름 분트의 『민족심리학 Völkerpsychologie』에서 보여주듯이, 당시의 심리학적 인식이 신화 형성에 관한 것을 자기 영역으로 끌어들이기는 했지만, 문명된 인간 정신 속에서도 똑같은 과정이 살아 있는 기능으로 현존하는 것을 증명하지는 못했다. 또한 신화적 주제들을 정신의 구성 요소로 이해하지 못했다. 심리학의 역사는 즉 초기에는 형이상학이었고, 그 다음에는 감각 기능들의 학설을 다루는 학문이었으며, 마침내는 의식과 의식 기능에 관한 학문이었던 역사에 걸맞게, 여전히 그 대상을 의식과 의식의 내용과 동일시하였으며 의식되지 않은 심혼의 존재는 완전히 간과하였다. 비록 라이프니츠, 칸트, 셸링과 같은 철학자들이 알 수 없는 심혼의 문제를 분명히 언급했으나, 자신의 자연과학적·의학적 경험에서 근본적인 심혼의 토대가 무의식임을 제시하지 않을 수 없었던 한 의사가 있었다. 그는 카를 구스타프 카루스인데, 에두아르트 폰 하르트만에게 결정적인 영향을 준 선배다. 최근에는 다시 철학적 전제 없이 무의식의 문제에 접근하는 의학심리학이 등장했다. 수많은 사람들의 진료를 통하여 노이로제 및 여러 정신질환을 다루는 정신병리학이 알 수 없는 심혼의 부분, 즉 무의식에 대한 가설 없이는 설명할 수 없다는 것이 분명해졌다. 꿈의 심리학의 경우도 마찬가지다. 꿈은 본래 정상과 병리심리학 사이를 매개하는 중간 지대다. 꿈과 정신병의 산물에는 신화학적 관념들의 결합에 견줄 수 있는 것(혹은 종종 신화에서 의식적으로 빌려온 것이라고는 할 수 없는 그런 시적詩的 산물과 견줄 수 있는 것)이 셀 수 없이 많이 나타난다. 철저한 탐구를 통해 그러한 신화 주제의 출현 현상의 대부분이 단순히 잊혀진 지식이라고 판명되었다면, 의사가 개인과 집단의 대비에 관한 탐구를 확대하고자 애를 쓰지도 않았을 것이다. 그러나 실제로는 전형적 신화소가 그와 같은 지식도 없고, 널리 알려진 종교적 표상이나 혹은 일상의 언어 관습에서 간접적으로 유추할 수 없는 개인에게서 관찰되는 것이다.[2] 그런 결과로 미루어보아 모든 전통 너머에 '원초적' 재생성이 있으며 무의식적 정신에 '신화를 형성하는' 구성 요소가 있다고 가정하지 않을 수 없다.[3]

이런 산물은 결코(혹은 아주 드물게) 어떤 형태를 갖춘 신화가 아니라 신화의 구성 요소다. 우리는 그것을 그 전형적 특성 때문에 '주제', '원상', '유형' 혹은 '원형'(내가 그렇게 부르듯이)이라 부를 수 있다. 어린이 원형은 그에 걸맞는 예다. 오늘날 우리는 원형이 꿈이나 정신병적 환상의 산물에서와 마찬가지로 신화나 민담에서 나타난다고 말할 수 있게 되었다. 원형을 품고 있는 매체는 물론 일부는 잘 짜여지고 대개 직접적으로 이해되는 의미로 연결되지만, 나머지는 (궁극적으로는) 이에 반하여 대체로 이해할 수 없는, 비합리적인, 섬망譫妄 상태라고 할 만한 일련의 상들로 이루어져 있다. 그러나 이런 상들이라고 해서 숨겨져 있는 의미와의 관련이 결코 부족한 것은 아니다. 한 개인에게 원형은 무의식의 과정으로 자신의 의지와 상관없이 나타난다. 그 존재와 의미는 단지 간접적으로만 추론될 수 있다. 그에 반해 신화에서는 대부분 아주 먼 옛날로부터 이루어진 전통적인 형상화를 갖추고 있다. 그러한 전통적 형상화는 오늘날 현존하는 원시인들에게서 관찰되는 정신적 전제와 그 조건이 되는 원시적 태고 세계에까지 거슬러 올라간다. 이 단계에 있는 신화들은 세대를 거치면서 거듭 이야기되어 전해진 종족의 가르침이다. 원시인의 정신상태는 문명인의 정신상태와 비교할 때, 의식의 확장과 강도에서 훨씬 덜 발달되었다는 차이가 있다.

사고, 의지 등과 같은 기능이 아직 분화되지 않았고, 의식 이전의 상태에 있었다. 예를 들어 사고할 때 보면 의식하여 생각하는 것이 아니라 생각이 나타나는 것이다. 원시인은 자신이 생각한다고 주장할 수 없고 "그것이 자신 안에서 생각한다."고 말할 수 있다. 사고 행위의 자발성이 인과적으로 의식에 있는 것이 아니라 무의식에 있는 것이다. 원시인은 또한 의식된 의지적 노력을 하지 못한다. 오히려 그는 먼저 자기가 '의지하고자 하는 것의 기분'에 빠져들거나 빠져들게끔 하여야 한다. 그러기에 통과의례가 있다. 그의 의식은 막강한 무의식으로부터 위협받고 있어서 그는 항상 자신의 의도를 방해할 수 있는 마술적 영향에 대한 두려움을 갖고 있다. 그는 알 수 없는 힘에 둘러싸이게 되고 어떤 방법으로든 이에 적응해야 한다. 만성적으로 몽롱한 의식 상태에서는 어떤 것을 그저 꿈꾸었는지, 실제로 체험했는지를 분간하기 어려운 때가 많다. 원형을 수반한 무의식의 자율적 발동은 도처에서 의식을 침해한다. 그것은 호주의 알트지라Altjira 혹은 부가리Bugari 족처럼 물질적 성질과 대등한 존재이거나 물질세계를 뛰어넘는 존재다.[4] 그의 무의식에서 말하는 세계는 우리가 보통 알고 있는 세계가 아니라 미지의 정신세계다. 우리는 이러한 세계에 관해 그것이 한편으로는 경험 세계의 모사이고, 또 다른 한편으로는 이 경험 세계조차도 정신의 조건에 상응하도록 형성하는 것이라고 알고 있다. 원형은 어떤 물리적 사실에서 발생하는 것이 아니라, 심혼Seele이 그 물리적 사실을 어떻게 체험하는가를 묘사하는 것이다. 이때 심혼은 종종 감지할 수 있는 현실을 부정하고 현실과 모순되는 주장을 할 정도로 자주적으로 끌고 간다.

원시인의 정신적 기질은 신화를 지어내는 것이 아니라 **체험한다**. 신화는 원래 전前의식적인 심혼의 표시로, 무의식적인 정신적 사건들에 관한 의도하지 않은 표명이며, 물리적인 사건들의 비유에 불과한 것이 아니다.[5] 그러한 비유는 비과학적인 지성이 행하는 한가한 놀이일 것이다. 그에 반하여 신화는 중요한 의미를 가진다. 신화는 스스로 나타낼 뿐만 아니라, 신화적인 조상의 자산을 잃으면, 마치 인간이 자신의 심혼을 잃어버린 것처럼 곧 파멸되고 마는 원시 종족의 영적 삶에 해당한다. 한 종족의 신화는 그들의 살아 있는 종교다. 그러므로 그것을 잃으면 반드시 도덕적 파멸이 따른다. 이는 문명인의 경우에도 마찬가지다. 그러나 종교는 의식과는 무관한, 의식 너머의 심적 배경이 되는, 어둠에서 일어나는 정신 과정과 생생한 관계를 맺는 것이다. 이런 수많은 무의식적 사건들은 의식의 간접적 동기로 생겨나기는 하지만, 결코 의식적 자의에 의해 만들어지는 것은 아니다. 무의식 과정의 다른 것들은 자연 발생적으로 생산된다. 즉 인식할 수 있고 의식 속에서 증명할 수 있는 원인 없이 생긴다.

현대 심리학은 무의식의 환상 활동의 산물을 무의식 과정의 자기 표명, 혹은 무의식적 정신의 자기 자신에 대한 표현으로 다루고 있다. 그런 산물은 두 개의 범주로 나누어진다. 첫 번째는 (꿈을 포함하여) 개인적 특성을 가진 환상으로, 의심할 바 없이 개인적으로 체험한 것, 망각한 것, 혹은 억압된 것에 귀착되는 것이며, 따라서 남김없이 개인의 역사로 설명될 수 있는 것들이다. 두 번째는 (꿈을 포함하여) 비개인적인 특징이다. 이는 개인의 과거의 체험으로 귀착시킬 수 없는 것이며, 따라서 개인적으로 획득된 것으로 설명할 수 없다. 이러한 환상 상像들은 의심할 여지 없이 신화적 유형에 가장 가까운 유사성을 가진다. 그것은 인간 심혼의 **집단적인**(개인이 아닌) 구성 요소에 해당하며, 인간의 신체를 이루는 형태학적 요소처럼 유전된다고 가정할 수 있다. 비록 전파를 통하여 널리 퍼지고 전승된다고 하더라도, 이미 언급했듯이, 그러한 유래로 설명할 수 없고 오히려 '원초적' 재생성의 가설을 요하는 경우가 많다. 이런 경우들이 상당히 많기 때문에 우리는 집단적인 심적 기층이 있음을 받아들이지 않을 수 없다. 나는 이 무의식을 집단적 무의식이라고 불렀다.

두 번째 범주의 산물은 신화와 민담의 구조 유형과 너무도 비슷하여 그 둘이 같은 종류의 것이라고 간주하지 않을 수 없다. 따라서 신화적 유형과 개인적 유형은 둘 다 매우 비슷한 조건에서 성립되었을 가능성이 크다. 이미 언급했듯이, 두 번째 범주의 환상의 산물은 (첫 번째 범주의 산물과 마찬가지로) 집중력이 떨어진 의식 상태(꿈, 섬망, 백일몽, 환영)에서 생겨난다. 그러한 상태에서는 의식이 집중을 하더라도 무의식의 내용이 확장되는 것을 억제하지 않는다. 그럼으로써 마치 열린 옆문으로 나오듯 이전의 무의식적 자료가 의식 공간으로 흘러들어간다. 이런 생성 방식이 통상적이다.[6] 의식의 강도의 저하, 집중력과 주의력의 소실, 즉 피에르 자네가 말하는 "의식 수준의 저하"는 거의 신화 형성의 근원으로 짐작되는 원시인의 의식 상태에 해당된다. 그러므로 신화학적 원형들도 오늘날 여전히 일어나고 있는 개인적 차원에서의 원형적 구조의 표명과 아주 비슷한 방식으로 나타날 가능성이 크다.

심리학이 무의식의 산물을 다룰 때 지켜야 할 방법적 원칙은 다음과 같다. 원형적 성질의 내용들은 집단적 무의식에서 일어나는 것을 나타낸다. 따라서 그것들은 의식하고 있는 것이나 의식되었던 것과는 아무런 관계가 없고 오로지 본질적으로 무의식적인 것과 관련된다. 따라서 결국 원형적 성질의 내용들이 어디에 관계하는 것인지를 말할 수 없다. 모든 해석은 어쩔 수 없이 마치 Als-ob 무엇처럼에 머물 뿐이다. 궁극적인 의미의 핵은 옮겨 쓸 수는 있지만 직접 묘사할 수는 없다. 어찌 되었든 단순히 옮겨 쓰기만으로도 이미 정신의 전前의식적 구조를 인식하는 데서는 진일보한 것이 된다. 이때의 정신은 아직 인격의 단일성

(이 단일성은 현대의 원시인들에게서도 확고하게 자리잡고 있지 않다)과 의식 자체가 없는 상태에 있는 것이었다. 이러한 전의식적 상태를 우리는 초기 유아기에서도 관찰할 수 있다. 초기 유아기에 꾸는 꿈은 종종 매우 주목할 만한 원형적 내용을 나타낸다.[7]

    위에서 언급한 원칙에 따르면, 하나의 신화가 태양이나 달, 아버지나 어머니, 성욕이나 불 또는 물과 관련되는지가 문제가 되기보다는, 무의식의 의미의 핵을 옮겨 써서 그 특징을 가능한 한 가깝게 나타내는 것이 문제다. 그 핵의 의미는 결코 의식된 일이 없으며 의식되지 않을 것이다. 그것은 해석되었고 해석될 것이다. 이때의 모든 해석은 숨은 의미(혹은 과학적 지성의 관점에서는 무의미한 것. 그러나 결국 마찬가지의 결과가 될 것이다)에 어느 정도 접근하면서, 그로부터 절대적 진리와 타당성에 대한 요구뿐만 아니라, 경외감과 종교적 헌신도 요구한다. 원형은 사람들로부터 진지하게 받아들여지고자 하였으며 아주 드문 방법으로 효력을 발휘하게끔 배려하는 심혼적 생명력이었으며 지금도 그런 것이다. 원형은 늘 보호자이고 치유를 가져다주는 자였으므로, 원형의 손상은 원시인의 심리학에서 말하는 '영혼의 위난'이라는 결과를 초래한다. 원형은 또한 노이로제나 심지어 정신병과 같은 장애가 일어나도록 자극하는 원인이다. 원형은 마치 소홀히 하거나 잘못 다룬 신체 기관이나 기능 체계가 나타내는 것과 같은 반응을 하기 때문이다.

    원형적 내용을 나타내는 것은 우선 언어적인 비유다. 만일 그것이 태양에 대해 이야기하면서 태양을 사자, 왕, 용이 지키고 있는 보물, 인간의 생명력 또는 '건강하게 하는 힘'과 동일시한다면, 그것은 이것도 저것도 아닌 미지의 제3의 것, 즉 그런 비유로 얼마간 적합하게 표현될 수는 있지만 알려지지 않고 설명할 수는 없는 제3의 것에 대한 표현이다. 이 점이 지성을 항상 화나게 하는 부분이다. 이런 까닭에 과학적 지성은 항상 계몽적인 태도로 되돌아와 결국 유령을 완전히 없앨 것을 희망한다. 이런 노력들이 해석주의 혹은 기독교의 변호론, 좁은 의미에서의 계몽주의, 실증주의 등 무슨 이름으로 불려왔든 그 노력 뒤에는 항상 당혹스럽게도 신화의 새 옷 갈아입히기가 은밀히 자리잡고 있다. 신화의 옷 갈아입히기는 태고의 성스러운 선례에 따라 이제 결정적인 인식으로 나타났다. 만약 우리가 노이로제를 감수할 의지가 없다면, 우리는 사실 원형적 토대로부터 벗어나 정당하게 자유로울 수 없다. 자살하지 않고서는 신체 기관으로부터 자유로울 수 없는 것과 같다. 원형을 완전히 부정하거나 해칠 수 없는 것이라면 문화적으로 이루어진 의식의 분화에서 획득된 새로운 각 단계는 그에 상응하는 해석을 해야 하는 과제에 직면하게 된다. 그리하여 우리 안에 아직 존재하고 있는 과거의 삶과, 과거로부터 도망치라는 위협을 받고 있는 현재의 삶을 연결시켜야 한다. 그렇게 하지 않는다면 과거를 무시한, 뿌리 없는 의식이 생성된다. 이런 의식은 모든 암시에 절망적으로 지배받는다. 말하자면 실제로 정신적인 유행병에 걸리기 쉽다. '초라함'으로 평가 절하되고 더 이상 값을 올리지 못하게 된 잃어버린 과거와 함께 구제자도 상실되어간다. 왜냐하면 그 구제자는 초라함 그 자체이거나, 초라함에서 생겨나기 때문이다. 구제자는 '신들의 형상 변화'(치글러 Leopold Ziegler) 속에서 늘 새로운 세대의 고지자告知者, 혹은 맏이로 생겨나고, 갑자기 엉뚱한 장소(돌과 나무의 출생, 도랑, 물 등)에서 이중적 의미의 형상(소인[손가락 크기의], 난쟁이, 아이, 동물 등)으로 출현한다.

'어린이 신神'의 이와 같은 원형은 가장 널리 퍼져 있고 어린이를 주제로 한 그 밖의 모든 신화적 측면과 밀접하게 뒤섞여 있다. 아직도 현대인에게 살아 있는 '아기 예수'를 새삼 환기시킬 필요는 없을 것이다. 어린이 주제가 성 크리스토퍼의 전설에서는 "작은 것보다 더 작고 큰 것보다 더 크다"고 하는 전형적 측면으로 나타난다. 민담에서의 어린이 주제는 난쟁이와 작은 요정의 모습으로, 숨은 자연의 힘의 표현으로 나타난다. 이 영역에 속하는 것은 또한 후기 고전시대의 안트로파리온ἀνθρωπάριον, 즉 금속의 난쟁이 모습이다.[8] 금속의 난쟁이는 중세 후기까지 한편으로는 청동굴을 활성화하였고[9] 다른 한편으로는 연금술적 금속으로,[10] 완성의 형태로 다시 태어나는 메르쿠리우스의 형상(자웅동체, 지혜의 아들, 우리들의 아들[11])으로 주로 표현된다. '어린이'에 관한 종교적인 해석 덕분으로 중세부터 몇 가지 증거가 보존되어 내려오고 있다. 그것들은 '어린이'가 전통적으로 있어온 형상일 뿐만 아니라, 자연 발생적으로 체험되는 환영, 말하자면 '무의식의 침입'이었음을 증명하고 있다. 에크하르트Meister Eckhart의 '벌거벗은 사내아이'의 환영과 에우스타키우스Eustachius 수사의 꿈을 예로 들 수 있다.[12] 이런 자연 발생적인 체험에 관한 흥미로운 보고는 영국의 유령 이야기에서 발견된다. 로마의 폐허가 나타나는 어떤 곳에서 보이는 '빛을 내뿜는 소년'의 환영이 이에 속하며 이러한 형상은 불행을 의미한다고 한다.[13] 그것은 거의 '영원한 소년puer aeternus'과 같은 것을 말하는 듯한데, 고대 그리스와 게르만 민족 신들의 운명을 나누게 된 것이다. '형상의 변화'를 통하여 좋지 않은 것으로, 즉 모두 요마로 변해버린 것이다. 이런 체험의 신비적 특징은 괴테의 『파우스트』 2부에서 파우스트 자신이 소년으로 변해 '복된 소년 합창단'에 받아들여지는 장면에서도 증명되며, 마리아누스 박사의 '인형의 단계Puppen-stadium'로서 나타나기도 한다.[14]

브루노 괴츠Bruno Goetz의 『보이지 않는 제국Das Reich ohne Raum』이라는 괴이한 이야기에 포(fo, 부처佛)라는 영원한 소년의 형상이 부정한 의미인 '지복至福하지 못한' 소년 합창단과 함께 등장한다(동시대적인 것은 해석하지 않는 편이 낫다). 나는 이 경우를 단지 내재하는 원형적 생명력을 설명하기 위해서 언급하는 것이다.

정신병리학의 영역에서도 어린이 주제가 간혹 나타난다. 정신병을 앓는 여성 곁에는 흔히 일반적으로 기독교적으로 해석되는 망상 속의 아이가 있다. 또 작은 인간들도 나타나는데, 저 유명한 슈레버의 증례[15]에서 작은 인간들이 무리를 지어 등장하여 환자를 괴롭힌다. 그러나 어린이 주제는 주로 노이로제 환자 치료에서 무의식을 분석하면서 이루어지는 개인의 성숙 과정에서 가장 분명하고 의미 있게 나타난다. 나는 이것을 개성화 과정이라고 불렀다.[16] 이 과정에서 전前의식적 과정이 문제가 되는데, 그것들은 점차 형상화된 환상의 형태로 직접 의식으로 흘러들어오거나, 꿈의 형태로 의식되거나, 마지막으로 적극적 명상으로 의식화된다.[17] 이러한 자료들은 원형적 주제를 풍부하게 함유하는데, 그중에서 특히 어린이 주제가 자주 등장한다. 종종 어린이는 기독교적인 전형과 관련되어 형상화되기도 하지만 완전히 비기독교적인 전前단계, 즉 지하계의 동물들인 악어·용·뱀·원숭이와 같은 형태로 등장하는 경우가 더 흔하다. 어린이는 흔히 꽃받침 속이나 황금 알에, 혹은 만다라의 중심점으로 모습을 드러낸다. 꿈에 아들이나 딸, 소년이나 총각 또는 처녀가 자주 등장하고, 경우에 따라서는 이국적인 모습인 중국인, 인도인의 검은 피부를 한 모습으로, 혹은 우주적이어서 별을 달거나 별의 왕관을 쓰고 왕의 아들 혹은 악마적 특성을 가진 마녀의 아이로 등장하기도 한다. "매우 어렵게 다다를 수 있는 보배로운 것"[18]의 특수한 주제로서의 어린이 주제는 극도로 변할 수 있어 보석, 진주, 꽃, 담는 용기들, 황금 알, 사위일체, 황금 공 등과 같은 형상을 취한다. 어린이 주제는 그러한 유사한 상들과 거의 구분 없이 교체 가능하다.

2. 어린이 원형의 심리학

a. 과거의 상태를 의미하는 원형

이제부터 살펴보고자 하는 어린이 주제의 심리학에 대하여 먼저 지적해야 할 것이 있다. 필연적으로 그것은 앞에서 지적된 원형의 순수한 현상성을 넘어서는 비평을 받게 된다는 점이다. 우리는 원형이란 결국 설명될 수 있고, 그로써 처리된다는 착각을 한순간이라도 가져서는 안 된다. 가장 최선의 설명을 시도한다 하더라도 다른 상의 언어로 번역하는 데 어느 정도 성공한 것일 뿐이다(언어야말로 바로 상Bild이다!). 기껏해야 우리는 신화를 계속 **꿈꾸며** 신화에 새로운 현대적 형상을 부여할 뿐이다. 인간은 신화를 설명하고 해석하는 것을 그 자신의 고유의 심혼에게 행하였다. 그로써 자신의 안녕에 상응한 결과가 나온다. 결코 잊어서는 안 될 것은 원형은 모든 사람에게서 발견되는 심혼의 기관器官이라는 점이다. 좋지 않은 해석은 곧 심혼의 기관에 대해 좋지 않은 태도를 취하고 있다는 것을 의미한다. 그로써 심혼의 기관은 상처를 입는다. 그런데 결국 고통을 짊어지는 자는 좋지 않은 해석을 한 사람이다. '설명'은 늘 원형의 기능적 의미가 보존되도록 해야 한다. 즉 의식이 원형의 의미에 충분히 부합되도록 연결시킬 수 있어야 할 것이다. 원형은 곧 정신적인 구조를 이루는 요소이므로 심혼의 집을 유지하는 데 절실히 필요한 구성 성분이다. 원형은 원시적이어서 알 수 없는 정신, 본래적인 그러나 눈에 보이지 않는 의식의 뿌리에 주어진 본능적인 것들을 대변하거나 인격화한다. 그러한 의식의 뿌리와의 연관이 얼마나 근본적인 중요성을 지닌 것인지는 원시인이 일종의 '마술적' 요소들과의 관계에 깊이 골몰하고 있는 것으로도 알 수 있다. 그 요소들은 우리가 원형이라 부르는 것과 다름이 없다. 이와 같은 종교적 자세의 원초적 형태는 아직도 모든 종교생활의 영향력 있는 핵심을 이루며, 다가올 미래의 종교생활의 형태가 무엇이 되든 여전히 그 핵심으로 남을 것이다.

소녀나 신장을 대신할 대체물이 없듯이, 원형의 '이성적'인 대체물은 없다. 인간은 신체 기관을 해부학적으로, 조직학적으로 그리고 발달사적으로 탐구할 수 있다. 이와 마찬가지로 원형적 현상을 기술하고 역사적으로 비교하여 제시할 수 있을 것이다. 그러나 신체 기관의 의미는 오직 목적론적인 질문 설정만으로 가능하다. 거기서 의문이 생겨난다. 원형의 생물학적인 목적은 무엇인가 하는 것이다. 생리학이 육체에 대한 질문에 대답하듯이, 원형에 던지는 질문의 대답은 심리학의 몫이다.

어린이 주제는 자신의 어린 시절 추억의 잔여라는 식의 확정이나 그와 비슷한 설명은 질문을 피하는 것에 불과하다. 그와 반대로—문장을 약간 바꿔서—어린이 주제는 잊혀진 우리의 어린 시절의 특정한 것들을 나타낸 상이라고 한다면, 진실에 이미 다가간 것이 된다. 그런데 원형에서 문제가 되는 것은 단순히 개인에 속하는 상이 아니라 항상 전체 인류이기 때문에 다음과 같은 말로 표현하는 편이 낫겠다. 어린이 주제는 집단정신의 전前의식적 유·소아기의 측면을 나타낸다.[19]

이러한 진술을 우선 특정한 심리적 경험에 비유하여 역사적으로 상상하는 것은 전혀 잘못이 아니다. 그런 심리적 경험은 개인의 삶의 일정한 단면을 독립시키고 인격화하여 자기 자신을 바라볼 수 있게 한다. 예를 들면 사람들은 자기 자신을 어린이의 모습으로 보게 된다. 경험에 의하면 그러한 환영적 경험들은—그것이 꿈에서 일어나든, 깨어 있는 상태에서 일어나든—현재와 과거의 상태 사이에 이미 해리가 일어나고 있었다는 사실과 결부된다. 그러한 해리는 양립 불가능성 때문에 일어난다. 예를 들어 현재 상태는 소아기 상태와 모순에 빠지게 된 것이다. 아마도 인위적이며, 야망에 걸맞는 페르조나Persona에 이바지하기 위해 자신의 근원적 성격에서 급격하게 자신을 분리시킨 것일 것이다.[20] 그래서 어린이답지 않은 인위적인 사람이 되어버리고 자신의 뿌리를 상실한 것이다. 그런데 이것은 근원적 진리와 그만큼 맹렬히 직면할 매우 유리한 기회가 된다.

이제까지 인류가 신적인 어린이에 대한 표명을 끊임없이 해온 사실을 고려할 때, 우리는 아마도 개인적인 유비를 인류의 삶에까지 확장하여 다음과 같은 결론에 이를 수 있을 것이다. 즉 인류도 자신의 어린 시기의 조건, 즉 근원적·무의식적·본능적인 상태와 늘 다시금 모순에 빠진다는 것, 그리고 '어린이'의 환영을 가능케 하는 그런 모순의 위험이 도사리고 있다는 것이다. 그러므로 종교적 수련, 즉 신화적인 사건을 되풀이해서 이야기하고 그 제의祭儀를 반복하는 것은, 항상 어린 시기의 상과 그에 연관된 모든 것을 의식에 다시금 제시하여 근원적인 조건과의 결합이 단절되지 않게 하려는 데 그 목적이 있다.

b. 원형의 기능

어린이 주제는 이미 있었지만 이젠 까마득한 과거가 되어버린 것뿐만 아니라 현재적인 것도 나타낸다. 이는 어린이 주제가 과거의 잔여물일 뿐만 아니라 현재도 기능을 발휘하고 있는 체계라는 것을 의미한다. 이 체계는 의식의 어쩔 수 없는 일방성과 정도를 넘어서는 지나침을 의미 있는 방식으로 보상하거나 수정한다. 의식의 본질은 가능한 한 완전한 명증성에 도달해야 할 비교적 제한된 내용에 집중하는 것이다. 의식의 필연적인 결과인 전제는 같은 순간에 의식될 수 있는 다른 내용을 배제한다는 것이다. 이러한 배제 때문에 의식 내용은 어쩔 수 없이 일종의 일방성을 띠게 된다. 이제 문명인의 분화된 의식이 의지의 힘과 함께 의식 내용을 실제 적용할 수 있는 효과적인 도구를 마련하였으므로, 의지의 교육이 계속 더 강화됨으로써 더 일방적이 되고, 법과 뿌리를 상실한 상태로 치우칠 위험이 더 커지게 되었다. 법과 뿌리 없음은 한편으로는 인간적 자유의 가능성일 수 있으나, 다른 한편으로는 끊임없이 솟아나는 본능 혐오의 근원지가 될 수 있다. 원시인은―동물처럼 본능에 가까이 있으므로―새로운 것에 대한 공포와 전통에 얽매이는 특성을 보인다. 우리들의 심미안으로 보면 원시인은 지나치게 뒷전에 머물러 있고 우리는 전진을 구가하고 있다. 우리의 진보성은 한편으로는 가장 멋진, 수많은 소원 성취를 가능하게 하지만, 다른 한편으로는 그만큼 어마어마한 프로메테우스적인 죄를 쌓고 있는 것이다. 이러한 죄는 시시각각 운명적인 파멸의 형태로 그 대가를 요구한다. 인류는 얼마나 오랫동안 비행을 꿈꿔왔는가! 그런데 이제 우리는 공중 폭격을 맞이하기에 이른 것이다! 우리는 오늘날 기독교의 내세적 희망을 비웃으면서도 동시에 죽음 너머에 있을 행복한 저승 생각보다 백 배나 더 비이성적인 천년왕국주의에 자주 빠져든다! 분화된 의식은 늘 뿌리로부터 단절될 위협을 안고 있다. 그러므로 의식은 이미 내재하고 있는 어린이 상태를 통한 보상을 필요로 한다.

  물론 발전적 관점에서 보면 보상이라는 증후학은 별로 좋은 표현은 아니다. 왜냐하면 겉으로 보면 정체시키는 효과를 갖기 때문이다. 그것은 나태, 정체, 회의적 태도, 불평 불만, 보수주의, 소심증, 편협한 소견의 표현 등으로 일컬어진다. 그러나 인류가 자기 고유의 토대를 벗어날 정도로 고도의 능력을 갖추고 있는 한, 인류는 위험한 일방성에서 결국 파멸로 치달을 수도 있는 것이다. 정체시키는 이상은 더욱 원시적이고 자연스러우며(좋은 의미든 나쁜 의미든), 그것이 전승된 법에 충실한 경우 더욱 '도덕적'인 것이 된다. 발전적인 이상은 더욱 추상적이고 더욱 부자연스러워지며, 그 이상이 전통에 대해 불성실하기를 요구하는 만큼 '비도덕적'이 된다. 의지에 의해 강요된 발전은 항상 발작적인 안간힘이다. 후진성은 자연성에 가깝지만, 괴로운 각성 상태에 의해 항상 위협당한다. 이전의 견해는 발전이 다만 '신의 허용 아래' 가능하다는 사실을 의식하고 있었다. 이로써 그 견해는 대극 의식을 갖추고 있음을 증거하며, 태초의 '통과의례'를 더 높은 단계에서 반복하고 있다. 그러나 의식이 분화될수록 근원적 상태와 단절될 위험은 더 커진다. 만일 '신의 허용'이 망각되면 완전한 단절이 일어나게 된다. 의식에서 분리된 심적 부분은 다만 외관상 비활동적으로 된 것일 뿐, 실제로는 인격을 사로잡는 상태로 끌어가는 것임은 심리학의 기본 원리다. 분리된 심적 부분이 인격을 사로잡음으로써 그것의 목표 설정이 변경된다. 만약 어린이 같은 상태의 집단정신이 완전히 배제될 정도로 억압되면, 무의식의 내용은 바로 의식의 목표 설정에 압력을 가하여 의식의 목표 실현을 억제하거나 왜곡하거나 곧장 파괴하거나 한다. 생명력 있는 발전은 그 둘의 공동 작업에 의해서만 이루어진다.

c. 원형의 미래적 특성

어린이 주제의 본질적 측면은 그 미래적 특성이다. 어린이는 잠재력을 지닌 미래이다. 따라서 개인의 심리학에서 어린이 주제의 등장은 얼른 보기에 회고적인 현상처럼 보이지만, 일반적으로는 미래의 발전의 앞당김을 의미한다. 생명은 흐르는 것, 즉 미래로의 흐름으로 역류하여 정체되는 것이 아니다. 그러므로 신화에서 구원자들이 종종 어린이 신의 모습으로 등장하는 것은 그리 놀랄 일이 아니다. 이것은 개인의 심리학적 경험들에 상응한다. 이 경험들은 '어린이'가 인격의 미래의 변환을 준비하고 있음을 가리키고 있다. 개성화 과정에서 의식과 무의식의 인격 요소가 합성됨으로써 나타나는 형상을 앞당겨 보여준 것이다. 따라서 어린이 상은 대극을 융합하는 상징,[21] 하나의 중재자, 구제자 즉 전체성의 실현자다. 이런 의미 때문에 어린이 주제는 위에서 언급한 여러 가지로 형태 변환을 일으킬 수 있다. 예를 들어 그것은 환環이나 원 혹은 구球, 또는 전체성[22]의 또 다른 형태인 사위일체로 표현된다. 나는 의식을 초월한 전체성을 자기Selbst[23]라고 명명했다. 개성화 과정의 목표는 자기의 합성이다. 다른 관점에서 고찰하면, '합성Synthese'이라는 용어 대신 '엔텔레키Entelechie'〔잠재적 상태를 현재적 상태로 실현한다는 의미. 목적을 자체 내에 지니고 있는 것으로, 발전과 완성을 성취시키는 유기체 내부에 있는 힘〕를 추천한다. 왜 엔텔레키라는 표현이 실제로 더 적합한지에 대해서는 경험적인 이유가 있다. 전체성의 상징은 개성화 과정의 초기에 자주 나타나는데, 심지어는 영아기의 첫 꿈에서 관찰된다. 이러한 관찰은 이미 전체성의 잠재력[24]이 선험적으로 있어왔다는 사실을 뒷받침한다. 따라서 엔텔레키 개념을 추천하는 것이다. 개성화 과정이 경험적으로 합성처럼 진행되는 한, 이미 존재하고 있는 것이 서로 모순되지만 결합되는 것처럼 보인다. '합성'이라는 표현도 이러한 관점에서 사용될 수 있다.

d. 어린이 주제에 나타나는 단일성과 다수성

'어린이'의 여러 가지 현상론에서는 그때그때 출현하는 형태의 단일성과 다수성을 구분해야 한다. 결코 개인적이라고 특징지을 수 없는, 예를 들면 수많은 작은 인간들, 난쟁이들, 소년들의 경우라면 정신적 해리의 가능성이 있다. 우리는 그러한 형태들을 특히 정신분열증(조현병)에서 접한다. 분열증의 본질은 인격의 분해에 있다. 수많은 아이들의 등장은 인격 해체의 산물을 나타낸다. 그러나 이런 다수성이 정상인에게서 나타난다면 이는 아직 완수되지 않은 인격적 합성의 표현을 다루고 있는 것이다. 그때의 인격(또는 자기)은 아직 다수성의 차원에 있다. 즉 자아가 있기는 하지만 그 전체를 아직 자신의 고유한 인격의 틀에서 경험할 수 있는 것이 아니라, 가족이나 종족 혹은 국가라는 공동체 안에서 비로소 체험할 수 있는 것이다. 자아는 아직 집단의 다수성을 무의식적으로 동일시하는 상태에 있다. 교회는 이런 널리 알려진 상태를 참작하여 신비적 몸체와 개별적 구성원의 성격에 관한 가르침을 전파하고 있다.

그렇지만 어린이 주제가 단일성의 형태로 등장한다면, 이는 잠정적으로 이미 완수된 무의식적인 인격의 합성을 다루고 있는 것이다. 이는 실제로 모든 무의식적인 것이 그런 것처럼 하나의 가능성을 의미할 뿐이다.

e. 어린이 신과 영웅 어린이

'어린이'는 때로는 신의 측면을, 때로는 어린 영웅의 측면을 더 많이 갖는다. 두 가지 유형은 모두 비범하게 출생하거나, 어린 시절에 버림받고 박해자들에 의해 위험에 처한다. 신은 순전히 초자연이고 영웅은 인간적이기는 하나 초자연의 경계에까지 올라간 인간 존재('반신성半神性, Halbgottheit')다. 신은 아직 인간 존재에 통합되어 있지 않은 상징적 동물과 친숙한 관계를 맺으면서 집단적 무의식을 인격화하는 반면, 영웅은 그의 초자연 속에 인간 존재를 포함한다. 따라서 ('신성한' 즉 아직은 인간화되지 않은) 무의식과 인간 의식의 합성을 나타낸다. 영웅은 전체성에 접근하는 개성화 과정의 잠재적 선취를 의미한다.

따라서 '어린이'의 숙명은 '자기'의 엔텔레키 혹은 자기의 생성 시에 일어나는 정신적인 사건들을 나타낸 것으로 간주해도 좋을 것이다. '비범한 출생'이란 일종의 생성의 체험을 묘사하려는 것이다. 그것은 정신적인 생성이므로, 모든 것은 도무지 보통의 경험이라고는 할 수 없는 식으로(예를 들어 동정녀 마리아의 출산, 비범한 출생 또는 비자연적인 기관에서의 출생) 일어난다. '보잘것없음'의 주제, 누구에 의해 인도된 존재라는 주제, 버려짐의 주제, 위험의 주제 등은 전체성에 이르기까지의 불확실한 정신적 실존 가능성, 다시 말하면 최고의 선에 이르기까지 겪게 될 험한 고난을 묘사하려는 것이다. 마찬가지로 성장하는 모든 것을 가능한 한 온전한 자기 성취라는 법칙에 따르도록 강요하는, 그러한 삶의 충동이 직면하는 무력함과 곤궁함을 나타내는 것이기도 하다. 이때 환경은 여러 형태로 개성화에 크게 영향을 미친다. 특히 용과 뱀에 의한 자기 고유성의 위협은 본능을 이루는 마음, 즉 무의식이 의식에서 얻은 것을 다시 삼켜버릴 위험을 암시하는 것이다. 태고로부터 하등 척추동물들은 종종 즐겨 집단정신의 토대를 상징하는 것으로 여겨져왔다.[25] 그것의 해부학상의 위치는 뇌피질하의 중추들, 소뇌와 척수에 해당된다. 이 기관들은 뱀을 이루고 있다.[26] 따라서 보통 뱀 꿈은 의식이 본능적 토대로부터 이탈할 때 꾸게 된다.

"작은 것보다 더 작고 큰 것보다 더 크다"는 주제는 어린이의 무기력을 보충하는, 경이로운 '어린이'의 행동에 걸맞는다. 그 주제가 표현하는 이러한 모순은 영웅의 본질에 속하며 그의 전 생애 동안 시종일관

계속된다. 그는 가장 큰 위험도 이겨내지만, 결국 '보잘것없음' 때문에 파멸한다. 발드르Baldur 신은 겨우살이 식물에 걸리고, 마우이Māui는 작은 새의 웃음 때문에, 지크프리트Siegfried는 상처 입기 쉬운 부분 때문에, 헤라클레스Herakles는 부인이 선물한 독극물 때문에, 그 밖의 경우에는 비겁한 모반에 의해 파멸에 이른다.

영웅의 주된 행위는 어둠의 괴물을 극복하는 것이다. 그것은 바라고 기다렸던 의식의 무의식에 대한 승리다. 낮과 빛은 의식과 동의어이며, 밤과 어둠은 무의식과 동의어이다. 의식화는 아마도 가장 강한 태고의 체험일 것이다. 왜냐하면 의식화에 의해 세계가 이루어졌기 때문이다. 그 전에는 세계의 존재에 대해 그 누구도 알지 못했다. "그리고 하느님이 말씀하시길 빛이 있으라!"라는 말은 무의식으로부터 분리되는 의식성의 선사시대적 체험의 투사다. 현대 속에 남아 있는 원시인들에게는 여전히 심혼의 소유 상태가 위태롭다. 그리고 '영혼의 상실'은 전형적인 정신이상의 하나이며, 원시 의학은 그 때문에 다양한 정신치료적 처치를 필요로 하였다. 따라서 '어린이'는 이미 그 어둠을 이겨낸다는 목표를 암시하는 행동으로 그 특징을 보여주고 있다.

3. 어린이 원형의 특수한 형상학

a. 어린이의 버림받음

버림받음, 내버림, 위험에의 노출 등은 한편으로는 보잘것없는 출발점의 전형적 형식이지만, 다른 한편으로는 신비에 가득 찬 경이로운 출생에 속한다. 이런 표명은 창조적인 성질을 지닌 정신적 체험을 묘사하고 있다. 그 체험은 아직 인식되지 않은 새로운 내용의 현상을 대상으로 한다. 그러한 순간에 개인의 심리학에서 문제가 되는 것은 언제나 고통스러운 갈등 상황인데 의식의 입장에서는 이 상황에서 빠져나갈 어떤 해결책도 없는 것처럼 보인다. 왜냐하면 의식에는 "제3의 것은 없다"[27]는 원리가 통용되기 때문이다. 대극의 충돌에서 무의식적 정신은 늘 의식이 예상하지도 이해하지도 못할 비합리적인 성질의 제3의 것을 만들어낸다. 이것은 예와 아니오, 어느 쪽에도 해당되지 않는 형식으로 표현되기 때문에 양측에서 모두 배척당한다. 의식은 결코 대극을 넘어서는 것을 알지 못하므로 이 대극의 합일도 인식하지 못한다. 그러나 대극의 합일을 통한 갈등 해결이 중요한 의미를 가지며, 의식도 그것을 바라고 있기 때문에 의미심장한 창조의 예감이 뚫고 들어오게 마련이다. 이로써 '어린이'의 누미노제적 특성이 생겨난다. 중요하면서도 인식되지 못한 내용은 언제나 은밀하게 의식을 매혹한다. 새로운 형상은 앞으로 이루어질 전체성이다. 적어도 그 새로운 형상이 '전체'로서 대극으로 인해 찢긴 의식을 능가하여 의식을 온전성으로 끌어올리는 한, 그것은 전체성으로 향하는 과정에 있다고 하겠다. 따라서 모든 '합일되는 상징들'에는 구원의 의미가 들어 있다.

이러한 상황에서 '어린이'는 하나의 상징적인 내용으로 나타난다. '어린이'는 배경인 어머니와의 유대를 풀어버리고 혹은 고립되고, 때로는 어머니까지도 위협적인 상황에 말려들면서, 한편으로는 의식의 거부적인 태도에 의해, 다른 한편으로는 모든 무의식의 진공의 공포에 위협받는다. 무의식은 자기가 낳은 모든 것들을 다시 집어삼킬 준비가 되어 있다. 왜냐하면 무의식은 그것들을 단지 놀이 삼아 만들어내기 때문이며 파괴란 그런 놀이의 피할 수 없는 일부이기 때문이다. 세계 안의 어떤 것도 새로운 탄생을 받아들이지 않는다. 그럼에도 불구하고 그 탄생은 원초적 자연 그 자체의 가장 귀중하고 전도유망한 산물이다. 왜냐하면 그것은 결국 보다 높은 수준의 자기실현을 의미하기 때문이다. 그렇기 때문에 자연, 즉 본능의 세계 그 자체가 '어린이'를 맡아 돌본다. 어린이는 동물들에 의해 길러지고 보호된다.

'어린이'는 독립을 지향하여 성장하고자 하는 어떤 것을 의미한다. 자신의 근원으로부터 분리되지 않고서는 성인이 될 수 없다. 따라서 버림받음은 부수적인 현상이 아니라 반드시 필요한 조건이다. 의식이 대극에 집착하고 있는 것으로는 갈등이 극복되지 않는다. 그렇기 때문에 의식은 근원으로부터 떨어져나가야 할 필요성을 자신에게 가르쳐 줄 어떤 상징을 필요로 한다. '어린이'의 상징이 의식을 유혹하고 사로잡으면서 구원의 작용이 의식에 침투하면, 의식이 할 수 없었던 갈등 상황으로부터의 결별이 완수된다. 상징은 바로 어떤 것으로 되어가는 의식의 상황을 미리 나타낸다. 이러한 선취가 이루어지지 않는 동안 '어린이'는 제식의 반복과 제의적인 갱신을 요구하는 신화적 투사에 머물 수밖에 없다. 예를 들어 "너희가 어린아이와 같지 않으면"이라는 문장을 우리가 심리학적으로 실현시키지 못하는 한, 아기 예수는 제식의 필수 불가결한 것이 된다. 여기에는 매우 힘겹고 위험한 발전과 이행 과정이 계제되어 있기 때문에, 그러한 상들이 종종 수백 년 동안 혹은 수천 년 동안 생생하게 보존되어왔다는 것은 그다지 놀랄 일이 아니다. 긍정적인 의미에서든 부정적인 의미에서든 인간이 마땅히 해야 하지만 아직 할 수 없는 모든 것은, 인간의 의식과 더불어 신화적 형상과 예감으로, 종교적 투사로 또는—더 위험한 것은—무의식의 내용으로 살아 있게 되는데, 그런 뒤에는 저절로 부적당한 대상들에 투사되어, 예를 들면 위생학적인 그리고 그 밖의 '치유를 보증한다는' 학설과 수법으로 이어져왔던 것이다. 이 모든 것은 신화에 대한 합리주의적 대체물인데 그 부자연스러움으로 인해 인간을 발전시키기보다는 오히려 위태롭게 한다.

출구 없는 갈등 상황은 어린이를 비합리적인 제3의 것으로 등장시키거니와 그것은 하나의 공식이자 오직 심리학적인 것이며, 곧 현대의 발전 단계에 상응하는 것이다. 이 공식을 원시인의 정신생활에 곧바로 적용할 수는 없다. 원시인의 어린애 같은 의식의 범위는 여전히 모든 정신적인 체험 가능한 것들의 세계를 배제하고 있기 때문이다. 원시인의 자연 단계에서 보면 현대인의 도덕적 갈등은 생명을 위협하는 것으로 객관적인 긴급 상황이다. 따라서 적지 않은, 어린이의 형상은 **문화 전달자**이며, 그래서 불,[28] 금속, 밀, 옥수수 등과 같은 유용한 문화 요인들과 동일시된다. 의식을 증대시키는 계몽자로서 그것들은 어둠, 즉 예전의 무의식 상태를 극복한다. 현재의 의식을 초월한 앎으로서의 보다 높은 의식은 세계의 고독과 같은 뜻을 가지고 있다. 이 고독은 보다 높은 의식성의 담지자 혹은 상징과 그 주변 세계 사이의 대극을 나타낸다. 어둠을 정복한 자는 아득한 태고의 시대로 되돌아간다. 그것은 수많은 다른 전설과 공통적인 **원초적으로 정신적인 위기, 즉 무의식성**이 있었다는 것을 암시한다. 이와 같은 원천으로부터 오늘날의 원시인의 '비이성적인 어둠에 대한 공포'가 유래되는 것 같다. 나는 엘곤산에 사는 한 종족의 범신론적 낙관주의에 상응하는 종교 형태를 보았다. 그러나 이러한 종교 형태는 저녁 6시부터 아침 6시까지는 지양되고 그 대신 공포로 대체된다. 왜냐하면 밤에는 '공포를 만드는 자', 어둠의 존재인 아이익Ayik이 지배하기 때문이다. 낮에는 거대한 뱀들이 없지만, 밤에는 거리 곳곳 어디에나 거대한 뱀들이 도사리고 있다. 밤에는 모든 신화가 풀려난다.

b. 정복할 수 없는 어린이

모든 어린이의 신화에는 눈에 띄는 모순이 있다. 한편으로는 '어린이'가 막강한 적들에게 힘없이 내맡겨져 계속 말살될 위협을 당하고, 다른 한편으로는 인간의 한계를 훨씬 뛰어넘는 힘을 행사한다. 이는 '어린이가' 한편으로는 '보잘것없는' 즉 눈에 띠지 않는 '단지 아이에' 불과하지만, 다른 한편으로는 신적이라는 심리학적 사실과 밀접한 관련이 있다. 의식의 관점에서 보면 그것은 겉보기에 무의미한 내용이어서 그것에 해결이나 구원의 특성이 있다고 믿기 어렵다. 의식은 갈등 상황에 사로잡혀 있고, 이겨내야 할 힘은 너무나 큰 것처럼 여겨져서 외롭게 떠오른 내용으로서 표상된 '어린이'는 의식의 요인들과 전혀 관계를 맺지 못하는 것이다. 따라서 그것은 쉽게 간과되고 다시 무의식에 귀속된다. 만일 일이 의식의 기대대로 되어간다면 최소한 우리는 두려워해야 할 것이다. 그러나 신화는 그렇지 않고 오히려 '어린이'에게 우월한 힘을 부여하고, 어린이는 예상 밖으로 온갖 역경에도 불구하고 이겨나간다는 사실을 강조한다. '어린이'는 무의식의 탄생으로서 무의식의 품에서 나오고, 인간 본성의 근원에서 혹은 생동하는 본성 그 자체에서 태어난다. 그것은 제약된 의식의 범위 너머에 있는 생명력, 의식은 자신의 일방성에 빠져 있어 아무것도 모르는 길들과 가능성들 그리고 본성의 심연을 포괄하는 전체성을 의인화한 것이다. 그것은 존재의 가장 강력하고 피할 수 없는 충동, 말하자면 자기 자신을 실현하려는 충동을 표현한다. 어린이는 모든 자연스런 본능의 힘으로 무장된, 다르게 할 수 없음을 말한다. 반면 의식은 항상 억측상 다르게 할 수 있음에 빠져 있다. 자기실현을 하려는 충동과 강박은 자연의 법칙이므로 비록 처음에 그 힘이 보잘것없고 있을 법하지 않은 것일지라도 당해낼 수 없는 큰 힘을 가지고 있다. 그 힘은 영웅 어린이의 기적적인 행위로 나타나며, 그 뒤에는 머슴의 모습으로 나타난다(전형적인 예가 헤라클레스다). 거기서 영웅은 '어린이'의 무력함에서 벗어나 성장했지만, 아직은 보잘것없는 위치에 있다. 그런 다음 머슴의 형상은 보통 반신半神인 영웅의 시현Epiphanie으로 인도한다. 우리는 기묘하게도 연금술에서 아주 유사한 주제의 변환을 보게 되며, 그중에서도 라피스lapis의 동의어들로 나타나는 것을 보게 된다. 라피스는 제1의 물질로 'lapis exilis et vilis[작고 보잘것없는 돌]'에 해당한다. 라피스는 변환의 물질로서 fugitivus['붉은색의 머슴' 혹은 '달아나는 머슴']이다. 마침내 라피스는 진정한 신격화가 되어 'filius sapientiae[지혜의 아들]'의 품격, 혹은 'deus terrenus[대지의 신]'로서의 위엄, 즉 '모든 빛을 위해 비추고 있는 위대한 빛'에, 위와 아래의 힘 모두를 그 안에 갖는 하나의 거대한 힘에 도달한다. 라피스는 영원히 부패하지 않는 '영광의 몸체[찬미받은 몸체]'가 된다. 그래서 만병통치약, '구원자'[29]가 되는 것이다. '어린이'의 위대함과 불가침성의 특성은 인도인의 사변에 나타나는 아트만의 본질과 연관된다. 아트만은 "작은 것보다 더 작고 큰 것보다 더 크다"에 필적한다. 자기Selbst는 개인적 현상으로서는 "그 어느 것보다도 작지만", 세계와 대등한 가치로서는 "그 어느 것보다 크다."[30] 반대 극으로서의 자기, 즉 세계의 절대 '타자他者'로서의 자기는 세계를 인식하고 주체와 객체를 의식하는 데 필수 조건이다. 자기는 전적으로 의식을 가능하게 하는 정신의 타자적 존재다. 그러나 자기와 동일시하면 의식은 불가능해진다. 분리와 이탈, 고통으로 가득한 대극의 설정만이 의식과 인식을 만들어낼 수 있다. 인도의 내적 성찰은 이미 오래전에 그러한 심리학적 실상을 인식하여, 인식의 주체가 존재의 주체와 전적으로 하나임을 설정했다. 인도적 사유가 지닌 주로 내향적인 태도에 따르면, 객체는 심지어 절대 진실의 속성을 상실하였고 단지 가상이 되어버리기 일쑤였다. 그리스적 서구 정신의 정신적 태도는 절대적인 세계 존재의 확신에서 벗어날 수 없었다. 그러나 이것은 자기만의 우주적인 의미를 희생하여 생겨난 것이었다. 세계의 반대편에 위치한 자기의 존재를 최소한 하나의 반사점으로서 가정하는 것이 논리적으로 불가피함에도 불구하고, 서양인들은 아직도 경험적 우주의 반대 극으로서의 인식의 초월적 주체에 관한 심리학적 필연성을 통찰하는 데 어려움을 겪고 있다. 경우에 따라 거부하거나 조건부로 찬성하는 철학과는 상관없이 우리의 무의식적 정신에는 자기의 상징을 우주적인 의미로 드러내려는 보상 경향이 있다. 이러한 노력들은 거의 모든 개성화 과정에서 쉽게 관찰될 수 있는데, 영웅 신화의 원형적인 형태들 속에서도 나타난다.

'아기' 탄생의 현상들은 언제나 인식하지 못하는 것의 심리학적 근원 상태, 그러니까 어둠 혹은 여명, 주체와 객체의 무분별성, 인간과 세계의 무의식적 동일성으로 되돌아간다. 이러한 무분별 상태에서 황금의 알이 출현한다. 그것은 인간이기도 하고 세계이기도 하며, 또한 그 둘 중 어느 것도 아닌 비합리적인 제3의 것이기도 하다. 그것은 원시인의 희미한 의식에서 보면 마치 알이 거대한 세계의 품에서 올라오는 우주적·객관적·외부적 사건인 것처럼 보인다. 그에 반해 분화된 의식은 그 금빛 알을 바로 정신에서 솟아난 하나의 상징으로 이해하거나, 혹은 좀더 심하게, 그것은 자의적 사변이므로 어떤 '진실'에도 속하지 못하는 원시적 환상일 뿐이라고 생각한다. 물론 현대의 의학심리학은 '환상'에 관하여 조금 다르게 생각한다. 의학심리학은 한편으로는 '단순한' 환상들에서 얼마나 심한 육체적 기능 장애가 발생하고, 또 다른 한편으로는 얼마나 파멸적인 정신적 결과가 나오는지를 알고 있다.

'환상들'은 무의식의 삶의 자연스런 표현이다. 무의식은 신체의 모든 자율적 기능 콤플렉스에 상응하는 정신이므로, 정신의 '환상들'은 결코 과소평가되어서는 안 될 병인적 의미를 가진다. 개성화 과정의 정신병리학을 통하여 우리는 상징 형성이 흔히 심인성 신체 장애와 결부됨을 알고 있는데 그것은 경우에 따라서는 매우 '실제적'으로 감지된다. 환상들은 의료의 영역에서 정신치료자가 진지하게 헤아려야 할 실재적인 사실이다. 따라서 정신치료자는 그 실재성 때문에 외부 세계로 투사되는 원시적 환상의 정당성을 부인할 수가 없다. 결국 인간의 신체도 세계와 같은 질료로 만들어졌고, 그러한 질료에는 환상들이 나타나게 마련이다. 그런 질료 없이는 환상을 경험할 수 없다. 그 질료 없이 환상은 결정화 과정이 아직 시작되지 않은 상태, 즉 모액母液이 담긴 추상적 결정격자結晶格子와 같다.

자기의 상징은 신체의 심층에서 생성되며 감지하는 의식의 구조와 똑같이 신체의 질료성을 표현한다. 상징은 살아 있는 몸, 즉 몸이자 심혼이다. 그렇기 때문에 '어린이'는 상징을 위한 아주 적절한 형식이다. 정신의 고유성은 결코 완전하지는 않으나 끊임없이 완전에 가깝게 실현되어야 할 크기이며, 동시에 없어서는 안 될 모든 의식의 기초이기도 하다. 정신의 보다 깊은 '층'은 점점 깊이가 더해지고 어둠이 짙어지면서 개별적인 고유성을 상실한다. 정신의 심층은 '밑으로', 즉 신체의 물질성, 다시 말해서 화학적 신체 속에서 보편적인 것이 되고 해소되기 위하여 자율적인 기능 체계로 접근함으로써 점점 더 집단화된다. 신체의 탄소는 그냥 탄소인 것이다. 따라서 '가장 밑에' 있는 정신은 바로 '세계'다. 이런 의미에서 나는 세계 그 자체가 상징으로 말한다고 한 케레니의 말에 전적으로 동의한다. 상징이 더 고태적이고 더 '심층적일' 때, 즉 더 생리적인 층으로 내려갈수록, 점점 더 집단적·보편적인 것이 되고 더 '물질적'인 것이 된다. 상징이 더 추상적인 것으로 되고 더 분화되며 더 특수화될수록 그것은 의식의 고유성과 일회성의 성질에 더욱 접근하게 되어 그만큼 보편적인 본질에서 벗어나게 된다. 의식에서는 의식적 소견을 조금도 넘어서지 못한 채 전적으로 단순한 비유로 전락할 위험이 있다. 그러고는 온갖 가능한 합리주의적 설명들에 노출된다.

c. 자웅동체의 어린이

우주의 생성, 진화를 설명하는 많은 신들이 남녀의 성징性徵을 모두 지닌 양성적 특성임은 주목할 만한 사실이다. 자웅동체는 가장 굉장하고 특이한 대극의 합일을 의미한다. 이러한 합일은 우선 원시적인 정신상태로 소급된다. 의식이 막 생기려는 원시적 정신상태에서는 차이와 대극이 거의 분리되지 않거나 아예 소실되어 있다. 그러나 의식이 점점 밝아지면서 그 두 대극은 더 분명해지고 점점 더 떨어져나가 양립할 수 없게 된다. 따라서 만일 자웅동체가 단지 원시적인 미분화성의 산물에 불과하다면, 그것은 문화의 발달과 더불어 바로 도태되었을 것이라고 예상할지 모른다. 그런데 결코 그렇지가 않다. 더 높고 최고로 발달한 문화 단계의 환상도 항상 이러한 표상에 몰두했던 것이다. 우리는 이것을 후기 그리스의 종합주의적 그노시스 철학에서 볼 수 있다. 중세 자연철학에서는 자웅동체인 레비스Rebis가 중요한 역할을 했다. 그리고 최근에 우리는 가톨릭적 신비학[31]에서 자웅동체인 그리스도에 관해 듣고 있다.

이 문제는 더 이상, 원시적 환상이 아직 남아 있는 것이라든가 대극의 원초적 오염일 수 없다. 근원 표상은 우리가 바로 중세의 저술에서 보듯이[32] 대극들의 건설적 합일의 상징이 된 것이다. 즉 바로 '합일의 상징'이 된다. 상징이란 그 기능적 의미로는, 더 이상 뒤로 되돌아가게 하는 것이 아니며 앞으로 아직 도달하지 못한 목표를 향한다. 자웅동체는 그 기괴함과는 상관없이 점차 갈등을 극복하는 구세주가 되었는데, 이런 의미의 것을 비교적 초기의 문화 단계에서 이미 갖게 되었다. 자웅동체의 상이 사라지지 않고 상징의 내용을 계속 심화시키면서 수천 년 동안 주장될 수 있었던 이유는 바로 상징의 이런 생생한 의미 때문이라고 설명된다. 극도로 고태적인 관념이 그런 높은 뜻으로 자라게 된 사실은 원형적 이념의 생명력을 암시할 뿐만 아니라, 원형이 무의식적 기초와 의식 사이의 대극을 합일시키면서 매개의 역할을 한다는 기본 원칙이 옳았음을 보여준다. 원형은 뿌리를 잃을 위협에 처한 현재의 의식과 선사 시대의 소박한 무의식적·본능적 전체성 사이를 이어주는 다리다. 이러한 매개로 인해 개별적 인간의 현재 의식의 일회성·고유성·일방성은 다시 소박한 종족적 전제 조건에 연결된다. 진보와 발전은 부인할 수 없는 이상이다. 그러나 만약 인간이 새로운 상태에서 자기 자신을 전체가 아닌 한 조각의 파편으로서 관계하고, 모든 배경에 있는 본질적인 것을 무의식의 그늘에, 즉 원시적 상태에, 심지어 야만적 상태에 방치한다면, 그 이상은 의미를 상실한다. 자신의 토대로부터 분리된 의식은 새로운 상태의 의미를 충족시키지 못한다. 그래서 새로움을 위해 벗어나려고 했던 상황보다 더 나쁜 상황으로 퇴보한다. 너무도 쉽게, 그 범례들은 꺼림칙한 것이 된다! 이러한 문제를 처음으로 분명하게 본 사람은 실러Friedrich Schiller다. 그러나 그의 동시대인도, 그 뒤의 후예들도 거기서 어떤 추론을 끌어낼 수 없었다. 그 대신 사람들은 더욱더 아이들의 교육만을 강조하였다. 따라서 나는 그 교육에 대한 열망이, 실러에 의해 건드려진 핵심 문제, 즉 **교육자의 교육**에서 벗어나는 환영받을 만한 샛길이 아닌가 하는 의심이 든다. 어린이들은 어른의 있는 바로써 교육하는 것이지, 어른이 지껄이는 말로써 교육하는 것이 아니다. 널리 퍼져 있는, 말에 대한 믿음은 진정 심혼의 병이다. 왜냐하면 그런 미신이 인간을 자신의 토대로부터 점점 더 이탈시키고, 인격을 그때그때 신봉되는 '슬로건'과 가망 없는 동일시를 하도록 유혹하기 때문이다. 그러는 동안 이른바 발전으로 인해 극복된 것과 남겨두었던 모든 것이 무의식으로 점점 더 깊이 미끄러져들어 결국은 집단과의 동일시라는 원시 상태가 된다. 고대해온 발전을 대신해서 이런 상태가 현실이 되고 만다.

양성적인 근원적 존재는 문화가 발전하면서 인격의 통일, 즉 자기 Selbst의 상징이 된다. 대극의 갈등은 그 속에서 평온해진다. 그 근원적 존재는 처음부터 이미 무의식적 전체성을 투사하면서 인간 존재의 자기실현이라는 멀고 먼 목표로 향하고 있다. 인간의 전체성은 바로 의식적 인격과 무의식적 인격이 하나로 합일되어 이루어진다. 모든 개체가 남성적 유전자와 여성적 유전자를 동시에 갖고 창조되며 우세한 유전자로 성이 결정되듯이, 정신에서도 남성의 경우 의식만이 남성의 징후로 드러나고, 무의식은 여성적 특징을 지닌다. 여성의 경우는 그 반대다. 나는 이러한 사실을 아니마 이론에서 재발견하고 설명하였다.[33] 이 이론은 이미 오래전부터 알려진 것이다.

헤르메스 철학에서 이른바 기술적 개념이 된 남성적인 것과 여성적인 것의 융합이라는 관념은 그노시스파에서는 이미 더 이상 탐구될 수 없는 신비mysterium iniguitatis로서 등장한다. 이는 예를 들어 호세아가 실현했던 것과 같이,[34] 『구약성서』의 '신성한 결혼'의 영향을 받았을 것이다. 그러한 것은 어떤 전승된 관습[35]을 나타내는 것일 뿐만 아니라, 복음서 중 클레멘스의 두 번째 편지에서 발췌한 구절인 "만약 둘이 하나가 되려 한다면, 외부의 것이 내부의 것이 되고, 마찬가지로 남성적인 것이 여성적인 것과 더불어 하나가 되는데, 그것은 남성적이지도 여성적이지도 않다."[36]를 가리키는 말이다. 이러한 성인의 구절은 클레멘스 알렉산드리누스Clemens Alexandrinus의 다음의 말로 남겨졌다. "만약 그대들이 부끄러움의 허물을 발로 밟는다면⋯."[37] 이 구절은 신체와 관계하는 것 같다. 왜냐하면 클레멘스나 카시안(여기서 인용문을 넘겨받음), 또한 위僞클레멘스Pseudo-Clemens 등은 그노시스파와는 반대로 그 융합을 정신적인 방식으로 해석한다. 그노시스파 사람들은 융합을 지나치게 글자 그대로 해석한 듯하다. 그러나 이때 그들은 아보르투스Abortus(중절)의 적용이나 그 밖의 제약들을 가하면서 그들이 하는 일의 생물학적 의미가 의식의 종교적 의미를 능가하지 않도록 배려했다. 교회 신비학에서 신성혼hieros gamos의 원상이 최고로 승화되었고, 메히틸트 폰 마그데부르크Mechthild von Magdeburg에서 보듯[38] 가끔, 적어도 감각적으로 육체에 분명히 접근하였다. 그러나 신성혼의 원상은 도처에 살아남았고, 특히 정신적으로 몰두하는 대상으로 남아 있다. 카니스트리스Canistris의 상징적인 그림[39]은 이런 원상이 병적 상태에서도 어떻게 대극 합일의 도구로서 이바지하는지 그 흥미로운 방식을 보여주고 있다. 그에 반해 중세에 완성된 연금술적 철학에서는 융합이 '해와 달의 융합'이라는 추상적인 이론 아래서 전적으로 신체의 영역으로 완수된다. 그럼에도 이 이론은 환상들을 의인화하는 데 풍부한 계기를 마련했다.

이러한 사정으로, 무의식을 다루는 현대의 심리학에서 원상이 남성-여성의 대극의 형태로 다시 드러날 때, 즉 남성적 의식과 여성적으로 인격화된 무의식으로 이해된다는 것은 충분히 이해할 만하다. 그러나 심리학적인 의식화에 의하여 그 상은 두드러지게 복잡해진다. 예전의 학문에서는 예외 없이 남성의 무의식만이 투사될 수 있는 영역이었던 반면, 새로운 심리학은 자율적인 여성 정신의 존재도 인정해야 했다. 그러나 여기서는 사정이 정반대다. 여성의 의식은 더 이상 아니마가 아니라 아니무스라고 불러야 할, 남성적으로 인격화된 무의식과 대립된다. 이러한 발견으로 융합의 문제도 더 복잡해졌다.

본래 이러한 원형의 삶은 바로 다산성을 위한 마술의 영역에서 일어난 것이어서 그것은 오랫동안 오로지 풍요의 목적을 지닌 생물학적 현상에 머물러 있었다. 그러나 일찍이 고대에서부터 이미 인간 행위의 상징적 의미가 발달해온 것 같다. 예를 들어 제례의식 행위로서의 신성혼의 실제적 실행은 비의가 되었을 뿐만 아니라, 심지어 단순한 추측이 되어버렸다.[40] 우리가 앞서 보았듯이 그노시스파도 생리학을 형이상학에 귀속시키려는 어렵고도 힘든 노력을 하였다. 교회에서는 신체 영역에서의 융합이 제거되었고, 자연철학에서는 융합이 추상적인 '사변theoria'이 되었다. 이러한 전개는 원형의 심적 과정으로의 점진적인 변환을 의미하는데, 이 과정을 이론적으로는 의식과 무의식의 결합이라고 할 수 있다.[41] 그러나 실제로는 그렇게 간단하지 않다. 왜냐하면 일반적으로 남성의 여성적 무의식은 여성적인 상대에게 투사되고, 여성의 남성적 무의식은 남성에게 투사되기 때문이다. 그러나 이러한 문제를 구명하는 것은 심리학적인 과제이지, 신화적인 자웅동체의 설명에는 더 이상 속하지 않는다.

d. 시작이자 마지막 존재로서의 어린이

파우스트는 죽은 뒤에 소년으로서 '천상의 지복한 소년 합창단'에 받아들여졌다. 괴테가 이 기이한 상상에서 왜 무덤의 사랑의 동자 신들을 고대 그리스의 매장과 관련된, 주로 남신에 관한 장면과 연관시킨 것인지 나로서는 잘 모르겠다. 그러나 그것이 불가능한 것 같지는 않다. 두건 모양의 모자가 달린 망토를 걸친 작은 사람의 형상은 감추어진 것, 즉 볼 수 없는 것, 죽은 자들의 수호신을 가리키는데, 이제 이 수호신은 어린이 같은 새로운 삶의 윤무 속에서 돌고래와 바다의 신들의 모습을 한 바다의 형상에 에워싸인 채 모습을 나타낸다. 바다는 즐겨 무의식의 상징, 모든 생명체의 어머니 상징이다. 어떤 경우에는 '어린이'가(예를 들어 헤르메스와 닥틸렌Daktylen의 경우처럼) 생산자의 상징으로서 남근과 밀접한 관계를 가지듯이, 새로워진 생식의 상징으로서 매장과 관련된 남근으로 나타난다.

따라서 '어린이'는 '신생아로 다시 탄생하게 된' 것이다. 그러므로 그것은 시작하는 존재일 뿐만 아니라 마감하는 존재이기도 하다. 시작하는 존재는 인간 존재 이전에 있었다는 의미이며, 마감하는 존재는 인간이 사라진 뒤에도 있을 것이라는 의미를 지닌다. 이는 심리학적으로 말하자면 어린이가 의식 이전과 의식 이후의 인간 존재를 상징한다는 뜻이다. 어린이의 의식 이전의 존재란 가장 초기의 무의식적 상태이며, 의식 이후의 존재란 유비를 통해 죽음을 초월한 하나의 예견이다. 이러한 표상에서 심혼의 심적 전체성의 포괄적인 존재가 표현된다. 전체성은 결코 의식의 범위에 머물지 않고 무의식의 특정할 수 없고 특정될 수도 없는 그런 넓이로까지 확장된 모든 것을 포괄한다. 전체성은 그래서 경험적으로 무한한 범위로 확장된다. 그것은 의식보다 더 오래되었고 더 새로우며 시간과 공간 속에서 의식을 포괄한다. 이러한 확인은 사변이 아니라 직접적인 심적 경험이다. 의식 과정은 무의식의 과정을 지속적으로 수반할 뿐만 아니라, 흔히 무의식의 과정에 의해 인도되고 촉진되며 중단된다. 심적인 삶은 아직 의식을 갖기 이전의 아기 속에 있었다. 어른조차도 지금 자기가 하는 일이 무슨 뜻인지 모르는 채 말하고 행한 다음에야 비로소 그 뜻을 알게 되는 경우가 있다. 그런데도 그는 마치 알고 있었던 것처럼 말하고 행동해왔던 것이다. 꿈은 우리의 의식의 견해를 넘어서는 것들을 계속 이야기하고 있다(그렇기 때문에 우리는 꿈을 노이로제 치료에 그토록 잘 이용할 수 있는 것이다). 우리는 미지의 원천으로부터 예감하고 지각한다. 불안·기분·의도·희망과 같은 것들은 원인 없이 우리에게 밀려온다. 이러한 구체적인 경험은 인간이 자기 자신을 충분히 알고 있지 못하다는 느낌, 자신이 예기치 못한 일을 겪게 될 것이라는 고통스러운 추측의 토대를 만들어준다.

원시인에게는 자기 자신이 수수께끼가 아니다. 인간에 대한 문제는 그때그때마다 인간이 보존하고 있는 최후의 것이다. 그러나 원시인은 의식 밖에 심혼적인 것을 그토록 많이 가지고 있어서 자신의 밖에서 발견되는 정신적인 것을 우리보다 훨씬 잘 알고 있다. 정신적인 세력들로 둘러싸여 보호되고 보존되기도 하고, 혹은 위협받거나 기만되는 의식은 인류의 원초적 경험이다. 그 원초적 경험은 인간 전체성을 표현하는 어린이 원형에 투사된다. 어린이는 버림받은 자, 내맡겨진 자이면서 동시에 신적인 힘을 가진 자이며, 보잘것없고 불확실한 시작이면서 영광스러운 결말이기도 하다. 인간 안에 내재한 '영원한 어린이'는 말로 표현할 수 없는 경험이며, 하나의 부적응, 불이익, 신적 특권, 그리고 궁극적 가치와 무가치를 동시에 하나의 인격에다 실현한 측량할 수 없는 존재에 해당한다.

4. 맺는말

　어린이 원형에 관한 충분한 자료의 증명이 없는 심리학적 논평은 단순한 소묘에 머무를 수밖에 없다는 것을 나는 알고 있다. 그러나 어린이 원형을 다루는 분야는 심리학에서도 미개척지이므로 우선 어린이 원형을 다루는 데 있어 가능한 범위를 설정하고 적어도 여러 가지 관점을 요약해서 기술하는 작업이 중요하다고 생각했다. 날카롭게 구분 짓는 것과 엄격한 개념 정의를 한다는 것은 여기서는 전혀 불가능하다. 왜냐하면 유동적인 상호 투과는 원형의 본질에 속하기 때문이다. 원형들은 그 경우마다 그저 비슷하게 옮겨 쓸 수 있을 뿐이다. 원형의 생생한 의미는 개별적인 표현보다는 총체적인 표현에서 더 분명해진다. 좀더 예리하게 이해하기 위한 모든 노력은 바로 파악할 수 없는 의미 핵의 빛을 꺼뜨리는 결과를 초래한다. 어떤 원형도 단순한 공식으로 드러낼 수는 없다. 원형은 결코 비울 수도 채울 수도 없는 하나의 그릇이다. 원형 그 자체는 단지 잠재적으로만 존재하는데, 원형이 어떤 질료로 형상화된다면, 그것은 더 이상 이전에 있었던 것이 아니다. 원형은 수천 년 동안 지속되면서도 항상 새로운 해석을 요구한다. 원형들은 무의식의 흔들림 없는 구성 요소들이지만 그 형상은 늘 변한다.

　개별적인 하나의 원형을 심혼의 살아 있는 의미 조직에서 끄집어내는 것은 거의 불가능하다. 하지만 이미 조직이 서로 얽혀 있음에도 불구하고 원형들은 직관적으로 이해할 수 있는 통일성을 이루고 있다. 심혼의 수많은 표현 중의 하나인 심리학은 원형 구조에서 파생된 표상과 개념으로 작업한다. 그리고 이에 따라 추상적인 신화를 창출한다. 심리학은 신화의 기본 요소가 '학문'을 이루는, 즉 신화의 고태적 언어를 현대적인, 아직 인식되지 않은 신화소로 번역하는 것이다. 이러한

'전망 없는' 활동은 현재 살아 있고 또한 지금까지 살아왔던 신화이므로 상응하는 인간의 기질을 만족시킨다. 신경증적 해리로 인해 심혼의 토대와 분리된 경우에는 치료적인 효과마저 있다.

우리는 '어린이' 원형을 자연 발생적이며 치료적으로 촉발된 개성화 과정에서 경험적으로 만난다. '어린이' 원형의 최초 형태는 대개 전적으로 무의식적이다. 이 경우 환자의 개인적인 유아성과의 동일시가 있다. 그런 다음 (치료의 영향으로) 점차로 '어린이'를 분리시키고 객관화시킨다. 즉 이전 단계와의 동일시를 해소시킨다. 이 작업은 환상 형성을 강화하면서 (때로는 기술적인 지지를 받아) 진행되는데 이때 고태적 즉 신화적 특징들이 점점 더 가시화된다. 그 다음의 변화 과정은 영웅 신화의 과정과 일치한다. 거기에는 일반적으로 위대한 행위의 주제가 결여되어 있다. 반면에 신화적 위협이 좀더 큰 역할을 한다. 대개 이 단계에서 다시 여러 가지 이유로 매력적인 영웅의 역할과 동일시하는 현상이 나타난다. 이러한 동일시는 매우 완강하게 지속되므로 심적 균형을 위해서는 우려할 만하다. 동일시의 해소에 성공하면 영웅의 상은 의식이 인간의 크기로 환원되면서 점차 자기의 상징에 이르기까지 분화된다.

주의할 것은 실제 현실에서 단순히 그러한 발달 과정을 아는 것이 문제가 아니라 변환을 체험하는 것이 중요하다는 사실이다. 개인의 유아성의 최초의 상태는 '버려지는' 즉 '오해된', 그리고 불손한 요구로 부당하게 다루어진 어린이의 상으로 나타난다. 두 번째의 영웅의 현현(두 번째 동일시)은 그에 상응하는 자아의 팽창으로 나타난다. 비교가 안 될 정도로 큰 요구는 자기가 무슨 특별한 존재라는 확신을 갖게 한다. 혹은 요구가 성취될 수 없게 되면 자신의 열등성이 증명되어 영웅적인 인내자(부정적 팽창)의 역할을 하기에 이른다. 그 대극성에도 불구하고 두 가지 형식은 같다. 왜냐하면 의식의 과대망상과 그것을 상쇄하려는 무의식적 열등감은 같은 것이고, 또 의식적인 열등감과 무의식적 과대망상증은 일치하기 때문이다(이 두 가지는 따로 분리해 생각할 수 없다). 다행스럽게도 두 번째 동일화의 암초를 돌아가게 된다면 의식의 사건은 무의식의 사건과 명확하게 분리될 수 있고, 그래서 무의식의 사건을 객관적으로 관찰할 수 있게 된다. 그렇게 됨으로써 무의식과의 대면이 가능해지고, 인식과 행위에서 의식적 요소와 무의식적 요소의 합성 가능성이 생겨난다. 이로써 인격의 중심이 나에서 다시금 자기로 옮겨가게 된다.[42]

여기서 논의된 버림받음, 정복할 수 없음, 자웅동체, 그리고 시작하는 존재이자 마감하는 존재라는 심리학의 주제는 체험과 인식에 의해 나눌 수 있는 범주로서 배열한 것이다.

번역: 이유경

민담에 나타난 정신 현상에 관하여

머리말

자연과학의 확고한 규칙은 학문적인 타당성을 설명할 수 있는 범위 안에서만 그 대상을 알고 있는 것으로 전제한다는 점이다. 그러나 이렇게 보면 타당한 것은 다만 사실들을 통해 증명될 수 있는 것들에 국한된다. 그 연구의 대상은 자연적 현상이다. **표명**表明은 심리학에서 가장 중요한 현상에 속하는데, 그 가운데서도 특히 형태와 내용상의 **발현**發現 양식이 중요하다. 정신Psyche의 본질을 고려한다면 아마 두 번째 측면이 더 중요한 의미를 지닐 것이다. 연구할 때 언제나 가장 먼저 제기되는 과제는 사건을 기술하고 정리하는 일이다. 그러고 나서 그 생생한 활동의 법칙성을 더욱 근본적으로 조사하게 된다. 자연과학에서 관찰된 것의 실체에 대한 물음은 외부에 아르키메데스의 점이 있는 한에서만 가능하다. 정신에서는 그러한 점이 외부에 없다. 왜냐하면 정신만이 정신을 관찰할 수 있기 때문이다. 따라서 정신의 실체에 관한 인식은, 적어도 현재 우리가 가진 수단으로는 불가능하다. 그렇다고 미래의 원자물리학이 우리에게 정신의 아르키메데스의 점을 제공해줄 가능성이 전혀 없다는 것은 아니다. 지금으로서는 우리의 매우 세련된 고안조차도 정신은 그러한 상태에 있다는 명제로 표현되는 정도 이상을 확인할 수 없다. 진지한 연구자라면 실체에 대한 물음 앞에서는 점잖게 혹은 겸연쩍어하면서 물러날 것이다. 여기서 심리학의 어쩔 수 없는, 또는 자의적인 제약을 독자에게 알리는 것이 불필요한 일이 아니라고 믿는다. 그것은 독자가 잘 파악하지 못하고 있는, 현대 심리학의 현상학적 관점을 이해할 수 있게 하기 위한 것이다. 이런 현상학적 관점은 있을 수 있는 모든 종류의 믿음, 신념 그리고 확신 있는 체험 들을 배제하지 않으며, 또한 그에 대한 있을 수 있는 타당성을 논박하지도 않는다. 개인의 삶이나 집단의 삶에서 그 의미가 그만큼 크더라도, 심리학에는 학문적으로 그 타당성을 증명할 모든 수단이 결여되어 있다. 우리는 이러한 과학의 무능을 한탄하고 불평할 수 있다. 그러나 그렇다고 자기 자신의 머리를 뛰어넘을 수는 없는 것이다.

a. '가이스트'라는 단어에 관하여

'가이스트Geist'(정신·심혼·혼 등으로 번역될 수 있음. 여기서는 원어 이외에 정신으로 번역하고 Psyche(정신)의 경우는 원어를 병기함)라는 독일어 단어는 너무나도 넓은 적용 범위를 가지고 있어서 그것이 무엇을 의미하는지를 모두 다 제시하자면 꽤 힘이 들 것이다. 우리는 물질에 대립하는 원리를 가이스트라고 한다. 이 말에서 우리는 비물질적 실체 혹은 존재를 떠올리는데 그것의 가장 높고 보편적인 단계는 '신'이라고 부르는 존재다. 또한 우리는 이러한 비물질적 실체를 정신 현상을 지탱하는 자, 심지어 삶을 지탱하는 자라고 상상한다. 이런 견해와 모순되는 것은 정신Geist과 자연의 대극이다. 여기서 정신이라는 개념은 초超자연적 혹은 반反자연적인 것으로 한정되어 영혼과 삶의 실체적인 관계를 상실했다. 스피노자가 가이스트를 "하나인 것의 실체의 속성"이라고 한 견해도 비슷한 제약을 의미한다. 더 나아가 물활론物活論, Hylozoismus은 가이스트를 질료들의 특성으로 여기기에 이른다.

일반적으로 널리 퍼져 있는 견해는 가이스트Geist를 보다 높은 활동 원리로, 제엘레Seele(영혼·심혼·마음 등으로 번역할 수 있음. 주로 심혼으로 사용함)를 더 낮은 활동 원리로 파악하는 관점이다. 반대로 어떤 연금술사들에게는 가이스트가 '영혼과 육체를 연결하는 끈'[1]에 해당되는데, 이때의 가이스트는 식물성의 정精(더 후에는 생명의 정 혹은 신경의 정)으로 여겨졌다. 가이스트와 제엘레란 본래 하나이자 같은 것이며 단지 자의적으로 나누어졌을 뿐이라는 견해도 마찬가지로 보편적이다. 심리학자 분트에게 가이스트는 "어떤 외적 존재와 아무런 관련도 고려될 수 없는 경우의 내면적 존재"[2]다. 다른 사람들에게 가이스트는 일종의 정신적 능력이나 기능 혹은 특성으로 한정된다. '심적인' 정서에 대립하는 사고 능력이나 이성과도 같다. 이들에게 가이스트는 의지, 기억, 환상, 조형 능력 그리고 이상적인 동기에 의하여 생겨난 성향들을 포함한 합리적 사고 내지 지성 현상의 총체를 의미한다. 가이스트에 관한 그 밖의 의미는 '재기발랄함'으로, 오성悟性의 다양하고 풍부한 내용을, 아이디어에 가득 찬, 뛰어난, 익살스런 그리고 느닷없이 놀라게 하는 정신활동을 말한다. 더 나아가 가이스트(정신)라는 말은 어떤 자세나 원리를 나타낸다. 예를 들면 '페스탈로치의 정신으로' 교육한다거나, "바이마르의 정신은 독일 불후의 유산이다"는 식이다. 특수한 경우는 시대정신으로, 이것은 집단적 성질의 어떤 견해나 판단 그리고 행동의 원리와 동기를 나타낸다. 그 밖에도 객관적인 정신이라는 것이 있는데, 우리는 이것을 인간의 문화 창조의, 특히 지성적이며 종교적인 성질의 총체적 목록으로 이해한다.

정신Geist을 자세라고 이해할 때 그것은 언어 관습이 보여주듯이, 분명히 의인화의 경향을 가지고 있다. 페스탈로치의 정신이라 할 때 구체적으로는 그의 혼, 즉 그의 상 혹은 그의 유령이라는 의미일 수 있다. 마찬가지로 바이마르의 정신들이라고 하면 괴테나 실러의 개인적인 혼들일 수 있다. 왜냐하면 정신은 아직도 유령, 즉 죽은 이의 영혼을 말하기 때문이다. '서늘한 혼령의 입김'은 한편으로는 프시케ψυχή가 프시크로스ψυχρός 및 프시카스ψῦχας와 동일한 계통임을 가리키는데 그 둘은 모두 '차갑다'는 뜻이다. 다른 한편으로는 '움직이는 공기'로 여겨지는 프네우마πναῦμα / πνεύμα의 근원적 의미를 가리키는데, 아니마, 아니무스가 아네모스ἄνεμος(바람)와 관련이 있는 것과 같다. 독일어 단어 '가이스트'는 들끓는 것, 거품 이는 것과 더 크게 관계한다. 그래서 한편으로는 거품, 발효, 기스트gheest와, 다른 한편으로는 정서적인 경악과의 친족성을 거부할 수 없다. 정동은 물론 태초부터 빙의〔사로잡힘〕상태로 파악되었다. 그리고 우리는 지금도, 예를 들어, 화가 난 사람에게 악마나 악귀에 사로잡혔다거나 괴롭힘을 당하고 있다거나 혹은 그것이 그 사람 속에 들어갔다고 한다.[3] 고대의 견해에 따르면, 죽은 이의 혼령과 영혼이 미풍이나 연기와 같은 미세 물질로 이루어졌듯, 연금술사에게도 또한 정精,Spiritus은 미묘한, 휘발성의, 활동성 있는, 생기를 주는 정수를 의미한다. 예를 들어 알코올도 정으로 이해되었고, 모든 비밀의 물질들 역시 정수로 간주되었다. 이 단계에서의 가이스트는 포도주의 정, 암모니아의 정, 개미산의 정 등이었다.

'가이스트'라는 말이 지닌 스물다섯 가지의 의미와 뉘앙스는 한편으로는 심리학자로 하여금 연구 대상의 개념적 한계를 긋기 어렵게 하지만, 다른 한편으로는 엄청나게 다양한 측면이 현상을 표현하는 생생한 상을 중재하기 때문에, 연구 대상을 기술하는 과제를 쉽게 해결할 수 있게 한다. 요컨대 가이스트는 기능적 콤플렉스인데, 그것은 원래 원시 단계에서는 보이지 않는, 입김과 같은 현존이라고 지각된 것이다. 윌리엄 제임스는 자신의 저서 『종교 체험의 다양성』에서 그러한 원초적 현상을 생생하게 그려냈다. 잘 알려진 예로는 오순절 기적의 바람이 있다. 원시인의 경험에서는 유령 혹은 귀령이라고 하는, 보이지 않는 현존의 의인화가 분명히 나타난다. 죽은 자의 영혼이나 혼령은 산 사람의 정신활동과도 같다. 즉 그것들은 정신적 활동을 계속한다. 이 때문에 심리die Psyche와 가이스트Geist라는 견해가 생겨났던 것이다. 그러므로 어떤 정신적인 것이 개체에서 일어나서 그것이 자신에게 속하는 것으로 느껴지면 그것을 바로 자신의 가이스트로 여긴다. 그러나 그에게 일어나는 정신적인 것이 낯선 것으로 느껴지면, 그것을 어쩌면 빙의 상태를 유발하는 어떤 다른 가이스트로 여긴다. 전자의 경우에 혼령은 주관적인 태도에 해당하고, 후자의 경우에는 공공의 의견, 즉 시대정신 혹은 근원적인, 아직 인간적 성향도 유인원적인 성향도 아닌 것에 해당하는데 이것을 무의식이라 부른다.

   가이스트는 본래의 바람의 성질에 걸맞게 언제나 활발하고, 날개 돋친, 활기를 주고, 고무적이고, 자극적이고, 불을 지피고, 영감을 불어넣는 존재와 같다. 현대적으로 표현하자면, 정신Geist은 역동적인 것이다. 그래서 그것은 물질의 대극, 즉 물질의 정체성, 완만함, 비활성에 전형적으로 대립하는 것으로 설명된다. 그것은 결국 삶과 죽음의 대극이다. 이런 대극에 대한 후대의 구분은 정신과 자연이라는 특이한 대립적 입장에 귀착된다. 정신이 본질적으로 활력을 지닌 것이면서 활력을 주는 것이기 때문에, 우리는 자연을 비활력적이라거나 죽은 것으로 여길 수 없다. 그런 생각은 아마 정신에 대한 (기독교적인) 전제에서 나온 생각일 것이다. 이런 전제 아래서는 정신의 삶이 자연의 삶보다 너무도 우월하여 자연은 정신에게 마치 죽음처럼 행동하는 것이다.

정신에 관한 견해의 이러한 특수한 발전은 정신의 보이지 않는 현존이 하나의 심리 현상, 즉 고유의 정신이라고 하는 인식, 그리고 이런 것이 생명의 끓어오름뿐만 아니라, 내용적 형성물로도 이루어진다고 하는 인식에서 또한 기인한다. 전자에서는 내적 시야를 충족시키는 모상이나 전형이 전면에 등장한다. 후자에서 그것은 상의 세계를 정돈하는 사유와 이성 들이다. 그래서 초超정신Übergeist이 근원적이고 자연적인 생명의 정신을 대신하고, 심지어는 그것을 단순히 어떤 자연적인 것에 대극적인 것으로 설정한다. 이 초정신은 초자연적이며 초세계적이면서 우주적인 질서의 원리가 되어버렸다. 그래서 그런 것으로서의 초월적 정신에 '신'이라는 표현이 주어졌거나 혹은 (스피노자에서처럼) 최소한 하나의 실체의 속성, 혹은 (기독교에서처럼) 한 신성한 인물로 되었다.

정신에 관한 견해 중 위와는 반대되는 물활론적 방향, 즉 더 큰 것에서 작은 것으로 향하는 발전은 유물론의 반기독교적 징조 아래에서 이루어졌다. 이렇게 개념상의 퇴행이 일어나게 된 전제는 심리 기능과 정신을 절대적으로 확신할 정도로 동일시한 데 있으며, 뇌와 그 대사에 대한 그 기능들의 의존성이 점점 더 분명해진 데 있다. 우리는 영양 공급과 환경에 무조건 의존하며, 그 최고의 형태가 지성 혹은 오성인 정신의 개념을 만들어내기 위하여 '하나의 실체'에 그저 또 하나의 이름을 부여하였고 그것을 '물질'이라고 불러야 했던 것이다. 그 때문에 원래 입김과 같은 존재는 완전히 인체생리학의 영역에 들어가버린 듯했다. 그리하여 클라게스 같은 이가 '제엘레Seele의 적대자인 가이스트Geist'를 비난할 수 있었던 것이다. 정신이 질료의 부자연스러운 속성으로 타락해버린 뒤 정신의 원초적 자발성은 정신이 물질이라고 하는 후자의 개념으로 물러나버렸다. 그러나 어디엔가 그 '기계로부터 나온 신'(절박한 상황에서 해결을 고안해내는 인물, 전지전능자)의 정신에 특유한 성질이 보존되어 있어야 했다. 만약 그것이 가이스트에 보존되어 있지 않다면, 정신(가이스트)의 동의어인 심혼(제엘레), 즉 갖가지 색으로 반짝이는,[4] 나비 같은 입김의 존재(아니마, 프시케)에라도 보존되어 있어야 했다.

비록 정신에 대한 유물론적 견해가 모든 곳에 만연하지는 않았지만 그래도 그 개념은 종교의 영역 밖, 의식 현상의 영역에 머물러 있었다. '주관적 정신'으로서의 가이스트가 단지 내면정신적인 현상의 명칭이 되었다면, '객관적 정신'은 보편정신이나 신성을 의미하기보다는 우리의 인간 사회제도와 도서관의 내용을 이루는 지성적 문화재 전체를 의미하는 것이었다. 정신은 거의 모든 영역에서 그의 근원적인 실체인 자율성과 자발성을 상실하고 말았다. 그 유일한 예외는 종교의 영역인데, 여기서는 그 원초적 성격이 최소한 원칙적으로는 보존하고 있다.

이 요약문에서는 직접 심리 현상에 나타나는 본체를 기술하고 있다. 이는 순진한 견지에서 정신의 존재를 인과적으로 신체적 영향에서 기인한다고 보는, 또 다른 심리주의와는 대립된다. 신체적 조건에 대한, 정신과 본체의 관계는 그렇게 무조건 분명한 것이 아니다. 그래서 정신 현상은 비물질성으로 간주되며 그 정도는 좁은 의미의 심적 현상에서보다 훨씬 높다. 후자, 즉 심적 현상은 신체에 대한 일종의 의존성을 지닐 뿐만 아니라, 그 자체가 어느 정도의 질료성을 갖고 있는 것으로 생각되었다. 이는 미묘체subtle body의 관념과 귀령에 관한 중국의 관점에서 제시된 것과 같다. 아직 심리적인 상태로 있는 어떤 심리 과정과 신체적인 현상이 병행하여 내적으로 결합되어 있는 경우에 심혼적인 것을 전적으로 비물질성이라고 생각하기는 쉽지 않다. 그러나 이와는 반대로 모두들 정신은 비물질성이라고 주장한다. 물론 그 경우에 정신의 고유한 실체성을 모두가 인정하고 있지는 않다. 그러나 오늘날에는 30년 전에 비해 전혀 다르게 보이는 가설적인 물질만이 실재하고, 정신은 왜 그렇지 않은지 이해하기 어렵다. 비물질성이라는 개념 자체는 현실성이라는 개념을 결코 배제하지 않는데도 불구하고, 전문가가 아닌 사람들은 늘 실재성을 물질성에 결부시킨다. 정신과 물질은 그 자체로 초월적인 존재의 형식이라 할 수 있다. 예를 들어 탄트라주의자 Tantristen들 역시 강력한 정당성을 가지고 질료가 다름 아닌 신의 생각들을 확실하게 구체화한 것에 불과하다고 주장한다. 유일하고 직접적인 현실은 의식 내용의 정신적인 현실이다. 그것은 어느 정도 정신적 혹은 물질적으로 유래한다고 되어 있다.[5]

심혼적 실체의 특성은, 첫째로 자발적인 운동 및 활동 원리이고, 둘째로 감관의 지각 너머의 자유로운 상들을 생산하는 성질이며, 셋째로 상들의 자율적이고 독립적인 조작이다. 이 실체가 원시인들에게는 외부에 있다. 그러나 차차 발전해감에 따라 인간 의식의 영역 속으로 들어오게 되고 의식에 종속된 하나의 기능이 된다. 이로써 자율이라는 그 본래의 특성은 상실된 것처럼 보인다. 자율성은 단지 보수적인 견해들, 즉 종교에 의하여 견지되고 있을 뿐이다. 인간 의식 영역으로의 정신의 하강은 피시스(생리, φύσις)의 포로가 된 신적 누스(이성, νοῦς)의 신화로 표현된다. 수천 년이 넘도록 전개된 이러한 하강 과정은 피할 수 없는 숙명적인 일인 것이다. 만약 종교가 그러한 진행을 저지할 수 있다고 믿었더라면 이런 불가피성에 대립하여 상실된 그 자리에 종교가 있었을 것이다. 그러나 제대로 조언을 받아들인 종교라면, 사물의 진행을 저지하는 것이 종교의 과제가 아님을 알 것이다. 오히려 종교의 과제는 심혼Seele의 치명적인 손상 없이 그러한 과정이 진행될 수 있도록 하는 데 있다. 따라서 종교는 인간이 무엇을 자신의 영역으로 끌어들이며 무엇으로 의식을 채우는지를 잊지 않도록 하기 위하여 계속해서 정신의 근원과 그 근원적 성격을 기억시켜야 한다. 물론 인간이 스스로 정신을 창조한 것은 아니다. 오히려 정신이 인간으로 하여금 창조하게 한다. 즉 정신이 인간에게 추진력을 주고, 즐거운 착상, 끈기, 열광과 영감을 제공한다. 그러나 정신은 인간 자신이 정신의 창조자이며 그가 그것을 가지고 있다고 믿게 할 정도로 강력하고도 유혹적으로 인간의 본질 속으로 파고든다. 그러나 실제로는 정신의 원초적 현상이 인간을 소유하고 있다. 그것은 마치 물질세계가 겉보기에는 인간의 의도에 따르는 고분고분한 대상으로 보이지만 사실은 인간의 자유를 수천의 사슬로 묶는 강박적 관념인 것과 같다. 정신은 철없는 사람의 마음을 팽창시키도록 위협하는데, 우리 시대는 이에 대한 가장 교훈적인 실례들을 제공했다. 외적인 대상에 관심이 묶여 있을수록, 그리고 필요한 균형을 이루기 위해 자연에 대한 우리의 관계를 정신에 대한 관계와 함께 분화시켜야 한다는 사실을 망각할수록, 그 위험은 더욱 커진다. 외적인 대상에 내적인 대상이 대면해 있지 않다면, 허황한 자기 과시나 자율적인 인격의 소멸을 동반하는, 통제할 길 없는 유물론이 등장하는데 그것은 어쨌든 전체주의적 군중 국가의 이상인 것이다.

지금까지의 이야기에서 알 수 있듯이, 정신에 대한 현대의 일반적인 개념은 기독교적 관점과는 잘 맞지 않는다. 특히 기독교에서 정신을 최고의 선, 즉 신 자체로 파악하는 한 그러하다. 물론 기독교에도 악한 가이스트라는 개념이 있다. 그러나 그것으로도 현대의 정신 개념을 충족시킬 수는 없다. 정신의 개념은 반드시 악한 것이 아니기 때문이다.

오히려 그 개념은 도덕적으로 무관심하거나 중립적이라고 불려야 하는 것이다. 성서에서 "신은 정신(성령)이다"라고 할 경우, 그것은 어떤 실체에 대한 정의나 자격 조건처럼 들린다. 그러므로 마귀에게도, 그것이 비록 악하고 타락한 것이지만, 정신적인 실체의 특이성이 똑같이 부여되고 있다는 인상을 준다. 실체의 근원적인 동일성은 하늘에서 추락한 천사라는 관념에 표현되며, 마찬가지로 『구약성서』에서 야훼와 사탄의 밀접한 관계로도 표현된다. 이러한 원시적인 관계가 후대에 남긴 영향은 "저희를 유혹에 빠지지 않게 하시고"라는 주기도문의 부분일 것이다. 이것이야말로 **유혹자**, 즉 마귀 자신의 고유한 임무이다.

이제 우리는 지금까지 고찰해오는 동안에 전혀 제기하지 않았던 문제를 다루어야겠다. 지금까지 우리는 '정신'(가이스트)이라고 하는 요인의 정신적인 발현 방식에 관한 나름대로의 견해를 갖기 위해서 인간의 의식과 그 숙고에서 생겨난 문화사적이고 관례적인 견해들을 끌어 모아 살펴보았다. 그러나 우리는 정신이 근원적이며, 또한 심리적으로 의심할 바 없는 자율성[6]으로 자기 자신을 현시할 수 있는 위치에 있다는 점을 살펴보지 않았다.

b. 꿈에 나타난 정신의 자기 표현

정신이라고 하는 심리 현상이 원형적 성질을 가리키고 있음은 말할 것도 없다. 다시 말해, 사람들이 정신이라고 부르는 현상은, 의식 이전에 인간 심리의 성향 속에 보편적으로 존재하는 자율적인 원상들 Urbilder에서 유래한다는 사실이다. 다른 많은 경우에서와 마찬가지로 나는 이 문제를 환자들에게서, 특히 그들의 꿈의 연구에서 만났다. 무엇보다도 눈에 띈 것은 부성 콤플렉스의 어떤 것들이 '정신적geistig' 특성을 가진다는 사실이었다. 즉 아버지의 상에서 '정신적'이라는 속성을 거의 부인할 수 없는 표명·행동·성향·충동·의견 등이 나오는 것이다. 긍정적인 부성 콤플렉스는 남성에게는 권위에 대한 일종의 신봉과 모든 정신적 규약과 가치에 대한 철저한 복종 태세를 갖도록 하는 경우가 드물지 않고, 여성에게는 활발한 정신적 포부와 관심을 갖도록 한다. 꿈에서는 결정적인 확신, 금지와 충고 들이 부성상에서 나온다. 그 원천의 비가시성은, 결정적인 판단을 내리는 것은 오직 어떤 권위적인 목소리로 이루어진다는 점으로 강조된다.[7] 그러므로 '정신'의 요소를 상징하는 것은 대개 노인의 형상이다. 때로는 이 역할을 하는 것이 '실제의' 혼, 즉 죽은 사람의 넋이다. 좀 드물지만, 기괴한 난쟁이 같은 형상이나, 말도 하고 유식한 동물들이 '정신'을 의미하기도 한다. 난쟁이 형태는 적어도 내 경험에 의하면 주로 여성들에게서 발견된다. 그러므로 바를라흐Ernst Barlach가 그의 작품 「죽음의 날Toten Tag」에서 마치 베스Bes가 카르나크karnak에 귀속되는 것처럼 모성신 어머니에게 '엉덩이 수염'이라고 하는 난쟁이 같은 인물을 귀속시킨 것은 합당하다고 여겨진다. 가이스트는 남성과 여성 모두에게 소년이나 청년의 형상으로 나타날 수 있다. 여성에게서의 이런 모습은 이른바 '긍정적인' 아니무스에 해당하며 의식적인 정신적 작업 능력을 암시한다. 남성에게서의 이런 현상은 그리 뚜렷하지 않다. 그것은 긍정적일 수 있으며, 연금술사들이 파악한 것처럼[8] '보다 높은' 인격, 즉 자기Selbst 또는 왕의 아들이라는 의미를 가진다. 그러나 그것은 또한 부정적일 수도 있어서 유아적인 그림자[9]를 의미하기도 한다. 이 두 가지 경우에서 소년은 일종의 정신을 나타낸다.[10] 노인과 소년은 짝을 이룬다. 이러한 쌍은 또한 연금술에서의 메르쿠리우스의 상징으로서 주목할 만한 역할을 한다.

꿈속의 정신의 형상들이 도덕적으로 백 퍼센트 선하다고 확신 있게 말할 수는 없다. 흔히 그 형상들은 이중의미의 온갖 징후뿐만 아니라 음흉함의 징조를 띤다. 그러나 심혼Seele의 무의식적인 삶을 만들어가는 보이지 않는 원대한 계획은 우리의 통찰과는 너무나 먼 곳에 있으므로 우리는 에난치오드로미(대극의 반전)를 통하여 선한 것을 끌어오기 위해서 어떤 악함이 필수적인지, 어떤 선한 것이 악으로 끌려가게 될지는 결코 알 수 없다는 사실을 강조하고 싶다. "영혼들을 조사해보라"[11]고 말한 요한의 권고는 종종 최상의 결의라 하더라도 결국 어떻게 일의 결말이 이루어질지 조심스럽고도 참을성 있게, 신중하게 기다리라는 뜻일 것이다.

노현자老賢者의 형상은 꿈뿐만 아니라, 명상 중의 환영(또는 '적극적 명상')에서도 생생하게 나타나서 인도에서는 가끔 일종의 구루Guru(힌두교의 종교적 스승이며 도사)의 역할을 위임할 정도다.[12] '노현자'는 꿈에서 마법사·의사·사제·교사·교수·할아버지 또는 어떤 권위를 가진 특정한 인물로 나타난다. 인간이나 난쟁이 또는 동물의 형상으로 나타나는 심혼의 원형은 통찰, 이해, 좋은 충고, 결정, 계획 등이 필요한데도 자신이 가진 방법으로는 그것을 할 수 없는, 그런 상황에서 등장한다. 원형은 이러한 정신적인 결핍 상태를 보상하며 그 빈 틈을 메운다. 그 좋은 예로 흰 마법사와 검은 마법사에 관한 꿈이 있는데 그것은 한 젊은 신학도의 정신적인 어려움을 보상하는 길을 찾고 있다. 꿈을 꾼 사람에 대해서는 아는 바가 없으므로 나의 개인적인 영향은 배제되었다. 그 꿈은 다음과 같다.

그는 숭고한 사제 모습을 한 사람 앞에 서 있다고 한다. 그는 길고 검은 옷을 입고 있었지만, '흰 마법사'로 불렸다. 그 마법사는 "그래서 우리는 이를 위해 검은 마법사의 도움이 필요하다" 라는 말로 조금 긴 연설을 마무리했다. 그 순간 문이 열리면서 비슷하게 생긴 노인이 안으로 들어왔다. 그는 하얀 옷을 입은 '검은 마법사'였다. 그 역시 잘생기고 숭고한 모습이었다. 검은 마법사는 분명 흰 마법사에게 말을 건네려 했지만, 꿈꾸는 사람이 그 자리에 있어서 주저했다. 그때 흰 마법사가 꿈꾸는 사람을 손가락으로 가리키며 검은 마법사에게 "말해도 좋소. 그는 죄 없는 사람이오"라고 했다. 그러자 검은 마법사는 그가 잃어버린 천국의 열쇠를 어떻게 발견했는지, 그렇지만 그것을 어떻게 사용하는지는 모른다는 기이한 이야기를 하기 시작했다. 그는 열쇠의 비밀에 대한 설명을 듣기 위해 흰 마법사에게 왔다고 하였다. 그는 흰 마법사에게 다음과 같은 이야기를 들려주었다. 그가 살았던 나라의 왕은 자신에게 적합한 묘석墓石을 구하고 있었다. 우연히도 그의 신하들이 한 처녀의 시신이 담겨 있는 낡은 석관을 파냈다. 왕은 그 석관을 열어 유골을 내다 버리고, 나중에 쓰기 위해 그 석관을 다시 묻었다. 그러나 유골이 햇빛에 노출되자마자 한때 속했던 그 존재—즉 처녀—가 한 마리의 검은 말로 변해서 황야로 달아났다. 검은 마법사는 황야를 두루 다니며 그 말을 추적했다. 그리고 거기서 그는 삶의 우여곡절을 겪은 끝에 잃어버린 천국의 열쇠를 찾았다.

이것으로 그의 이야기는 끝났고, 안타깝게도 그 꿈 역시 끝났다.[13] 물론 여기서 꿈의 보상은 그 꿈을 꾼 사람에게 바람직한 것이 주어지는 식으로는 일어나지 않았다. 내가 이미 위에서 지적했듯이 꿈꾼 사람은 삶이 몇 번이고 되풀이해서 우리에게 가져다주는 문제, 말하자면 도덕적 평가의 불확실성, 선악의 혼란스러운 상호 작용, 죄와 고통 그리고 속죄라는 운명적 연결에 직면하게 되었다. 종교적인 원초적 체험에 이르는 이와 같은 길은 옳은 것이다. 그러나 몇 사람이나 이러한 길을 인식할 수 있는가? 그것은 낮은 음성이고 그리고 그 음성은 아득히 먼 곳에서 울린다. 그것은 애매하고 의심스러우며 희미하다. 그것은 위험과 모험을 의미한다. 그것은 확실하지도 않고 허락받지도 못한 채 오로지 신의 의지에 의해 갈 수밖에 없는 불확실한 오솔길이다.

c. 민담 속의 정신

나는 독자들에게 기꺼이 현대인의 꿈 재료를 공개하고 싶다. 그러나 꿈이 지닌 개인적 특수성을 존중하며 꿈을 서술해야 하고, 그 높은 요구를 채우자면 많이 써야 하는데 할애할 지면도 부족할 것이라 염려되었다. 그래서 차라리 민담으로 방향을 돌렸다. 여기에는 우리가 어느 정도 일회적인 개인적 조건들을 고려할 필요 없이, 개별적인 사례보고식 대면과 혼란에서 해방되어 정신의 모티프에 관한 변이를 관찰할 수 있다. 꿈에서처럼 신화와 민담에서도 심혼Seele은 자신에 관하여 스스로 진술하고 있으며, 원형들은 그들의 자연스런 상호 작용 속에서 '형상 만들기, 형상 바꾸기, 영원한 의미의 영원한 유지'로 나타난다.[14]

민담에서 가이스트의 유형이 노인으로 나타날 빈도는 꿈에서 나타나는 빈도와 대체로 비슷하다.[15] 노인은 주인공이 절망적인 상황에 처해 있을 때, 철저한 숙고나 운 좋게 떠오른 생각들, 즉 '정신적' 기능이나 또는 정신 내적 자동장치가 주인공을 구할 수 있을 경우 언제나 등장한다. 그러나 주인공이 내적·외적인 이유로 해서 이러한 일을 스스로 완수할 수 없기 때문에 그 결핍을 보상하면서 이에 필요한 인식이 의인화된 사고의 형태로, 바로 조언과 도움을 주는 노인의 모습으로 등장하는 것이다. 예를 들어 에스토니아의 한 민담[16]에서는 학대받는 고아 소년이 가축을 돌보다 암소 한 마리가 달아나자 처벌이 두려워서 집으로 돌아가지 않고 자신을 운명에 맡긴 채 덮어놓고 달아나는 과정이 이야기되고 있다. 그 고아 소년은 아무런 탈출구도 보이지 않는 절망적인 상황에 처하게 되어 기진맥진하여 깊은 잠에 빠졌다. 깨어났을 때, 자신의 입 속에 뭔가 액체 같은 것이 들어 있었던 것처럼 느꼈다. 그는 회색의 긴 수염을 가진 자그마하고 나이 든 노인이 자기 앞에 서 있는 것을 보았는데, 그 남자는 이제 막 우유병의 마개를 막으려던 참이었다. "마실 것을 더 주세요!" 소년은 빌었다. "오늘은 이것으로 충분해. 만일 내가 우연히 이리로 오지 않았더라면, 너는 분명 죽었을 거야. 너를 발견했을 때, 너는 이미 반쯤 죽은 상태였거든." 하고 노인은 대답했다. 노인은 소년이 누구이며 어디로 가려 하는지 물었다. 소년은 전날 저녁의 매질에 이르기까지 자기가 겪은 기억할 수 있는 체험을 모두 이야기했다. 이때 노인은 이렇게 말했다. "얘야! 너는 지하의 관속에 사랑하는 보호자와 위로자를 둔 수많은 아이들보다도 더 힘들게 지냈구나. 일단 집을 떠났으니까 더 이상 되돌아갈 수 없겠지. 이 세상에서 새로운 행복을 찾아야겠구나. 집도 처자식도 없기 때문에, 나 역시 너를 계속 돌봐줄 수 없어. 그러나 네게 공짜로 한 가지 좋은 충고를 해주마."

　여기까지는 이 이야기의 주인공인 소년도 생각해낼 수 있는 것을 노인이 알려준 셈이다. 흥분된 감정이 이끄는 대로 덮어놓고 달아날 경우라도, 적어도 식량이 필요하다는 점을 소년은 생각했어야 했다. 그러고 나서 그 순간에 자신의 처지에 대해서 숙고하는 것도 역시 필요했을 것이다. 이때 가장 이른 과거에 이르기까지의 자신의 삶 전체의 역사가 어떻게 지나가는지 머리에 떠올릴 것이다. 그러한 과거에 대한 회상에서 중요한 것은 하나의 합목적적인 과정이다. 그 목표는 모든 정신적·신체적 힘을 자극하는 위기의 순간에, 전체의 인격과 그의 자산을, 말하자면 다 모아서 이 하나로 합친 힘으로 미래의 문을 밀쳐 열게 하려는 데 있다. 이럴 때 어느 누구도 그를 돕지 못할 것이며 전적으로 자기 자신에 의지해야 할 것이다. 뒤로 물러난다는 것은 더 이상 있을 수 없다. 이러한 통찰은 그의 행위에 필요한 단호함을 제공한다. 노인은 소년에게 이런 사실의 실현을 일깨워주면서 소년이 스스로 생각해야 할 수고를 떠맡는다. 노인 자신이 바로 합목적적인 숙고이자, 도덕적이고 신체적인 힘에 대한 집중이다. 그것은 의식적인 사고가 아직, 또는 더 이상 가능하지 않은 곳인 의식 밖의 정신의 장場에서 자발적으로 일어난다. 정신력의 집중과 긴장에는 늘 마법과 같은 것이 들어 있다. 즉 이러한 힘들은 예상치 못한 추진력을 발휘하여 의식적인 의지 능력을 몇 배나 능가하는 것이다. 이러한 사실은 실험적으로, 특히 인위적인 집중 상태, 즉 최면 상태에서 관찰될 수 있다. 나는 나의 강좌에서 정기적으로, 연약한 체격의 히스테리성 여자 환자를 한쪽 의자에 뒷머리를, 다른 쪽 의자에 발꿈치를 놓고 널빤지처럼 몸을 펴 약 일 분간 최면의 깊은 수면 상태로 누워 있게 하곤 했다. 그 히스테리 여성의 맥박은 점차적으로 올라 90에 이르렀다. 학생들 중 힘 있는 체조 선수 하나는 이러한 실험을 의식적인 의지적 집중으로 따라 하려 했으나 실패했다. 그는 곧 120의 맥박이 되어 고꾸라졌다.

그 영리한 노인이 소년의 마음을 추스르게 했을 때, 훌륭한 충고의 효력이 발휘되기 시작했다. 즉 소년의 상황은 이제 더 이상 절망적이지 않게 된 것이다. 그는 소년에게 계속해서 여행을 할 것을 충고한다. 계속 동쪽으로 가면 7년 후에는 커다란 산에 이르게 되는데, 이 산은 소년의 행운을 뜻한다는 것이다.[17] 크고 솟아오른 산은 성숙한 인격을 암시한다.[18] 그 집약된 힘으로부터 확신이 커지고 그럼으로써 성공에 대한 최상의 보장이 생겨난다. 그리하여 그에게는 더 이상 부족한 것이 없게 된다. "나의 빵자루와 우유통을 집어라. 그 속에서 너는 매일 필요한 만큼의 음식과 마실 것을 발견할 것이다"라고 노인은 말했다. 또 노인은 물을 건너야 할 경우에 배로 변할 수 있는 우엉잎 하나를 주었다.

민담 속 노인은 흔히 누가, 왜, 어디서 그리고 어디로라는 질문을 함으로써,[19] 자기성찰과 도덕적인 힘을 축적하여 실행에 옮기게 하는 것이다. 그리고 번번이 그는 필요한 마법의 도구를 빌려주는데,[20] 이는 선과 악 속에 하나가 된 인격의 특이성을 나타내는, 기대하지도 않았고 있다고도 여기지 않았던 성취 능력을 빌려주는 것이다. 그러나 마찬가지로 없어서는 안 될 것은 또한 노인의 간섭, 즉 원형의 자발적인 객관화일 것이다. 왜냐하면 의식적 의지만으로는 비상한 결과적 효과에 도달할 정도로 인격을 합일시키지 못하기 때문이다. 그렇게 되려면 민담에서뿐만 아니라 삶에서도 원형의 객관적 개입이 반드시 필요하다. 원형은 단순히 정감적이기만 한 반응을 내적인 대결 및 실현 과정의 사슬로 멈추게 한다. 이런 과정들은 누가, 어디서, 어떻게, 무엇 때문에를 명백히 밝힘으로써 현재의 처지와 목적에 대해 인식하게 할 수 있다. 이렇게 해서 생긴 운명의 실뭉치를 풀고 해명하는 일은 마술성을 띠는 경우가 많고, 정신치료자에게는 알려진 경험이다.

신중히 생각하게 하는 노인의 성향은 우선 "그 사이에 잠을 자두도록 하라"는 권유의 형식으로 나타난다. 그리하여 실종된 오빠들을 찾고 있는 소녀에게 그는 이렇게 말한다. "자리에 들려무나. 아침에는 저녁보다 더 현명해진단다."[21] 그는 또한 곤경에 빠진 주인공의 암울한 처지를 꿰뚫어보거나, 적어도 주인공을 계속 도와줄 정보를 마련할 줄 안다. 그런 목적으로 동물들, 특히 새들의 도움을 기꺼이 받아들인다. 하늘 위의 왕국으로 가는 길을 찾고 있는 왕자에게 은자隱者는 말한다. "나는 이곳에서 300년간 줄곧 살았지만 어느 누구도 나에게 하늘 위의 왕국을 물어보지 않았네. 나는 너에게 그것을 말해주지 못하지만, 이 집 다른 위층에 온갖 종류의 새들이 살고 있는데, 그들은 말해줄 수 있네."[22] 노인은 어떤 길이 목적지로 인도하는지를 알고 있어서, 그것을 주인공에게 가르쳐준다.[23] 그는 다가올 위험을 경고하고 이러한 위험에 효과적으로 대처할 수 있는 수단도 제공한다. 예를 들어 그는 은빛 물을 떠가려고 하는 소년에게, 눈을 뜬 채 잠자거나 눈을 감고 있지만 깨어 있는 속임수를 지닌 사자 한 마리가 샘물을 지키고 있다는 사실을 가르쳐준다.[24] 혹은 마법의 샘에서 왕을 위한 물약을 가져오기 위해 그곳에 가려 하는 소년에게, 샘에 오는 모든 사람들에게 올가미를 던지는 마녀들이 숨어 있기 때문에 그 물을 재빨리 긷도록 충고한다.[25] 그는 이리로 변한 연인을 찾고 있는 공주로 하여금 불을 지펴서 타르로 채운 냄비를 올려놓도록 한다. 그리고 나서 공주는 그녀가 좋아하는 흰 백합을 끓는 타르 속에 던져야 한다. 이리가 왔을 때, 그 냄비를 머리 위에 덮어씌우도록 일렀는데, 이로써 그녀의 연인은 마법에서 풀려난다.[26] 경우에 따라서 노인은 막내 왕자에 관한 캅카스 민담에서 보이는 것처럼 비판적 판단이 두드러진다는 특성을 보인다. 막내 왕자는 영토를 물려받기 위해서 부왕에게 완벽한 교회를 지어주고 싶어 한다. 왕자가 교회를 짓는데 누구도 거기에서 결함을 발견할 수 없었다. 그러나 한 노인이 나타나서 말한다. "아, 사람들이 이렇게 아름다운 교회를 짓다니! 그런데 애석하구나, 기초 벽이 약간 비틀렸는걸!" 왕자는 그 교회를 허물게 하고 새로 교회를 지었다. 그러나 여기서도 노인은 결함을 찾아냈다. 그렇게 하기를 세 차례에 이르렀다.[27]

노인은 한편으로는 지식, 인식, 숙고, 지혜, 영리함과 직관을, 다른 한편으로는 호의와 협조와 같은 도덕적 특성을 나타낸다. 그로써 그의 '정신적' 성격이 충분히 드러난다. 원형은 무의식의 자율적인 내용이기 때문에, 원형들을 구체화하는 민담은 그 속에서 노인을 꿈에 등장시킬 수 있다. 그것도 현대인의 꿈에 나타나는 것과 같은 식으로 일어난다. 발칸의 한 민담에서 노인은 다급한 상황에 처한 주인공의 꿈에 나타나서 어떻게 하면 그에게 부과된 불가능한 과제를 수행할 수 있는지에 대한 유익한 충고를 한다.[28] 노인이 무의식과 관계한다는 사실은 러시아의 한 민담에서 노인을 '숲의 왕'이라고 부르는 사실로 미루어 볼 때 분명하다.[29] 농부가 피곤해서 나무 그루터기에 앉아 있을 때, 자그맣고 늙은 남자가 거기서 기어나왔다. "그는 온통 주름투성이고 녹색 수염은 무릎까지 내려왔다." "'도대체 너는 누구냐?' 농부가 물었다. '나는 숲의 왕 오크Och다'라고 자그마한 남자가 말했다. 농부는 그에게 행실 나쁜 아들을 일꾼으로 맡겼다. 그런데 숲의 왕은 그 아들과 함께 집을 떠나 지하의 다른 세상, 녹색의 오두막으로 데려갔다. … 그런데 그 오두막의 모든 것은 녹색이었다. 벽도 의자도 녹색이었고 오크의 아내와 아이들도 녹색이었다. 요컨대 모든 게 다 녹색이었다. 그리고 그의 옆에서 시중 들고 있던 물 긷는 어린 소녀들도 헨루다라는 식물처럼 녹색이었다. 심지어 음식까지도 녹색이었다." 여기서 숲의 왕은 한편으로는 숲을 지배하고 다른 한편으로는—요정을 통해서—물의 세계와 관계 있는 식물의 신령 혹은 나무의 신령으로 묘사된다. 숲과 물로 표현되는 한 그가 무의식에 속한다는 것을 분명히 알 수 있다.

마찬가지로 노인이 난쟁이로 나타나는 것도 노인이 무의식에 속한다는 사실과 관련이 있다. 연인을 찾는 공주에 관한 민담에서도 그렇게 나타난다. "밤이 오고 어두워져 별이 뜨고 진다. 그런데도 여전히 공주는 같은 곳에 앉아서 울고 있다. 그녀가 깊은 시름에 잠겨 있을 때, 어떤 음성이 인사하는 소리가 들렸다. '안녕, 아름다운 아가씨! 왜 여기서 그렇게 외롭고 슬픈 얼굴로 앉아 있니?' 그제서야 그녀는 매우 당황해 재빨리 일어났다. 그것은 그리 놀랄 일이 아니었다. 그녀가 주위를 둘러보자 거기에는 아주 작고 늙은 남자가 서서 그녀에게 고개를 끄덕이며 아는 체했는데, 아주 온순해 보였다." 스위스의 한 민담에서는 왕의 딸에게 사과 한 바구니를 가져다주려 하는 농부의 아들이 "작은 철의 사나이를 만나게 된다. 그는 바구니 속에 무엇이 들었는지 묻는다." 또 다른 곳에서 '작은 사나이'는 '쇠로 만든 옷'을 걸친 것으로 씌어 있다.[30] '이지히isig'는 아마 '쇠로 만든'이라는 뜻일 것이다. 그것이 '아이지히eisig', '얼음처럼 찬'이라는 뜻보다 더 그럴듯하다. '아이지히'의 경우에는 '얼음의 옷'이라 해야 했을 것이다. 물론 '작은 얼음 인간'도 있고 또 작은 광석 인간도 있다. 심지어 나는 현대인의 꿈에서, 공주와 결혼하리라 마음먹은 바보 한스에 관한 민담에서 보듯, 중요한 삶의 전환기에 등장하는 작고 검은 철의 사나이를 발견하였다.

노현자의 유형Typus as alten weisen이 여러 번 등장하는 현대인의 일련의 환영에서 보면, 현자는 높은 암벽으로 테두리 쳐진 분화구의 바닥에서 나타나는데, 어떤 때는 보통의 크기로, 다른 때는 아주 작은 형태로 산의 정상이나 낮은 돌로 된 담 안쪽에서 발견된다. 보석함 속을 거주 공간으로 삼고 있는 난쟁이 공주에 관한 괴테의 동화에서도 같은 주제가 발견된다.[31] 이러한 맥락에 해당하는 것으로는 작은 철의 인간인 안트로파리온Anthroparion, 초시모스의 환상에 나타난 작은 납 인간,[32] 광산의 광석 인간, 기교가 뛰어난 고대 그리스의 요정들, 연금술사들의 작은 사람, 작은 요정, 밤에 몰래 일해주는 스코틀랜드의 작은 요정 등이 이에 속한다. 그러한 표상들이 얼마나 '현실성이 있는지'는 무서운 산사태를 기회로 나에게 분명해졌다. 재난이 있은 후 거기에 있던 사람 중 두 명이 밝은 대낮에 두건을 쓴 난쟁이의 환상을 함께 보았다. 그 난쟁이는 접근하기 어려운 빙하의 갈라진 틈을 나와서 빙하를 가로질러 갔는데, 그것은 두 사람을 정말 공포에 질리게 했다. 나는 무의식이 마치 무한히 작은 것들의 세계일지 모른다는 인상을 갖게 하는 주제들을 자주 보았다. 사람들은 합리주의적 방식으로 그런 환상이 내 정신Endo-psychisches 같은 것과 연관되리라는 막연한 감정으로 이끌어낼지 모른다. 머릿속에 자리를 잡기 위해서는 그것이 아주 작아야 할 것이라고 추론하기 때문이다. 비록 그 말이 언제나 틀렸다고 주장하고 싶지는 않지만, 나는 그와 같은 '이성적' 가정을 좋아하지 않는다. 내게 더 그럴듯하게 여겨지는 것은 한편으로 축소하는 경향과 다른 한편으로 지나치게 확대하는(거인처럼!) 경향은 무의식의 시공간 개념의 현저한 불확실성과 관련된다는 점이다.[33] 인간의 척도 감정, 즉 크고 작은 것에 대한 우리의 합리적 개념은 분명한 신인 동형 동성설神人同形同性說이다. 이것은 물리적인 현상의 영역에서뿐만 아니라 특수한 인간적인 것의 활동 반경을 넘어선 집단적 무의식의 영역에서도 그 유효성을 상실하는 그러한 것이다. 아트만의 정신은 '작은 것보다 더 작고 큰 것보다 더 크며', 엄지손가락만 하면서도 "그 두 뼘 높이로 세상 어느 곳이든 덮는다."[34] 그리하여 괴테는 카비렌Kabiren(모자가 달린 긴 외투를 뒤집어쓴 작은 요괴집단)에 관해 다음과 같이 말한다. "형태는 작지만 힘은 엄청나다."[35] 따라서 현자의 원형은 너무 작아 거의 알아볼 수 없지만, 우리가 그것을 철저히 규명할 경우 알 수 있듯이, 그것은 운명을 조정하는 힘을 지니고 있다. 이러한 원형들은 원자 세계와 공통된 특질을 가지고 있다. 연구자의 실험이 모든 극소의 세계로 파고들면 들수록 거기에 결합되어 있는 파멸적인 에너지의 양을 만날 수 있다는 사실은 오늘날 구체적으로 증명되고 있다. 가장 작은 것으로부터 가장 큰 힘이 발생한다는 사실은 비단 물리학의 영역에서뿐만 아니라 심리학적 탐구 영역에서도 분명해졌다. 삶의 결정적 순간에 하나의 외견상의 무無에 모든 것이 걸려 있는 경우가 얼마나 많은가!

어떤 원시 민담에서는 노인이 태양과 동일시됨으로써 원형의 계몽적인 성질을 표현한다. 노인은 불쏘시개를 가져와서 호박을 굽는 데 사용한다. 그가 다 먹고 나서 그 불을 다시 가지고 감으로써 사람들로 하여금 자신에게서 불을 훔치게 유도한다.[36] 북아메리카의 한 민담에서는 노인이 메디신맨인데 불을 지니고 있다.[37] 『구약성서』의 말씀과 성령 강림제의 기적에서도 알 수 있듯이, 가이스트는 불火의 측면을 갖고 있다.

앞서 언급하였듯이, 노인은 영리함, 지혜 그리고 지식 외에 도덕적인 특질 또한 가지고 있다. 더 나아가 그는 인간의 도덕적 능력을 시험하고 그러한 검증에 따라 선물을 제공한다. 특히 잘 알려진 예는 의붓딸과 그 집 하녀에 관한 에스토니아의 민담이다.[38] 그 의붓딸은 고아지만 순종과 단정함이 돋보이는 아이다. 이야기는 그녀의 실패가 샘에 떨어지게 된 것에서 시작한다. 그녀는 실패를 찾기 위해서 샘에 뛰어들지만 익사하지 않고 마법의 나라에 이르러 탐색하게 된다. 그곳에서 그녀가 소원을 들어주어야 하는 암소, 숫양 그리고 사과나무와 만난다. 곧 그녀는 지저분하고 병든 노인이 그녀가 씻겨주기를 바라고 있는 목욕실에 이른다. 다음과 같은 대화가 오고 간다. 노인: "아름다운 아가씨, 아름다운 아가씨! 날 좀 씻겨줘. 이렇게 지저분하게 있다는 것이 견딜 수 없군 그래!" 그녀: "난로는 무엇으로 지펴야 하죠?" "나무못과 까마귀 똥을 모아서 그것으로 불을 지피렴." 그러나 그녀는 덤불을 가져와서 묻기를 "어디서 목욕물을 길어와야 해요?" 노인: "곡식 건조장 아래에 흰 암말이 서 있는데, 목욕통 안에다 소변을 보게 하렴!" 그러나 소녀는 깨끗한 물을 길어온다. "목욕 솔은 어디서 구하나요?" "흰 암말의 꼬리털을 잘라서 그걸로 목욕 솔을 만들렴!" 그러나 그녀는 자작나무 잔가지로 목욕 솔을 만든다. "비누는 어디서 구하나요?" "목욕실의 돌 하나를 집어서 그걸로 문질러 닦지 뭐!" 그러나 그녀는 마을에서 비누를 가져와서 그것으로 노인을 씻긴다.[39] 그 대가로 노인은 그녀에게 금과 보석이 가득한 상자를 준다. 당연히 하녀도 부러워서 그 샘에 실패를 던진다. 그러나 거기서 바로 그녀는 그 실패를 되찾는다. 그런데도 그녀는 계속해서 나아가 의붓딸이 했던 모든 것을 반대로 한다. 그 대가도 그에 상응하는 것이다. 이러한 주제는 흔해서 더 이상의 증거를 제시할 필요조차 없다.

우월하고도 도움을 주는 노인의 모습은 그를 신격과 관계 지을 수 있음을 시사한다. 독일 민담인 「병사들과 검은 공주」[40]에서는 저주받은 공주가 어떻게 철제관에서 나와 매일 밤 묘지에서 보초를 서는 병사들을 유인하여 먹어치우는지를 이야기하고 있다. 보초 순서가 된 한 병사는 달아나려고 했다. "그래서 밤이 되자 그는 몰래 달아나서 산과 들로 달렸다. 그리고 아름다운 초원에 이르렀다. 그때 갑자기 회색의 긴 수염을 한 작은 남자가 그 앞에 나타났는데, 그는 우리의 사랑하는 하느님이었다. 하느님은 악마가 매일 밤 저지르는 비극을 더 이상 방관할 수 없었던 것이다. '어디로 가는 길이냐? 함께 가면 안 되겠느냐?' 그 나이 든 남자가 말했다. 노인이 매우 선량해 보였기 때문에, 병사는 자신이 지금 막 도망 나오는 길이며 그렇게 한 이유를 설명했다." 늘 그렇듯이 곧 훌륭한 조언이 주어진다. 이 이야기에서 실제로 노인은, 영국의 연금술사 조지 리플리가 '늙은 왕'을 '상제上帝'라고 부른 것처럼 순진하게도 하느님이라고 설명되고 있다.[41]

많은 원형들이 긍정적이고 호의적이며 밝고 위를 가리키는 성격을 지니고 있는 것과 마찬가지로, 아래를 가리키는, 즉 일부는 부정적이고 비호의적이며, 일부는 단지 대지적 성격을 띠고 있다. 그러나 그 이상으로 중립적인 측면을 가지고 있다. 가이스트의 원형에도 예외가 없다. 이미 그의 난쟁이 형상은 제약적인 축소형을 의미하며, 마찬가지로 지하 세계에서 유래한 식물의 신령을 암시하는 소박함을 의미한다. 발칸 지역의 민담[42]에서 노인은 한쪽 눈을 상실하여, 능력이 약화된 존재로 등장한다. 일종의 날개 달린 악한들인 '가치 없는 것들'이 노인의 눈을 찔러 실명시켰다. 주인공은 그들이 그의 눈을 다시 만들어내도록 돌보아야만 한다. 또한 노인은 자신의 시력의 일부를, 즉 그의 통찰력과 광명의 일부를 악마의 암흑 세계에서 상실해버렸다. 이로 인해 그는 능력이 약화되었는데, 이 점에서 검은 돼지인 세트를 바라봄으로써 한쪽 눈을 잃어버린 오시리스의 운명을 떠올리게 한다. 혹은 미미르의 샘에서 자신의 눈을 재물로 바쳤던 보탄의 운명을 떠올리게도 한다. 보다 더 특징적인 것은 민담에서 노인이 타고 다니는 동물이 숫염소라는 사실이다. 이것은 그 자신 또한 어두운 측면이 있음을 보여준다. 시베리아의 한 민담에서 노인은 외다리, 외손, 외눈박이의 인물로 등장하는데, 그는 쇠지팡이로 죽은 자들을 깨운다. 이야기가 진행됨에 따라 그 자신은 잘못해서 여러 번 다시 살아난 자에 의해 죽임을 당하는데, 그렇게 함으로써 살아난 자는 자신의 행운을 아깝게 놓치고 만다. 이 민담의 제목은 「편파적인 노인」인데, 말하자면 그가 반쪽으로 이루어져서 능력이 약하다는 것을 의미한다. 다른 반쪽은 보이지 않지만 이야기 속에서는 주인공의 목숨을 노리고 있는 살인자로 등장한다. 결국 주인공은 자신을 여러 차례 죽이려고 시도하는 그 살인자를 없애는 데 성공하지만, 광기 속에서 그 편파적인 노인도 참살되고 만다. 이것으로 그 두 죽은 자들의 동일성이 드러난다. 이러한 사실에서 노인 역시 그의 반대가 될 수 있다는 것, 즉 살리는 자이자 죽이는 자일 수 있는 가능성이 유추된다. 헤르메스를 "양쪽에 다 능한 자"[43]로 부르듯이 말이다.

민담에서 노인이 '온순하고' '선량하게' 등장하는 경우에는 언제나 바로 그 주변을 주의 깊게 조사하라고 권하고자 한다. 학습을 돕는 이유에서 혹은 그 밖의 이유로 그런 작업이 필요하다. 처음에 언급한, 암소를 잃어버린 고용살이 소년에 대한 에스토니아의 민담에서는 바로 그 장소에 나타난 자비심 많은 노인이, 보호해야 할 소년에게 도망가는 강한 동기를 부여하기 위해 미리 술책을 써서 암소를 사라지게 했다는 의혹이 제기된다. 일상의 경험이 가르쳐주듯이, 운명에 대한 탁월한, 그러나 의식 밑에 머물러 있는 지식은 자아의식의 어릿광대를 협박하여 순전히 소심한 마음으로는 결코 발견하지 못했을 독자적인 길로 그를 인도하기 위해 짜증스런 돌발 사건을 연출한다는 것은 충분히 가능한 일이다. 그 노인이 바로 암소를 마법으로 빼낸 사람임을 우리의 고아 소년이 알아차렸다면, 그에게 노인은 음흉한 요괴나 악마처럼 보였을 것이다. 노인은 사실상 악한 측면을 가지고 있다. 원시 사회의 메디신맨이 한편으로는 치료에 도움을 주는 자이며, 다른 한편으로는 무시무시한 해악을 주는 자인 것처럼, 또한 파르마콘Pharmakon이라는 단어가 치료제뿐만 아니라 독을 의미하며, 독은 실제로는 약도 되고 독도 되는 것과도 같은 것이다.

그래서 극도로 교훈적인 멀린Merlin의 모습이 그러하듯이, 노인은 이중적이고 요괴 같은 성격을 지닌다. 그래서 그는 어떤 출현 방식에서는 선 그 자체인 듯하고 다른 방식에서는 악의 측면에 부합한다. 악의 측면에 부합하면, 그는 오직 악을 위해 악을 행하는 사악한 마법사다. 시베리아의 한 민담[44]에서 노인은 악령으로서, "그의 머리 위에는 두 마리의 오리가 헤엄치는 두 개의 호수가 있었다." 그는 인간의 살을 먹고 산다. 이 이야기는 어떻게 주인공과 그의 하인이 그들의 개들을 집에 남겨두고 이웃 마을의 축제에 가는가를 말해준다. 이 개들은——"고양이가 집을 나오면 쥐들이 춤을 춘다"는 속담에 따라——마찬가지로 축제를 벌이기로 작정한다. 축제가 한창 무르익자 모두들 저장된 고기에 와락 달려든다. 하인들이 집으로 와서 개들을 밖으로 쫓아낸다. 그런데 개들은 황무지로 도망간다. "창조자는 이 이야기의 주인공인 에멤쿳에게 말하길 '아내와 함께 그 개들을 찾으러 가라!'" 그러나 주인공은 무시무시한 눈보라를 만나 악령이 사는 오두막으로 피신을 해야 한다. 그 뒤에 사기 치는 악마라고 하는 잘 알려진 주제가 나타난다. 에멤쿳의 아버지는 '창조자'로 불린다. 그러나 창조자의 아버지는 스스로 자신을 창조했기 때문에 '자기 자신을 만든 자'로 불린다. 머리 위에 두 개의 호수를 지닌 노인이 자신의 배고픔을 진정시키기 위해서 주인공과 그 아내를 유인했다는 사실이 비록 민담의 어디에도 씌어 있지는 않지만, 사람들이 축제를 하고, 그 후에 개의 기질에 맞지 않게 개들을 도망가게 하고 그 때문에 에멤쿳이 그들을 찾아야만 한 것처럼, 개들을 사주할 어떤 특별한 혼이 개들에게 영향을 주었다고 짐작된다. 그러고는 주인공이 악한 노인의 품 안으로 달려가기 위해 눈보라를 만나게 되었다고 추측된다. 그 일에서 조언자인 창조자, 즉 자기 자신을 만든 자의 아들이 함께 돕게 되는데, 그로 인해 문제 꾸러미가 드러나게 된다. 우리는 기꺼이 시베리아의 신학자들에게 그 해결을 맡기도록 하는 것이 낫겠다.

발칸의 한 민담에서 노인은 아이가 없는 황후에게 마법의 사과를 먹기를 요구하는데, 이로 인해 황후는 임신을 하게 되고 아들을 낳는다.

노인은 이 아들의 대부가 될 것을 약속했다. 그러나 그 젊은이는 악동이어서 모든 아이들을 때리고 목동들의 가축을 때려죽였다. 그는 10년 동안 이름을 얻지 못한다. 노인은 나타나서 그의 다리를 칼로 찌르고 그를 '칼의 왕자'라고 불렀다. 아버지가 오랜 망설임 끝에 결국 승낙하여 아들은 이제 모험을 떠나려고 한다. 다른 사람이 그의 다리에 꽂혀 있는 칼을 뽑아낼 경우 그는 죽게 되지만 그 자신이 그것을 뽑게 되면 살게 되는 것이 그에게 주어진 삶의 조건이다. 한 늙은 마녀가 잠자고 있는 그로부터 칼을 뽑아냄으로써, 결국 그 칼이 화를 초래했다. 그는 죽었지만 그의 친구들에 의해서 되살아난다.[45] 여기에서 노인은 자비로운 마음씨를 가졌지만 충분히 악한 것으로 바뀔 수 있는 위험한 운명의 제공자이기도 하다. 악은 아주 일찍부터 분명하게 그 젊은이의 난폭한 성격 속에서 모습을 드러냈다.

마찬가지로 발칸의 한 민담에서도 언급할 만한 가치가 있는 이 주제의 다른 유화類話들이 발견된다. 어떤 왕이 한 낯선 사람에게 유괴된 여동생을 찾고 있다. 돌아다니던 중 그는 한 노파의 오두막에 들어간다. 노파는 그에게 여동생을 찾는 것을 계속 경고한다. 늘 그의 앞에서 뒤로 물러나는, 열매가 달린 나무 한 그루가 그를 오두막으로부터 꾀어낸다. 나무가 마침내 멈춰 서자, 나무의 화관에서 노인이 하나 내려온다. 그 노인은 왕을 대접하며 자신의 부인이자 왕의 여동생이 살고 있는 성으로 데리고 간다. 여동생은 오빠에게 자신의 남편이 악령이며, 왕을 죽일 것이라고 말한다. 사흘 후에 왕은 정말 사라졌다. 그러자 왕의 남동생이 마찬가지로 찾으러 와서 용의 형상을 한 악령을 죽인다. 그럼으로써 잘생긴 젊은 남자가 마법에서 풀려나 그 여동생과 결혼한다. 처음에 나무의 정령으로 나타난 노인은 왕의 여동생과 누구나 알아챌 수 있는 관계에 있다. 그는 살인자다. 이 이야기에 끼워넣은 삽화에서 그는 도시 전체를 '쇠처럼', 즉 옴짝 못 하게 경직되게 폐쇄함으로써[46] 전 도시에 마법을 거는 죄를 짓게 된다. 또 그는 왕의 여동생을 잡아 가둬 더 이상 그녀의 혈육에게 돌아가지 못하게 한다. 이것으로 여동생의 아니무스에 의한 사로잡힘이 묘사된다. 이 점에서 노인은 여동생의 아니무스로 파악된다. 그러나 왕이 이러한 사로잡힘의 상태에 관여하게 되는 그 방식과, 여동생을 찾는다는 사실은 그 여동생이 오빠에게 아니마의 의미가 있다는 암시를 준다. 운명을 마련하는 원형은 처음에는 왕의 아니마를 사로잡았다. 즉 원형은 왕에게서 아니마로 인격화된 삶의 원형을 빼앗는다. 그럼으로써 잃어버린 삶의 흥미, 즉 '어렵게 도달할 수 있는 귀중한 것'을 추구하도록 강요하고, 그를 신화적 영웅, 즉 자기Selbst의 표현인 지고한 인격에 도달하게 한다. 왜냐하면 이때 노인은 보통 악한으로 행동하며 강제로 제거되어야만 한다. 그런 다음에 그것은 대립되는 것과 동일한 것의 융합의 상징으로서 성스러운 근친상간의 잔치를 벌이는 영적인 신랑, 여동생-아니마의 남편으로 나타나기 위해서다. 자주 볼 수 있는 이러한 모험적 에난치오드로미는 노인이 다시 젊어지고 변신하는 것을 의미할 뿐만 아니라, 선과 악 또는 악과 선의 은밀한 내적 연관성을 예감케 한다.

 이 이야기에서 우리는 악인의 형상으로 나타난 노인의 원형을 볼 수 있는데, 그것은 개성화 과정의 변환과 급전急轉으로 편입되어 암시적으로 신성혼에까지 이른다. 앞서 언급한 숲의 왕에 관한 러시아 민담에서는 노인은 이와는 반대로 우선 도움을 주며 자선을 베푸는 인물로 나타나지만, 그는 고용살이하는 소년을 밖으로 내놓으려 하지 않는다. 그래서 이야기의 주요 사건들은 마법사의 손아귀로부터 빠져나오려는 소년의 여러 번에 걸친 시도로 이루어진다. 모험적인 탐색 대신에 도주를 하고 있다. 그러나 도주는 용감한 모험과 똑같은 공헌을 한다.

왜냐하면 결말에 가서 주인공은 공주와 결혼하기 때문이다. 그런데 마법사는 속아넘어간 마귀의 역할에 만족해야 한다.

d. 동물 형태로 민담에 나타나는 심혼의 상징적 표현

원형을 기술하는 데 동물 형태의 특수한 출현 방식을 생각하지 않는다면 충분하다고 할 수 없을 것이다. 이것은 일반적으로 여러 신과 귀령들이 동물의 형상을 취하는 경우와 같은 심리학적 의미를 지니고 있다. 그러니까 동물의 형상은 그것으로 표현되는 내용과 기능이 아직 인간 외부의 영역, 즉 인간 의식 너머에 있음을 가리킨다. 따라서 한편으로는 귀령적·초인적인 것, 다른 한편으로는 동물적·인간 이하적인 것에 관여한다. 이러한 구분은 단지 의식의 장場 안에서만 유효하다는 점에 유의할 필요가 있다. 그것은 의식적인 사고의 필수 조건이다. 그리하여 논리학은 말하기를 "세 번째는 주어져 있지 않다." 즉, 우리의 의식은 하나의 존재로서의 대극을 상상할 수 없다는 말이다. 그럼에도 불구하고 존재하는 이율배반의 극복은, 달리 말하자면 우리에게 단지 하나의 윤리적 요청으로서의 의미가 있다. 그러나 무의식에게는 그렇지 않다. 무의식의 내용들이 예외 없이 그 자체로 역설적이거나 이율배반적이기 때문이다. 존재의 범주도 예외가 아니다. 누구든 무의식의 심리학을 잘 모르기 때문에 이러한 사정에 관해 그 윤곽이라도 파악하고자 하는 사람에게는 기독교의 신비나 인도 철학을 연구하도록 권하고 싶다. 거기서 그는 무의식의 이율배반의 가장 뚜렷한 성과를 발견할 것이다.

우리가 지금까지 보아온 노인은 대개 사람의 모습과 행동을 보였지만, 그의 정신적인 우월성을 포함한 마술적인 능력은 선에서나 악에서 인간 외적 혹은 초인적 그리고 인간 이하인 것을 암시하고 있다. 그의 동물적 측면은 원시인에게나 무의식에게 결코 가치의 축소를 의미하지는 않는다. 왜냐하면 어떤 관점에서 보면 동물은 인간을 능가하기 때문이다. 동물은 아직 사람처럼 의식 속에 들어가 헤매지 않고 그의 생명을 지탱하는 힘은 아직 고집스런 자아와 대립하지 않아 그 자신 안에 있는 의지를 거의 완벽하게 충족시킨다. 동물이 의식되어 있다면, 인간보다 더 경건했을 것이다. 인류의 원죄에 대한 전설은 깊은 가르침을 간직하고 있다. 자아의식의 독립이 마귀와 같은 행위를 나타낸다는 어떤 은밀한 감정을 표현하고 있는 것이다. 인간의 세계의 역사는 처음부터 열등감과 자기 과시의 대결 속에서 성립하였다. 지혜는 중도 中道를 구하며 그 대담한 모험을 귀령과 동물의 불쾌한 친족 관계로써 보상하므로 도덕적인 오해의 가능성에 시달린다.

우리는 흔히 민담에서 **도움의 손길을 뻗치는 동물** 주제와 마주친다. 이러한 동물들은 인간처럼 행동하고 인간의 언어로 말하고 인간보다 뛰어난 영리함과 지혜를 보여준다. 이 경우에 사람들은 가이스트의 원형이 동물의 형상을 통해서 표현된다고 말해도 좋을 것이다. 한 독일 민담[47]에서는 사라진 공주를 찾고 있는 한 젊은이가 어떻게 늑대를 만나게 되는가를 이야기하고 있다. 늑대는 소년에게 말한다. "두려워하지 마라! 어디로 가는지를 내게 말해주렴." 소년은 늑대에게 자신의 이야기를 해주었고 늑대는 마력을 지닌 약간의 털을 소년에게 주었다. 그 도움으로 소년은 언제든지 늑대에게 도움을 요청할 수 있다. 이러한 막간극은 자비심이 많은 노인과 만난 경우와 똑같이 진행된다. 비슷한 이야기 속에서 또 다른 측면, 즉 원형의 악한 측면도 등장한다. 구체적으로 설명하기 위해서 그 민담을 발췌하여 전하고자 한다.

젊은이가 숲 속에서 그의 돼지들을 지키고 있을 때, 가지가 구름 속으로 사라질 정도의 커다란 나무 한 그루를 발견한다. "저 나무의 우듬지에서 세상을 바라보면 어떨까?" 젊은이는 혼자 중얼거린다. 그는 하루 종일 나무에 기어올랐지만 가지에 다다를 수 없었다. 저녁이 되어 한 가지 위에서 밤을 지내야 했다. 다음 날 계속해서 올라갔고 정오쯤 나무의 수관에 도착한다. 저녁 무렵에 그는 나뭇가지 속에 지어진 마을에 도착한다. 그곳에는 농부들이 살고 있는데, 그들은 젊은이를 접대하고 밤을 보낼 숙소를 마련해준다. 다음 날 아침 그는 계속해서 올라간다. 점심쯤에 처녀 하나가 살고 있는 성에 도착한다. 여기서 그는 더 이상 올라갈 수 없음을 알게 된다. 그녀는 어떤 악한 마법사에 의해서 감금되어 있는 왕의 딸이다. 그는 그 공주가 있는 성에 머무는데, 공주는 단 하나의 방만 빼고 성의 모든 방에 들어가도록 허락한다. 그러나 호기심은 그럴수록 더 커진다. 그는 그 방을 열게 되고 그 안에서 세 개의 못으로 고정되어 있는 까마귀 한 마리를 발견한다. 못 한 개는 목을, 다른 두 개는 날개를 관통하고 있다. 까마귀가 갈증을 호소하자 동정에 이끌린 젊은이는 까마귀에게 마실 물을 준다. 한 모금 마실 때마다 못이 하나씩 떨어져 나오고, 세 번째 모금으로 까마귀는 자유로워져서 창문 밖으로 날아가게 된다. 공주가 그 말을 듣고 매우 놀라서 말한다. "까마귀는 나에게 마법을 걸었던 바로 그 마법사예요. … 얼마 안가서 그가 나를 데려갈 거예요." 어느 화창한 아침 그녀는 정말 사라져버린다.

 젊은이는 이제 그 공주를 찾아나선다. 그때 그는 위에서 설명한 늑대를 만나게 된다. 같은 방법으로 그는 곰 한 마리와 사자 한 마리를 만나는데, 그들로부터도 마찬가지로 털을 받는다. 사자는 그 외에도 공주가 근처의 사냥꾼의 오두막집에 잡혀 있다는 사실을 누설한다. 그는 그 집과 공주를 발견하지만 사냥꾼에게는 모든 것을 알아서 실수 없이 경고해주는 다리 셋 달린 백마가 있기 때문에 도망이 불가능하다는 것을 알게 된다. 그런데도 젊은이는 도주를 시도하나 실패하고 만다. 사냥꾼은 그 젊은이가 까마귀였던 자신의 목숨을 구해주었기 때문에 그를 붙잡지만 그냥 놓아준다. 젊은이는 이제 공주와 함께 말을 타고 그곳을 떠나려 한다. 사냥꾼이 숲으로 가자, 젊은이는 다시 오두막집으로 몰래 들어가 공주를 설득하여 사냥꾼이 어떻게 영리한 백마를 얻게 되었는지 그 비밀을 알아내도록 시킨다. 그날 밤 그녀는 이 일에 성공하고, 침대 밑에 숨어 있던 젊은이는 사냥꾼의 집으로부터 약 한 시간 거리에 마법의 말을 훈련시키는 마녀가 살고 있다는 것을 알게 된다. 그곳에서는 사흘 동안 망아지들을 감시할 수 있는 사람은 그 대가로 말 한 마리를 고를 수 있다. 일찍이 마녀는 또한 농가 주변의 숲에 사는 늑대들이 배고픔 때문에 한꺼번에 덤벼드는 것을 막기 위해서 12마리의 새끼 양을 덤으로 주었다고 한다. 그러나 사냥꾼에게는 한 마리의 새끼 양도 주지 않았다고 한다. 사냥꾼이 말을 타고 떠나자, 늑대들은 그를 추격했고 경계를 넘을 때 그 백마의 다리 하나를 물어뜯는 데 성공했다고 한다. 그래서 사냥꾼의 말은 세 개의 다리를 갖게 되었다는 것이다.

젊은이는 서둘러 마녀를 방문해서 자기가 직접 고르는 말과 12마리의 새끼 양을 덤으로 받는다는 조건으로 마녀의 집에서 고용살이를 한다. 마녀는 물론 이에 동의한다. 그런데 마녀는 그의 망아지들에게 달아나라고 명령한다. 마녀는 젊은이를 잠들게 하기 위해서 브랜디를 선물로 준다. 그가 브랜디를 마시고 잠이 들자 망아지들은 도망간다. 젊은이는 첫째 날에는 늑대, 둘째 날에는 곰, 셋째 날에는 사자의 도움으로 망아지를 되찾는다. 이제 그는 자신이 받을 보수인 말을 고른다. 마녀의 어린 딸은 젊은이에게 어떤 말이 자기 어머니가 타고 다니는 말인지를 누설한다. 물론 그것이 가장 좋은 백마다. 젊은이는 그 말을 요구한다. 그러나 마녀는 그 백마가 마구간에서 나오자마자 그 말의 네 발굽에 구멍을 뚫고 뼈에서 골수를 빨아낸다. 마녀는 그 골수로 과자를 구워 여행하려는 젊은이에게 가져가라고 준다. 말은 지독하게 허약한 상태다. 그러나 젊은이가 준 그 과자를 먹고 예전의 힘을 되찾는다. 젊은이는 12마리의 새끼 양으로 12마리의 늑대를 달랜 후에 숲으로부터 무사히 빠져나오는 데 성공하여 공주를 데리고 함께 말을 타고 도망친다. 다리 셋의 백마는 다시 사냥꾼을 불러들이고, 사냥꾼은 그 두 사람을 즉시 추적해서 재빨리 따라잡는다. 다리 넷인 백마가 달리려고 하지 않았기 때문이다. 사냥꾼이 가까이 다가오자 다리 넷의 백마는 다리 셋의 백마에게 소리친다. "여동생아, 그 녀석을 내동댕이쳐버려라!" 마법사는 내동댕이쳐지고 두 말에 의해서 짓밟힌다. 젊은이는 이제 공주를 다리 셋의 말에 태우고 나란히 그녀 아버지의 왕국에 가서 결혼식을 올린다. 다리 넷의 백마는 젊은이에게 두 말의 머리를 잘라 내줄 것을 요청한다. 그렇게 하지 않으면 그들에게 파멸이 있을 것이라고 한다. 그가 그렇게 하자 말들은 준수한 왕자와 아름다운 공주로 변한다. 그리고 나서 그들은 잠시 후 '그들의 왕국으로' 되돌아갔다. 그들은 예전에 사냥꾼에 의해서 말로 변했던 것이다.

 이런 이야기 속에 나타난 가이스트의 동물 모습의 상징성은 논외로 하더라도 앎과 직관의 기능이 타고 다니는 동물을 통해서 묘사된다는 사실은 특히 흥미롭다. 이로써 가이스트 역시 소유물일 수 있다는 사실을 표현한 것이다. 따라서 다리 셋의 백마는 귀령과 같은 사냥꾼의 소유물이고, 다리 넷의 백마는 우선 마녀의 소유물이다. 정신(가이스트)은 여기에서 한편으로는 어떤 사물처럼 소유자를 바꿀 수 있는 기능(말)이기도 하고, 다른 한편으로는 자율적인 주체(말의 소유자로서의 마법사)이기도 하다. 젊은이가 다리 넷의 백마를 마녀로부터 얻어냄으로써 어떤 가이스트 또는 특별한 종류의 생각을 무의식의 지배로부터 해방시킨 것이 된다. 여기에서 마녀는 다른 곳에서와 마찬가지로 물질인 자연 또는 무의식의 근원적인, 이른바 '모권적'인 상태를 의미한다. 이를 통하여 무의식에 대해서 대립하고 있는 것은 그저 약하고 비자립적인 의식이라는 정신 상태가 제시되고 있다. 다리 넷의 백마는 다리 셋의 백마에게 명령할 수 있는 점으로 미루어 그를 능가하는 것으로 나타난다. 사위성Quaternität은 전체성의 상징이고 그 전체성은 무의식의 상의 세계에서 적지 않은 역할을 하므로,[48] 다리 셋의 백마에 대한 다리 넷의 백마의 승리는 충분히 예견할 수 있는 것이라 생각된다. 그러나 넷과 셋의 대립은 무엇을 의미하는가, 특히 셋은 전체성에 비해 무엇을 의미하는가? 연금술에서는 이러한 문제를 마리아의 공리Axiom der Maria라 하는데, 이 철학은 천 년이 지나서야 마침내 괴테의 『파우스트』(카비렌의 장면)에서 다시 한번 받아들여졌다. 가장 초기의 문학적 설명은 『티마이오스Timaios』[49]의 서언에서 발견되는데, 거기서 괴테는 다시 그것을 상기시키고 있다. 우리는 신격의 삼위일체에 하위의 대지적 삼위(단테의 경우에는 머리가 셋인 악마와 비슷하다)가 어떻게 부합되는지를 연금술사들에게서 분명히 볼 수 있다. 그 대지적 삼위의 본질은 상징적 표현을 통해서 악과의 친근성을 노출시키는 원리로 이루어져 있다. 물론 그 상징성이 악 이외에 아무것도 표현하고 있지 않다고 단정할 수는 없다. 오히려 그 모든 것은 악 또는 그 일반적인 상징인 어둠, 암흑의 무시무시함, 거짓, 대지적인 것을 묘사하는 인물들과 같은 가계에 속한다는 것을 가리킨다. 이러한 상징적 표현에서 하위의 것은 그에 상응하는 대극[50]인 상위의 것과 관계한다. 즉 그것은 상위의 것과 마찬가지로 삼위로 파악된다. 3은 남성적인 수로서 여기서는 논리상 나쁜 사냥꾼에 속하며, 우리는 이 사냥꾼을 (연금술적으로) 하위의 삼위로 이해할 수 있을 것이다. 이에 반해 4는 여성의 수로서 노파에게 지정된다. 두 마리의 백마는 말을 할 줄 알고 지혜를 가진 기이한 동물로서, 무의식의 정신을 묘사하고 있다. 그러나 이 정신은 어떤 경우에는 악한 마법사에게, 다른 경우에는 마녀에게 종속되어 있다.

 삼위와 사위 사이에는 그러니까 우선 남성 대 여성의 대극이 있게 된다. 또한 사위는 전체성의 상징이나 삼위는 그렇지 않다. 연금술이 증명하는 바에 따르면, 삼위는 하나의 대극성을 나타낸다. 하나의 삼위는 마치 상위의 것이 하위의 것을, 밝은 것이 어두운 것을, 선이 악을 전제하는 것처럼 언제나 또 다른 것을 전제하기 때문이다. 대극은 에너지론에 근거할 때 하나의 잠재력을 의미한다. 그리고 그 잠재력이 생기는 곳에서 하나의 흐름과 사건의 가능성이 있다. 왜냐하면 대극의 긴장은 균형을 얻고자 하기 때문이다. 만약 우리가 사위를 사각형이라 생각하고 그것을 둘이 되도록 대각선으로 반을 나눈다면, 두 개의 삼각형이 생기고 그것의 꼭지점은 두 개의 대립된 방향을 가리키게 된다. 따라서 우리는 은유적으로 다음과 같이 말할 수 있을 것이다. 사위로써 상징화된 전체성이 동일한 절반으로 나뉠 경우, 대립된 방향의 삼위가 두 개 나타난다고. 이제 이런 단순한 고려가 사위에서 삼위를 도출하듯이, 사냥꾼도 붙잡힌 공주에게 자신의 백마가 12마리의 늑대에게 발 하나를 물어뜯겨서 다리 넷에서 다리 셋의 백마가 되었다는 사실과 이유를 설명하고 있다. 따라서 백마가 세 개의 다리를 가지게 된 것은 말이 어둠인 모성의 영역을 떠나려는 순간 일어난, 불행한 사고 덕분인 것이다. 심리학적으로 말하자면, 무의식의 전체성이 뚜렷하게 밖으로 드러날 경우, 즉 무의식을 떠나서 의식의 영역으로 넘어올 경우, 넷 중 하나는 남아 있게 되는데, 무의식이 공허하게 되는 것에 대한 공포 때문에 붙잡아두는 것이다. 이로써 셋이 생기는데, 우리가 민담이 아닌 상징의 역사로부터 알고 있듯이 그것은 하나의 대립된 삼위에 해당하는 것이다.[51] 즉, 하나의 갈등이 생긴다. 여기서 우리는 또한 소크라테스와 더불어 다음과 같이 물을 수 있을 것이다. "하나, 둘, 셋— 그러나 네 번째, 나의 사랑하는 티마이오스여, 어제는 손님이었고 오늘은 주인인 사람 중에 네 번째인 그는 도대체 우리 가운데 어디에 머무는가?"[52] 그는 어두운 어머니의 영역, 무의식이라고 하는 늑대의 탐욕에 의하여 저지당했는데, 그에 상응하는 희생을 치르려 하지 않는다면, 무의식은 자신의 세력권으로부터 어떤 것도 떠나게 하려 하지 않는다.

사냥꾼 또는 늙은 마법사와 마녀는 무의식인 마술적 세계에 존재하는 부정적인 부모상에 해당한다. 사냥꾼은 앞의 이야기에서 검은 까마귀의 형상으로 등장한다. 그는 공주를 붙잡아서 가두어둔다. 공주는 그를 '마귀'라고 부른다. 그러나 이상하게도 마귀 자신도 성 안의 금지된 한 공간 속에 유폐되어 그곳에서 마치 십자가에 매달린 것처럼 세 개의 못으로 벽에 고정되어 있다. 그는 간수처럼 갇혀 있고, 저주하는 자처럼 스스로를 저주에 묶어놓는다. 공주와 사냥꾼의 감옥은 거목의 우듬지에 위치한 마법의 성이다. 그 나무는 아마 세계수世界樹일 것이다. 공주는 태양 가까운 밝은 상부 세계에 속한다. 공주가 세계수 위에 갇혀 있다면, 그녀는 암흑의 힘에 빠져든 일종의 세계혼Anima mundi이다. 그러나 이렇게 붙잡혀 있는 것이 사냥꾼(후자)에게도 그리 좋은 결과가 주어지지 않은 듯하다. 도둑은 십자가처럼 세 개의 못으로 고정되어 있기 때문이다. 못 박혀 있다는 것은 분명 고통스런 구속과 매달림을 의미한다. 프로메테우스처럼 대립 원리의 영역으로 과감하게 나아간, 거침없이 호방한 자에 대한 처벌을 의미한다. 사냥꾼과 동일시된 까마귀도 그렇게 되었다. 그는 한 귀중한 영혼을 밝은 상부 세계로부터 훔쳐왔기 때문이다. 그래서 상부 또는 초월 세계로부터 벌을 받아 벽에 고정된 것이다. 여기에 대극의 기독교적 원상이 반영되어 있음을 간과할 수 없을 것이다. 인간 영혼을 세속 세계의 주인의 지배로부터 해방시킨 구세주는, 도둑 같은 까마귀가 세계수의 우듬지에서 그 권리 침해의 대가로 벽에 못 박혀 있는 것처럼, 지상의 십자가에 못 박혀 있다. 우리의 민담에서 특이한 주술적 속박의 도구는 못의 삼위성이다. 까마귀를 잡아놓은 사람은 민담 속에 언급되어 있지 않다. 그러나 그 자가 마치 파문의 격언을 삼위일체의 이름으로 하고 있는 것처럼 여겨진다.

세계수에 올라가 공주를 구하려고 마법의 성에 들어간 주인공 젊은이는 모든 방에 들어가도 되지만 까마귀가 있는 그 방만은 들어가서는 안 된다.[53] 마치 천국의 한 나무에서 딴 것만은 먹어서 안 되는 것처럼 그 한 방만은 열어선 안 되는 것이다. 금지만큼 주의를 끄는 것도 없다. 그것은 불순종을 유발하기 위한 가장 확실한 방법이다. 그러니 당연히 그 방에 들어서게 된다. 이 민담 속에는 공주보다는 까마귀를 자유롭게 하려는 은밀한 의도가 명백히 드러나 있다. 주인공이 까마귀가 있음을 알아채자, 까마귀는 구슬프게 소리치고 자신의 갈증을 호소하기 시작한다.[54] 그리고 동정의 미덕으로 마음이 움직인 젊은이는 히솝〔꿀풀과의 약초〕과 식초〔십자가에 못 박힌 예수에게 로마 병사가 준 것〕가 아닌 생기를 돋우는 물로 까마귀의 원기를 회복시킨다. 이로써 곧바로 세 개의 못이 떨어져나가고 까마귀는 열린 창문을 통해 날아간다. 이제 악령은 다시 자유롭게 되어 사냥꾼으로 변해 두 번째로 공주를 납치하게 된다. 이번에는 공주를 지상에 있는 자신의 사냥 오두막에 가둔다. 여기서 비밀스런 의도가 부분적으로 노출된다. 공주는 초월 세계로부터 인간 세상으로 옮겨져야 했는데, 이것은 틀림없이 악령과 인간적 불순종의 협력 없이는 불가능했다.

그러나 인간 세계에서도 영혼 사냥꾼이 공주를 지배하기 때문에 주인공은 다시 한 번 개입해야 한다. 우리가 이미 알고 있듯이, 주인공은 마녀에게서 그 네 다리 동물을 몰래 취해서 그것으로 마법사의 세 다리 동물의 힘을 꺾는다. 삼위는 바로 까마귀를 마법으로 구속하는 것인 동시에 악령의 힘이기도 하다. 즉 두 개의 서로 반대 방향에 놓인 삼위다.

전혀 다른 영역, 즉 심리학적인 경험의 영역에서 우리는 네 개의 의식기능 중 셋이 분화한다는 것, 즉 의식화될 수 있다는 사실을 알고 있다. 그러나 하나는 모체인 무의식과 결부되어 있어서 '열등한' 기능이라고 지칭된다. 그것이 가장 영웅적인 의식조차 지니고 있는 아킬레스건, 즉 약점이 된다. 강한 자는 어딘가 약한 구석이, 영리한 자는 어딘가 어리석은 구석이, 선한 자는 어딘가 악한 구석이 있다 등등. 그리고 그 역도 성립한다. 우리의 민담에 의하면 셋은 넷이 훼손된 것으로 나타난다. 다리 하나를 나머지 세 개의 다리에 보탤 수 있다면 완전성이 나타났을 것이다. 수수께끼 같은 마리아의 공리 역시 다음과 같다. "세 번째 것에서 나온 하나인 그 네 번째 것으로 하나가 된다."[55] 즉 세 번째 것으로부터 네 번째가 나온다면 그로써 동시에 통일이 된다. 위대한 어머니인 늑대들의 소유였던 잃어버린 한 조각은 단지 4분의 1일 뿐이지만 세 개와 더불어 분열과 갈등을 지양하는 전체성을 이룬다.

그러나 상징적 표현에 따라 그 4분의 1이 셋이 되는 것은 어디에서 비롯된 것인가? 여기서 우리는 민담의 상징성을 내버려두고 심리학의 사실 속에서 피난처를 구하지 않을 수 없다. 나는 조금 전에 세 개의 기능은 분화될 수 있고 나머지 하나의 기능만이 무의식의 속박에 남아 있다고 했다. 이것을 좀더 정확하게 규정해야겠다. 경험에 따르면 이러한 분화는 대략 한 기능에서만 상당 정도 성공한다. 그래서 이 기능을 우월 기능 또는 주기능이라 부르는데 이것은 외향성과 내향성 이외의 의식의 태도를 이루고 있다. 하나 또는 둘의 분화된 부기능들은 이 주기능을 돕지만, 같은 정도의 분화, 즉 마음대로 응용하는 능력에는 결코 미치지 못한다. 그러므로 부기능들은 신뢰성이 높고 우리의 의도에 잘 따르는 주기능보다 더 큰 자발성을 가지고 있다. 이와는 달리 네 번째의 열등한 기능은 우리의 의지로는 가까이하기 어려운 것으로 나타난다. 열등 기능은 때로는 짓궂게 장난치는 요정이기도, 때로는 기계에서 나온 신이기도 하다. 그러나 항상 그것은 제멋대로(그 자체 자발적으로) 왔다가 간다. 이상의 서술은 분화된 기능들조차도 무의식에의 뿌리박음에서 그저 일부만 해방되고, 다른 부분은 여전히 무의식 속에 고착되어 그만큼 무의식의 지배 아래서 작동된다는 점을 시사한다. 자아를 자유자재로 사용하는 세 개의 분화된 기능들에는 무의식으로부터 아직 풀려나지 못한 무의식의 세 개의 몫이 대응한다.[56] 그리고 셋의 의식적이고 분화된 기능들에 대해 네 번째의 미분화된 기능이 다소간 괴로운 방해 요소로서 대결하고 있듯이, 그 우월 기능 역시 무의식에 대해서 최악의 적처럼 나타난다. 그리고 하나의 특수한 책략을 언급하고 넘어가야겠다. 즉 마귀가 즐겨 빛의 천사로 변장하듯이, 그렇게 은밀하고 책략적인 방식으로 열등 기능은 최대로 주기능에 영향을 끼친다는 것이다.[57] 주기능이 열등 기능을 가장 많이 억누르는 것과 마찬가지로.

유감스럽게도 이러한 약간의 추상적인 설명은—우리가 늘 그렇게 말하듯이—우리들의 '어린이같이 단순한' 민담에 교활하고 암시적인 관련성을 어느 정도 명확하게 하기 위해서 꼭 필요하다. 두 개의 대립적인 삼위, 즉 악을 제어하는 하나와 악의 힘을 묘사하는 또 다른 하나의 대립은 우리의 의식적인 정신과 무의식적인 정신의 기능 구조와 매우 정확하게 일치한다. 자발적이며 단순한, 반성하지 않는 마음의 산물인 민담은 바로 다름 아닌 마음에 있는 바 그대로 표명될 수밖에 없다. 따라서 우리의 민담만이 이러한 구조적·정신적 관계를 묘사하는 것이 아니라 다른 수많은 민담[58]들도 그렇다.

　우리의 민담은 보기 드문 명확성으로 한편으로는 가이스트 원형의 모든 대극성을, 다른 한편으로는 보다 높은 의식화라는 원대한 목표를 위한 이율배반의 혼란스러운 협동적 놀이를 보여주고 있다. 동물적 심연의 상태로부터 나와 커다란 세계수에 기어올라 맨 꼭대기 밝은 초월 세계에서 고귀한 신분의 공주, 즉 그의 처녀인 아니마를 발견한 젊은 돼지치기는, 동물에 가까운 영역으로부터 전도유망한 정점에 이르는 의식의 상승을 상징한다. 그 정점은 의식의 지평의 확대를 잘 묘사하고 있다.[59] 남성 의식이 일단 이러한 수준에 도달하면, 거기서 그 의식에 상응하는 여성성인 아니마가 나타난다.[60] 아니마는 무의식의 인격화·의인화이다. 그 만남은 무의식을 '하의식'으로 표현하는 것이 얼마나 부적합한가를 보여준다. 그것은 '의식의 아래에' 있을 뿐만 아니라 또한 의식을 넘어서 있다. 사실 그것은 이미 오래전부터 그렇게 의식 너머에 있어서 주인공은 그저 힘겹게 그곳으로 기어올라가야만 하는 것이다. 그러나 이러한 '상위의' 무의식은 우리의 주인공처럼 그곳에 도달한 자가 마치 대지의 표면 위에 높이 있는 것처럼, 그렇게 높이 '하의식' 위에 있다는 뜻에서의 '상위의 의식'은 결코 아니다. 오히려 그 반대로 주인공은 그의 고귀한, 빛나는 아니마인 공주의 심혼Seele이 그 위에서 마법에 걸린 채 금으로 된 새장에 갇혀 있는 새처럼 부자유스럽다는 불쾌한 발견을 하게 된다. 그는 거의 동물적인 몽롱함의 낮은 지위를 넘어서 고도로 성장하게 되었음을 자만하겠지만, 그러나 그의 심혼은 악귀의 힘, 즉 마귀의 그 잘 알려진 동물 모습인 까마귀의 형상으로 지하 세계에 해당하는, 어두운 부성상의 힘의 지배를 받고 있는 것이다. 그가 사랑하는 심혼이 감옥에서 여위어간다면 그가 얻은 높이와 넓은 지평이 무슨 소용이 있겠는가? 그 공주의 심혼은 심지어 지하계의 놀이를 함께하면서 젊은이가 어떤 방으로 들어가는 것을 금함으로써 그들의 속박의 비밀이 밝혀지는 것을 방해하려는 것 같다. 그러나 은밀하게 그녀는 금지를 통해서 젊은이를 그곳으로 이끈다. 이것이 바로 무의식이 두 개의 손을 가지고 있어서 한 손이 늘 다른 손에 반대되는 것을 행하는 것과 같다. 공주는 자유롭게 되기를 원하면서 또한 원하지 않는다. 그러나 그 악귀 자신도 함정에 빠져들고 말았다. 그는 밝은 상부 세계의 한 아름다운 심혼을 훔치려 했다. 날개 달린 존재로서 그것이 가능했지만, 그렇게 함으로써 그 자신이 상부 세계에 묶여 있게 되리라고는 미처 생각하지 못했던 것이다. 그는 암흑의 심혼이지만 빛을 동경한다. 이것이 바로 어떻게 해서 그러한 속박이 부당한 간섭에 대한 벌을 의미하는지를 밝히는 내밀한 정당성이다. 악귀가 상부 세계에 잡혀 있는 한, 공주 역시 땅 아래로 내려갈 수 없고, 주인공 역시 사라져버린 천국만 올려다보는 형상이 된다. 그러나 이제 주인공은 불복종의 죄를 지음으로써 그 도둑이 도망가게 되고 또 한번 공주의 납치가 일어나게 되는, 일련의 바람직하지 않은 사건이 이어진다. 그러나 그 결과 공주가 지상으로 오고 악마 같은 까마귀 역시 사냥꾼이라고 하는 인간의 형상을 취하게 된다. 이로써 밝은 초월 세계의 아니마와 악한 원리가 다 함께 인간 가까이의 세계에 이른다. 즉 둘은 인간적인 축소형으로 변형되고 그로써 도달 가능한 상태에 이르게 된다. 사냥꾼의 모든 것을 알고 있는 다리 셋의 말은 사냥꾼 고유의 힘을 묘사한다. 그것은 분화 가능한 기능들의 무의식적인 관여에 상응한다.[61] 그러나 사냥꾼은 열등 기능을 인격화하는데, 열등 기능은 또한 주인공의 호기심과 모험심으로 가시화된다. 그는 이야기가 진행되면서 점점 더 사냥꾼과 비슷하게 되어간다. 사냥꾼이 자신의 말을 마녀로부터 끌고 오는 것과 마찬가지로 우리의 주인공 역시 그렇게 한다. 그러나 주인공과 달리 사냥꾼은 같은 시간에 12마리의 늑대에게 먹일 12마리의 새끼 양을 가져오는 것을 등한시했다. 그래서 결국 늑대들이 자신의 말을 다치게 한 것이다. 그는 도둑에 불과했기 때문에 대지의 힘에게 공물을 지불해야 한다는 사실을 잊고 있었던 것이다. 그러한 소홀함을 통해서 주인공은 무의식이 제물을 대가로 받고서야 그의 소산을 내어준다는 점을 배운다.[62] 여기에서 12라는 숫자는 무의식으로부터 자유롭게 되기 전에 무의식을 위해서 수행되어야 하는 12개의 작업[63]이라는 부가적 의미를 지니고 있는, 시간의 상징이다.[64] 사냥꾼은 마치 약탈과 폭력으로 자신의 심혼(아니마)을 소유하려는 주인공의 최초의 실패한 시도를 상징하는 것으로 여겨진다. 그러나 심혼의 획득은 실제로 인내, 희생 그리고 헌신으로 이루어지는 작업을 의미한다. 주인공이 다리 넷의 말을 소유하게 됨으로써 결국 완전히 사냥꾼의 자리를 차지하고 그럼으로써 공주까지 얻게 된다. 사위는 우리의 이야기에서 보다 더 큰 힘으로 입증된다. 왜냐하면 그것은 전체가 되기 위해서 사냥꾼에게 부족한 그 부분을 자신의 전체성에 통합하기 때문이다.

정신의 원형은 하나의 단일성, 즉 악귀에 종속되고 있는 세 기능의 체계로서, 이 민담에서는—덧붙여 말하지만 결코 원시적이지 않은—동물의 형태로 표현된다. 그래서 이것은 이름을 알리지 않은 상급 심의자가 삼위성의 못으로 까마귀를 못 박았던 것과 같다. 두 경우에서 모두 상위에 위치한 단일성은 전자의 경우에는 주기능의 무의식적 적

대자인 열등 기능에 해당하는 사냥꾼이고, 후자의 경우에는 주기능에, 즉 주인공에 해당한다. 주인공과 사냥꾼은 결국 서로 닮아서 사냥꾼의 기능이 주인공에게서 나타난다. 물론 주인공 자신은 이미 처음부터 사냥꾼 속에 감추어져 있고, 사냥꾼으로 하여금 자기의 뜻대로 비도덕적인 수단으로 심혼의 유괴를 완수하게 하여, 그의 의지와는 반대로 심혼을 우연처럼 주인공의 손으로 넘긴다. 겉으로는 둘 사이에 치열한 싸움이 벌어지고 있지만, 그 배후에는 한 사람이 나머지 한 사람을 봐주고 있는 것이다. 이러한 매듭의 해결은 주인공이 넷을 획득할 때, 즉 심리학적으로 말해서 열등 기능을 셋의 체계 속에 받아들이는 데 성공하는 순간에 이루어진다. 그렇게 하여 그 갈등은 일격에 끝나고 사냥꾼의 형상은 사라진다. 이러한 승리 뒤에 주인공은 공주를 다리 셋의 말에 태우고 함께 그녀의 아버지의 왕국으로 달린다. 그녀는 이제 이전에 악한 사냥꾼에게 봉사했던, 심혼의 영역을 담당하는 자로 의인화된다. 즉 아니마는 인간적으로 도달할 수 있는 전체성에 한번도 받아들여질 수 없는 그러한 무의식 부분의 대표자이며 또한 대표자로서 남게 된다.

e. 추가

내가 원고를 완성한 후에야 비로소 내가 잘 아는 사람이 우리가 다룬 민담의 러시아 유화類話에 대한 주의를 환기시켜 주었다. 그 민담의 제목은 '마리아 모레브나Maria Morewna'[65]이다. 이야기의 주인공은 돼지치기가 아니라 이반 차례비치라는 사람이다. 여기서는 도움을 주는 세 마리의 동물에 대해 재미있게 설명하고 있다. 그 동물들은 이반의 세 누이와 그들의 남편에 해당하는데 그 동물은 본래 새다. 그 세 누이는 무의식적인 삼위의 기능을 나타내는데 그것은 동물이나 정신적 영역과 관계가 있다. 그 새 인간들은 일종의 천사이고 무의식적 기능들의 보조적 성질을 강조하고 있다. 이야기에서 그들은 주인공이(독일의 유화類話와는 달리) 악귀의 폭력에 사로잡혀 그 때문에 죽게 되거나 산산조각 나는(신인神人의 전형적인 숙명처럼!)[66] 결정적인 순간에 구원하려고 개입한다. 그 악귀는 백발의 노인인데, 종종 나체로 묘사되며 그래서 코쉐체이 베쓰메르트노이Koschtschej Bessmertnoi라고 불린다(Koschtschej[67]는 '죽지 않는 존재'란 뜻). 그에 상응하는 마녀는 그 유명한 바바 야가Baba-Jaga다. 독일 유화에서 도움을 주는 세 동물이 여기서는 처음에는 새 인간으로, 그 다음에는 사자, 낯선 새 그리고 꿀벌 들로 그 수가 배로 늘어난다. 공주는 성의 금지된 방에서 악귀로 하여금 12개의 사슬에 묶여 있게 하는 마리아 모레브나 여왕, 즉 위대한 여자 사령관이다(마리아, 즉 천상의 여왕은 러시아식 정통 가톨릭 찬가에서 여자 사령관으로 칭송된다!). 이반이 노인의 갈증을 해소해주자 노인은 여왕을 약탈한다. 그 마술적 승용乘用 동물은 마지막에 인간으로 바뀌지 않는다. 러시아 민담은 특별히 더 원시적인 특성을 지니고 있다.

f. 부록

여기서 이어지는 설명은 본질적으로 기술상의 설명이어서 보편적인 관심을 끌지는 못할 것이다. 처음에 나는 이 새로운 개정판에서는 그런 설명을 자제하려 했지만 생각을 바꿔 부록에 끼워넣기로 했다. 심리학에 특별히 관심이 없는 독자는 이 장을 그냥 뛰어넘어도 된다. 나는 아래에서 마술적인 말들의 세 발과 네 발이라는, 겉보기에 난해한 문제를 다루었는데 그 속에 적용된 방법이 드러나도록 나의 생각을 묘사했다. 이러한 심리적인 추리는 한편으로는 민담, 신화 또는 꿈이라고 불리는 소재들이 갖는 비합리적인 소여성所與性에서 기인하고, 다른 한편으로는 그 소여들 간의 '잠재적인' 합리적 관계에 관한 의식화에서 기인한다. 그러한 관계가 존재하고 있다는 것은 우선 하나의 가정이다. 예를 들어 꿈이 의미를 가지고 있다고 말하는 것과 같은 가정에 해당한다. 이 가정의 진실성은 선험적으로 확정되어 있지 않다. 그 유용성은 오직 그것을 적용해봄으로써 얻을 수 있는 것이다. 그러므로 비합리적인 자료에 그 방법을 적용하면 그 자료를 의미 있게 해석할 수 있게 될지는 우선 기다려보아야 한다. 그 적용은 비합리적인 자료가 마치 의미 있는 내적 관련성을 가지고 있는 듯이 간주되는 것으로 이루어지고 있다. 이러한 목적을 위해 대부분의 주어진 사실은 일종의 확충, 즉 명료화, 일반화 그리고 데카르트식의 해석 법칙에 일치하는 다소간 일반적인 개념에의 접근을 필요로 한다. 예를 들어 세 발 동물의 특성을 알아내려면 우선 말에서 따로 떼어내서 그 독특한 원리인 삼위성이라는 것에 접근해야 한다. 민담에서 언급된 네 발 동물은 삼위성과 관련되어 있으면서 보다 높은 일반 개념의 수준으로 등장한다. 거기에서 『티마이오스』의 수수께끼, 즉 3과 4의 문제가 생긴다. 삼위와 사위는 일반적인 상징적 표현에서 중요한 역할을 하고 있고 신화나 꿈의 연구에서도 역시 중요한 원형적인 구조들을 나타낸다. 비합리적인 사실(즉 3각이나 4각이라는 특성)을 일반적인 개념의 단계로 높이는 작업은 주제의 보편적인 의미를 등장시켜서 심사숙고하는 오성으로 하여금 진지하게 논증할 수 있는 용기를 준다. 이러한 과제는 기술적인 성격을 띤 일련의 숙고와 추론 들을 포함하고 있다. 나는 심리학에 관심을 가진 독자, 특히 전문가에게 이런 기술적 성격의 과제에 관해 말하는 것을 유보하고 싶지 않다. 더구나 이러한 오성의 작업은 결국 상징들을 풀어내는 대표적인 작업이고 무의식의 산물을 이해하는 데 꼭 필요한 것이기에 더욱 그렇다. 오직 이러한 방식으로 무의식적인 관계의 의미가 그 자체로부터 파악될 수 있다. 이미 전제된 이론에서 나온 연역적인 해석들, 예를 들어 천문-기상 신화학적 해석, 그리고—결코 빠뜨릴 수 없는—성性이론적 해석들과는 반대다.

세 발과 네 발의 말은 사실 좀더 정확하게 탐구할 만한 가치가 있는 신비스러운 성향의 사실이다. 3과 4는 심리학적 기능학설의 딜레마일 뿐만 아니라 연금술에서 상당한 역할을 하는 위대한 예언녀 마리아의 공리를 머리에 떠올리게 한다. 따라서 그 기이한 두 마리 말의 의미에 보다 가까이 다가가는 작업은 해볼 만한 가치가 있다.

무엇보다 공주의 세 발의 말이 한편으로는 타는 동물이고 다른 한편으로는 그 자체가 암말이고 마법에 걸린 공주라는 점에 주목할 필요가 있다고 생각한다. 의심할 바 없이 여기서의 삼위성은 여성성과 결부된다. 반면에 홀수로서의 3이 남성적이라는 것을 전혀 고려하지 않더라도, 그것은 의식의 지배적인 종교적 관점에서 보면 훌륭한 남성적인 문제를 나타낸다. 따라서 우리는 삼위성을 직접 '남성성'으로 바꿔 부를 수 있을 것이다. 고대 이집트의 신-카무테프-파라오[68]로 이루어진 삼위일체에서 남성성은 훨씬 더 인상적으로 나타나고 있다.

동물이 세 발의 특성을 가졌다는 것은 여성적인 존재 안에 무의식적으로 내재되어 있는 남성성을 의미한다. 실제 여성에게는 마법의 말이 '정신'을 묘사하는 것처럼 아니무스에 해당할 것이다. 그에 반해 아니마에서의 삼위는 기독교적인 삼위일체의 표상이 아니라, 말하자면 '그림자'를 이루는 '하부의 삼각형', 즉 열등한 기능 삼위와 일치한다. 이 열등한 반쪽 인격은 대부분 무의식적이다. 그것은 무의식 전체가 아니라 무의식의 개인적 단면을 의미한다. 이와는 반대로 아니마는 그림자와 구분되는 만큼, 집단적 무의식을 인격상으로 나타내게 된다. 아니마가 타는 동물이 삼위성이라면 그것은 아니마가 그림자를 '탄다는' 것, 다시 말해 스스로 마레Mare(여괴女怪)가 되어[69] 그림자에 관계함을 의미한다. 이 경우 그녀는 그림자를 점유하고 있다. 그러나 그녀가 말 자체라면 집단적 무의식의 인격화로서의 지배적인 위상을 잃어버리고 공주 A, 즉 주인공 부인의 말로서 '타게 되는', 다시 말해 점유되는 것이다. 민담이 확실하게 말하고 있듯이 그녀는 공주 B인데, 마법으로 세 발 동물이 된 것이다. 이렇게 얽히고설킨 사건을 다음과 같은 방법으로 풀어보도록 하자.

  1. 공주 A는 주인공의 아니마[70]다. 공주는 말을 타는데, 이를 다시 말하자면 3각脚 동물, 즉 그림자, 다시 말해 훗날 그녀 남편의 열등한 세 기능을 점유하는 것이다. 좀더 간단히 표현하자면 그녀는 주인공의 열등한 인격의 반쪽을 독점하는 것이다. 그녀는 마치 일상에서 자주 일어나는 일처럼 그의 나약한 측면에서 그를 재빨리 붙잡는다. 왜냐하면 나약한 곳에는 지지와 보충이 필요하기 때문이다. 심지어 남자의 나약한 측면에서 여자는 마땅하고 보람된 자리를 차지하게 된다. 우리가 주인공과 공주 A를 일상적인 두 사람으로 본다면, 그 상황을 이렇게 설명할 수 있겠다. 그러나 이야기는 매우 이상하고 마술적인 세계에서 진행되기 때문에 주인공의 아니마로서 공주 A를 해석하는 것이 더 적절하다. 마치 마법사 멀린Merlin이 요정에 의해 그렇게 된 것처럼, 주인공은 아니마와의 만남을 통해 세속의 세계로부터 멀어진다. 말하자면 보통 사람으로서 그는 황홀한 꿈에 사로잡혀 마치 안개 속에서처럼 세상을 바라보고 있는 것이다.

2. 이제 사태는 3각 동물이 여성이라는, 다시 말해 공주 A에 해당한다는 예기치 못한 상황 때문에 상당히 복잡해진다. 3각 동물은 공주 B다. 이것은 말의 형상으로 나타난 공주 A(또한 그녀의 세 가지 열등한 기능)의 그림자에 해당한다고 하겠다. 공주 B는 공주 A처럼 말을 타는 것이 아니라 말로서 형상화되어 있고 마법에 의해 말로 변하였기 때문에 남성적 삼위의 지배 아래 놓이게 된 점에서 공주 A와는 구별된다. 그러니까 공주 B는 그림자에 사로잡혀 있다.

3. 이제 문제는 그녀가 누구의 그림자에 사로잡혀 있는가 하는 것이다. 그것이 주인공의 그림자일 수는 없다. 왜냐하면 주인공은 이미 아니마에 의해 사로잡혀 있기 때문이다. 민담은 그녀에게 마법을 건 사람이 사냥꾼이나 마법사일 것이라고 대답하고 있다. 우리가 보아온 대로 사냥꾼은 주인공과 관련이 있고 주인공은 차츰 사냥꾼의 자리에 들어서게 된다. 그러므로 사냥꾼은 결국 주인공의 그림자일 수밖에 없다는 추측에 이르게 된다. 그러나 이러한 견해와 모순되는 사실은 사냥꾼이 주인공의 아니마뿐만 아니라, 더 나아가서는 왕가의 오누이 짝에까지 미치는 중요한 힘을 행사한다는 사실이다. 그 오누이 짝이 존재한다는 사실을 주인공과 그의 아니마는 짐작조차 못 하고 있으며 또한 민담 자체에서도 그 짝은 아주 갑자기 나타난다. 한 개인의 세력권보다 더 멀리까지 미치는 힘은 초개인적인 성격을 지니고 있다. 우리가 그림자를 개인의 어두운 반쪽 인격으로 파악하고 정의한다면 이것은 그림자와도 동일시될 수 없다. 초개인적인 요소로서 사냥꾼의 누멘은 집단적 무의식의 지배적인 특징들이다. 그것은 사냥꾼, 마법사, 까마귀, 기이한 말, 세계수[71]의 우듬지에서의 못 박힘 또는 매달림 같은 특징 덕분에 특별히 게르만 민족의 심혼에 밀접한 관계가 있다. 무의식

의 바다에서 기독교적 세계관의 반대 현상은 시종일관 보탄Wotan의 모습을 취한다.[72] 우리는 사냥꾼이라는 인물에서 신의 이미지, 즉 신상을 보게 된다. 보탄은 또한 바람과 가이스트의 신이기도 하기 때문에 로마인들은 그를 적절하게도 메르쿠르Merkur라고 해석했다.

4. 왕자와 그의 누이동생인 공주 B는 이교신에게 사로잡혀 말의 형상으로 변했다. 즉 동물의 영역으로 끌어내려졌다. 이것은 무의식에 해당한다. 본래 인간의 모습이던 그 두 사람은 한때 집단의식의 왕국에 속해 있었다. 그러나 그들은 누구인가?

이 물음에 대답하려면 그 두 사람이 의심의 여지 없이 주인공과 공주 A에 대응하는 자라는 사실에서 출발해야 한다. 둘은 모두 이들의 승용마로서 이바지하고, 그들의 동물적인 하부의 반으로 나타나는 것으로 보아 서로 관련성이 있다. 거의 전적으로 무의식성 속에 있는 동물은 인간에게는 일찍부터 육체적인 충동 생활의 어둠 속에 감추어져 있는 정신영역의 상징이다. 주인공은 짝수(여성적 숫자4)의 특징을 지닌 수말에 올라탄다. 공주 A는 세 발(남성적 숫자)을 가진 암말에 올라탄다. 이러한 숫자를 통해서 본래 동물로의 변환과 더불어 성적인 특성에도 어떤 변화가 있게 된 것이 분명하다. 즉 수말은 여성적인 속성을, 암말은 남성적인 속성을 가진다. 그 결과는 심리학에 의해 증명된다. 한 남자가 집단적 무의식에 의해 압도당할 때 그의 충동 영역이 거침없이 나타날 뿐만 아니라 내가 아니마라고 표시하자고 제안했던 여성적인 성격이 방해 없이 드러난다. 그와 반대로 여성이 무의식의 지배에 놓이게 되면 그녀의 여성적 본성의 어두운 면이 앞서 언급된 남성적인 모습과 결합되어 보다 강하게 드러난다. 이것은 '아니무스'의 개념으로 종합된다.[73]

5. 민담의 진술에 따르면 오누이 짝의 동물 형태는 본래적인 것이 아니라, 사냥꾼인 이교신의 마법적인 영향력 때문이다. 그들이 동물 외에 아무것도 아니라면 우리는 위의 해석에 만족할 수 있을지 모른다. 물론 그 경우에 우리는 성적 특성상의 주목할 만한 변화의 암시를 부당한 침묵으로 넘어가게 될 것이다. 그러나 백마는 평범한 말이 아니라 초자연적인 특성을 지닌 영험한 동물이다. 마찬가지로 마법에 걸려서 동물이 된 사람의 형상도 초자연적 특성을 가지고 있음에 틀림없다. 민담은 물론 이에 대해 아무 말도 하지 않는다. 그러나 두 사람의 동물 형상이 주인공과 공주의 인간 하부적인 구성 요소에 해당한다는 우리의 가정이 맞다면 인간의 형상은 그 둘의 초인간적인 구성 요소와 같다는 결론이 나온다. 본래 돼지치기였던 사람이 자신의 돼지 곁에 머무르지 않고 세계수에 기어오르고, 영웅 즉 반신과 같은 인물이 되며, 그 나무 위에서 보탄 신처럼 붙잡혀 있게 된다는 사실에서 그의 초인성이 분명히 나타난다. 우리가 보아온 것처럼 그에게 어딘가 사냥꾼과 비슷한 점이 없다면 그는 사냥꾼에 맞추어줄 수 없을 것이다. 마찬가지로 공주 A가 세계수의 우듬지에 감금되어 있는 것은 일종의 선택받음을 의미한다. 민담이 말해주는 대로 그녀가 사냥꾼과 침대를 같이 쓰는 것으로 미루어보아 그녀는 심지어 신의 신부이기도 하다.

영웅적 정신과 선택된 자의 거의 초인적인 비범한 힘은 평범한 두 아이로 하여금 초인적인 운명 속에 말려들게 한다. 세속적인 영역에서는 그 힘에 의해 돼지치기 소년이 왕이 되고 공주는 약속된 남편을 맞이하게 된다. 그런데 민담에는 세속의 세상뿐만 아니라 마법의 세계도 있기 때문에, 아직 인간의 운명만으로 모든 것을 말할 수는 없다. 그렇기 때문에 마법의 세계에서 무엇이 일어나고 있는지 그 윤곽이라도 그려내는 작업을 게을리할 수는 없다. 마법의 세계에서도 왕자와 공주는 악령의 폭력에 휘말려 있고, 악귀 자신도 다른 이의 도움 없이는 그 처지에서 벗어나지 못하는, 정말 좋지 않은 처지에 놓여 있다. 그로써 이 청년과 공주 A에게 부닥친 인간적 숙명은 마법의 세계라는 단계에서 서로 대비된다. 그런데 사냥꾼이 이교적 신상으로서 영웅들과 신들의 연인들의 세계 위로 자신을 높이는 한 그 평행선은 단순히 마법적인 것을 넘어서 신적이고 심혼적인 영역에 미치게 된다. 여기서 악귀, 마귀, 또는 최소한 하나의 마귀가 세 개의 못으로 암시되는, 적어도 비슷한 강도의, 혹은 더 강력할 수도 있는 반대 원리로 속박당하고 만다. 이와 같은 최고의 대극 긴장은 이 드라마 전체가 출구를 찾도록 하고 있는데, 이것은 분명 위와 아래의 삼위성 사이의 갈등이거나, 혹은 세계관적으로 표현하자면 한편에서는 기독교적 신과 다른 한편에서는 보탄적[74] 성향을 받아들인 악마 사이의 갈등에 해당한다.

6. 우리가 이 민담을 올바르게 이해하려면 이런 최고의 심판급에서 시작해야 할 것 같다. 왜냐하면 드라마가 일어나는 첫째 이유는 다른 어떤 것보다도 앞질러 생긴 악령의 침해 때문이다. 그 직접적인 결과는 악령의 못 박힘이다. 매우 고통스런 처지에서 그는 위에서부터 오지 않기 때문에 오로지 아래로부터 불러들일 수 있는 외부의 도움을 필요로 한다. 목동은 세계수에 기어오를 만큼 무모하고 남자 아이 특유의 모험심과 호기심을 갖고 있다. 그가 아래로 떨어져 뼈가 모두 부러졌다면 사람들은 아마 이렇게 말했을지 모른다. 악령이 그런 바보 같은 생각을 이 아이에게 불어넣어서 그렇게 큰 나무를 기어오르게 만들었구나! 사실 이들의 말은 틀린 게 아니었을지 모른다. 왜냐하면 악령이 꼭 필요로 했던 것이 바로 그것이었기 때문이다. 공주 A가 포로로 잡혀 있는 상태는 세속의 세상의 침해였고, 반신의 오누이 쌍이 마법

에 걸리게 되는 일은 추측건대 마법 세계의 침해였다. 우리는 모르지만 공주 A에게 마법을 거는 악한 행위가 시간적으로 먼저 일어났을 가능성이 있다. 어쨌든 이 두 가지 경우는 마법의 세계 및 세속의 세상의 악령의 침해를 입증한다.

해방자 또는 구제자가 성서의 방탕한 아들인 것처럼 그가 바로 돼지치기 소년이라는 사실에는 분명 깊은 뜻이 있을 것이다. 그는 최하층민 출신이며, 그 점에서 연금술사들의 기묘한 구제자 관념과 통한다. 그의 첫 번째 구제의 행동은 신에게 받은 벌에서 악령을 풀어주는 것이다. 이 행위에서, 즉 해결의 첫 단계에서 극의 얽힘이 해결된다.

7. 이 이야기의 도덕성은 사실 정말 기이하다. 결말에서 그 돼지치기 소년과 공주 A가 결혼식을 올리고 왕과 왕비가 되니 만족할 만하다. 왕자와 공주 B 역시 결혼식을 올리지만 이들의 결합은 고대적인 군주의 특권에 따라 근친상간적인 결혼이다. 그것이 어떤 불쾌감을 불러일으킬 수도 있겠지만 이는 반신半神의 집단에서 일어나는 고유한 관례로 받아들여져야만 한다.[75] 그런데 정당한 징벌을 받고 있는 악령을 해방하는 것으로 극 전체를 시작했던 악령에게 무슨 일이 일어나는가? 악한 사냥꾼은 말들에게 짓밟히지만 아마도 그것으로는 악령에게 지속적인 해를 입히지 못한 것 같다. 그는 겉으로 보기에는 흔적 없이 사라진다. 그러나 그저 겉으로 보기에 그럴 뿐이고, 그럼에도 불구하고 여전히 자신의 흔적을 남겨놓고 있다. 즉 어렵게 얻은 행운이 세속의 세상뿐만 아니라 마법의 세상에도 남는다. 한편으로는 돼지치기 소년과 공주 A, 다른 한편으로는 왕자와 공주 B로 표현된 넷은 절반이지만 서로 통합되어 단단히 결합되어 있다. 이제 두 쌍의 부부가 나란히 서 있기는 하지만, 한 쌍은 세속의 세상에, 다른 한 쌍은 마법의 세계에 속

해 있어서 서로 떨어져 있다. 그러나 이런 의심할 바 없는 분리에도 불구하고 우리가 이미 보았던 대로 이들 간에는 비밀스런 심리학적 관계가 존재하여 한 쌍의 부부를 다른 한 쌍의 부부로부터 도출할 수 있게 한다.

자신의 드라마를 최고의 자리에서 시작하는 민담의 정신에 비추어 말할 때, 우리는 반신半神의 세계가 세속의 세계에 앞서며, 반신의 세계가 신들의 세계에서 비롯된 것이라고 생각해야 하는 것처럼, 이 세속의 세상도 어느 정도 그 자체로부터 생겨났다고 말해야 할 것이다. 이렇게 보면 돼지치기와 공주 A는 왕자와 공주 B의 지상적 모상模像이 아닐 수 없다. 그리고 이 왕자와 공주 B는 또한 신적 전형의 후예였을 것이다. 기억해야 할 점은 사냥꾼에게는 오래된 에포나Epona(켈트족의 말의 여신)와 같이 말을 기르는 마녀가 여성적인 상대역에 속한다는 사실이다. 유감스럽게도 어떻게 말들에게 마법을 걸게 되었는지는 언급하지 않고 있다. 그러나 마녀가 관계했다는 점은, 두 백마가 그녀의 마구간에서 나왔다는 점에서 분명 그녀의 소산이라고 유추된다. 사냥꾼과 마녀는 한 쌍을 이루며, 마법의 세계인 밤의, 그리고 지하 부분에 살고 있는 신적인 부모를 반영한다. 신적인 부부는 예수와 그 신부인 교회(신랑과 신부)라는 기독교의 중심 관념에서도 쉽게 인식된다.

우리가 민담을 인격주의적으로 설명하고자 했다면 이 시도는 실패할 것이다. 원형들은 임의적인 발명품들이 아니라 무의식적 정신의 자율적인 요소들이며 모든 발명들 이전에 이미 거기에 존재하고 있기 때문이다. 이 원형들은 하나의 정신세계의 불변의 구조를 나타내며 그것은 의식을 한정짓는 작용을 통해 자신이 '실재함'을 보여주고 있다. 그러므로 인간의 쌍[76]에 대해 무의식에서는 다른 쌍이 상응한다는 점은 의미심장한 심리적 현실이다. 짐작건대 여기에서 후자는 전자의 반영상일 뿐이다. 왕 부부는 실제로는 언제나 어디서나 선험적으로 있다. 그러므로 인간의 쌍은 생물학적 연속에 각인된 최소한의 정신적인 구조의 측면에서는 영원한 원상의 개인적이고도 시공간적인 구체화를 의미한다. 돼지치기 청년은 위의 세계의 어딘가에 상대가 될 여인을 가지고 있는 동물적인 인간을 나타낸다고 할 수도 있겠다. 왕가 출신인 그녀는 선험적으로 존재하는 반신 부부와의 관계를 증명하고 있다. 이런 관점에서 볼 때 그것은 세계수 위로 아주 높이 올라가기만 한다면 인간이 무엇이 될 수 있는지를 모두 묘사하고 있다.[77] 왜냐하면 그 젊은 돼지치기가 고귀하게 태어난 자신의 여성적인 반쪽을 제 것으로 삼는 만큼 그는 또한 반신半神의 부부에 근접하여 왕권의 영역으로, 즉 보편타당성의 단계로 상승하기 때문이다. 크리스티안 로젠크로이츠Christian Rosencreutz의 『화학적 결혼Chymische Hochzeit』에 실린 삽화에서 우리는 동일한 주제를 볼 수 있다. 왕자는 자진해서 무어인의 정부가 된 왕족 출신의 신부를 먼저 무어인의 지배에서 구해내야 한다. 여기서 무어인은 비밀의 물질(기체)이 숨겨져 있는 연금술의 흑색 단계 nigredo를 나타낸다. 그런 생각은 신화소의 또 하나의 유비, 즉 심리학적으로 표현한다면 그 원형의 또 하나의 유형을 이룬다.

연금술처럼 우리의 민담 역시 기독교적 의식 상태를 보상하는 무의식의 과정을 기술하고 있다. 그것은 중세도 근대도 대답할 수 없었던 물음에 대한 답을 찾기 위해 교회의 견해에 설정된 경계를 넘어서 기독교적 사고를 엮어가는 그런 심혼의 작동을 묘사하고 있다. 두 번째 왕의 부부 상에서는 신랑과 신부라는 교회의 표상에 일치하는 모습을, 그리고 사냥꾼과 마녀의 상에서는 아직 현존하는 무의식적인 보탄주의의 방향으로 나아가는 기독교적 사고의 왜곡이 제시되어 있음을 어렵지 않게 볼 수 있다. 이것이 독일 민담이고 보면 바로 이런 보탄주의가 국가사회주의의 심리학적 대부가 되었던 점은 특히 흥미를 끈다.[78] 국가사회주의는 세계 아래로 향한 왜곡을 똑똑히 보여주었다. 그러나 다른 한편, 인간의 전체성이 되려 한다는 의미에서 보면 전체성에 도달하는 것은 오직 어두운 정신을 포함시킴으로써 가능하다는 점을 민담은 보여주고 있다. 심지어 어두운 정신은 구원의 개성화의 도구가 되는 원인임을 제시하고 있다. 인간 본성에 의해 열망되었을 뿐만 아니라 기독교적 교의에 의해서 미리 그 모습을 드러냈던 정신적 발전이라는 목표와는 완전히 거꾸로, 국가사회주의는 인간의 도덕적 자율성을 파괴시켰고 바보 같은 국가전체주의를 세웠다. 그에 반해 민담은 우리가 어두운 심혼의 힘을 극복하려면 어떻게 해야 하는지를 가리키고 있다. 사람은 이와 같은 방법들을 자기 자신에게 적용해야 한다. 물론 음산한 사냥꾼의 저 마법의 하계下界가 무의식적인 상태로 남아 있고 국가의 최고 고위층이 인간 영혼을 진지하게 다루기보다 교리와 신조를 설교하기를 더 좋아한다면, 개인적 성찰은 일어날 수 없다.

g. 결어

우리가 가이스트를 그 원형적 형상으로, 즉 민담과 꿈에 나타나는 모습대로 관찰한다면 여러 가지 의미들로 분열된 가이스트의 의식적인 이념과는 묘하게 다른 하나의 상이 생겨난다. 정신은 본래 인간과 동물의 형상으로 나타나 하나의 혼魂으로, 인간을 향해 나타나는 다이모니온Daimonion(데몬. 고대로마의 수호신, 또는 정령, 날개 달린 신)이다. 그러나 우리들의 민담 자료는 벌써 의식의 확장이라는 흔적을 인식시켜준다. 그것은 이미 저 근원적인 무의식적 영역을 차츰 점유하기 시작해서 그 다이모니아(다이모니온들)를 부분적이나마 자의적 행위로 변화시키고 있다. 인간은 자신이 하고 있는 것을 잘 알지도 못하면서 자연을 정복할 뿐만 아니라 정신까지 정복한다. 계몽된 오성에게는 그가 정령이라고 여겼던 것이 인간의 것이며 결국 그 자신의 정신이라는 사실을 인식할 때, 그것은 교정할 오류 정도로 보인다. 선이나 악에서의 초인적인 모든 것을 예전에는 다이모니아라고 했지만 그것이 마치 과장된 것이기나 하듯이 '이성적인' 척도에 맞게 환원되어 모든 것은 최상의 질서 안에 놓여 있는 것처럼 보인다. 그러나 과거의 일치된 확신들이 정말 과장일 뿐이었던가? 그렇지 않다면 인간 '정신'의 통합은 바로 인간 정신의 귀령화를 의미한다고 해도 과언이 아니다. 그리되면 예전에는 자연에 묶여 있던 초인적인 정신의 힘이 인간 본체 안에 받아들여지고, 그러면 위험하게도 인간 존재의 경계를 불확정적인 데로 확대시키는 힘을 인간에게 빌려주게 된다. 나는 계몽된 합리주의자에게 이런 물음을 던져야겠다. 그는 이성적 환원으로 물질과 정신을 유익하게 통제하게끔 되었는가? 그는 물리학과 의학의 진보를, 그리고 심혼이 중세의 무지몽매함에서 풀려난 것을, 또한 선의의 그리스도인으로서 악마에 대한 두려움에서 구원된 것을 자랑스럽게 제시할 것이다. 그러나 우리는 계속 묻는다. 그 밖의 모든 문화적 성과는 무엇에 이바지했는가? 무서운 대답이 우리 눈앞에 있다. 우리는 결코 불안에서 벗어난 것이 아니다. 암담한 악몽의 신음이 세계를 덮고 있다. 이성은 지금까지 비참하게 좌절되었고, 모두가 피하려고 한 바로 그것이 끔찍하게 진행되고 있다. 인간은 유용한 것에서 엄청난 것을 획득했지만, 그 대가로 그는 세계의 심연을 파헤쳤다. 어디서 멈추게 될 것이며 멈출 수 있겠는가? 우리는 지난 세계대전 이후 이성에 희망을 걸었다. 우리는 지금도 거듭 희망하고 있다. 그러나 이미 사람들은 근원적 분열의 가능성에 매혹되어 있고, 황금 시대를 약속받고 있다. 그것은 황폐화의 공포가 무한정 커지는 것에 대한 최상의 보장이다. 그런데 이러한 모든 것을 성취할 자는 누구인가? 그것은 바로 이른바 순진하고 재능이 있으며, 창의적이고 이성적인 인간 정신이다. 다만 유감스러운 것은 이러한 정신이 자신에게 달라붙어 있는 귀령을 의식하지 못하고 있다는 점이다. 물론 이러한 정신은 자기 자신의 얼굴을 외면하기 위해서 무슨 일이든 하고 그 경우에 각자 힘닿는 대로 그를 돕는다. 물론 심리학만은 안 된다. 왜냐하면 그 탐닉은 자기인식으로 인도할 것이기 때문이다! 차라리 전쟁을 하자. 전쟁에서는 항상 나보다 남이 잘못이다. 사람들이 도망치고 두려워하는 바로 그것을 행하는 데 전 세계가 사로잡혀 있다는 사실을 아무도 보지 못한다.

솔직히 말하자면 과거의 시대들에서는 심혼이 미처 자신의 마력을 떨쳐버리지 못하였으며, 인간은 자신의 과학적·기술적 발전 덕분에 점점 더 사로잡힘의 위험에 노출된 것 같다고 해도 과언이 아니다. 더욱이 심혼의 원형은 악하기도 하고 선하기도 한 작용을 할 수 있는 특징을 보여준다. 그러나 선한 것조차도 사탄 같은 악으로 바뀌게 할지 여부는 인간의 자유로운, 의식적 결단에 달려 있다. 인간의 최악의 죄과는 무의식 상태에 있는 것이다. 그러나 심지어 인류에게 스승과 모범이 되어야 할 사람들이 극도로 경건하게 무의식성에 빠져들고 있다. 인간을 단순히 야만적인 방식으로 가정하지 않고, 인간의 사로잡힘과 무의식성이라는 악귀를 내쫓는 수단과 방법을 진지하게 추구하며, 이것을 가장 중요한 문화의 과제로 삼는 시대는 언제 올 것인가? 모든 외적 변화와 개선이 인간의 내적 본성을 감동시키지 못한다는 사실과, 모든 것은 결국 과학과 기술을 다루는 인간이 판별 능력을 가지고 있는가 없는가에 달려 있다는 사실을 사람들은 언젠가 이해하지 않겠는가? 물론 기독교는 우리에게 그 길을 열어주었다. 그러나 사실이 증명하듯이 그것은 표면 아래로 충분히 깊이 들어가지 못했다. 인류의 책임 있는 지도자들 스스로가 적어도 유혹을 뿌리칠 수 있을 정도로 인류에게 폭넓은 시야를 열어주기까지 얼마나 많은 절망이 더 필요하단 말인가?

번역: 이유경

초월적 기능

서문

이것은 1916년에 쓴 논문이다. 얼마 전에 C. G. 융 연구소의 학생들에 의해, 영역문이기는 하나 잠정적인 최초의 텍스트로서 사적으로 출판되었다. 나는 출판 형식에 맞추기 위해 논문의 사유 과정을 유지하고 그 지평의 불가피한 제한성을 떠안은 채 이 원고의 문제를 다듬었다. 이러한 소재를 다루는 전문가라면 누구나 금방 알 수 있듯이, 오늘날 이 논문은 더 많은 보완을 필요로 하지만, 이 글이 제시하는 문제의 시사성은 42년이 지나서도 없어지지 않았다. 유감스럽게도 이 논문을 다시 다듬는 엄청난 수고를 하기에는 나의 고령이 허락하지 않는다. 그러니 이 논문의 완성 작업이 불충분하더라도 하나의 역사적 문헌으로 남겨두는 수밖에 없다. 이 논문은 치료 과정에서 정신적 사건에 대하여 합성적 파악을 처음으로 시도할 때 이해하기 위해 어떤 노력이 필요한지를 설명해줄 것이다. 이 논문의 근본적인 숙고들은 오늘날에도 여전히 유효하기 때문에 독자들이 폭넓고 깊이 이해할 수 있도록 자극을 줄 것이다. 이 같은 이해의 문제는 다음의 보편적인 물음과 같은 것이 아니겠는가? 즉, 우리는 실제로 무의식과 어떻게 대면하는가?

이것은 바로 인도 철학, 특히 불교와 선禪 철학이 제기하는 물음이다. 그러나 그것은 간접적으로는 모든 종교와 철학 일반의 실질적인 근본 문제다.

물론 무의식은 이것 또는 저것이라고 지칭되는 것일 뿐만 아니라 우리에게 직접 영향을 끼치는 미지의 것이다. 무의식은 우리에게 정신적으로 나타나지만, 그 진정한 성질에 대해서는 물질의 성질에 대해서와 마찬가지로 알아내기 어렵다. 하지만 낙관적으로 표현하자면, 물질의 성질만큼 많이 알아낼 수 있다. 물리학이 물리적 확인의 모형 특성을 의식하고 있는 데 비해 종교적 철학들은 형이상학적으로 표현하고 그 심상들Bilder을 실체화한다. 아직 종교적·철학적 입장에 서 있는 사람은 심리학적 표명을 이해할 수 없다. 그는 심리학적 표명이 형이상학적이거나 유물론적이거나, 혹은 완전히 그노시스적이지는 않지만 적어도 불가지론적이라고 비난할 것이다. 그래서 나는 이러한 중세적인 비판가들에 의해서 어떤 때는 신비주의자와 그노시스파로, 또 다른 때는 무신론자로 탄핵을 받게 된다. 나는 이러한 오해가 내 생각에 대한 이해를 가장 크게 가로막는 요인임을 강조하지 않을 수 없다. 문제는 교육의 부족으로, 인식론적 비판에 관해 아직 아무것도 모르기 때문에 신화는 역사적인 사실이어야 하고, 만일 그렇지 않다면 아무것도 아니라는 식으로 순진하게 가정하는 것이다. 그런 사람들에게는 신화나 민담의 표현을 심리학적인 사실과의 관계에서 응용하는 것은 완전히 '비과학적인' 것이다.

이러한 선입견으로 인해 사람들은 무의식의 심리학으로 가는 입구를 막아버린다. 그럼으로써 내면적 인간이 폭넓은 발전으로 가는 길도 막혀버린다. 이런 지적·도덕적인 좌절이야말로 우리 시대의 가장 고통스러운 발견일 것이다. 입이 달린 사람은 누구나 "사람은 이래야 된다", "사람은 저래야 할 것이다"라고 말한다. 그러나 그는 자신이 그렇게 함으로써 얼마나 비참한 절망을 고백하고 있는지를 모른다. 그가 추천하는 모든 수단은 바로 그 좌절된 것들이다. 심리학은 보다 깊은 오성이라는 면에서 보면 자기인식이다. 그러나 자기인식은 사진으로 찍는다거나 숫자로 헤아리고 무게를 달거나 자로 잴 수 없기 때문에 비과학적이다. 그러나 학문을 추구하는, 아직도 잘 알려지지 않은 그 정신적 인간 역시 '비과학적'이므로 그가 더 이상 연구해나갈 자격이 없다고 할 것인가? 만일 신화가 정신적 인간을 특징짓는 것이 아니라면 우리는 피리새에게서 보금자리를 뺏은 나이팅게일의 노랫소리를 인정하지 않아야 한다. 인간은 일반적으로 자기 자신에 관해 좀더 알고자 하는 것에 대해 뿌리 깊은 혐오를 가지고 있다는 점, 그리고 모든 외적 진보에 걸맞은 내적인 발전과 개선이 왜 이루어지지 않고 있는가에 대한 실제 원인을 여기서 찾아야 한다고 생각할 만한 충분한 근거가 있다.

영어판 전집을 위한 보완

'적극적 명상'[1] 방법은 무의식의 내용들, 이른바 의식의 문턱 아래에 놓여 있어서 그것이 강화될 경우 아주 재빨리 자발적으로 의식 속으로 비집고 들어올 무의식의 내용들을 생산하는 데 가장 중요한 보조 수단이다. 따라서 이러한 방법은 위험을 안고 있어, 의사의 통제 없이 적용되어서는 안 된다. 보다 사소한 위험은 그 방법이 아무런 성과도 거두지 못한다는 데 있다. 왜냐하면 그 방법의 진행이 이른바 프로이트의 '자유 연상'으로 넘어가버려서 환자는 어차피 스스로 해방될 수 없는 콤플렉스의 삭막한 순환 속에 빠져들기 때문이다. 그 밖에 그 자체로는 해가 없는 독특한 내용이 산출되지만 환자가 그것에 대해 전적으로 심미적 관심만을 보여, 그로 인해 그가 연속되는 환상 속에 머물러 있게 된다는 점이다. 물론 이렇게 해서는 어디에도 다다를 수 없다. 이러한 환상의 의미와 가치는 환상이 개인의 전체인격으로 통합될 때, 즉 우리가 그 환상들과 그것들이 지닌 의미에 맞추어 도덕적으로 직면하는 순간에 비로소 나타난다.

끝으로 세 번째 위험은—그런데 이것은 사정에 따라서는 매우 중대한 문제가 된다—의식 아래의 내용들이 적극적 명상에 의해 그 내용의 출구를 열 경우, 의식을 압도하고 개인의 인격을 차지할 정도로 고도의 에너지를 가지고 있다는 데 있다. 그렇게 해서—일시적이지만 최소한—정신분열증(조현병)과 구분하지 못할 정신 상태가 생기는데, 이 상태는 심한 경우 진짜 정신병적인 발병 단계에 이르게 될 수 있다. 따라서 이 방법은 아이들의 장난 같은 것이 결코 아니다. 일반적으로 우세한 무의식의 과소평가는 이 방법의 위험성을 높이는 데 크게 이바지한다. 그에 반해 다른 한편에서는 그것이 정신치료의 매우 귀중한 보조수단임을 보여주고 있다.

1959년 9월 퀴스나흐트에서
C. G. 융

'초월적 기능'이라는 제목은 신비로운 것, 다시 말해 초감각적이거나 형이상학적인 것을 말하는 것이 아니라 심리학적인 기능이라고 이해해야 한다. 여기서 그 기능은 그 방식에 따라 같은 제목의 수학적인 기능과 비교할 수 있어서 허수와 실수의 기능에 해당한다. 심리학적으로 '초월적' 기능은 의식적·무의식적 내용의 합일에서 생겨난다.

분석심리학에 종사하는 사람들이 경험을 통해 배운 것은 의식과 무의식이 내용과 경향에서 거의 일치하지 않는다는 점이다. 경험이 알려준 바에 따르면 이 같은 유사성의 결핍은 우연적이거나 무계획적인 것이 아니라 무의식이 의식에 보상적 또는 보완적으로 관계하고 있다는 데서 기인한다. 또한 우리는 그와 반대로 의식이 무의식에 대해 보충적이라고도 말할 수 있다. 따라서 이러한 관계는 다음과 같다. 1. 의식의 내용은 문턱값을 갖고 있어서 문턱값이 너무 낮은 요소는 모두 무의식에 남아 있어야만 한다. 2. 의식은 방향성이 있는 기능의 힘으로, 그에 어울리지 않는 모든 자료를 억제시켜(프로이트는 그것을 검열이라고 명명했다) 그것들을 무의식 상태에 머물게 한다. 3. 의식이 잠정적인 적응 과정을 이루고 있는 반면 무의식은 개인의 과거의 잊혀진 모든 재료들과, 인간 정신의 유전되고 구조적인 모든 기능의 징후들을 담고 있다. 4. 무의식은 시간의 경과 중 적당한 때 의식의 빛으로 나아가게 될 것이지만 이는 아직 문턱값을 넘지 못한 모든 환상의 결합들을 포함하는 것이다.

이상의 개관으로 인해 의식에 대한 무의식의 보완적인 입장이 자명해진다.

의식 내용의 결정성과 방향성은 계통발생학적으로 보면 매우 뒤늦게 획득된 특성이다. 예를 들어 현대사회에서 살고 있는 원시인은 그러한 특성이 크게 결여되어 있다. 마찬가지로 그것은 신경증적인 사람에게는 자주 침투된다. 신경증 환자가 정상인과 다른 점은 의식의 문턱값의 위치를 더 쉽게 바꿀 수 있다는, 달리 말하면 의식과 무의식 사이의 칸막이에 투과성이 있다는 점이다. 정신병을 앓는 사람은 전적으로 무의식의 직접적인 영향아래 있게 된다.

의식의 결정성과 방향성은 값비싼 희생의 대가를 치르고 획득된 것이고 인류의 편에서 보면 가장 위대한 임무를 수행하여 얻은 매우 중요한 성과인 것이다. 그 성과가 없었다면 과학과 기술, 문명은 불가능했을 것이다. 그것이 정신적 과정의 신뢰할 수 있는 영속성과 균형성 그리고 목적 지향성을 모두 전제하고 있기 때문이다. 이러한 특성은 고위 공직자·의사·공학자에서부터 일일급여자에 이르기까지 필수적으로 전제되고 있다. 일반적으로 사회적인 무가치함은 이러한 성질이 무의식에 의해 무력화되는 정도에 따라 커진다. 물론 그중에는 창조적인 재능이라는 예외도 있기는 하다. 창조적인 재능을 지닌 인간은 바로 의식과 무의식 사이의 칸막이를 통과할 수 있다는 데서 자신의 장점을 발견한다. 그러나 균형성과 신뢰성을 요구하는 바로 그 사회 조직을 위해서는 보통 그 예외적인 인간은 거의 쓸모가 없다.

그래서 개인의 경우에 정신적 과정이 가능한 한 확고하고 특정적이어야 한다는 것은 이해할 만할 뿐만 아니라 또한 필요한 것이라 할 수 있다. 삶의 고난이 그것을 요구하고 있는 것이다. 그러나 이러한 특성들이 지니고 있는 장점은 또한 엄청난 단점에 결부되어 있다. 즉 의식이 특정한 목표로 방향을 잡는다는 사실은 겉보기에, 혹은 실제로 그 방향에 어울리지 않는 모든 정신적 요소들, 경우에 따라서는 미리 정해진 방향을 위해 임의로 굽히고, 의도하지 않은 목표로 정신 과정을 이끌어가려는 모든 정신적 요소들을 억제하고 배제함을 뜻한다. 그러나 무엇으로써 부차적·심리적 자료들이 '어울리지' 않는다고 인식되는가? 그 인식은 원하는 길의 방향을 확정 짓는 판단 행위에 근거를 두고 있다. 그 판단은 편파적이고 선입견에 사로잡혀 있다. 그것은 모든 다른 가능성을 희생하여 선택한 단독적인 것이기 때문이다. 그 판단은 항상 경험에서, 다시 말해 이미 알고 있는 것으로 제시되어 있는 것에서 나온다. 그러니까 그것은 보통 아직 알려져 있지 않은, 어떤 상황 아래서는 방향 지어진 과정을 현저히 풍부하게 할 수도 있는 새로운 것에는 전혀 토대를 두고 있지 않다. 무의식의 내용이 의식에 도달할 수 없는 한, 그것은 자연히 그러한 토대 위에 근거를 둘 수 없는 것이다.

그러한 판단 행위를 통해서 특정 목표로 향하는 과정은, 아무리 합리적인 판단이 다양하고 외관상 편견에 사로잡히지 않은 것처럼 보일지라도 반드시 일방적인 것이 된다. 결국 판단의 합리성조차도 선입견일 수 있다. 왜냐하면 이성적이라 함은 우리에게 이성적으로 보이는 것을 말하기 때문이다. 우리에게 비이성적으로 여겨지는 것은 그 비합리적인 특징 때문에 배제된다. 물론 그것은 비합리적일 수 있지만 높은 뜻이 없는, 그저 비합리적인 것처럼 보이는 것일 수도 있는 것이다.

일방성은 방향 지어진 과정의 필수적인 특성 때문에 피할 수 없는 것이다. 왜냐하면 방향 자체가 바로 일방성이기 때문이다. 일방성은 장점이자 곧 단점이 된다. 비록 겉으로 인식할 수 있는 단점이 없는 것처럼 보이더라도 모든 심리적인 구성 요소들이 동일한 하나의 방향에서 함께 만나는 이상적인 경우가 아니라면 무의식에는 항상 뚜렷한 반대 입장이 있다. 그런 이상적인 경우가 가능함을 이론적으로 밝히는 데는 어렵지 않지만, 실제로는 매우 드물 것이다. 무의식에서의 대립적 입장은 높은 에너지를 내보이지 않는 동안은 그리 해롭지 않다. 그러나 너무 과도한 일방성으로 인해 대립적 입장의 긴장이 고조된다면 반대 경향은 의식을 뚫고 나오며, 그것도 대개 방향 지어진 과정 수행이 가장 중요하다고 할 순간에 나타난다. 연설하는 사람이 엉뚱한 말을 하지 않아야 한다고 의식하는 순간에 말실수를 하는 일이 일어난다. 그러한 순간은 최고의 에너지상의 긴장을 나타내기 때문에 위험하다. 이미 자리를 차지한 무의식의 부담을 뒤집어엎어 버리고 무의식의 내용을 풀어낸다.

우리의 문명화된 삶은 고도의 집중력과 방향 지어진 의식의 활동을 요구하고 그 때문에 무의식과의 현저한 분리라는 위기에 처하게 된다. 우리가 방향 지어진 기능 활동을 통해 무의식에서 멀리 떨어지면 떨어질수록 거기에 상응하는 강력한 반대 입장을 형성하게 되는데, 그것이 만약 뚫고 나온다면 달갑지 않은 결과가 일어날 수 있다.

분석적 치료를 통해 우리는 무의식의 영향의 중요성에 대해 강한 인상을 받게 되었다. 치료가 종결되면 무의식이 제거되거나 정지된다고 기대하는 것은 어리석다는 사실에서 실질적인 삶을 위한 많은 것을 배웠다. 이러한 사정을 막연하게나마 인식하기 때문에 환자와 의사가 의존 감정을 짐스럽고 부당한 것으로 느꼈음에도 많은 환자들이 분석의 포기를 결정하지 못하거나, 하더라도 어렵게 결정하는 것이다. 많은 이들이 그러한 시도를 감행하여 독립하는 데 두려움을 갖고 있는 것이다. 그들은 무의식이 예측할 수 없는 방법으로 언제나 다시금 그들의 삶에 끼어들어 방해할 수 있다는 사실을 경험으로 알고 있기 때문이다.

우리는 앞에서 환자들이, 그들 자신의 꿈을 이해할 수 있을 정도로 실제적인 자기인식에 관해 터득하게 되었다면 그들은 정상적인 삶을 받아들일 준비가 된 것이라고 가정하였다. 그러나 경험은 우리에게, 꿈 해석에 정통하기를 기대하는 의사이자 분석가 자신도 종종 그 자신의 꿈의 해석을 포기하고 동료의 도움을 청해야 한다는 것을 가르쳐준다. 만약 꿈의 해석법에 전문적으로 정통하다고 자처하는 사람조차 자신의 꿈을 만족스럽게 해석할 수 없다면, 환자들에게 이것은 거의 기대될 수 없는 것이다. 무의식을 남김없이 이용할 수 있다는 프로이트의 기대는 이루어지지 않았다. 꿈의 삶과 무의식의 침입은—끊임없이 변하고 있는 것의 교체에 의하여—개의치 않고 계속된다.

일반적으로 널리 퍼진 편견은 분석을 얼마 동안 감수하면 치유되어 퇴원하는 그러한 '치유' 같은 것으로 이해한다는 점이다. 그것은 정신분석 초창기에 비롯된 비전문가적인 잘못이다. 분석적인 치료는 의사의 도움으로 수행된 심리학적 입장의 새로운 조정이라고도 볼 수 있다. 물론 이렇게 새롭게 획득하고 내적 · 외적 조건에 더 잘 어울리는 태도를 상당 기간 지탱할 수는 있으나 한 번의 '치유'로 그런 식의 지속적 성과를 거두는 경우는 극히 드물다는 것이다. 잘 알려진 것처럼 일찍이 자기 선전에 인색한 적이 없는 의사의 낙천주의는 항상 결정적으로 치유된 사례만을 보고할 줄 안다. 그러나 우리는 임상가의 인간적인, 너무나 인간적인 태도에 놀라지 말아야 하며 무의식의 삶이 항상 계속되고 언제나 되풀이해서 문제 상황들을 만들어낸다는 사실에 주목해야 한다. 그렇다고 비관할 필요는 없다. 그러기에는 우리는 좋은 성과를 너무나 많이 보아왔고, 그것은 우리가 다행히도 철저한 작업을 통해 얻어낸 것이다. 그러나 분석이 분명 단번의 '치유'가 아니고, 단지 다소 철저한 새로운 적응이라는 사실을 참작해야 한다. 결코 무조건적으로, 그리고 긴 안목으로 보아도 유효한 변화란 없다. 삶은 언제나 다시금 새롭게 획득되어야 하는 것이다. 갈등의 해결을 가능하게 하는 매우 지속성 있는 전형적인 집단적 태도는 다른 삶의 조건들처럼 개인에게 영향을 미침으로써 개인을 마찰 없이 집단에 끼워 맞춘다. 그러나 환자의 어려움은 바로 그에게 주어진 개별적인 여건이 전형적인 규범에 마찰 없이는 순응할 수 없으며, 집단적이 아닌 개별적인 갈등의 해결을 필요로 한다는 데 있다. 그래서 인격의 전체성이 생명력 있는 것으로 받아들여져야 하는 것이다. 어떤 합리적인 해결도 이러한 과제에 합당하지 않다. 그리고 개별적인 해결을 손실 없이 대체할 수 있는 어떤 집단적 규범도 존재하지 않는다.

　분석에서 얻은 새로운 태도는 길든 짧든 시간이 지난 뒤에는 어떤 점에서도 만족스럽지 못하게 되곤 하는데 그것은 어쩔 수 없는 것으로, 늘 새로운 적응을 요구하는 끊임없는 삶의 흐름으로 인하여 그렇게 되는 것이다. 그 이유는 어떠한 적응도 영구히 이루어지는 것이 아니기 때문이다. 물론 사람들은 치료에 의해 획득된 새로운 시각을 이후의 삶에서도 어려움 없이 행사해야 한다고 요구할지 모른다. 경험이 가르쳐주듯, 이것은 어느 정도까지만 그러하다. 우리는 철저한 분석을 경험한 환자들이 이후의 새로운 적응에서 상대적으로 어려움을 덜 겪는 것을 흔히 보아왔다. 그러나 이런 어려움은 빈번이 나타나며 때로는 무척 부담스럽다. 따라서 철저한 치료를 경험했던 환자도 도움을 청하기 위해 이전의 의사를 다시 찾는 경우가 있다. 일반적인 임상치료와 비교할 때 이것은 별로 특별한 사실이 아니지만 치료자의 치료성과에 대한 역겨운 열광뿐만 아니라 분석이 일회적인 '치유'라는 견해를 정식으로 수정하는 것이다. 일찍이 모든 어려움을 제거하는 치료성과를 올리는 치료법이 있을 수 있는지는 의심스럽다. 인간은 어려움을 필요로 하고, 그 어려움은 인간의 건강에 속하는 것이다. 사람에게 쓸모없어 보이는 것은 단지 그의 적절치 못한 기준 때문이다.

　치료에서의 기본 물음은 단순히 현재의 어려움을 어떻게 제거하는가에 있지 않고, 미래의 어려움에 어떻게 성공적으로 대처할 수 있는가 하는 것이다. 그 물음은 다음과 같다. 무의식의 장애적인 영향력에 직면하여 어떤 종류의 정신적·도덕적 태도가 꼭 필요한 것인가? 그 태도는 어떻게 환자에게 매개될 수 있는가?

　그 대답은 분명 의식과 무의식 간의 분리가 극복되는 지점에 있다. 그것은 무의식의 내용이 의식적인 결정에 의해 일방적으로 비난받는 데서가 아니라, 오히려 의식의 일방성을 보상하는 무의식의 의미가 인식되고 참작됨으로써 일어난다. 말하자면 무의식의 경향과 의식의 경향은 초월적인 기능을 구성하는 두 가지 요인이다. 그 기능을 초월적이라 하는 것은 하나의 태도에서 다른 태도로 옮겨가는 것이 유기적으로 가능하기 때문이다. 즉 그것은 무의식의 상실 없이 이루어진다. 건설적인 방법은 의식된 인식들을 전제로 한다. 그것은 환자에게도 최소한 잠재적으로 존재하며 그 때문에 의식화될 수 있는 것이다. 이러한 가능성에 대해 의사가 아무것도 모른다면 그는 환자에게서 이러한 측면에 대해 아무것도 발전시키지 못할 것이다. 의사와 환자가 함께 이러한 문제에 대한 연구에 헌신하지 않는다면 말이다. 그런데 그것은 보통은 생각할 수 없는 일이다.

　그러므로 임상에서는 미리 거기에 상응하는 훈련을 받은 의사가 환자에게 초월적인 기능을 중재한다. 다시 말해 의사는 환자가 의식과 무의식을 통합하고 그것을 통해 하나의 새로운 입장에 이르도록 돕는다. 의사의 이러한 기능에는 전이가 지닌 다양한 의미 중 하나가 있다. 환자는 태도의 혁신을 약속하는 것처럼 보이는 사람에게 전이로써 매달린다. 비록 환자는 그것을 의식하지는 못하지만 전이로써 필수적인 변화에 이르려고 시도한다. 따라서 의사는 환자를 위해 없어서는 안 되는, 삶에 절대적으로 필요한 인물이라는 특성을 가진다. 이와 같은 의존이 아무리 유치해 보일지라도 거기에는 엄청나게 중요한 기대가 표현되어 있다. 그런 기대에 대한 실망은 흔히 쓰디쓴 증오로 의사에게 보답하게 된다. 그 때문에 전이에 숨겨진 기대감이 무엇을 말하는가를 아는 것은 중요하다. 사람들은 이러한 요구를 단지 성적인 것으로, 어떤 유아적인 환상의 의미로만 환원해서 이해하려는 경향이 있다. 그러나 그것은 일반적으로 부모와 관계되는 이러한 환상을 글자 그대로 받아들인다는 뜻이 될 것이다. 마치 환자나 환자의 무의식이 어린 시절에 한때 부모와 대해서 일어났던 그런 기대를 다시금, 또는 아직도 가지고 있기나 한 것처럼 말이다. 그것은 겉보기에는 어린이가 부모의 도움과 보호에 걸었던 기대와 같은 것으로, 그 사이에 성인이 되어 어린 시절에는 정상적이었던 것이 성인에게는 맞지 않는 것이 된 그런 기대다. 그것은 곤경에 처하여 의식에서는 깨닫지 못한 도움이 필요함을 은유적으로 표현한 것이 된다. 전이의 성애적性愛的인 특징을 유아적 에로스로 소급하여 설명한다면, 그것은 역사적으로는 옳다. 그러나 그것으로 전이의 목적과 의미가 이해된 것은 아니다. 그리고 유아적·성애적 환상이라는 해석은 문제의 본질에서 벗어나게 만든다. 전이의 이해는 역사적인 전제들에서보다는 그 목적에서 추구되어야 한다. 그 해명으로 환자들의 저항만 증가시킬 뿐 다른 어떤 새로운 것도 나올 수 없다면 일방적인 환원적 해명은 사리에 맞지 않는 것이다. 그 치료 과정에서 나타나는 지루함은 단조로움과 관념의 빈곤을 표현한 데 불과하며, 때때로 추측하듯 무의식의 표현은 아니다. 그것은 환상이 단지 구체적으로 환원될 수 있는 것이 아니라 건설적으로 파악되어야 한다는 것을 이해하지 못하는, 바로 분석가의 단조로움과 사고의 빈약함의 표현일 뿐이다. 이러한 통찰로써 종종 막혀 있던 상황이 한꺼번에 바뀌기도 한다.

　무의식의 건설적 치료를 통해서, 즉 의미와 목적에 대한 물음을 통하여, 내가 초월적 기능이라고 이름 붙인 과정을 통찰할 수 있는 기초가 마련된다.

건설적인 방법은 암시라고 자주 들먹여지는데 여기서 이에 대해 논평할 필요가 있을 듯하다. 구성적 방법은 상징(즉 꿈의 상이나 환상)이 더 이상 **기호론적**Semiotisch으로, 즉 기본적 충동 과정의 표징으로 평가되지 않고 **상징적**으로 평가된다는 사실에 근거하고 있다. 여기서 '상징'은 복합적인 의식을 통해 아직 분명하게 파악할 수 없었던 사상事象을 최대한 재현하는 표현을 의미한다. 이러한 표현을 분석적으로 해소한다면 그 표현의 기본적인 구성 요소를 명료하게 하는 것말고는 다른 어떤 것도 얻을 수 없다. 요소들은 본래 함께 구성되어 있던 것이다. 그렇다고 요소들에 대한 통찰을 어느 정도까지 증가시키는 것도 장점일 수 있다는 점을 부인하는 것은 아니다. 그러나 그것은 목적적인 질문을 지나쳐버린다. 따라서 이 단계의 분석에서 이루어지는 상징 풀이는 비난받을 만하다. 물론 상징을 통해 암시된 의미를 부각시키기 위한 방법은 분석적 해석의 경우와 같다. 즉 대체로 합성적으로 이용하기에 충분하다고 할 만한 환자의 착상들을 수집한다. 그것의 적용은 다시금 기호론적이 아니라 상징적인 관련에서 일어난다. 물음은 다음과 같다. 착상 A, B, C 등은 현시된 꿈의 내용을 살펴볼 때 어떤 의미를 가리키고 있는가?

어느 미혼의 여자 환자. 그녀는 누군가가 그녀에게 선사 시대의 고분에서 발굴해낸 화려하고 장식이 많이 달린 아주 오래된 검을 건네주는 꿈을 꾸었다.

환자에게 떠오른 착상들

아버지의 검. 한번은 아버지가 그 검을 그녀 앞에서 햇빛에 번쩍였는데 무척 인상적이었다. 아버지는 모든 면에서 활동적이고 의지가 강한 남자였고 저돌적인 기질을 지녔으며 애정 관계에서도 모험적이었다. **켈트족의 청동검**. 환자는 자신의 켈트족 혈통을 자랑스럽게 여겼다. 켈트족은 다혈질적이고 저돌적이고 열정적이다. 칼의 장식들은 비밀스러운 외양, **오랜 전통**, 옛 게르만의 문자, 오랜 지혜의 표시, 아주 오래된 문화들, 인류의 유산을 무덤에서 내놓아 다시 햇빛을 보게 하였다.

분석적 해석

환자는 뚜렷한 부성 콤플렉스와 이미 예전에 돌아가신 아버지에 대해 풍부한 성애적인 환상을 가지고 있다. 그녀는 늘 어머니 편에 있으면서 아버지에게 강하게 저항했다. 그녀는 아버지와 비슷한 남성을 결코 받아들일 수 없었기 때문에 의지와는 상관없이 나약하고 신경증적인 남성을 선택했다. 분석에서도 마찬가지로 의사-아버지에게 격렬한 저항을 보였다. 꿈은 아버지의 '무기'를 갖고 싶어 하는 그녀의 욕구를 드러낸다. 미리 이론적으로 말하자면 두말할 나위 없이 남근적 환상을 제시하는 것이라 할 수 있다.

건설적 해석

마치 환자에게 그런 무기가 필요한 것 같다. 그녀의 아버지가 그 무기를 가지고 있었다. 아버지는 활동력 있고 그에 상응하는 삶을 살았으며 자신의 기질 때문에 생기는 어려움 또한 그대로 받아들였기 때문에 열정적으로 격동하는 삶을 살았어도 신경증 성향은 보이지 않았다. 이 무기는 환자의 내면에 파묻혀 있었는데, 발굴 작업(분석)을 통해 햇빛을 보게 된 인류의 오랜 유산이었다. 이 무기는 통찰, 지혜와 관련이 있으며, 공격의 수단이자 방어의 수단이다. 아버지의 무기는 굽힐 수 없는 열정적인 의지였고 그의 삶은 이런 의지로 관철되었다. 환자는 지금까지 모든 측면에서 정반대였다. 그녀는 이제 다만 피동적으로 움직여야 할 필요가 없고, 마찬가지로 자신이 원할 수도 있다는 것을 알아야 할 시점에 있다. 삶의 지혜와 통찰에 바탕을 둔 의지는 인류의 오랜 유산이며 그녀의 내면에도 있었지만 지금껏 파묻혀 있었다. 이런 면에서도 그녀는 아버지의 딸이었다. 그러나 무척이나 응석받이로 자랐고 유치하고도 애처로운 존재에 머물러 있었으므로 그 유산의 진가를 지금까지 인정하지 못했다. 그녀는 너무나 수동적이고 성적인 상상에 사로잡혀 있었다.

이 사례에는 더 이상 의사 측의 보충적 유추가 필요하지 않았다. 환자는 필요한 모든 연상을 했다. 사람들은 이제 이 꿈의 처리방식을 암시라고 항변할 수 있을 것이다. 그런데 이 경우에 사람들이 까맣게 잊고 있는 것이 있다. 암시는 내면의 준비가 되지 않은 사람에게는 결코 받아들여지지 않는다는 것, 혹 특별한 강요에 의해 받아들인다 해도 곧 다시 사라진다는 것이다. 지속적으로 받아들여지는 암시는 항상 암시라고 일컬어지는 것을 통해 유발된 강한 심리적 준비에 상응한다. 따라서 이러한 항변은 경솔하며 암시에 결코 있지도 않은 마술적 힘을 믿는 것이다. 이것이 아니라면 암시 치료는 대단히 효과적일 것이고 분석적 과정이 전혀 필요 없게 될 것이다. 그런데 결코 그렇지 않다. 게다가 암시라는 항변은 환자의 착상 자체가 검劍의 문화적 의미를 제시하고 있다는 사실을 간과하고 있다.

이러한 우회적 설명 뒤에 이제 우리는 초월적 기능의 문제로 되돌아가기로 하자. 우리는 이 초월적 기능이 치료 과정에서, 즉 인위적으로 유발되어 나타난다는 것을 안다. 왜냐하면 그 기능은 의사의 도움에 의해 근본적인 지지를 받기 때문이다. 환자가 스스로 설 수 있게 되면 시간이 지남에 따라 외부의 도움에 의존해서는 안 될 것이다. 꿈의 해석은 무의식적 자료와 의식적 자료를 합성하는 이상적인 수단이지만 자신의 꿈을 분석하는 어려움은 실제로 너무 크다.

  초월적 기능을 이루어내기 위해서는 무의식의 자료가 필요하다. 여기서 꿈은 무의식적 과정을 우선 편안하게 다가갈 수 있도록 표현해준다. 말하자면 꿈은 무의식의 순수한 산물이다. 꿈이 의식되어가는 과정에서 겪게 되는 변화는, 부인할 수는 없지만 무시할 만하다. 그러한 변화 또한 무의식에서 오는 것이지 의도적인 왜곡이 아니기 때문이다. 근원적인 꿈의 상들의 변화는 무의식의 표면층에서 이루어지고 이용할 수 있는 무의식적 자료로 구성된다. 그것은 꿈의 의미 안에서 이루어지는 지속적인 창작 작업이다. 이것은 흔히 반半수면 상태나 잠에서 깨어나는 순간에 '자유로이 떠오르며' 나타나는 심상들에도 해당된다. 꿈이 수면 중에 일어나기 때문에 '의식의 수준 이하로 내려간'(자네P. Janet), 즉 낮은 에너지성 긴장의 모든 특징을 지니고 있다. 즉 논리적 불연속성, 단편성, 유비의 형성, 말·소리·상의 성질을 띤 피상적 연상, 오염, 표현의 비합리성, 혼미 등이 그것이다. 강화된 에너지성 긴장과 함께 꿈은 정리된 특징을 얻게 되는데, 이때 꿈은 극적으로 구성되고 분명한 의미 관련성을 보이며 그 연상들의 가치는 증가한다.

  보통 수면 중의 에너지성 긴장은 매우 낮기 때문에 의식의 내용과 비교하면 꿈은 무의식의 내용의 열등한 표현이라 할 수 있는데, 이는 구성적 측면에서 보면 이해하기 아주 어려운 것인 반면에 환원적 견지에서 보면 대부분 쉽게 이해할 수 있는 것이다. 그러므로 일반적으로 꿈은 초월적 기능을 위해서는 부적절하거나 이용하기 어려운 자료다. 이것은 대부분의 꿈이 주체에게 너무 지나친 요구를 하기 때문이다.

그러므로 우리는 무의식의 다른 원천을 살펴보아야 한다. 예를 들면 깨어 있는 상태에서의 무의식적 간섭, 즉 '자유로이 떠오르는 착상들', 무의식적인 행동의 장애, 기억 착오, 건망증, 증상 행위 등이다. 이 자료들은 대부분 구성적 측면보다 환원적 측면에서 더 가치가 있는데, 너무 단편적이고, 의미를 이해하는 데 없어서는 안 될 보다 긴 맥락이 부족하다.

자발적인 환상은 이와 다르다. 그것들은 대부분 구조를 갖추고 서로 관련이 있는 형태로 나타나며, 눈에 띄게 심오한 의미를 지니고 있다. 많은 환자들은 그저 비판적인 주의력을 배제하고 자유롭게 '떠오르게' 하는 것으로 언제라도 환상을 만들어낼 수 있는 능력을 갖고 있다.

이러한 환상은 쓸모 있는 것이다. 다만 이런 특별한 재능은 그리 흔하지 않다. 그렇지만 특별한 연습을 통하여 이 능력을 키울 수 있기 때문에 이렇게 자유로이 환상을 만드는 사람의 수는 무시 못할 만큼 많아진다. 그 연습은 우선 비판적인 주의력을 배제하는 체계적인 것인데 이로써 의식의 공백 상태를 만들어내는 것이다. 그렇게 함으로써 이미 준비되어 있는 환상을 쉽게 증가시킬 수 있다. 물론 이에 대한 전제 조건은 리비도로 채운 환상이 정말로 준비되어 있어야 한다는 것이다. 물론 언제나 그렇게 준비되어 있는 것은 아니다. 준비되어 있지 않다면 특별한 조치가 필요하다.

이 특별한 방법을 말하기에 앞서 나는 독자들이 도대체 뭘 위해서 그런 작업이 좋다는 것인지, 그리고 왜 무의식적 내용을 끌어올려야 하는지를 의심하며 묻는 것 같은 개인적 느낌을 좇아가야겠다. 무의식의 내용은 때때로 자기 고유의 방법으로, 대개 달갑지 않게 주의를 끄는 것으로 족한 것 아닌가? 힘으로 무의식을 표면으로 끌어낼 필요는 없지 않은가? 차라리 그 반대로 환상으로부터 무의식을 비우고 이런 식으로 무의식이 영향을 미치지 않도록 하는 것이 분석적 치료의 목표가 아니겠는가?

무의식적 내용을 의식화시키는 방법이 사람들에게 새롭고 익숙하지 않아서 어쩌면 이상해 보일 수도 있을 것이므로 여기서 몇 가지 염려되는 점을 좀 자세히 다루는 것이 필요할 듯하다. 그러므로 우리는 여기서 언급한 방법을 제시할 때 반대 의견이 방해받지 않도록 하기 위하여 여러 가지 당연한 항변들을 논해야 한다.

앞서 말한 대로 우리는 의식적 내용을 보완하기 위해 무의식적 내용을 필요로 한다. 의식의 태도가 제대로 '정향적'이지 않다면 무의식은 그 자체로 영향력을 발휘할 수 있을 것이다. 이것은 예컨대 원시인처럼 의식적 긴장이 그리 높게까지 이르지 않은 경우와 같다. 이들에게는 무의식의 입구를 마련할 어떤 특별한 조치도 필요하지 않다. 그런 목적으로는 어떤 의미에서도 특별한 조치가 전혀 필요하지 않은데, 이는 자신의 무의식적 측면을 거의 모르는 사람이 무의식에 의해 가장 큰 영향을 받기 때문이다. 그러나 그는 이 사실을 의식하지 못한다. 언제, 어디서나 삶은 무의식과 함께 은밀히 작용하므로 그것을 찾을 필요가 없다. 찾아야 될 것은 우리의 행동에 영향을 주려고 하는 무의식적 내용을 의식화하는 것이다. 그럼으로써 무의식의 은밀한 혼합으로 인한 바람직하지 못한 결과를 방지할 수 있다.

사람들은 왜 무의식이 스스로 알아서 하도록 내버려두지 않느냐고 물을 것이다. 이런 측면에서 몇 가지 좋지 않은 경험을 겪은 적이 없는 사람은 당연히 무의식을 조정해야 할 어떤 구실도 찾지 않을 것이다. 그러나 이에 필요한 경험을 한 사람은 무의식을 조정할 수 있다는 조그만 가능성만 있어도 이를 반길 것이다. 정향성은 의식 과정에서 반드시 필요하다. 그러나 우리가 보아왔듯이 그것은 어쩔 수 없이 일방성의 전제 조건이 된다. 정신은 살아 있는 육체처럼 스스로 조절하는 장치이므로 무의식 속에는 매번 조절하는 반작용이 준비되어 있다. 이제 의식의 정향성이 없다면 무의식의 정반대의 영향이 거침없이 의식에 간섭해 들어갈 것이다. 그러나 의식의 정향성은 바로 무의식의 정반대의 영향력을 배제한다. 물론 그럼으로써 반작용이 억압되는 것은 아니지만, 반작용은 계속 일어난다. 그러나 무의식의 조절적 영향력은 비판적인 주의력과 목적의식적인 의지를 통해 차단된다. 왜냐하면 이 반작용 자체가 의식의 방향에 맞지 않아 보이기 때문이다. 문명된 인간의 정신은 더 이상 자가 조절장치가 아니다. 오히려 기계와 비교될 수 있는데, 한편으로는 그것의 자동적인 속도 조절이 너무 무감각해서 그 활동이 자신을 해칠 정도로 진행될 수도 있고, 다른 한편으로는 일방적인 정향적 자유의지의 간섭에 지배되고 만다.

  무의식의 반작용이 억제되면 조절적 영향력을 잃게 된다. 그렇게 되면 무의식의 반작용은 의식 과정의 방향에 따라 빠르고 집중적으로 작용하기 시작한다. 반작용은 조절적 영향력과 에너지를 잃어버린 것처럼 보이는데, 이는 억제하는 반작용이 일어나지 않을 뿐만 아니라 에너지조차 의식적 방향의 효과를 보태주는 듯한 상태가 되기 때문이다. 물론 이것은 우선 의식된 의도의 수행을 손쉽게 하지만 억제되지 않았기 때문에 전체를 희생하면서까지 과도하게 의도를 관철시킬 수 있다. 예를 들어 누군가가 모험적인 주장을 펴면서 이에 대한 반작용, 즉 적절한 의혹을 억제한다면 그는 스스로 상처를 입을 정도로 자신의 주장을 고집하게 될 것이다.

  반작용을 얼마나 쉽게 차단하느냐 하는 것은 정신이 해리를 일으킬 수 있는 정도에 비례하고, 그것은 문명된 인간에게 특징적이듯이 본능을 잃어버리는 결과를 빚게 된다. 그러나 원초적 힘을 지닌 충동은 사회 적응을 무척 어렵게 만들기 때문에 그러한 차단은 필요하기도 하다. 여기서 일반적인 본래의 충동 위축이라기보다 단지 비교적 지속성이 있는 교육적 산물이 문제이다. 만약 그것이 개인의 중요한 관심사에 이바지하는 것이 아니라면 결코 그렇게 깊이 뿌리박을 만한 것은 아니다.

통상적인 임상 사례를 나는 『차라투스트라는 이렇게 말했다』에 나오는 니체의 사례로 언급하려 한다. '더 높고', '가장 추악한' 인간의 발견은 무의식적 조절에 해당된다. '더 높은' 인간들은 차라투스트라를 일찍이 그가 자리했던 보통 사람 계층으로 끌어내리려 하고, '가장 추악한' 인간은 심지어 반작용의 의인화 그 자체다. 그러나 차라투스트라의 '도덕적 사자'의 '성난 포효'는 이 모든 영향력, 무엇보다도 동정同情을 다시 무의식의 굴 속으로 되돌아가게 한다. 이로써 조절하는 영향력은 억제되었으나 니체의 글에서 뚜렷이 엿보이는 무의식의 은밀한 반작용은 억제된 것이 아니다. 먼저 그는 『파르시팔Parsifal』 때문에 용서할 수 없었던 바그너에게서 자신의 적수를 찾았다. 그러다 곧 자신의 모든 분노를 기독교와, 무엇보다도 어떤 면에서 보면 그와 비슷한 일을 겪은 사도 바울에게 집중시킨다. 알려진 바와 같이 정신병은 그를 무엇보다도 '십자가에 달린 자', 갈기갈기 찢긴 자그레우스Zagreus와 동일시하게 해버렸다. 반작용은 이런 재앙과 함께 표면에 도달한 것이다.

다음의 예는 「다니엘서」 제4장에 담긴 이야기로, 제왕 망상을 보인 고전적 사례다. 즉 네부카드네자르(신바빌로니아 제국의 왕)가 권력의 정상에 올랐을 때 꿈을 꾸었는데, 그가 만약 굴종하지 않으면 불행이 올 것임을 예고하는 꿈이었다. 다니엘은 전문가답게 그 꿈을 해석하였다. 물론 아무도 그에 귀 기울이는 사람이 없었다. 그러나 이후에 벌어진 사건은 그의 해석을 뒷받침해주었다. 왜냐하면 네부카드네자르가 자신의 무의식의 조절적 영향력을 억압한 이후, 왕이 스스로 벗어나려 했던 바로 그 반작용에 의해서 정신병에 걸린 것이다. 지상의 통치자였던 그는 짐승이 되었다.

내가 아는 사람이 자신의 꿈 이야기를 해주었는데, 그는 산꼭대기에서 허공으로 발을 내디뎠다고 했다. 나는 그에게 몇 가지 무의식의 영향에 대하여 설명하고 그가 그토록 좋아했던 위험한 등산을 하지 말라고 경고하였다. 하지만 그는 나를 비웃었는데, 그 결과 몇 달 후 그는 정말로 허공에 발을 헛디뎌 추락사하였다.

이러한 일은 온갖 모양으로 되풀이되어 늘 일어나고, 그것을 경험하는 사람으로 하여금 깊이 생각하게 한다. 우리는 무의식의 조절적 영향력을 얼마나 쉽게 간과하는지 깨닫게 된다. 그러므로 우리의 정신적·신체적 건강에 그렇게도 필요한 무의식적 조절력을 간과하지 않도록 애써야 할 것이다. 따라서 자신을 관찰하고 비판함으로써 스스로를 돕도록 해야 한다. 그렇지만 자신을 관찰하고 지적으로 자기 분석을 하는 것만으로는 무의식과 접촉하는 충분한 수단이 될 수 없다. 인간이 좋지 않은 경험을 하지 않고 살아갈 수는 결코 없지만 그래도 누구나 그런 경험을 꺼려한다. 특히 그런 경험을 회피할 수 있는 가능성이 보이면 더욱 이러한 위험에 부딪히기를 주저한다. 될수록 불쾌함을 피하려는 경향은 물론 합당하다. 조절적 영향력을 알면 실제로 여러 경우에 불필요하고 유해한 경험을 피하도록 해줄 수 있다. 즉 특별한 매력도 없는데 피곤하고 갈등이 두드러진 길로 수없이 우회할 필요가 없다. 우리가 알지 못하고 아직 알려지지 않은 나라에서 멀리 돌아간다든가 오류를 범하여 고통을 당한다면 그것은 납득할 만하다. 그러나 살고 있는 마을의 넓은 길에서 헤맨다면 그것은 화가 날 뿐이다. 이것은 조절적 요인을 앎으로써 피할 수 있다. 이제 문제는, 우리가 무의식을 알 수 있도록 하는 길과 가능성은 무엇인가 하는 것이다.

자유로운 환상의 산물이 없을 때 우리는 인위적인 도움에 의존하게 된다. 대부분 그 이유를 충분히 증명할 수 없는 우울 상태나 그 밖의 기분장애 상태는 이러한 도움을 필요로 한다. 물론 그는 자기의 기분 상태에 관한 타당한 이유를 충분히 갖고 있다. 날씨만 나빠도 벌써 이유가 된다. 그러나 이런 이유들 중 그 어떤 것도 만족할 만한 설명이 못 된다. 왜냐하면 이런 상태의 인과적 설명은 대부분 외부의 사람들을 만족시키지만 그나마 절반밖에 만족시키지 못한다. 외부의 사람은 그의 인과적 요구가 어느 정도 충족되면 그것으로 만족한다. 그에게는 어디서 그런 것이 오는지 아는 것만으로 충분하다. 왜냐하면 그는 우울한 상태에서 맞이해야 할 도전을 느끼지 못하기 때문이다. 환자는 '왜?'라는 물음보다도 어떤 목적이 있는, 또는 구제를 위한 문제에 해답을 주기를 바란다. 환자의 정감 장애의 강렬함 속에는 가치가 있다. 다시 말해 약화된 적응 상태를 해소하기 위하여 고통받는 사람이 써야 할 에너지가 있다. 이 상태를 억압하거나 이성에 따라 격하시키는 것으로는 아무것도 얻을 수 없다.

적당하지 못한 곳에 존재하는 에너지를 손에 넣기 위하여 우리는 정감적 상태를 작업의 기초나 출발점으로 삼는다. 우리는 주저 없이 그 기분 안에 침잠하여 거기서 떠오르는 모든 환상과 그 밖의 연상들을 글로 적음으로써 기분 상태를 최대한 의식화한다. 환상에게는 가능한 한 자유로운 활동공간이 주어져야 하지만, 수백에서 수천 가지로 계속해서 연상을 해가면서도 환상 대상의 주변, 즉 정감을 떠나서는 안 된다.

이런 이른바 '자유 연상'은 대상에서 떨어져나와 어떤 콤플렉스로 이끄는데, 그것이 정감에 관계되는지 혹은 그 콤플렉스 대신에 대치된 것을 나타내는지는 확실하지 않다. 그러나 우리의 작업을 통해서 불쾌한 기분의 내용이 어떤 식으로든 구체적이거나 상징적으로 다시 묘사되는, 어느 정도 충족된 기분의 표현이 생겨난다. 불쾌한 기분은 의식에서 만들어진 것이 아니고 무의식의 측면에서 달갑지 않게 간섭하여 나타난 것이므로, 말하자면 작업된 표현은 불쾌한 기분 속에 포함된 무의식의 내용과 경향을 표현하는 상이다. 그 진행 과정은 정감을 풍부하게 하고 명료하게 하는 것으로, 이를 통하여 정감이 그 내용과 함께 의식에 접근함으로써 인상적인 것이 되고 또한 이해할 수 있는 것이 된다. 이러한 작업 수행만으로도 이미 적절하고 활력 넘치는 영향력을 행사할 수 있다. 어쨌든 이전에 관계없던 정감이 의식의 측면에서 호응하고 어느 정도 뚜렷하게 말로 표현된 관념이 됨으로써 새로운 상황이 만들어진다. 이와 더불어 초월적 기능의 시작, 즉 무의식적 자료와 의식적 자료의 협동 작용이 이루어진다.

또한 정감 장애는 다른 방법으로, 지적으로 조명되지는 못하지만 적어도 생생하게 형상화될 수는 있다. 그림에 소질이 있는 환자들은 그림으로 정감을 얼마간 표현할 수 있다. 여기서는 기술적으로나 심미적으로 만족스러운 표현을 하는가는 중요하지 않다. 단지 환상이 활동할 공간이 주어졌느냐 하는 것과, 가능한 한 잘 만들어졌느냐 하는 것에 달려 있다. 원칙적으로 이 과정은 위에서 기술한 것과 같다. 이 경우에도 무의식적·의식적으로 영향을 받은 산물이 만들어지며 그것은 밝은 곳을 향한 무의식의 노력과, 본질을 향한 의식의 노력이 공동의 산물 속에 구현된 것이다.

그런데 이제 특별히 구체적으로 감지할 수 있는 정감의 불쾌함은 없지만 단지 일반적인 막연함, 파악할 수 없는 불쾌함, 모든 것에 대한 저항감, 지루함 혹은 명확하지 않음으로 인한 혐오감, 혹은 자세히 규정할 수 없는 공허감이 있는 경우들이 자주 있다. 이러한 경우는 확실한 출발점이 없으므로 처음으로 만들어져야 할 것이다. 여기서 리비도의 특별한 내향화가 필요해진다. 아마 이에 유리한 외부 조건의 뒷받침, 즉 특히 리비도가 내향화될 경향을 지닌 밤의 절대 정숙과 같은 조건이 필요할 것이다. 니체가 말하듯 "밤은 바로 모든 샘솟는 우물이 큰소리로 이야기하는 곳이고, 나의 영혼도 샘솟는 우물이다."[2]

비판적인 주의력은 차단되어야 한다. 시각적으로 뛰어난 사람은 그들의 기대를 내면의 심상을 만들어내는 쪽으로 향하게 해야 한다. 대개는 그런(어쩌면 잠들 무렵에 나타나는) 환상이 제공되는데 그것은 조심스럽게 관찰되고 기록되어야 한다. 청각적·언어적으로 뛰어난 사람은 내면적인 말을 듣게 된다. 어쩌면 처음에는 겉보기에 의미 없는 듯 보이는 문장들의 단순한 조각이지만 마찬가지로 이것들도 주의 깊게 기록되어야 한다. 이 순간에 다른 사람들은 그저 그들의 '또 다른' 말소리를 듣는다. 즉 자신의 행동과 충동적 행위를 평가하는 일종의 내면의 비판자나 심판관을 가지고 있는 사람들이 적지 않다. 정신병 환자는 이 말소리를 시끄러운 환청으로 듣는다. 물론 이 말소리는 항상 부담스럽고 반항적이어서 거의 한결같이 억압되지만, 어느 정도 발달된 내면의 삶을 지닌 정상인은 이와 같은 듣기 어려운 말소리를 재생할 수 있다. 이러한 사람들에게는 무의식적 재료와 관계를 맺고 그로써 초월적 기능을 위한 사전 조건을 형성하는 것이 그리 어렵지 않다.

내면적으로는 보지도 못하고 듣지도 못하지만, 자신의 손으로 무의식의 내용을 표현할 줄 아는 능력을 가진 또 다른 사람들이 있다. 이런 환자들은 조형 재료들의 이점을 이용한다. 운동에 소질이 있어서 **움직**

임, 즉 춤을 통해 무의식을 표현할 수 있는 사람은 비교적 드물다. 움직임은 기록할 수 없다는 단점이 있으므로 기억에서 사라지지 않도록 이 동작을 이후에 찬찬히 그대로 그려내도록 해야 한다. 드물지만 마찬가지로 이용 가능한 것은 직접 혹은 플랑셰트planchette〔심령술에서 쓰는 연필 달린 작은 판〕로 하는 **자동 기술**이다. 이러한 과정도 대단히 유용한 결과를 제공한다.

이제 우리는 기술 방식으로 얻은 자료를 가지고 앞으로 더 일어나야 할 일이 무엇인지에 대한 물음에 도달한다. 이 물음에 대해서는 어떤 선험적인 대답도 없다. 왜냐하면 의식과 무의식의 산물이 충돌함으로써 비로소 임시적이지만 뒤따라오는 모든 특정한 반응이 생기기 때문이다. 실제적인 경험만이 그에 대해 해명을 할 수 있다. 내가 지금까지 경험한 바에 따르면 주로 두 가지 다른 경향, 즉 하나는 **형상화**Gestaltung의 방향으로, 다른 하나는 이해의 방향으로 나타나는 것 같다.

형상화의 원칙이 우세한 곳에서는 얻은 재료가 다양하고 양적으로 증가하며 이때 형상화된 환상을 자극하고 주로 심미적 모티프로서 작용하는, 어느 정도 판에 박힌 상징을 위한 모티프의 응축이 생긴다. 이 경향은 **예술적 형상화**라는 심미적 문제로 이끈다.

이와 반대로 **요해**Verstehen의 원칙이 우세한 곳에서는 심미적 측면이 비교적 덜 흥미롭고 심지어 때로는 방해로 느껴지기조차 한다. 반면에 무의식적 산물의 **의미** 내용을 이해하려고 깊이 몰두하게 된다.

표현의 심미적 형상화가 모티프의 형식적 측면을 고집하는 경향을 띠는 반면, 직관적 이해는 좀더 주의 깊게 형상화했더라면 드러났을 요소들을 고려하지 않고 자주 자료의 단순하고 불충분한 암시로부터 의미를 재빨리 포착하려 든다.

이러한 두 방향은 어떤 임의적 행동에 의해 나타나는 것이 아니라

각 개인의 인격의 특이성에서 나온다. 두 방향에는 위험성이나 전형적인 빗나감, 또는 오류가 있다. 심미적 경향의 위험성은 초월적 기능의 본질적 목표에서 벗어나 리비도가 순수한 심미적·예술적 조형 문제인 옆길로 빠지도록 이끌어감으로써, 외형적인 것, 혹은 만들어진 형상의 '예술적' 가치를 과대평가하는 데 있다. 이해하려는 경향의 위험성은 내용적 측면의 과대평가로서, 내용이 지적 분석과 해석을 받음으로써 대상이 지닌 필수적이고 상징적인 특성을 잃게 되는 데 있다. 그러나 어느 지점까지는 개인적으로 각각 우세한 심미적 혹은 지적인 요구를 만족시키기 위해 옆길로 빠지는 일을 감수할 수밖에 없다. 그러나 빗나감의 위험성은 마땅히 강조되어야 한다. 왜냐하면 무의식에서 산출된 형상들의 과대평가는 그런 산물에 대해 이전에 생긴 마찬가지로 턱없는 과소평가 때문에 정신적 발달의 어느 지점에서부터 매우 커지는 법이다. 과소평가는 무의식의 자료를 형상화하는 데 가장 큰 장애의 하나다. 이때 개인적 산물에 대한 전체의 집단적 과소평가가 나타난다. 즉, 집단적인 틀에 맞지 않다면 어떤 것도 좋거나 아름다운 것이 될 수 없다는 생각이다. 이와 관련해서 현대 예술은 물론 보상적 시도를 시작한다. 그러나 부족한 것은 개인적 산물의 집단적인 인정이 아니라, 그 산물의 주관적 평가, 즉 **주체**를 위한 그 산물의 의미 내용과 가치를 이해하는 일이다. 물론 자기 고유의 산물에 대한 열등감이 어디서나 발견되는 것은 아니다. 오히려 종종 볼 수 있는 것은 그 반대의 경우, 즉 천진하고 비판 없는 과대평가인데 그는 당연히 집단적 인정을 받아야 한다고 요구한다. 장애가 되는 초기의 열등감이 극복되면 그 반대, 즉 그만큼 엄청난 과대평가로 쉽게 바뀔 수 있다. 그 반대의 경우 초기의 과대평가는 흔히 가치 절하된 비관론으로 변한다. 이와 같은 오판은 개체의 비자주성과 무의식성에 그 원인이 있으며 개인이 집단적 가치만을 측정할 줄 알거나 자아 팽창에 의해 판단 자체를 상실한 데 있다.

하나의 길은 다른 길의 조절 원리 같다. 두 길은 서로 보상적 관계에 있다. 경험은 이런 공식을 지지하고 있다. 현 시점에서 가능한 보편적인 결론을 내린다면 심미적 조형은 의미의 이해를, 그리고 이해는 심미적 형상화를 필요로 한다고 할 수 있다. 이로써 두 경향은 초월적 기능을 위해 서로를 보충한다.

양쪽 길을 향한 첫 발걸음은 같은 원리를 따른다. 의식은 그 표현수단을 무의식의 내용에 제공한다. 의식은 그 이상을 주어서는 안 된다. 무의식의 내용이 의식이 뜻하는 방향으로 기울지 않도록 하기 위해서다. 형식과 내용 면에서의 운용은 무의식에 의거한 착상에 맡김으로써 가능하다. 이 상황은 의식의 관점의 고통스러운 보류를 뜻한다. 의식의 문턱을 넘어서기에 원래 아주 약하거나 아니면 여러 이유에 의해 의식에서 제외된 부적절한 것들로서 무의식의 내용이 모습을 드러내곤 한다는 것을 상상한다면 이것을 이해하기는 어렵지 않다. 그것들은 대부분 반갑지 않은, 기대하지 않은 비합리적인 내용들이므로, 이 내용에 주의를 기울이지 않거나 내용을 억압하는 것은 당연한 일인 듯하다. 다만 내용의 작은 부분만이 집단적 혹은 주관적인 관점에서 볼 때 비상한 가치를 갖는다. 집단적으로는 가치가 없는 내용이 개인의 관점에서 보면 아주 큰 가치가 있을 수도 있다. 이 사실은 정감적인 강조를 통하여 표현된다. 이것이 주체에 의하여 긍정적으로 느껴지든, 혹은 부정적으로 느껴지든 상관없다. 인간 공동체도 정동성을 건드리는 새롭고 알려지지 않은 관념을 받아들이는 데서는 갈등을 나타낸다. 시작 과정의 목적은 **감정이 강조된 내용**을 발견하는 일이다. 왜냐하면 문제는 늘 의식의 일방성이 본능층의 저항에 부딪히게 되는 상황들이기 때문이다.

 이 두 길은 원칙적으로 어떤 사람에게는 심미적 측면이 결정적인 것이 되고, 다른 사람에게는 지적·도덕적 측면이 결정적인 것이 될 때 비로소 갈라진다. 이상적인 경우라면 두 가지 가능성이 똑같은 정도로 나란히 있거나 혹은 양자의 율동적인 교대일 것이다. 다른 부분이 없는 한쪽은 거의 있을 법하지 않지만 경험에 의하면 그런데도 일어난다. 뜻을 희생하면서 형상을 만들려는 의지가 자기의 대상 그 자체를 탈취하거나, 이해하려 하는 의지가 성급하게 조형성을 무시해버린다. 무의식의 내용은 우선 형상화를 통하여 표현된 것을 먼저 뚜렷하게 나타낼 필요가 있고, 모든 표명이 파악될 수 있도록 제시된 다음에야 비로소 평가된다. 이런 이유에서 프로이트는 꿈의 내용을 해석하기 이전에, 말하자면 '자유 연상'의 형태로 꿈을 표현하게 하였다.

 꿈의 내용의 오직 사고상의 맥락을 설명하는 것은 모든 경우에 충분한 것이 아니다. 가시적 형상을 통해 분명하지 않은 내용을 분명하게 볼 수 있는 모습으로 만들어야 할 필요성이 자주 생긴다. 그림을 그리고, 색칠하고, 조각하는 것을 통해서 그렇게 될 수 있다. 오성이 찾으려고 헛수고한 비밀을 손이 밝혀내는 경우가 흔하다. 조형을 통하여 깨어 있는 상태에서 꿈을 더욱 자세히 꾸게 되며, 비록 그것이 주체에게 무의식적인 채로 남아 있다 하더라도 처음의 이해하기 어려운, 고립되고 우연한 사건들은 전체의 인격 속에 통합된다. 이로써 심미적 형상화를 끝내고 의미를 발견하기를 포기한다. 이로 인해 환자에게는 때때로 자신이 예술가라는—물론 오해지만—잘못된 생각이 일어난다. 주의 깊은 조형을 포기한 이해의 의지는 거친 착상에 매달리기 때문에 탄탄한 기초가 부족하다. 그러나 형상화된 산물에서는 어느 정도 성공을 내다볼 수 있게 된다. 질료가 적게 형상화되면 될수록 이해가 경험적 사실을 통해서가 아니라 이론적·도덕적인 선입관에 의해 정해질 위험성이 더 커진다. 이 수준에서 다루어지는 이해는 근원적 착상에 가정적이지만 내재하는 것으로 생각되는 의미의 구조 안에서 이루어진다.

분명한 것은, 그에 대한 충분한 동기가 있어야 이런 형식 과정이 합당하게 일어날 수 있다는 점이다. 우리는 무의식 속에 이끌어가는 의지가 살아 있을 때라야만 그에게 지휘를 맡길 수 있다. 그런데 그것은 오직 의식이 어떤 식으로든 곤경에 처해 있는 경우다. 무의식의 내용을 형상화하고 형상화된 것의 의미를 성공적으로 이해하고 나면, 이런 상황에서 자아가 어떤 태도를 취해야 하는가 하는 문제가 제기된다. 이로써 자아와 무의식의 만남이 시작된다. 이는 대극이 접근하여 제3자가 생기는, 즉 초월적 기능이 일어나는 과정인 제2의, 그리고 더욱 중요한 부분에 해당한다. 이 단계에서 무의식은 지도력을 발휘하지 않으며 자아가 그 역할을 맡게 된다.

여기서는 개별적인 자아의 정의를 내리지 않겠고 어린 시절부터 그 존재가 증명되고 있는 의식의 연속적인 중심으로서의 자아의 평범한 현실을 그대로 수용할 것이다. 자아 저편에는 하나의 정신적 사상事象이 있다. 그것은 전적으로 무의식적 현상 덕분에 존재하게 된 산물로서, 자아와 그의 성향에 대해 어느 정도 대극 관계에 있다.

무의식과의 모든 대면에서 이러한 관점은 중요하다. 자아는 무의식에 대하여 동일한 가치를 가진 것으로 유지해야 하고 역도 마찬가지다. 이것은 필수적인 경고나 다름없는 의미를 지니고 있다. 왜냐하면 문명화된 인간의 의식이 무의식을 제약하는 방향으로 작용하는 것과 마찬가지로, 다시 인정된 무의식은 자아에 대하여 곧장 위험한 영향을 미치는 경우가 종종 있기 때문이다. 전에 의식이 무의식을 억압했던 것처럼, 자유로워진 무의식이 자아로 밀고 들어가 압도할 수 있는 것이다. 위험성은 자아가 '마음의 평정을 잃는 데' 있으며, 이것은 정감적 요소의 쇄도에 대항하여 자아의 존립을 더 이상 지키지 못하는 것을 의미하는데, 이 상황은 정신분열증(조현병)의 시초에서 자주 볼 수 있다. 물론 무의식과의 대결이 정감의 동력을 떨쳐버릴 때 이러한 위험성은 없을 수도 있고, 있다 하더라도 그저 미미한 정도에 그칠 수 있다. 정감의 제거는 또한 반대 입장을 심미화하거나 지성화함으로써 시도되기도 한다. 그러나 무의식과의 대결은 전면전이어야 한다. 왜냐하면 초월적 기능에 관한 한 제한된 조건 아래 진행될 수 있는 부분 과정이 아니라 모든 측면이 관여되고, 혹은 더 정확히 말한다면, 관여되어야 하는 전체 현상을 다루고 있기 때문이다. 그러므로 정감에 완전한 가치를 부여해야 한다. 심미화와 지성화는 위협적인 정감에 대항하는 뛰어난 무기지만 그것은 단지 긴급한 위협에 대해서만 사용되어야 하며, 편안하고 안정적이게 해야 할 의무를 제거하는 데 쓰여서는 안 된다.

노이로제(신경증) 치료에서 정동적 요소를 충분히 참작해야 한다는 사실은 프로이트의 근본적인 통찰 덕분이다. 다시 말해 인격은 가치 있는 전체로서 진지하게 받아들여져야만 한다는 것이다. 이것은 의사나 환자 모두에게 해당된다. 이때 의사가 이론적 방패로 얼마나 자신을 보호할 수 있는지는 제각기 자유 재량으로 판단할 미묘한 문제다. 어쨌든 노이로제 치료는 심리적 온천 요양이 아니라, 삶의 모든 측면과 모든 영역에 관여하도록 인격을 새로이 하는 것이다. 반대 극과의 대면은 매우 중요한 일로, 때로는 무척 많은 것들이 이에 의존하고 있다. 다른 측면을 진지하게 받아들이는 것은 대면의 무조건적인 요청이다. 이것만으로도 조절적인 요소들이 행동에 영향을 미칠 수 있다. 진지하게 받아들인다는 것은 말로만 받아들이는 것을 의미하지 않고 무의식에 신뢰를 보내 의식의 자동적인 장애 대신에 협동 작업의 가능성을 열어두는 것을 뜻한다.

그리하여 이런 대면에서는 자아의 입장에만 정당성이 부여되는 것이 아니라 무의식에도 똑같은 권위가 부여된다. 대면은 자아에 의해 진행되지만 무의식에도 발언권이 주어진다. "나머지 한쪽 부분도 받아들인다."

이러한 대면이 이루어지는 방식을 가장 잘 보여주는 경우는 '다른' 말소리를 어느 정도 뚜렷이 듣는 사례들이다. 그런 사람들은 '다른' 말소리를 기록하고 자아의 관점에서 그 말에 대해 아주 쉽게 대답할 줄 안다. 그것은 마치 대등한 두 사람 사이에서 대화하는 것과 같다. 각기 상대방의 타당한 논거를 신뢰하고, 대립되는 입장을 철저하게 비교하고 토론함으로써 서로 균형 있게 맞추거나 확실히 구분 짓기 때문에 그 노력은 가치가 있는 것이다. 그러나 두 입장이 일치되는 길이 직접 열리는 경우는 거의 없기 때문에 대개 양쪽 측면에서 희생을 요하는 오랜 갈등을 감수해야 한다. 마찬가지로 이와 같은 대결은 의사와 환자 사이에서도 일어날 수 있다. 이 경우 의사는 '악마를 변호하는 역할'에 쉽게 **빠질** 수 있다.

인간이 다른 사람의 주장을 인정하는 데 얼마나 인색한지를 보면 정말 끔찍할 정도다. 그 능력이 모든 인간적 공동체의 필수 불가결한 기본 조건인데도 말이다. 자기 자신과의 대결을 시도하는 모든 사람은 이런 보편적인 어려움을 감안해야 한다. 남을 인정하지 않는 것과 같은 정도로 자기 내부의 또 '다른' 자에게 그의 존재 권리를 인정하지 않으려 한다. 그 반대의 경우도 마찬가지다. 내면과 대화를 할 수 있는 능력은 외부적 객관성의 척도다.

내면적 대화의 경우에는 대결이 그렇게 간단하다고 하지만, 단지 그림의 산물이 제시된 다른 경우에는 그 대결이 틀림없이 더욱 복잡해 보인다. 그림의 산물은 그것을 이해하는 사람에게는 웅변적인 언어가 되지만, 이해하지 못하는 사람에게는 귀머거리, 벙어리로 보이기 때문이다. 이러한 형상물들에 대하여 자아는 주도권을 발휘하여 "이 표지는 나에게 어떤 영향을 주는가?" 하는 의문을 제기해야 한다. 파우스트적 물음은 깨우치는 답변을 이끌어낼 수 있다. 그 대답이 직접적이고 자연스럽게 나오면 나올수록 가치가 있다. 직접성과 자연성은 대체로 반응의 전체성을 보증하기 때문이다. 이때 대결 자체가 모든 부분에서 의식되어야 한다는 절대적인 요구는 없다. 전체적 반응이 분명하게 표현될 수 있을 만한 정신적 전제·견해·개념을 발견하지 못하는 경우가 흔히 있다. 이 경우에 우리는 위의 것들 대신에 나타난 재치 있는 수다보다 더 값진 것, 말 없는, 예감에 찬 느낌만으로 만족해야 한다.

논란과 정감의 우왕좌왕은 대극의 초월적 기능을 표현한다. 관점의 대립은 에너지로 부하된 긴장을 뜻하며, 그것은 활기를 만들어낸다. 그것은 제3의 것이 되는데 이것은 "제3자는 주어지지 않는다"라는 원리에 따른 논리적인 사산死産이 결코 아니고 대극들 사이의 매달림으로부터의 전진, 존재의 새로운 단계, 즉 새로운 상황을 불러오는 살아 있는 탄생에 해당한다. 초월적 기능은 서로 접근한 대극들의 특성으로 드러난다. 대극이—물론 갈등을 피할 목적으로—서로 거리를 유지하는 동안은 제 기능을 발휘하지 못하며 죽음의 정지 상태에 머무른다.

개별적인 경우에서 대극이 무엇으로 나타나든 간에 언제나 일방성에 빠져들어 완고해진 의식이 본능적 전체성과 자유의 상에 직면하는 것이 문제이다. 이는 한편으로는 억제할 수 없는 충동 세계를, 다른 한편으로는 늘상 오해되긴 하지만 정신적 관조의 세계를 모두 지닌 유인아목類人亞目, 고태적인 인간의 모습으로 나타낸다. 그것은 우리의 일방성을 보상하고 교정하면서 어둠에서 나와 우리가 어떻게, 어디서 인간의 기본 도면에서 멀어졌는지를, 그리하여 자신을 정신적인 장애인으로 만들었는지를 보여주고 있다.

    나는 여기서 초월적 기능의 외적 형식과 가능성을 제시하는 것으로 만족해야겠다. 더 큰 관심사인 그 이상의 과제는 초월적 기능의 내용을 제시하는 것일 것이다. 그 방향으로는 이미 상당히 많은 자료가 준비되어 있지만 아직까지 그것을 묘사하는 데 따르는 어려움이 모두 제거되지는 않았다. 즉 이 내용을 이해할 수 있고 명백하게 제시할 수 있는 개념적 기초가 마련되기까지는 일련의 사전 작업이 필요하다. 유감스럽게도 나는 지금까지 학문하는 사람들이 대개는 아직 이러한 심리학적 숙고와 묘사를 이해할 수 없다는 것을 경험했다. 이들은 항상 너무 개인적인 입장에서 보든가, 철학적·지적 선입견을 가지고 관여하여, 심리학적 맥락을 그 의미에 합당하게 평가할 줄 모른다. 개인적으로 자극을 받으면 늘 주관적으로 판단한다. 어쩌면 그들에게 해당되지 않는 것처럼 보이거나 그들이 모르기를 바라는 것은 있을 수 없다고 설명한다. 그러므로 개인적으로 촉발된 자극은 자신에게는 유효하지만, 다른 심리학을 가진 사람에게는 경우에 따라서는 전혀 유효하지 않다는 사실을 통찰하지 못한다. 어쨌든 우리는 보편타당한 설명의 틀에서 하늘과 땅만큼이나 떨어져 있다.

    심리학적인 의사소통에서 커다란 장애가 되는 것은 묘사된 심리학적 맥락이 '진실'인지, 혹은 '옳은지를' 알려고 하는 경솔한 호기심이다. 묘사된 사실이 왜곡되거나 허위가 아니라면 그것은 그 자체로 유효하며 그것이 존재함으로써 그 유효성이 입증된다. 오리너구리는 창조주의 의지의 '진실된' 혹은 '옳은' 발명이었던가? 마찬가지로 유치한 것은 정신적 삶에서 신화적 전제가 수행하는 역할에 대한 편견이다. 사람들은 신화적 전제들이 '진실하지' 않기 때문에, 학문적 해명에서 제자리를 찾지 못하는 게 아니냐고 생각한다. 신화소는 그 외견상의 진술이 비록 '진실'이라는 우리의 거창한 개념과 부합되지 않는다 하더라도 존재한다.

대극적 입장과의 대결이 전체성의 특징을 지니고 있기 때문에 여기서는 아무것도 배제되는 것이 없다. 비록 조각 부분들만 의식되어 있다 하더라도 모든 것은 토론의 대상이다. 지금까지 무의식적이던 내용을 대면함으로써 의식은 꾸준히 확장된다. 혹은―더 잘 표현하자면―의식이 무의식적 내용의 통합을 위해 애쓴다면 확장될 수 있을 것이다. 물론 항상 그런 것은 아니다. 문제 제기를 이해할 만한 충분한 지성이 갖추어졌음에도 용기와 자신감이 모자라거나, 혹은 노력을 기울이기에는 정신적으로나 도덕적으로 게으르고 비겁하다. 그러나 필요한 전제 조건이 있는 바로 그곳에서 초월적 기능은 정신치료의 값진 보완이 될 뿐만 아니라, 환자에게 결코 과소평가할 수 없는 이점을 마련해준다. 그 이점이란 의사와 그의 능력에 자존심 상할 정도로 의존하지 않고도 환자 자신의 힘으로 의사의 노력에 중요한 기여를 하게 되는 것이다. 그것은 자기 자신을 자신의 노력으로 자유롭게 하며 자기 자신이 되는 용기를 찾는 길이다.

번역: 이유경

동시성에 관하여

신사 숙녀 여러분!

여기서 내가 말하고자 하는 개념의 정의를 먼저 설명하는 것이 마땅하겠지만 나는 오히려 그와는 반대로 하고자 합니다. 그러니까 우선 여러분께 동시성同時性이라는 개념에 포함시킬 수 있는 사실들을 대략 묘사할까 합니다. 동시성이라는 용어는 그 단어 자체가 나타내듯이, 시간, 또는 동일-시간성Gleichzeitigkeit과 관련이 있습니다. 동일-시간성이라는 표현 대신에 우리는 우연에 관한 확률과는 좀 다른 의미로 둘 혹은 그 이상의 사건들 사이의 의미상의 일치라는 개념을 쓸 수도 있겠습니다. 우연적이라는 것은 통계적으로, 예를 들면 병원에서 잘 알려진 '증례의 중복'처럼 사건들이 개연적으로 맞아떨어지는 것을 말합니다. 이러한 사건의 집단 형성은 개연적인 것과 합리적 가능성의 테두리를 벗어나지 않은 수많은 부분들을 제시합니다. 그 한 예로 누군가 우연히 전차표에 찍힌 번호를 유심히 보는 경우가 있을 수 있습니다. 집에 도착하고 나서 그는 전차표에 찍혀 있던 번호와 똑같은 번호로부터 걸려온 전화를 받게 됩니다. 그날 저녁에 그 사람은 또다시 같은 번호가 새겨진 연극표를 사게 됩니다. 그렇다면 이 세 사건은 자주 있는 일은 아니지만, 부분을 이루는 각 사건이 개연성의 범위 안에 있게 되어 하나의 우연의 집단을 이루게 됩니다. 이제 여러분에게 내가 직접 겪었던, 여섯 가지 부분으로 이루어진 다음과 같은 우연의 모음을 소개하고자 합니다.

    1949년 4월 1일 오전에 나는 상체는 사람이고 하체는 물고기인 형상에 관한 제명題銘을 하나 적었습니다. 그날 점심식사 때 생선 요리가 나왔고, 누군가 '4월의 생선'이라는 관습에 대해 이야기를 했습니다. 오후에 여러 달 동안 못 만났던 예전의 환자 한 사람이 인상적인 물고기 그림을 여러 장 보여주었습니다. 저녁에는 어떤 사람이 바다의 괴물과 물고기 모양의 문양으로 뜨개질한 것들을 보여주었습니다. 다음 날 아침 일찍 나는 십 년 만에 예전의 환자 하나를 만났는데, 그녀는 전날 밤에 꾸었다는 커다란 물고기에 관한 꿈 이야기를 해주었습니다. 그 후 몇 달이 지나서 이 일련의 사건을 좀더 본격적인 논문을 쓰는 데 이용했고, 그 논문 작성을 끝낸 어느 날 아침에 나는 이미 여러 차례 나가보았던 집 앞 호숫가에 나갔습니다. 그랬더니 이번에는 호숫가 둑 위에 발 크기만 한 물고기가 누워 있는 것이었습니다. 그곳은 어느 누구도 올 수 없는 곳이었기 때문에 그 물고기가 어떻게 거기에 올라와 있는지 참으로 알 수 없었습니다.

    그런 식으로 사건의 일치가 자주 일어난다면 우리는 거기서 깊은 인상을 받고 놀라지 않을 수 없을 것입니다. 왜냐하면 이와 같은 일련의 사건이 사건의 부분들을 많이 가지면 가질수록, 혹은 그 부분들의 특성이 통상적인 것이 아니면 아닐수록 확률 또한 더욱 낮아지기 때문입니다. 다른 곳에서 이미 언급했기에 여기서는 자세한 설명을 생략합니다 다만 나는 여기서 문제되는 것은 우연한 것들의 집단 형성이라고 가정합니다. 그러나 여기서 인정되어야 할 점은 우연한 것들의 집단 형성이 일어날 가능성은 단순한 중복보다는 적다는 것입니다.

위에서 말한 전차표 번호와 관련된 사건에서 나는 관찰자가 평소에는 신경도 쓰지 않던 번호를 '우연히' 지각하고 머리에 새겨두었다고 말했는데, 그것이 일련의 우연을 확증하는 조건이 된 것입니다. 무엇이 그 남자로 하여금 숫자에 관심을 갖도록 했는지 나는 모릅니다. 그러나 내가 보기에는 특정한 관심을 필요로 하는 불확실한 요소가 일련의 우연을 판단하는 데 개입해 들어간 것 같습니다. 나는 다른 경우에서도 비슷한 사례들을 보았지만 당시에는 믿을 만한 결론을 유추할 수 없었습니다. 그러나 나는 때로는 그런 현상이 앞으로 닥칠 일련의 사건들을 미리 알려주는 것과 같다는 인상을 갖지 않을 수 없습니다. 특히 다음과 같이 비교적 자주 일어나는 사건의 경우에는 그런 느낌을 갖지 않을 수 없습니다. 즉 길에서 옛 친구를 만났다고 생각했으나 가까이 가보니 낯선 사람인 것을 알고는 실망한 뒤에 곧 다음 모퉁이를 돌아가서 바로 그 옛 친구를 만나게 되는 것과 같은 경우입니다. 이러한 경우는 그리 드물지 않고 온갖 형태로 일어날 수 있습니다. 그런데 사람들은 보통 그 순간에는 감탄하지만 곧 잊어버립니다.

어떤 사건에 앞서서 일어나는 개별적 정황들이 잦으면 잦을수록 그것은 미리 아는 것, 즉 예지豫知일 것이라는 기존의 인상을 더욱 확고히 하고, 우연일 가능성은 더욱 줄어듭니다. 졸업시험에 좋은 성적으로 합격하면 아버지가 스페인으로 여행을 보내주기로 약속했다는 대학 친구의 이야기가 생각납니다. 그 친구는 이런 꿈을 꾸었다고 합니다.

> 그는 스페인의 한 도시를 걷고 있었습니다. 길은 어느 광장으로 나 있었고, 그 광장에는 고딕 양식으로 지어진 대성당이 있었습니다. 그는 그곳에 도착하여 오른쪽 모퉁이를 돌아 다른 길로

접어들었습니다. 그곳에서 그는 두 마리의 노란 말이 끄는 우아한 4인승 마차와 마주쳤습니다.

그리고 잠에서 깨어났습니다. 그 친구는 그 꿈 이야기를 술자리에서 해주었습니다. 그는 졸업시험에 무사히 합격했고, 스페인으로 여행을 떠났으며, 자신이 꿈에 보았던 어느 도시의 길을 걷고 있다는 사실을 알아차렸습니다. 그는 꿈에서 본 것 같은 광장과 대성당을 발견했습니다. 처음엔 곧장 성당으로 가려 했으나 꿈에서 오른쪽 모퉁이를 돌아 다른 거리로 접어들었다는 것을 기억해냈습니다. 자기 꿈이 계속 맞아떨어지는지 호기심이 생겼던 것입니다. 모퉁이에 도착해서 실제로 두 마리의 노란 말이 끄는 4인승 마차를 보았습니다.

기시감旣視感, deja vu(정신병리 용어로, 처음 보는 풍경이 낯설지 않고 언젠가 한번 본 적이 있는 풍경이라고 느끼는 것)은 내가 여타의 많은 경우에서 확인할 수 있었던 것처럼, 이렇게 꿈속에서의 예지에 유래하지만 여기서 우리가 보았듯이 깨어 있는 상태에서도 일어납니다. 그러한 경우에 단순한 우연은 거의 있을 수 없습니다. 왜냐하면 두 사건의 일치가 미리 알려져 있기 때문입니다. 이로써 두 사건의 일치는 한편으로는 심리적이자 주관적으로, 다른 한편으로는 객관적으로 우연의 특징을 상실하게 됩니다. 서로 만나는 개별적인 사건들이 증가하면 할수록 우연이 아닐 가능성이 끝없이 높아지기 때문입니다(사망을 정확히 예견하는 경우, 다리엑스Xavier Dariex와 플라마리온Camille Flammarion에 의해 밝혀진 개연성은 400만 대 1에서 8억 대 1까지라고 합니다). 이러한 경우를 그저 단순한 '우연한 일'로 말한다는 것은 부적절합니다. 오히려 여기서는 의미상의 일치가 문제되는 것입니다. 이러한 경우를 우리는 보통 예지라는 초감각적 인지로 설명합니다. 사람들은 또한 미래를 투시

한다든가, 텔레파시 등을 말합니다. 물론 그런 능력이 어디에 있는지, 시·공간을 초월하여 사건을 감지할 수 있게 해주는 매개 수단이 무엇인지는 아무도 말해줄 수 없습니다. 이런 관념들은 단지 이름일 뿐, 어떤 본질적인 것을 설명하는 학문적 개념은 아닙니다. 어쨌든 지금까지는 의미상 일치하는 사건의 부분들을 인과 관계로 연결 짓는 데는 성공하지 못했습니다.

현상의 이러한 광범위한 분야에서 라인J. B. Rhine이 감각 외 지각 extra-sensory perception(ESP) 실험을 통하여 믿을 만한 근거를 마련했다는 것은 대단한 공적이라 할 만합니다. 이 실험은 각각 다섯 개의 모양(별, 사각형, 원, 십자 모양, 두 줄의 물결 곡선)이 그려져 있는 스물다섯 장으로 되어 있는 카드 한 묶음을 이용한 것이었습니다. 실험의 규칙은 다음과 같았습니다. 카드는 실험 때마다 피실험자가 볼 수 없도록 하여 800번씩 펼쳐졌습니다. 그러고는 펼쳐진 카드가 어떤 모양인지 알아맞히도록 하였습니다. 적중 확률은 5 대 1입니다. 아주 많은 수에서 나온 결과는 평균 적중자 6.5였습니다. 1.5의 우연 편차의 확률은 단지 250,000 대 1이었습니다. 각 개인이 두 배의 시도를 하면 더 많이 맞춥니다. 한 번은 심지어 25장의 카드를 전부 맞추었는데, 이는 확률로 계산했을 때 289,023,223,876,953,125 대 1에 해당됩니다. 불과 몇 미터에서 400마일에 이르기까지, 실험자와 피실험자 간의 공간적 거리는 결과에 아무런 영향도 미치지 않았습니다.

두 번째 실험의 규칙은 피실험자가 잠시 후, 혹은 더 먼 미래에 펼쳐질 카드의 그림을 맞추는 것이었습니다. 시간적 간격은 몇 분에서 2주일에 달했습니다. 이 실험의 결과로 400,000 대 1이라는 확률의 수치가 나왔습니다.

세 번째 실험의 규칙은 피실험자가 기계로 던져진 주사위에 특정한 숫자가 나오도록 소원을 빌어 영향을 미치도록 하는 것이었습니다. 이른바 **정신동력학적**psychokinetische 실험(PK)은 한 번에 더 많은 주사위를 사용할수록 더욱 긍정적인 결과가 나왔습니다.

공간 실험의 결과는 정신이 공간적 요소를 어느 정도 배제할 수 있다는 점을 확신시키기 위한 것이었습니다. 시간 실험은 시간적 요소가 (적어도 미래의 차원에서) 정신적으로 상대화할 수 있음을 보여주었습니다. 주사위 실험은, 운동하는 물체도 정신적으로 영향을 받을 수 있다는 것을 확인시켜주었습니다. 그것은 우리가 시간과 공간의 정신적 상대성에서 예견할 수 있었던 결과입니다.

라인의 실험은 에너지 보존의 법칙이 적용 불가능함을 증명하고 있습니다. 이것으로써 힘의 전이에 대한 모든 상상은 배제됩니다. 마찬가지로 인과 법칙도 무효가 되어버립니다. 이것은 이미 내가 30년 전에 시사한 사실입니다. 우리는 미래의 사건이 어떻게 그와 같은 현재의 사건을 생겨나게 할 수 있는지 상상할 수 없습니다. 현재로서는 인과적으로 설명할 가능성이 없기 때문에 우리는 임시로 비확률적 우연, 또는 비인과적 성질의 **의미상의 일치**가 나타난다고 짐작할 수밖에 없습니다.

이렇게 주목할 만한 결과의 전제 조건으로 라인이 발견한 다음과 같은 결과를 고려해볼 수 있습니다. 즉, 매번 처음 시도한 실험이 뒤의 실험보다 더 좋은 결과를 보였다는 사실입니다. 맞추는 횟수의 감소는 피실험자의 기분과 관련됩니다. 시작할 때의 깊은 믿음과 낙천적인 기분은 좋은 결과를 얻는 조건이 됩니다. 반대로 회의와 저항은 불리한 조건을 만듭니다. 이 실험에서는 에너지적이면서 또한 그래서 인과적인 관점은 적용할 수 없는 것으로 증명되었기 때문에, **정감적**affektive 요인이 그 현상을 반드시 일으키는 것은 아니지만, 일어나게 할 수 있는 조건으로서의 의미는 가질 수 있습니다. 라인의 결론에 따르면 우리는 그래도 적중률 5보다 높은 6.5를 기대할 수 있습니다. 물론 언제 맞추게 될지는 예측할 수 없습니다. 예측할 수 있다면 그것은 현상의 본질에서 어긋나는 법칙입니다. 그 현상은 **불확정적 우연**의 특성을 지니며 그 현상은 단순한 확률적 빈도 이상으로 일어나며, 일반적으로 어떤 정감 상태에 좌우된다는 특징이 있습니다.

이렇게 일관되게 확인된 관찰은 물리적인 세계상의 원리를 변화시키거나 제거하는 정신적인 요소가 피실험자의 정감성과 관련이 있다는 사실을 제시하고 있습니다. 물론 위에서 말한 실험을 계속 시도함으로써 감각 외 지각(ESP)과 정신동력(PK) 실험의 현상을 대단히 풍부하게 할 수 있지만, 그 현상의 토대를 좀더 깊이 연구하려면 반드시 정감성의 본질을 다루어야 합니다. 이런 이유에서 나는 나의 오랜—이렇게 말해도 될 것입니다—의사 생활 동안에 자주 마음을 사로잡았던 관찰과 경험에 주의를 기울였습니다. 그것들은 자연 발생적으로 이루어진 의미상의 일치에 해당되는 것으로, 있을 법하지 않은 사건이어서 그만큼 믿기 어려운 것들이었습니다. 그래서 나는 여러분에게 그런 종류의 사건 중 한 가지 예만을 보여주고자 합니다. 그것도 현상의 전 범주를 특징 있게 효과적으로 보여주기 위해서입니다. 여러분이 이 개별적인 사례를 믿지 않든, 즉석 설명으로 대충 처리해버리든 아무런 상관이 없습니다. 나는 부정할 수 없는 라인의 실험 결과에 비해 더 이상하지도 않고 믿기 어려운 많은 이야기들을 더 할 수도 있습니다. 그러면 여러분은 거의 모든 사례가 그 고유의 설명을 요구한다는 사실을 알게 될 것입니다. 그러나 자연과학적으로 유일하게 가능한 인과적 설명은 원인-결과라는 상관관계에 필수 불가결한 전제 조건인 시간과 공간의 정신적인 상대화로 인해 쓸모없게 됩니다.

내가 여기서 말하려고 하는 사례는 한 젊은 여자 환자의 경우인데, 서로가 무척 애를 썼음에도 불구하고 심리적 접근이 불가능했던 경우입니다. 그녀가 모든 것을 너무도 잘 알고 있다는 데 어려움이 있었습니다. 그녀가 받은 우수한 교육은 이 목적에 어울리는 무기를 손에 쥔 셈이었습니다. 그것은 기하학적으로 한치도 나무랄 데 없는 현실 개념을 동반한 날카로운 데카르트적 합리주의였습니다. 그녀의 합리주의를 인간주의적인 이성으로 다소 약화시켜보려고 했지만 성과가 없어서, 몇 번의 시도 끝에 나는 그녀가 자신을 가두었던 지식의 증류기를 깨부수고 나올 수 있는 어떤 것, 즉 예기치 않고 비이성적인 것과 맞닥뜨리기만을 바라고 있었습니다. 그러던 어느 날 나는 그녀의 달변에 귀를 기울이기 위하여 창을 등지고 그녀와 마주 앉아 있었습니다. 그녀는 전날 밤 매우 인상적인 꿈을 꾸었다고 했습니다. 누군가 그녀에게 황금의 풍뎅이(값진 장식품)를 선물했다는 것입니다. 그녀가 나에게 이 꿈 이야기를 하고 있는 도중에 무언가 내 뒤에 있는 창문을 가볍게 두드리는 소리를 들었습니다. 뒤돌아보니 꽤 큼직한 날 곤충이 어두운 실내로 들어오려고 유리창 밖에서 무던히도 애를 쓰고 있었습니다. 나는 이상히 여겼습니다. 창문을 열고 안으로 날아드는 곤충을 잡았습니다. 그것은 **풍뎅이류**의 하나로, 장미꽃에 붙어 사는 케토니아 아우라타cetonia aurata라고 하는 딱정벌레였는데, 금빛 초록색이 비치는 것으로 풍뎅이와 가장 가까운 것이었습니다. 나는 그녀에게 그 딱정벌레를 건네며 말했습니다. "여기 당신의 풍뎅이가 있습니다." 이 사건은 그녀의 합리주의에 대한 바라 마지않던 허를 찌른 것이었고, 이것으로 그녀의 지성적 저항의 얼음은 깨져버렸습니다. 그제야 치료를 성공적으로 계속할 수 있었습니다.

이 이야기는 나뿐만 아니라 많은 사람들도 관찰했고, 부분적으로는 꽤 많이 수집한, 의미상의 일치에 관련된 수많은 경우들 가운데 전형적인 하나의 예일 뿐입니다. 여기에는 투시, 텔레파시 등이 속하고, 믿음이 독실했던 스베덴보리Emanuel Swedenborg가 보았다는 스톡홀름의 대화재에서부터, 최근에 어떤 장교가 공군장관 빅터 고다드Robert Victor Goddard 경이 탑승한 비행기가 참사를 당할 것이라고 예견한 꿈에 대한 보고에 이르기까지 모든 것이 포함됩니다.

제시된 모든 현상들은 세 가지 유형으로 정리할 수 있습니다.

1. 관찰자의 정신적 상태는 동시적이며 객관적인 외부 사건과 일치합니다. 이때의 외부 사건은 정신적 상태나 내용에 상응하며(풍뎅이의 예처럼), 여기서의 정신적 상태와 외부 사건 사이에는 어떤 인과적 관계도 볼 수 없고, 위에서 밝혀진 시간과 공간의 정신적 상대화를 고려한다면 그 가능성조차 생각할 수 없습니다.

2. 정신적 상태가 외적으로 상응하는 사건과 (대체로 동일한 시간에) 일치합니다. 이때의 외적 사건은 관찰자의 감지 영역 밖에서, 즉 공간적으로 떨어져서 일어나고 나중에서야 비로소 확인될 수 있는 경우가 있습니다(예로 스톡홀름의 대화재).

3. 정신적 상태에 상응하는 사건이 아직 일어나지 않았으나 미래에 일어날 일과 일치합니다. 즉 시간적으로 훨씬 거리를 두고 일어나는 경우인데, 이것도 마찬가지로 그때서야 비로소 확인할 수 있습니다.

두 번째와 세 번째 경우는 관찰자의 감지 영역 내에서는 아직 일어나지 않았고 나중에야 그 일치를 확인할 수 있을 정도로 시간적으로 앞서 파악되는 사건입니다. 이러한 이유에서 나는 이런 사건을 **동시**synchron와 혼돈되지 않도록 **동시성적**synchronistisch이라고 표현합니다.

만약 우리가 이른바 **점복술**을 추가로 끌어들이지 않는다면 이런 광범위한 경험 분야에 대한 조망은 불완전할 것입니다. 점복술은 동시성적 사건이 당장 일어나지 않는다고 해도 그 목적에 상응하도록 요구합니다. 『역경易經』의 신탁법은 이를 명백히 보여주는 예라고 할 수 있는데, 헬무트 빌헬름Helmut Wilhelm 박사가 이번 학회에서 자세하게 발표하고 있습니다. 『역경』의 전제 조건은 질문하는 사람의 정신적 상태와 대답하는 괘卦 사이에 동시성적 일치가 존재한다는 것입니다. 괘는 49개의 괘를 뽑을 때 쓰는 산가지의 순전히 우연한 나눔이거나, 혹은 우연히 던져진 세 개의 동전 덕분에 성립합니다. 이 방법의 결과는 말할 나위 없이 흥미로우나, 내가 보기에 객관적인 사실 확인에 대한 그 어떤 것도 제공하지 않았습니다. 즉 괘를 구하는 정신적 상황이 너무나 확정할 수 없는 것이어서 그 어떤 통계적인 파악도 여의치 않다는 말입니다. 마찬가지로 모래에 나타나는 선이나 모양을 가지고 점을 치는 중국과 아랍권의 모래점 실험도 비슷한 원리에 기인하고 있습니다.

우리에게는 점성술적 방법이 보다 유리하다고 하겠습니다. 그것은 별의 외관과 위치와 점치는 그 사람의 그때그때의 정신 상태나 성격 사이의 '의미상의 일치'를 전제 조건으로 합니다. 최근의 천문 물리학적 연구에 비추어볼 때 점성술적 일치에서 문제가 되는 것 대부분은 동시성이 아니라 인과관계입니다. 크놀Max Knoll 교수가 이번 학회에서 발표한 바와 같이 태양의 양자 발산은 행성의 상합, 대립 그리고 사각四角 성위星位 등에 크게 영향을 받아, 자기력이 있는 돌풍을 적지 않은 확률로 예견하게 할 정도라고 합니다. 지구 자기력의 흐름 곡선과 사망률 사이에서, ♂, ♂ 그리고 □이 불리한 영향을 미치고, 삼각형과 육각형의 성위가 유리하게 영향을 미치는 관계를 확인할 수 있습니다. 그러니까 여기서 인과관계, 즉 동시성을 배제하거나 제약하는 자연법칙에 의문이 제기될 법합니다. 그러나 그 밖에도 별자리 운세에 큰 영향을 미치는 황도黃道 12궁〔점성학적 용어로, 황도대는 황도 남북 8도씩의 띠로서 태양 및 주요 혹성이 여기를 운행하며 별들은 12군으로 나누어지는데, 각각 동물상으로 표시되어 수대獸帶라고도 한다)은 다음에서 보는 것처럼 복잡한 양상을 하고 있습니다. 점성술의 황도대Zodiakus는 달력과 일치하기는 하지만 0도의(0°♈) 시간(우리의 시간 측정의 변환점) 이래로 주야가 같은 평분시平分時의 세차歲差 때문에 플라톤의 달이 거의 한 달 정도 늦어져서 진정한 동물 운행(수대) 성좌와 일치하지 않기 때문입니다. 말하자면 오늘날 숫양자리의 별자리에서 태어난 사람은 달력에 의하면 사실상 물고기자리에서 태어난 것입니다. 그가 태어난 시간이 오늘날(약 2000년 전부터) '숫양'이라고 부르는 시간인 것입니다. 점성술은 이 시간에 특정한 의미가 있다고 전제합니다. 어쩌면 이러한 특성은 지구 자기력의 장애처럼 태양의 양자 발산에 의해 일어나는 엄청난 계절적 차이와 관련이 있는지도 모릅니다. 그래서 황도대의 위치 역시 인과적 요인을 제시하고 있음을 배제할 수 없습니다.

별자리 운세의 심리적인 의미가 대단히 불확실한 것이라고 해도 우리는 오늘날 인과적 설명의 가능성과 함께 어떤 자연적인 법칙성을 기대하고 있습니다. 따라서 점성술을 예언술적 방법이라고 말하는 것은 더 이상 타당하지 않습니다. 점성술은 학문이 되려 하고 있습니다. 그러나 아직 불확실한 점이 상당히 많아서 이미 오래전에 나는 무작위 추출 시험을 해서 공인된 점성학적인 전통이 통계적 문제 제기에 어떻게 대응하는지를 알아보려고 했습니다. 이 목적을 위하여 확실하고 의심의 여지가 없는 사실을 골라내기 위해 **결혼**을 선택했습니다. 왜냐하면 옛날부터 부부의 별자리 운세를 보면, 결혼은 해와 달의 합삭合朔에 의한다는 전통이 있기 때문입니다. 즉 한 배우자에게서는 ☉가 8도의 운행 궤도와 더불어, 다른 배우자에게서는 ☌에서 ☽와 더불어 끌리게 된다는 것입니다. 또 다른 오래된 전통에 따르면 ☽ ☌ ☽도 마찬가지로 특징적인 것으로 봅니다. 그와 마찬가지로 중요한 것은 엄청난 광채를 가지고 떠오르는 성좌들의 합일입니다.

나는 나의 공동 연구자 릴리안 프라이-론Liliane Frey-Rohn 박사와 함께 180쌍의 결혼, 즉 360개의 별자리 운세를 수집하였고,[1] 그 속에서 결혼에 특징적일 수 있는 50개의 주된 별자리(☉ ☾ ♂ ♀ 상승Asz.-하강 Desz. ♂과 ☊)를 비교하였습니다. 그리고 ☉ ♂ ☾ 자리에서 성공률이 최대 10%에 달한다는 것을 알아냈습니다. 바젤에 있는 마르쿠스 피에르츠Markus Fierz 교수가 친절하게도 수고해주어 알게 된, 내 결과에 대한 확률 계산은 대략 10,000 대 1에 해당합니다. 내가 여러 수학자 및 물리학자 들에게 자문을 구한 결과 이 숫자가 갖는 의미에 대해서는 여러 갈래로 견해가 나뉩니다. 어떤 사람들은 이 숫자가 아주 주목할 만하다고 했으나 다른 사람들은 의문스럽다고 했습니다. 현재의 360개의 별자리 운세 숫자가 통계적 의의상 사실 너무 적다는 것을 감안하면 불확실하다고 할 만합니다.

180쌍 결혼의 별자리를 통계적으로 처리하는 동안에 우리는 수집을 계속하여 220쌍의 결혼 사례를 모았고, 이 표집 집단을 특별히 다루었습니다. 이 두 번째도 들어온 자료를 처음과 마찬가지로 산출하였습니다. 이것은 그 어떤 관점에 의해서 의도적으로 고른 것이 아니라 여러 출처에서 임의로 얻은 것입니다. 두 번째 집합을 처리하니 이 두 번째도 결론적으로 ☾ ♂ ☾ 10.9%에 달했습니다. 이 숫자의 확률도 마찬가지로 약 10,000 대 1에 해당합니다.

결국 이후에 또 특별히 조사된 83쌍의 부부가 더해졌습니다. 여기서는 ☾ ♂ 상승Asz.이 최대치였고, 9.6%라는 결과를 가져왔습니다. 이 숫자의 확률은 3,000 대 1에 가까웠습니다.

바로 눈에 띄는 것은 점성술적 기대에 상응하여 달의 합삭이 여기에 관련된다는 사실입니다. 그러나 특이한 점은 여기에 별자리의 세 가지 기본 위치가 나타난다는 사실입니다. 즉 ☉☾과 성좌 상승의 출현입니다. ☉♂☾과 ☾♂☾이 만날 확률은 1억 대 1에 해당합니다. ☉☾ 상승 Asz.과 세 달의 합삭이 함께 만날 확률은 3×10^{11} 대 1에 달합니다. 다시 말해 단순한 우연이 되지 않을 가능성이 너무나 크기 때문에 여기에 책임이 있는 요인들을 고려해야 할 정도라는 것입니다. 세 실험의 표집 집단들이 미미한 관계로 각각의 확률 10,000 대 1과 3,000 대 1은 이론적인 의미를 부여받지 못했습니다. 그러나 그토록 불확실한 그 만남이 이러한 결과를 가져오게 된 필연적인 어떤 것이 있음을 가정하지 않을 수 없습니다.

양자 발산과 점성술의 결과 간의 자연법칙적 관련 가능성은 여기서 문제가 될 수 없습니다. 왜냐하면 우리의 결과가 단순한 우연 이상의 것이라고 확신하기에는 10,000대 1과 3,000대 1이라는 확률은 너무 크기 때문입니다. 게다가 표집 집단을 합산하여 결혼의 수를 늘리면 최고치는 거의 없어집니다. 태양, 달 그리고 상승 성좌-합삭이라는 결과의, 가능한 통계적 규칙성을 확인하려면 수십만의 결혼 별자리 운세가 필요할 것입니다. 만일 그렇다 하더라도 그 성과는 여전히 의문스러울 것이며, 그 정도로 있을 법하지 않은 세 가지 전형적인 달 합삭의 만남이 일어나는 것은 단지 의도적 혹은 비의도적 눈속임이거나 아니면 의미상의 일치, 즉 동시성에 의해서만 설명될 수 있습니다.

나는 앞에서 점성술의 점복술적 특성을 부정했지만 우리가 얻은 이 결과를 볼 때 나의 점성술적 실험에 있어 점복술적 성격을 다시 인정해야겠습니다. 여러 출처에서 수집한 대로 단순히 모아놓은 결혼 별자리 운세의 우연적 배열과 마찬가지로, 우연히도 세 개의 상이한 물음으로 나누어지는 것이 연구자의 희망적인 기대에 상응하였고, 점성술적 전제 조건의 입장에서 보면 더 이상 바랄 게 없을 것 같은 종합적 이미지를 만들어냈습니다. 실험의 성과는 동일한 기대와 희망과 믿음에서 유래한 라인의 ESP 실험 결과들과 같은 맥락이었습니다. 그러나 어떤 한 결과에 대한 특정한 기대는 없었습니다. 이것은 이미 우리가 선택한 50개 별자리의 예가 보여주었습니다. 첫 번째 집단의 결과에 따르면 ☉ ☌ ☾이 확인될 것이라는 어떤 기대가 생겼습니다. 하지만 이러한 기대는 무너지고 말았습니다. 우리는 두 번째 집단에서 새로이 수집된 별자리 운세를 가지고 좀더 확실한 결과를 얻으려고 이전보다 더 큰 집단을 만들었습니다. 그러나 결과는 ☾ ☌ ☾였습니다. 세 번째 집단에서는 ☾ ☌ ☾이 확인되리라는 기대가 약간 있었지만, 이것 역시 여의치 못하였습니다.

여기서 일어난 것은 스스로 인정한 대로 하나의 진기함, 일회적인 의미상의 일치입니다. 이것이 인상을 남겼다면 사람들은 작은 기적이라고 말했을 것입니다. 물론 우리는 이제 기적이라는 개념을 지금까지 보아왔던 것과는 다른 눈으로 보아야 합니다. 그동안 라인의 실험은 공간과 시간, 그와 함께 인과성 또한 배제할 수 있는 요인들이며, 이른바 기적이라고 부르는 비인과적인 현상도 일어날 가능성이 있다는 점을 증명했습니다. 이런 종류의 모든 자연적인 현상들은 일회적이며 매우 기묘한 우연들의 조합입니다. 틀림없이 그것은 각 부분이 공통된 의미에 의해 전체로서 뭉쳐진 것입니다. 의미에 부합되는 일치 현상이 끝없이 다르다고 해도 그것은 비인과적인 사건들로서, 자연과학적 세계상에 속하는 하나의 요소를 이루고 있습니다. 인과성은 우리가 잇달아 일어나는 두 사건 사이의 가교를 상상하는 것과 같습니다. 그러나 동시성은 지금까지의 우리의 인식을 하나의 공통된 원리로 환원시킬 수 있는 정신과, 정신물리적인 사건들에서 보이는 시간과 의미에 부합하는 병행을 말합니다. 이 개념은 그 자체로는 아무것도 설명하지 않습니다. 단지 의미상의 일치로 일어난 것을 표명할 뿐입니다. 의미상의 일치는 그 자체로는 우연에 불과하지만, 그것이 지닌 불가능성의 정도는 그것이 하나의 원리나 실험 대상의 성질에도 기인한다는 가정을 하게끔 합니다. 병행된 사건들 사이에서는 근본적으로 상호 간의 그 어떤 인과적 관련들도 인식되지 않습니다. 그러므로 그것은 우연적 특성을 지니는 것입니다. 그들 사이에서 단 하나 인식되고 확인될 수 있는 연결은 **공통의 의미**(혹은 **동류성**)라는 것입니다. 이러한 관련성의 경험을 토대로 과거의(혹은 이전의) 상응이론이 생겨났습니다. 그것은 라이프니츠의 예정조화설에서 그 절정을 이룬 뒤, 곧 더 이상 다루지 않았고 인과론으로 대치되었습니다. 동시성은 상응, 공감 그리고 조화와 같은 진부한 개념의 현대적인 분화라 하겠습니다. 이것은 철학적 전제 조건이 아니라 경험 가능성과 실험에 근거를 두고 있습니다.

동시성적인 현상은 서로 이질적이며 인과적으로 연결되지 않는 과정에 속하면서도 의미상의 동류성이 동시에 존재함을 증명합니다. 다르게 말하면 관찰자에 의해 감지된 내용이 인과적 연결 없이도 동시에 외부 사건을 통하여 드러날 수 있다는 사실을 나타냅니다. 이로써 정신이 공간적으로 국한될 수 없거나, 공간이 정신에게는 상대적인 것이라는 결론에 도달하게 됩니다. 정신의 시간적 규정이나 시간에 대해서도 마찬가지입니다. 이러한 확인이 필연적으로 광범위한 결론들을 필연적으로 따르게 한다는 사실은 더 이상 강조할 필요가 없을 것입니다.

신사 숙녀 여러분! 강연의 제한된 시간 내에서 동시성이라는 광대한 문제를 단순한 호기심 차원 이상으로 다루지 못한 것을 애석하게 생각합니다. 여러분 중에서 이 문제에 대하여 근본적으로 공부하고 싶은 분을 위하여 「비인과적 원리로서의 동시성」[2]이라는 제목으로 이 문제를 상세하게 다룬 제 논문이 곧 나올 것이라는 점을 밝혀둡니다. 이는 볼프강 파울리Wolfgang Pauli 교수의 논문과 함께 『자연의 해석과 정신 *Naturerklärung und psyche*』이라는 책으로 출판될 것입니다.

번역: 이유경

주석

정신의 본질에 관한 이론적 고찰

본래 「심리학의 정신 Der Geist der Psychologie」이라는 제목 아래 1947년 취리히 라인 출판사 Rhein Verlag, Zürich의 『1946년도 에라노스 연감 Eranos-jahrbuch』으로 발표되었다. 이 제목은 그 당시의 학회 주제가 "정신과 자연 Geist und Natur"이었다는 사실로 설명된다. 내용을 확대 개정하여 현재의 제목으로 다음 저서에 포함되어 출간되었다. 『의식의 뿌리에 관하여. 원형의 탐구 Von den Wurzeln des Bewußtseim. Studien über den Archetypus』(심리학 논총 IX), Rascher, Zürich, 1954. 『전집』 8.

1 Hermann Siebeck, *Geschichte der psychologie*, Gotha, 1880/1884, 2부.
2 실제로 이런 확신은 다만 과거의 심리학에만 해당된다. 최근에는 이 관점이 현저하게 달라졌다.
3 Christian Wolff, *Psychologia empirica*, 1732.
4 앵글로색슨계 나라에서는 물론 'doctor scientiae'라는 학위가 있고, 또 심리학이 많은 독립성을 향유하고 있다.
5 최근에는 어느 정도 나아진 상태다.
6 C.G. 융이 강조한 것.
7 Wilhelm Wundt, *Grundriß der Psychologie*, Leipzig, [5]1902, p. 248.
8 Guido Villa, *Einleitung in die Psychologie der Gegenwart*, 번역서, Leipzig, 1902, p. 339.
9 앞의 책, 같은 곳.
10 Wundt, *Grundzüge der Physiologischen Psychologie* III, Leipzig, [5]1903,

p. 327.
11 [앞의 책, p. 326⁴.]
12 Janet, *L'Automatisme psychologique*, Paris, 1889, pp. 238ff., 243.
13 Gustav Th. Fechner, *Elemente der Psychophysik* II, Leipzig, ²1889, p. 438f. 페히너는 "정신물리적 문턱값 개념은 … 무의식 개념에 대해 확고한 토대를 제공한다. 심리학은 무의식적 감각, 표상, 즉 무의식적 감각 작용이나 표상 작용을 도외시할 수 없다"고 말한다.
14 Wundt, *Grundzüge der Physiologischen Psychologie* III, p. 328.
15 앞의 책, p. 326. Christian August Wolff, *Vernünfftige Gedancken von Gott, der Welt und der Seele des Menschen*, Berlin, 1895, §193.
16 Bastian, *Ethnische Elementargedanken in der Lehre vom Menschen*, Halle, ³1725, *Der Mensch in der Geschichte* I, Leipzig, 1860, pp. 166ff., 203ff., II, 24ff.
17 Wundt, *Völkerpsychologie* V, 2부, Leipzig, 10 Bde., 1910~1923, p. 460.
18 앞의 책 IV, 1부, p. 41.
19 페히너는 말한다. "감각, 표상은 물론 무의식 상태에서는 실제로 존재하기를 멈춘다. … 그러나 우리 안에서는 어떤 것이, 즉 정신물리적 활동이 지속한다" 등(*Elemente der Psychophysik* II, p. 439f.). 이 결론은 정신 과정이 무의식적이든 아니든 간에 다소 같은 것이 있다는 점에서는 좀 신중하지 못한 것이다. 어떤 '표상'은 상상된 것에 있을 뿐 사실은 주로 정신적 실존성에 있는 것이다.
20 Lipps, *Der Begriff des Unbewußten in der Psychologie*, 제3차 국제심리학회, München, 1897, p. 146ff., *Grundtatsachen des Seelenlebens*, Neudruck Bonn, 1912, p. 125ff. 참조.
21 Lipps, *Leitfaden der Psychologie*, Leipzig, ²1906, p. 64.
22 앞의 책, p. 65f. 융의 강조.
23 윌리엄 제임스William James가 무의식적 심혼의 발견에 대한 의미에 관해 말한 것을 여기에 다시 인용한다. *The Varieties of Religious experience*, London, 1919, p. 233. "이 학문의 학도가 된 이래로 나는 심리학에서 성취된 가장 중요한 발전이 1886년에 이루어진 발견이었다고 확신하며, … 그것은 일상적인 중심과 주변 영역을 가진 통상적인 의식 영역뿐만 아니라, 의식의 테두리 너머 완전히 원래 의식 밖에 있는 기억, 생각, 감정이 축적된 형태로 의식을 보충한다는 사실이다. 그것은 의식 밖에 존재하지만 의식적 실재 사실로 간주해야 하며 그 존재를 분명한 증표로 보여줄 수 있다. 내가 이것을 가장 의미 있는 진전이라 부르는 이유는 이 발견이 심리학이 목표로 했던 발전을 훨씬 능

가해서, 인간 본성의 성질에서 전혀 생각지도 못했던 특성을 드러내기 때문이다. 다른 어떤 발전도 유사한 요구를 할 수는 없다."(영어 원문은 『전집』 참조) 제임스가 언급한 1886년의 발견은 마이어스Frederic W. H. Myers에 의한 '잠재의식subliminal consciousness' 개념의 정립이다. 자세한 내용은 이 책을 보라. [William James의 이 저술 독어판, *Die Vielfalt religiöser Erfahrungen*, Olten, 1979.]

24 옛날에 어떤 수학자는 학문의 모든 것은 인간에 의해 만들어지지만 숫자는 신神 자신에 의해 만들어진다고 말했다.

25 루이스George Henry Lewes(*The Physical Basis of Mind*, London, 1877)는 이 가정을 전제로 한다. 그는 338쪽에서 다음과 같이 언급했다. 즉 "감각 능력은 의식적, 하의식적 또는 무의식적일 수 있는 지각이나 표상, 기분의 움직임, 욕구와 같이 다양한 작용 방법과 등급을 갖고 있다." 363쪽에는 "의식과 무의식적인 것은 상관개념이다. 양자 모두 지각 능력의 영역에 속한다. 만약에 평형을 이루는 힘에 장애가 오면 모든 무의식적 과정은 작용을 일으켜 생명체의 전반적 상태를 변화시키며 별도의 감각을 통해 나타날 수 있다." 367쪽과 이어진 쪽에서는 "우리는 분명히 알고 있다. 비의도적인 행동이 많이 있고 이따금 하의식적이거나 무의식적인 의도적인 행동들이 많이 있음을 … 한순간은 우리에게 무의식적인 생각이고 다른 순간에는 의식에 잠시 스쳐 지나가는 생각인데 그 자체는 같은 생각이기 때문에 … 그와 같이 어떤 때는 의도적으로, 다른 때는 무의식적으로 진행하는 행동은 그 자체로는 같은 행동이다." 그의 다음과 같은 말(p. 373)은 물론 너무 지나치다. "의도적, 비의도적인 행동 사이에 본질적인 참다운 구분이 있는 것은 아니다."(영어 원문은 『전집』 참조) 때로는 하나의 세계가 그 사이에 있다.

26 Fechner, 앞의 책 II, p. 483f.

27 우리는 여기에서 '영리한 한스'나 '원초적 심혼'에 대해서 말하는 개는 무시하기로 한다.

28 William James, *The Varieties of Religious experience* [독어판 참조], p. 232. [폭발, 파열, 깨짐의 시점, 순간.]

29 Hans Driesch, *Philosophie des Organischen*, Leipzig, ²1921, p. 357.

30 앞의 책, p. 487.

31 Eugen Bleuler, *Die Psychoide als Prinzip der organischen Entwicklung*, Berlin, 1925, p. 11. 정신양Psychoide은 여성 단수로서 분명 '정신Psyche'과 유사하게 구성된 것(ψυχοειδής = 심혼 비슷한).

32 앞의 책, p. 11.

33 앞의 책, p. 33.
34 나의 개념이 비록 다른 관점을 가진 영역에서 유래하기는 하였으나 오이겐 블로일러도 대략 그러한 현상군을 이해하고자 추구한 만큼 오히려 나는 'psychoid'란 용어를 더욱 일찍 사용할 수 있었다. 이 분화되지 않은 정신적인 것을 아돌프 부제만Adolf Busemann은 '미세정신성Mikropsychische'이라 칭했다(*Die Einheit der Psychologie und das Problem des Mikropsychischen*, Stuttgart, 1948, p. 31).
35 이 '상의식Überbewußtsein'은 특히 인도 철학의 영향을 받은 사람들에 의해서 이의가 제기되었다. 그들 대부분은 제기한 이의가, 내가 더 이상 사용하지 않는 오해의 소지가 있는 용어, '하의식'의 가설에 해당됨을 알아차리지 못하고 있다. 나의 무의식의 개념은 이에 반해서 '상'인지 '하'인지를 결정하지 않은 채 놔두고 있으며 정신의 양 측면을 모두 포함하는 것이다.
36 Hartmann, *Philosophie des Unbewußten*, Leipzig, 1869.
37 그의 업적에 대한 평가는 Jean Paulus, *Le Problème de l'hallucination et l'évolution de la psychologie d'Esquirol à Pierre Janet*, Lüttich/Paris, 1941에 있다.
38 이와 관련해서는 역시 유명한 스위스의 심리학자인 플루르누아Theodore Flournoy의 주요 저서, *Des Indes à la planète Mars*, Paris/Genf, 1900를 고려하여야 한다. 개척자로서는 또한 영국인 카펜터W. B. Carpenter(*Principles of Mental Physiology*)와 루이스G. H. Lewes(*Problems of Life and Mind*)가 언급될 수 있다.
39 마레Eugène N. Marais(*The Soul of the White Ant*, 번역서, London, 1937, p. 42f.)가 원숭이에게서 입증했던 바와 마찬가지로 인간에게도 본능에 비하여 우세한 학습 능력과 관계가 있는 본능의 불명료성이나 희미함이 있을 수 있다. 충동 문제에 대해서는 L. Szondi, *Experimentelle Triebdiagnostik*, Bonn, 1947/1949와 *Triebpathologie*, Bern, 1952를 참조하라.
40 "충동은 생리적이며 정신적인 소인인데, 이것은 … 분명히 정해진 방향을 가리키는 유기체 운동을 초래한다."(Wilhelm Jerusalem, *Lehrbuch der Psychologie*, p. 192) 오스발트 퀼페Oswald Külpe는 다른 관점에서 충동을 "감정과 기관감각器官感覺의 융합"으로 기술하고 있다(*Grundriß der Psychologie*, Leipzig, 1893, p. 333).
41 Janet, *Les Névroses*, Paris, 1909, p. 384ff.
42 자네는 다음과 같이 언급하고 있다. 앞의 책, p. 384. "모든 기능에서 상, 하를 구분하는 것이 필수적인 듯하다. 어떤 기능이 오래전부터 수행되었으면 그 기능

은 오래된 부분을 포함하고, 매우 쉽게 다룰 수 있다. 그리고 그것은 특정한, 매우 특수화된 기관으로 대표된다. … 그것이 기능의 하위 부분이다. 하지만 나는 모든 기능에는 역시 더 새롭고 훨씬 익숙지 않은 환경에 적응하는 상위 부분이 있으며, 이것은 훨씬 분화가 덜된 기관으로 대표된다고 생각한다." 그러나 기능의 가장 상위 부분은 "특수한 상황에 적응하는 데 그 본질이 있다. 이 특수 상황은 현재의 시점, 순간에 주어진 것이다. 우리가 그 기능을 사용하여야 하기 때문이다."(프랑스어 원문은 『전집』 참조)

43 W. H. R. Rivers, *Instinct and the Unconscious, in: British Journal of Psychology* X, 1909/1920, pp. 1~7.
44 이 공식화는 다만 심리적인 것만을 뜻하며, 비결정론의 철학적 문제와는 무관하다.
45 Driesch, *Die 'Seele' als elementarer Naturfaktor*, Leipzig, 1903, pp. 80, 82. "개별화된 자극은 … '일차적으로 아는 자'에게는 이상 상태를 알려준다. 그러고는 이 '아는 자'는 개선책을 원할 뿐만 아니라 알고 있다."
46 나는 여기에서 독자들이 F절 '다중의식으로서의 무의식'을 참조하기 바란다.
47 제임스는 의식의 '초변연영역transmarginal field'에 관해서 언급하고 있으며 British Society for Psychical Research 창시자의 한 사람인 마이어스Frederic W. H. Myers의 '잠재의식subliminal consciousness'과 동일시하고 있다(이것에 대해서는 *Proceedings of the Society for Psychical Research*, VII, p. 305과 James, "Frederic Myers' Service to Psychology", 같은 책, XVII, Mai 1901을 참조하라). '의식의 영역'에 대해서 제임스는 다음과 같이 말하고 있다. *The Varieties of Religious experience*, p. 232. "이 '영역'-공식을 상기시키는 중요한 사실은 변두리 영역의 무의식성이다. 변두리 영역에 포함되어 있는 것이 그토록 산만하게 파악된다 하더라도 그것은 그곳에 있으면서 우리의 행동을 조종하거나 마찬가지로 바로 다음의 운동에 주의력을 촉구시키는 데 도움을 준다. 그것은 '자장磁場'처럼 우리 주위를 둘러싸고 있고 그때의 의식 상태가 다음의 상태로 변하자마자 우리의 에너지 중심은 그 자장 내에서 마치 컴퍼스 바늘처럼 회전한다. 우리가 지금까지 저장해놓은 모든 기억은 주변으로 흘러가며, 접촉 시에는 모두 흘러들어갈 준비가 되어 있다. 우리의 경험적인 자기自己를 이루는 여분의 힘과 충동, 지식의 모든 덩어리는 끊임없이 이것을 넘어서 밖으로 뻗친다. 우리의 의식적 삶의 어느 시점에서 무엇이 실현되느냐, 다만 잠재적으로만 있는가 사이의 윤곽은 뚜렷하지 않다. 그러므로 어떤 정신적 내용에 관해서 우리가 알고 있는지 모르고 있는지 말하는 것은 항상 어렵다."(영어 원문은 『전집』 참조) [독일어판 *Die Vielfalt religiöser Erfahrungen* 참조.]

48 정신분열성 해리에서는 의식 상태에서의 이와 같은 변화가 없다. 왜냐하면 콤플렉스가 온전한 의식에서가 아니고 조각난 의식에서 받아들여지기 때문이다. 그러므로 조각난 의식은 자주 그들의 근원적, 즉 고태적 상태에서 나타난다.

49 괴테에게 붉은색은 물론 정신적 의미를 갖는다. 그러나 '감정'에 대한 괴테적인 신봉이라는 뜻에서 그런 것이다. 여기에서는 연금술-장미십자회원의 문화 배경, 즉 붉은 팅크제와 숯을 상상해도 된다. [『기본 저작집』 제6권, 6장, B절, i) 외뿔 잔Der Einhornbecher.]

50 블로일러는 이미 그것을 지적했다. E. Bleuler, *Naturgeschichte der Seele und ihres Bewußtwerdens*, Berlin, 1921, p. 300f.

51 그 가운데서 정신양 무의식은 분명히 제외된다. 왜냐하면 그것은 의식화될 수 없는 것과 오직 심혼과 비슷한 것을 포괄하고 있기 때문이다.

52 이것과 관련해서 언급할 것은 마이어C. A. Meier가 그러한 관찰을 그와 비슷한 물리적 관점과 관련지었다는 사실이다. 그는 "의식과 무의식 사이의 보충 관계는 다른 물리적 유례類例, 즉 '상응원리'를 엄격히 시행하도록 하는 요구를 시사한다. 그것은 우리가 분석심리학에서 자주 무의식의 '엄격한 논리(개연성 논리)'로서 체험하는 것과 바로 '확대된 의식 상태'를 회상케 하는 것을 해명해줄 수 있을지 모른다"라고 했다. Meier, *Moderne Physik — Moderne Psychologie*, Berlin, 1935, p. 360.

53 *Psychologie und Alchemie*(심리학과 연금술)[『기본 저작집』 제5권, 「만다라의 상징성」, 16번째 꿈]과 앞서 인용한 곳.

54 [라틴어 원문은 『전집』 참조.] Khunrath, *Artis auriferae quam chemiam vocant*, Basel, 1593, I, p. 208, 비공인의 모리에누스Morienus 인용구. 밀리우스 Johannes Daniel Mylius는 *Philosophia reformata*, Frankfurt, 1622, p. 146에서 같은 말을 반복했다. 149쪽에서 그는 'scintillas aureas[황금의 불꽃]'을 추가했다.

55 "그 다양한 빛과 불꽃은 원재료原材料의 거대한 덩어리 위에 흩어져 뿌려진다. 그것은 어떤 우주혼의 불꽃, 신체의 장소와 덩어리뿐만 아니라 심지어 그것의 범위로부터 분리된 세계의 떨어져나간 부분에 깃들게 된다."(Khunrath, *Amphitheatrum*, Hanau, 1604, pp. 195f., 198; 라틴어 원문은 『전집』 참조)

56 앞의 책, p. 197. 이것과 빛의 숫처녀를 모으는 빛종자에 관한 영지주의(그노시스)의 교리나 작은 불빛에 관한 마니교의 교리와 비교할 것. 마니교에서는 사람들이 의식적인 음식물, 멜론을 먹는 일종의 성찬을 통해서 작은 불빛을 자신과 일체가 되도록 해야만 했다. 이런 관념을 가장 최초로 언급한 것은 이

레나이우스Irenaeus의 *Contra haereses*, 1, 2, 4에 있는 καρπιστής(채집자)인 것 같다. '멜론'에 대해서는 M.-L. von Franz, "Der Traum des Descartes", in *Zeitlose Dokumente der Seele*, Zürich, 1952 참조.

57 "인간 정신의 오성悟性은 더 고귀하고 더 빛나는 불꽃이다."(Khunrath, *Amphitheatrum*, p. 63)

58 Khunrath, *Vom hylealischen Chaos*, Magdeburg, 1597, p. 63. [*Weisheit Salomos*: 라틴어 원문은 『전집』 참조.]

59 동의어로서 쿤라트는 '물과 같은 형태, 바다 같은 형태, 아담 땅의 진흙, 질소, 수은' 등을 말하고 있다(*Chaos*, p. 216).

60 앞의 책, p. 216.

61 '불꽃 형태의 우주혼'은 쿤라트(앞의 책, p. 189)에 의해서 'Rationes Seminariae Naturae specificae'(우주혼의 형태와 불꽃-종種을 생산하는 자연의 종자 모형)으로 표시되며 그럼으로써 그는 고대의 사상을 반복하고 있다. 그는 또한 scintilla를 'Entelechia'(원만실현)(p. 65)로 명명한다.

62 Huser판 X, Basel, 1589~1591, p. 206; Sudhoff판 XII, München/Berlin, 1922~1935, p. 231.

63 *Chaos*, p. 94.

64 앞의 책, p. 249.

65 앞의 책, p. 54. [라틴어 원문은 『전집』 참조.] 이것은 자연의 빛을 본질로 표시한 파라켈수스의 생각과 일치하여, 신 자신에 의해 네 가지 원소에서 추출된다 (Sudhoff XII, pp. 36, 304).

66 XIX, 1f.

67 (*Theatrum chemicum*, Straßburg, 1602, I. *De speculativa philosophia*, p. 275.)

68 "태양은 인간 안에서는 볼 수 없다. 그러나 땅 위에서는 볼 수 있다. 그럼에도 둘 다 하나의 동일한 태양에서 유래한다."(*De speculativa philosophia*, p. 308. 라틴어 원문은 『전집』 참조.)

69 "그리고 삶은 인간의 빛이었다. 그리고 빛은 암흑에서 빛난다."(「요한복음」, 1장 4절과 5절) ["그(말씀) 안에 생명이 있었으니 이 생명은 사람들의 빛이라(1:4). 빛이 어둠에 비춰되 어두움이 깨닫지 못하더라(1:5)."(『성경전서』, 대한성서공회, 1997) 성경 번역은 역자마다 조금씩 다르다. 여기에서는 융이 제시한 독일어를 그대로 번역하였다.—옮긴이]

70 (*Theatrum chemicum*, 1602, I. *De philosophia meditativa*, p. 460.) [융에 의해서 강조됨. 라틴어 원문은 『전집』 참조.]

71 *Philosophia sagax*, Huser X, p. 19; Sudhoff XII, p. 23: "자연의 빛에 있는 것,

그것은 성좌의 작용이다."
72 앞의 책, Huser X, p. 1; Sudhoff XII, p. 3.
73 앞의 책, Huser X, p. 3f.; Sudhoff XII, p. 5f.
74 사도들은 '점성술가'다(앞의 책, Huser X, p. 23; Sudhoff XII, p. 27).
75 앞의 책, Huser X, p. 54; Sudhoff XII, p. 62.
76 앞의 책, Huser X, p. 344; Sudhoff XII, p. 386. 마지막 문장은 「마태복음」 5장 14절 '너희는 세상의 빛이다Vos estis lux mundi'와 관련이 있다.
77 앞의 책, Huser X, p. 409; Sudhoff XII, p. 456f.
78 "닭이 미래의 날씨를 울음으로 고하듯이 공작은 그 울음으로 주인의 죽음을 고한다. … 이 모든 것은 선천적인 혼에서 나온 것이며 자연의 빛이다." (*Fragmenta medica: De morbis somnii*, Huser V, p. 130; Sudhoff IX, p. 361)
79 *Liber de generatione hominis*, Huser VIII, p. 172; Sudhoff I, p. 300.
80 *De vita longa*, hg. von Adam von Bodenstein, Basel, 1562, lib. V, cap. II. [라틴어 원문은『전집』참조.]
81 *Philosophia sagax*, Huser X, p. 341; Sudhoff XII, p. 382와 비교: "속세의 육체에 대한 모든 인간의 지혜가 자연의 빛 속에 있다는 것은 명백하다." 그것은 "영원한 지혜인 인간의 빛이다."(앞의 책, Huser X, p. 395; Sudhoff XII, p. 441)
82 *Liber de generatione hominis*, Huser VIII, p. 171f.; Sudhoff I, p. 299f. [융에 의해 강조됨.]
83 "나는 이 세상에 불을 지르러 왔다. 이미 불이 타올랐기를 얼마나 바랐던가."(「누가복음」, 12장 49절)
84 *Fragmenta cum libro de fundamento sapientiae*, Huser IX, p. 448; Sudhoff XIII, p. 325f.
85 *Philosophia sagax*, Huser X, p. 46; Sudhoff XII, p. 53.
86 앞의 책, Huser X, p. 79; Sudhoff XII, p. 94.
87 *Practica in scientiam divinationis*, Huser X, p. 434; Sudhoff XII, p. 488.
88 *Liber de caducis*, Huser IV, p. 274; Sudhoff VIII, p. 298.
89 호라폴로Horapollo의 『히에로글리피카Hieroglyphica』에서 별이 총총한 하늘은 최종적인 운명으로서의 신을 의미하며, 여기에서 신은 5의 수, 아마도 5온스로 상징되고 있다.
90 "Paracelsus als geistige Erscheinung"[『전집』제13권, 단락 148] 참조.
91 Agrippa, *De occulta philosophia*, Köln, 1533, p. LXVIII. "왜냐하면 플라톤 학파의 학설에 따르면 하위의 사물에는 특정한 힘이 내재되어 있고, 이 힘을 통해서 그것은 상위의 사물과 조화를 이룬다. 그렇기 때문에 생물의 암묵적인

조화가 신적인 육체와 조화를 이루고, 그들의 육체와 정감은 이 힘에 의해서 영향을 받는 것처럼 여겨진다."(라틴어 원문은 『전집』 참조) 같은 책, p. LXIV 등 참조.

92 Lynn Thorndike, *A History of Magic and Experimental Science*, New York, II, p. 348f. 참조.

93 François Picavet, *Essais sur l'histoire générale et comparée des théologies et des philosophies médiévales*, Paris, 1913, p. 207.

94 『심리학과 연금술*Psychologie und Alchemie*』 참조. [『기본 저작집』 제5권, 「만다라의 상징성」, 16번째 꿈, 주석 100번이 있는 절(한국어판, 168쪽); 『기본 저작집』 제6권, 「라피스-그리스도-유례」, B-h, 주석 194번이 있는 절(한국어판, 223쪽 이하)과 「종교사적 틀에서 본 연금술의 상징」, A의 두 번째 절(한국어판, 234쪽 이하).]

95 Khunrath, *Artis auriferae quam chemiam vocant I: Liber de compositione alchemiae*, p. 32. Die 'oculi piscium'은 저자 자신에 의해 '빛'으로 새롭게 해석되었다.

96 George Ripley, *Opera omnia chemica*, Kassel, 1649, p. 159.

97 [라틴어 원문은 『전집』 참조.]

98 Eirenaeus Orandus, *Nicolas Flammel: His Exposition of the Hieroglyphicall Figures* etc., London, 1624.

99 이 신화소는 '공작의 꼬리cauda pavonis'의 해석에서 중요하다.

100 (Hippolytus, *Elenchos*, IV, 47, 2f.[p. 69]. 그리스어 원문은 『전집』 참조.)

101 Franz Cumont, *Textes et monuments figurés relatifs aux mystères de Mithra* I, Brüssel, 1899, p. 80.

102 Pitra, *Analecta sacra*, V, p. 300; Robert Eisler, *Weltenmantel und Himmelszelt* II, München, 1910, p. 389, 주석 5에서 인용됨.

103 Eisler, 앞의 책 II, p. 388: "모든 것을 아는 크로노스"와 "모든 것을 바라다보는 악령". 또한 여기에 속하는 것으로 「즈가리야」 3장 9절: "하나의 돌 위에 일곱 개의 눈이 쉬고 있다."

104 Ludovicus Gonsalvus, *Acta antiquissima*.

105 이냐시오 역시 그의 앞에서 어른거리는 '마치 황금으로 된 것 같고 크며 둥그스름한 물체'의 환영을 가졌다. 그는 그에게 태양처럼 나타난 그것을 예수로 해석했다. Philipp Funk, *Ignatius von Loyola*, Berlin, 1913, pp. 57, 65, 74, 112.

106 Hillebrandt, *Lieder des Rigveda*, Göttingen, 1913, p. 130.

107 Hippolytus, *Elenchos*, VIII, 12, 5[p. 232].

108 앞의 책, VIII, 12, 2[p. 232].

109 "하얀 잎이 떨어져 있는 대지 위에 황금을 뿌려라Seminate aurum in terram albam foliatam"라고 한 연금술 대가의 말과 유사하다.
110 『전집』 제6권 *Psychologische Typen*[「정의定義」의 표제 아래]에 있는 '합일하는 상징'에 관한 나의 논문을 참조하라.
111 프로이트도 비슷하게 역설적인 결론에 도달했다. 그는 *Zur Technik der Psycho-analyse und zur Metapsychologie*, p. 213f.에서 다음과 같이 말했다. "충동은 결코 의식의 객체가 될 수 없고, 그것을 나타내는 관념만이 의식의 객체가 될 수 있다. 그것은 그러나 무의식에서도 이외의 다른 것으로는 나타날 수 없다."(저자의 강조) 위의 나의 설명에서 무의식적인 의지의 주체에 대한 의문이 남아 있는 것처럼, 여기에서도 물음을 던질 수밖에 없다. 즉 충동이 무의식의 상태에서 누구에게 제시되는가 하는 것이다. 왜냐하면 '무의식의' 관념은 모순 그 자체이기 때문이다.
112 더 이상의 것은 모간C. L. Morgan의 *Instinkt und Gewohnheit*(번역서, 1909)를 보라.
113 이에 대하여 "Ziele der Psychotherapie"(정신치료의 목표)[『기본 저작집』 제1권, pp. 42ff.〔한국어판, 57쪽 이하〕], *Die Beziehungen zwischen dem Ich und dem Unbewußten*(자아와 무의식의 관계)[『기본 저작집』 제3권, pp. 97ff.〔한국어판, 128쪽 이하〕] 참조.
114 다소 유사한 것은 5각형 형태를 갖고 있는 경우다.
115 그 발전이 객관적인 자료에서 확인될 수 있는 한.
116 『심리학과 연금술*Psychologie und Alchemie*』[『기본 저작집』 제5권, 「만다라의 상징성」, D, 7절] 참조.
117 *Über die Psychologie des Unbewußten*.[『전집』 제7권, 단락 151.]
118 심지어 그와 함께 동시성의, 또는 초심리적 효과가 결부되는 경우가 있다. 나는 내가 다른 곳에서 설명한 바와 같이, 동시성이란 드물지 않게 관찰될 수 있는 주관적·객관적 사실의 일치라고 이해하고 있으며, 이것은 최소한 우리들의 현재의 수단으로는 설명할 수 없는 것이다. 점성술이나 『주역』의 방법이 이러한 전제에 근거를 두고 있다. 점성술의 소견과 마찬가지로 이러한 관찰은 일반적으로 인정되지 않고 있다. 그러나 그것이 그 사실 자체를 결코 위태롭게 한 일이 없다는 것은 주지하는 바와 같다. 내가 이 영향을 언급하는 이유는 완벽을 기하기 위해서이며 내 독자들 중에 초심리 현상의 실재성을 확신할 기회를 가졌던 사람들을 위해서다. 그 밖에도 다음 논문을 참조. *Synchronizität als ein Prinzip akausaler Zusammenhänge*, 『전집』 제8권과 이 책의 논문 「동시성에 관하여Über Synchronizität」를 보라.

119 이에 대한 증거는 『심리학과 연금술Psychologie und Alchemie』[『기본 저작집』 제5권, '꿈에 나타난 개성화 과정의 상징']에 있다.
120 'th'는 영어로 발음된다.
121 '본성Natur'은 여기에서 다만 주어진 것과 존재하는 것이라는 뜻을 지닌다.
122 이것은 대기나 하늘의 색으로서의 청색은 정신적 내용의 묘사에 즐겨 사용되고 이와는 달리 적색은 '따뜻한' 색으로서 감정적이며 정동적인 내용을 묘사하는 데 이용된다는 경험에 근거하고 있다.
123 [『파우스트Faust』 1부, 문 앞에서.]
124 James Jeans, *Physik und Philosophie*, Zürich, 1944, p. 282f.에서 플라톤의 동굴 벽에 있는 그림자는 오직 수학적으로만 그 존재를 해명할 수 있는, 보이지 않는, 그림자를 드리우는 현상처럼 똑같이 사실임을 강조하고 있다.
125 「비인과적 관련 원리로서의 동시성Synchronizität als ein Prinzip akausaler Zusammenhänge」, 『전집』 제8권과 이 책의 「동시성에 관하여」.
126 이 책의 「민담에 나타난 정신 현상에 관하여」.
127 원형은 본능으로서 특수한 에너지를 갖고 있을 가능성이 크다. 이 에너지는 영구히 제거될 수 없다. 원형 특유의 에너지는 보통 이것을 의식으로 올리기에는 충분하지 못하다. 그렇게 하려면 의식에서부터 무의식으로 흘러가는 특정한 에너지의 양이 필요한데, 의식이 이 에너지를 사용하지 않거나 원형이 그것을 자진해서 끌어들이기도 한다. 원형은 이 추가적 에너지 부하를 빼앗길 수도 있다. 그러나 그의 특유한 에너지는 그럴 수 없다.
128 [이 세상의 임금(마귀).] 「요한복음」 12장 31절과 16장 11절, 이 두 구절에서는 마귀가 아직 예수가 살아 있는 동안 퇴치될 것이라고 암시하고 있으나 「요한계시록」에서는 마귀를 해롭지 않게 만드는 것은 미래와 최후의 심판에서 할 일이다(「요한계시록」, 20장 2절 이하).
129 이것은 오리게네스Origenes에 의해 인용된 금언(*Homiliae in Ieremiam*, XX, 3)에서 적절하게 표현하고 있다. 즉 "나에게 가까이 있는 자는 불에 가까이 있는 것이다. 나로부터 멀리 있는 자는 왕국으로부터도 멀리 있다." 이 '주인이 없는 주님 말씀'은 「이사야서」 33장 14절과 관계가 있다.
130 의식된 전체성은 자아와 자기의 성공적인 합일에 있는데, 이때 양자는 그들의 본질적인 고유성을 보존한다. 합일 대신에 자기에 의한 자아의 지배가 일어나면 자기도 자신이 가져야 할 형태에 이르지 못하고 원시적 수준에 머물러 있게 되며 고태적 상징을 통해서만 표현될 수 있다.
131 이 정리定理는 파울리W. Pauli 교수의 친절한 뒷받침 덕분이다.
132 내 독자들은 아마 이 점에 대한 물리학자의 의견을 듣는 것에 흥미를 가질 것

이다. 내 후기의 원고를 친절하게 끝까지 다 읽어준 파울리 교수는 나에게 다음과 같은 편지를 썼다. "이 자리에서 물리학자는 사실, 심리학에 상응하는 것을 기대하고 있습니다. 의식과 무의식에 관한 인식론적 상황이 아래에 대략 그려진 물리학 내에서의 '보충성'의 상황과 상당히 유사하다는 것을 증명할 수 있을 듯하기 때문입니다. 한편으로 무의식은 의식 내용에 대한 작용을 통해서 간접적으로만 추론될 수 있으며, 다른 한편으로 '무의식의 관찰', 즉 모든 무의식 내용의 의식화는 우선 조절될 수 없는 무의식 내용 자체에 대한 역작용을 가지고 있습니다. 주지하는 바대로 이것은 '의식화'를 통한 무의식의 '고갈'을 원칙적으로 배제합니다. 즉 물리학자는 관찰된 주체의 무의식에 대한 조절될 수 없는 역작용이 그의 현실성의 객관적 특성을 제한하고 동시에 이것에 주관성을 부여한다는 것을 유추를 통해 추론할 것입니다. 의식과 무의식 사이의 '교차점'의 상태는 (최소한 어느 정도까지) '심리학적 실험자'들의 자유로운 선택에 맡겨짐에도 불구하고, 이 '교차점'의 존재는 불가피한 필수성을 보유하고 있습니다. 따라서 '관찰된 체계'는 심리학의 관점에서 물리적 객체로 구성되어 있을 뿐 아니라 무의식을 포함하고 있으며, 반면 의식에는 '관찰 수단'의 역할이 어울리게 될 것입니다. '미세 물리학'의 발견을 통해서 이 학문에서의 자연 기술記述 방법이 더 새로운 심리학의 자연 기술에 다가가는 결과가 오리라는 것은 명백합니다. 전자가 '보충성'으로 표시되는 원칙적인 상황 때문에 관찰자의 작용을 한정 가능한 교정으로 제거하는 것이 불가능하다는 사실에 직면하게 되고, 그럼으로써 모든 물리학적 현상의 객관적 파악을 포기해야만 했던 것에 반해서 후자는 오직 주관적인 의식심리학을 무의식이 존재함을 주장함으로써 지나치게 객관적인 현실을 근본적으로 보충할 수 있었습니다."

133 '동시성' 개념에 대해서는 C. G. Jung und W. Pauli, *Naturerkärung und Psyche*, Zürich, 1952; 융의 「비인과적 관련 원리로서의 동시성」, 『전집』 제8권과 이 책의 「동시성에 관하여」를 보라.

134 물리학자인 파스쿠알 요르단(Pascual Jordan, "Positivistische Bemerkungen über die paraphysischen Erscheinungen", *Zentralblatt für Psychotherapie* IX, Leipzig, 1936, p. 14ff.)은 이미 텔레파시 현상에 대한 설명에 상대적 공간의 개념을 받아들였다.

135 편지를 통한 보고.

136 Carl Alfred Meier, "Moderne Physik—Moderne Psychologie", in *Die kulturelle Bedeutung der Komplexen Psychologie*, C. G. Jung 회갑 기념 축하 간행물, Berlin, 1935, p. 362.

137 이것으로 다음과 같은 사실이 언급되어야겠다. 즉 정신 현상에는 에너지의 측

면이 있고, 이 덕분에 그것이 '현상'이라고 표시될 수 있는 것이다. 그러나 그렇다고 해서 결코 에너지적 측면이 정신의 전부를 포괄하고 있거나 설명한다고 말하는 것은 아니다.

138 스와힐리어에서는 마나mana를 '의미', 뭉구mungu를 '신'이라 부른다.

139 나의 저서 *Über psychische Energetik und das Wesen der Träume* 참조. [『전집』 제8권, I, VI, XI, 그리고 『기본 저작집』 제1권 「꿈의 심리학에 관한 일반적 관점Allgemeine Gesichtspunkte zur Psychologie des Traumes」, 「꿈의 특성에 관하여 Vom Wesen der Träume」, 「콤플렉스 학설의 개요Allgemeines zur Komplex-Theorie」.]

집단적 무의식의 원형에 관하여

『에라노스 연감 1934』(Rhein Verlag, Zürich, 1935)에 처음으로 발표하였다. 내용을 개정하여 그의 저서, 『의식의 뿌리에 관하여. 원형의 탐구』(심리학 논총 IX)의 제1논문으로 출간되었다. 『전집』 9/I.

1 프로이트는 여기에 시사된 그의 기본 견해를 후기의 연구에서 분화시켰다. 본능적 심리를 그는 '에스Es'라 하고 그의 '초자아'는 그 개체에 일부는 의식된, 일부는 무의식적인 (억압된) 집단의식이라 하였다.

2 Philo, *De opificio mundi*, Opera Bd. I, Lyon, 1561.

3 *Adversus omnes haereses*, 2, 6.

4 Walter Scott, *Hermetica* I, Oxford, 1934, p. 140.

5 II, 4[Migne, P. G.-L. III col. 144].

6 II, 6[Migne, 앞의 책, col. 595].

7 *De diversis quaestionibus*, LXXXIII, XLVI col. 49. '원형archetypus'이라는 말은 연금술사에게도 비슷한 뜻으로 쓰였다. 헤르메스 트리스메기스토스 Hermes Trismegistus의 『황금 논설*Tractatus aureus*』(*Theatrum chemicum*, 1613, IV, p. 718)에 이런 말이 있다. "마치 신이 그의 신성의 모든 보배를 ⋯ 그 자신 속에 '원형'에서처럼 간직하듯 ⋯ 마찬가지로 토성±토은 금속체의 모상을 은밀히 자신 속에 감싸고 있다." 비게네르Blaise de Vigenère(Vigenerus, "Tractatus de igne et sale", *Theatrum chemicum*, 1661, VI, Kp. 4, p. 3)에서 세계는 "그의 원형의 상에 따라 만들어졌다"고 했고, 그래서 "위대한 사람magnus homo"(스베덴보리Emanuel Swedenborg는 "homo maximus")이라고 명명되었다.

8 엄밀하게 말해서 '원형'과 '원형적 표상Vorstellung'은 구별되어야 한다. 원형은 그 자체로 가설적인, 볼 수 없는 원래의 본보기를 표현하며 그것은 생물학에서

'행동유형'이라고 하는 것과 같은 것이다. 이에 관하여는 이 책의 「정신의 본질에 관한 이론적 고찰」 참조.
9   비유는 의식된 내용들의 착어증錯語症이다. 상징은 이에 반하여 예감되지만 알지 못하는 무의식적인 내용에 대한 최선의 표현이다.
10 이에 관해 Jung und Kerényi, "Einführung in das Wesen der Mythologie"(= 이 책에 실린 「어린이 원형의 심리학에 관하여Zur Psychologie des Kindarchetyps」)와 『전집』 제9권, 1부, 7부 참조.
11 [Schiller, *Die Piccolomini*, II, 6, p. 118.]
12 [Jung, *Bruder Klaus*, 『전집』 제11권 참조.]
13 Fritz Blanke, *Bruder Klaus von Flüe*, Zürich, 1948, p. 92f. 번역은 Alban Stöckli, *Die Visionen des seligen Bruder Klaus*, Einsiedeln, 1933, p. 34.
14 Blanke, 앞의 책, p. 94.
15 Stöckli, 앞의 책.
16 라보(Benoît Lavaud, *Vie profonde de Nicolas de Flue*)는 적절하게도 산상 기도의 그리스도와는 정반대인 묵시론적인, 분노에 사로잡힌 복수의 화신으로서의 그리스도가 나타나는 Heinrich Seuse의 Horologium sapientiae와 대비되고 있다.
17 [*Ein nutzlicher und loblicher Tractat von Bruder Claus und einem Bilger*. Stöckli, 앞의 책, p. 95.]
18 앞의 책, p. 95ff.
19 [Jakob Böhme, *Viertzig Fragen von der Seelen Urstand, Essentz, Wesen, Natur und Eigenschafft, was sie von Ewigkeit in Ewigkeit sey*, Amsterdam, 1682.]
20 *Zur Empirie des Individuationsprozesses*, 『전집』 제9권, 1부 참조.
21 [Werke, 16 Bde., Leipzig, 1899~1911, p. 12.]
22 [*Thomasakten* in hg. von Hennecke, *Neutestamentliche Apokryphen*, Tübingen, ²1924, pp. 277~281 참조.]
23 Augustinus, *Confessionum libri*, XIII, XXI col. 395, 29.
24 [영어 원문은 『전집』 참조.]
25 또다시 신학자의 꿈이라고 해서 놀랄 일이 아니다. 왜냐하면 목사는 직업상 상승의 주제에 골몰하고 있다. 그는 이에 관해 자주 말하기 때문에 자기 자신의 상승을 어떻게 얻을 수 있는지의 물음에 가까이 접하고 있는 것이다.
26 *Die Edda*, p. 149. 이 부분은 정확히 말해서 1934년에 썼다.
27 Oscar A. H. Schmitz, *Märchen aus dem Unbewußten*, München, 1932, 14쪽 이하에 있다.

28 이에 관해서 Paracelsus, *De vita longa*, hg. von Adam von Bodenstein, 1562, 그리고 "Paracelsus als geistige Erscheinung"(『전집』제13권)에 있는 나의 논평 참조.
29 [Goethe, *Der Fischer*, Ballade.]
30 이에 대하여는 1677년 『침묵의 서*Mutus Liber*』에 있는 연금술사의 그림을 참조할 것. [『기본 저작집』제3권, 『전이의 심리학*Die Psychologie der Übertragung*』, 그림 13.] 그는 물의 요정을 낚아 올리고 있다. 그러나 그의 신비한 누이동생은 그녀의 그물로 새를 잡고 있다. 그것은 아니무스를 묘사한다. 아니마의 관념은 16, 17세기 문헌에서 자주 발견된다. Richardus Vitus, Aldrovandus와 *Tractatus aureus*의 주석, 또한 나의 논문 "Das Rätsel von Bologna"[= "Das Enigma Bolognese", 『전집』제14권, 1부]를 볼 것.
31 [Edgar Hennecke(hg.), *Neutestamentliche Apokryphen*, p. 35.]
32 La Rochefoucauld, *Maxime* [*supprimée*] DCXXX, Paris, 1868, p. 264. [『기본 저작집』제8권, 「영웅의 기원Die Entstehung des Heros」.]
33 Linda Fierz-David, *Der Liebestraum des Poliphilo*, Zürich, 1947 참조.
34 Aniela Jaffé, *Bilder und Symbole aus E. T. A. Hoffmanns Märchen 'Der Goldne Topf'*, in C. G. Jung, *Gestaltungen des Unbewußten*, Zürich, 1950.
35 나의 관점은 나의 책 『전이의 심리학』 [『기본 저작집』 제3권]에 자세히 기술하였다.
36 [프랑스어 원문은 『전집』 참조.]
37 나는 여기서 임상 사례 대신에 일반적으로 접하기 쉬운 문헌상의 예들을 인용하고 있다. 우리의 목적에는 문헌 사례로 충분하다.
38 무의식의 내용과의 대면을 말한다. 이것은 통합 과정의 커다란 과제를 제시한다.
39 Gustav Schmaltz의 작은 책 *Östliche Weisheit und westliche Psychotherapie*, Stuttgart, 1951은 좋은 본보기다.
40 [*Metamorphoseos*, XI, 23, p. 240.]
41 이 꿈은 '큰' 꿈의 예로서 [이 책의]「민담에 나타난 정신 현상에 관하여Zur Phänomenologie des Geistes im Märchen」와 「분석심리학과 교육Analytische Psychologie und Erziehung」[『전집』제17권, pp. 81~153 중 pp. 136~137]에 자세한 주석 없이 이미 언급하였다.
42 이에 대하여 연금술에서의 '늙은 왕'의 주제[『기본 저작집』제6권, 5장 g) 2절 이하] 참조.
43 [또한 M. R. James, *The Apocryphal New Testament*, Oxford, 1924, p. 25ff. 참조.]

44 ['Sils-Maria'는 Nietzsche, *Lieder des Prinzen Vogelfrei*, p. 360에 들어 있다.]
45 라이첸슈타인Richard August Reitzenstein은 『헤르마스의 목자*Hirten des Hermas*』를 『포이만드레스*Poimandres*』에 대한 기독교의 경쟁 문헌이라고 보고 있다.
46 이 책의 「민담에 나타난 정신 현상에 관하여Zur Phänomenologie des Geistes im Märchen」 참조.
47 [senex et iuvenis simul.]
48 Arthur Avalon, *The Serpent Power*, London, 1919.
49 Erwin Rousselle, *Seelische Führung im lebenden Taoismus*, Zürich, 1934.
50 Rudolf Bernoulli, *Zur Symbolik geometrischer Figuren und Zahlen*, Zürich, 1935.
51 Daniel Paul Schreber, *Denkwürdigkeiten eines Nervenkranken*, Leipzig, 1903.
52 Jan Nelken, *Analytische Beobachtungen über Phantasien eines Schizophrenen*, Leipzig/Wien, 1912.
53 John Custance, *Wisdom, Madness and Folly*, New York, 1952. 독어본: *Weisheit und Wahn*, Zürich, 1954.
54 Rulandus, *Lexicon alchemiae*, Frankfurt, 1612, meditatio를 보라.
55 『변환의 상징*Symbole der Wandlung*』[『기본 저작집』 제7권과 제8권]에서 나의 설명을 참조할 것.
56 *Aion. Untersuchungen zur Symbolgeschichte* [『전집』 제9/II권].
57 『심리학과 연금술*Psychologie und Alchemie*』[『기본 저작집』 제5권].

집단적 무의식의 개념

본래 The Concept of the Collective Unconscious라는 제목으로 런던 성 바르톨로메우스 병원 Abernethian Society에서 1936년 10월 19일 행한 강연이다. 이 병원 학술지 XLIV(London, 1936/37, pp. 46~49 및 64~66)에 발표됨. 『전집』 9/I에 독일어 번역으로 처음 실림.

1 Sigmund Freud, *Eine Kindheitserinnerung des Leonardo da Vinci*, Leipzig und Wien, 1910, IV.
2 [*Leben des Benvenuto Cellini*, übersetzt und hg. von Goethe, Tübingen, 1803.]
3 [Horapollo, *Hieroglyphica* I, 11, p. 32.; Freud, 앞의 책, II, p. 24ff.]
4 『변환의 상징*Symbole der Wandlung*』. [『기본 저작집』 제7권, "나방의 노래Das Lied von der Motte", 원주 46 이하의 절(한국어판, 144~145쪽); "리비도의 변환

Die Wandlung der Libido", 주 29 이하의 절(한국어판, 218쪽); 『전집』 제8권, "Die Struktur der Seele", 7부, 단락 317.]
5 Albrecht Dieterich, *Eine Mithrasliturgie*, Leipzig und Wien, 1910, pp. 6/7. [융이 뒤에 듣기로는 1910년도에 간행된 것은 본래 제2판이었다. 그 책은 1903년에 출간되었다. 환자는 1903년보다 몇 년 전에 입원했다.]
6 [「실제 정신치료의 기본 원칙Grundsätzliches zur praktischen Psychotherapie」, 『기본 저작집』 제1권; 또한 『꿈에 나타난 개성화 과정의 상징*Traumsymbole des Individuationsprozesses*』, 『기본 저작집』 제5권.]

아니마 개념을 중심으로 본 원형에 대하여

최초로 발표된 곳은 『정신치료와 인접분야 중앙신보』(Leipzig, 1936)이다 (*Zentralblatt für Psychotherapie und ihre Grenzgebiete* IX/5, pp. 259~275). 개정하여 융의 저서 *Von den Wurzeln des Bewußtseins. Studien über den Archetypus* (Psychologische Abhandlungen IX), Rascher, Zürich, 1954. 『전집』 9/I에 포함됨.

1 G. Th. Fechner, *Elemente der Psychphysik*, Leipzig, 1889.
2 Wilhelm Wundt, *Grundzüge der physiologischen Psychologie*, Leipzig, ⁵1902/1903.
3 예컨대 Dr. G. H. Schubert의 모음, *Altes und Neues aus dem Gebiet der innren Seelenkunde*, Leipzig/Erlangen, 1825~1844.
4 Pierre Janet, *L'Automatisme psychologique*, Paris, 1889; *L'Etat mental des hystériques*, Paris, 1893; *Névroses et idées fixes*, Paris, 1898.
5 Théodore Flournoy, *Des Indes à la planète Mars*, 그리고 *Nouvelles observations sur un cas de somnambulisme avec glossolalie*, Paris/Genf, ³1900.
6 나는 특히 샤머니즘의 '천상의 신부épouse céleste'라는 표상에 주의를 환기하고자 한다. Mircéa Eliade, *Le Chamanisme*, Paris, 1951, p. 80ff.
7 [라틴어 원문은 『전집』 참조.]
8 Baldwin Spencer & F. J. Gillen, *The Northern Tribes of Central Australia*, London, 1904, p. 331. 그 밖에 A. E. Crawley, *The Idea of the Soul*, London, 1909, p. 87f.
9 *In somnium Scipionis*, Lyon, 1556.
10 Richard Wilhelm und C. G. Jung, *Das Geheimnis der Goldenen Blüte* (1929),

p. 49ff.[『전집』제13권의 융의 논문]. Chantepie De La Saussaye[Hg.], *Lehrbuch der Religionsgeschichte* I, Tübingen, ⁴1924, p. 193ff.

11 이 관점은 칸트의 인식 비판에 의거하며 물질주의와는 아무 상관이 없다.
12 Syzygos: 짝짓다, 융합하다; syzygia: 접합.
13 Josef Winthuis, *Das Zweigeschlechterwesen bei den Zentralaustraliern und anderen Völkern*, Leipzig, 1928.
14 특히 발렌티누스파에 대해서는 Irenaeus, *Adversus omnes haereses* 참조.
15 *I Ging. Das Buch der Wandlungen* [Olten/Freiburg, ⁴1981].
16 14세기부터 17세기까지의 이른바 헤르메스적 연금술 철학이 유익한 사례들을 풍부하게 제공하고 있다. 이것들을 웬만큼 들여다보려면 Michael Maier, *Symbola aureae mensae*, Frankfurt, 1617을 보라.
17 겉보기에는 충분히 통찰한 것 같은데도 투사의 주체로의 반작용이 그치지 않는 사례도 물론 있다. 기대했던 투사로부터의 해방이 이루어지지 않고 있는 것이다. 내가 자주 보아왔듯이 이 경우에는 더욱 의미 깊은, 그러나 아직 무의식적인 내용들이 투사 대상에 결부되어 있다. 이것들이 겉보기에 통찰된 것처럼 보이는 투사의 영향력을 계속 유지시키고 있다.
18 기원전 300년에 살았다. Raymond de Block, *Éuhémère son livre et sa doctrine*, Mons, 1876 참조.
19 그 밖에도 물론 도그마에 해당되는 환상들이 훨씬 더 많을 것이라는 사실을 간과해서는 안 될 것이다. 그러나 그것들은 엄격한 의미에서 결코 자연 발생적이며 자율적인 투사가 아니고 기도나 자가 암시 및 외부 암시에 의해서 일어난 의식된 내용들의 시각적 인지다. 특히 기독교 심령 수행자나 미리 정해져 있는 동방의 명상법은 특히 이런 방향에서 이루어지고 있다. 그러한 환상을 면밀하게 조사해보면 본래의 환상이 무엇이었는지, 그것이 얼마나 도그마의 뜻에 맞추어 가공되어 인지된 환상을 형성하는 데 이바지했는지를 확인할 수 있을 것이다.
20 Alban Stöckli, *Die Visionen des seligen Bruder Klaus*, Einsiedeln, 1933. Fritz Blanke, *Bruder Klaus von der Flüe*, Zürich, 1948.
21 이 젊은 무명인의 특이한 사랑 이야기는 Irenaeus, *Adversus omnes haereses* I, 2, 2 이후에서 발견된다.
22 Jung, *Bruder Klaus*, 『전집』제11권.
23 기욤은 세 곳의 성지 여행을 『신곡神曲』과 같은 식으로, 그러나 단테와는 상관없이 1330년에서 1350년 사이에 저술했다. 기욤은 노르망디 샬리 Châlis의 시토수도회의 회장이었다. Josef Delacotte, *Guillaume de Digulleville ... Trois romans-poèmes du XIVe siècle*, 2 Bde., Leipzig, 1906/1915 참조. [또한『기본

저작집』제5권,「만다라 상징Die Mandalasymbolik」, 주석 148이 있는 절 이하.]

24 Maitland, *Anna Kingsford: Her Life, Letters, Diary and Work* I, London, 1896, p.130. 메이틀랜드의 환상은 그 형태와 의미상으로『포이만드레스』(Scott, *Hermetica* I, I, p. 114ff.)에 있는 것에 해당된다. 그곳에는 정신적 빛이 또한 '남녀성'으로 지칭되고 있다. 메이틀랜드가『포이만드레스』를 알고 있었는지 나는 모른다. 아마 몰랐을 것이다.

25 위베르와 모스(*Mélanges d'histoire des religions*, préface p. XXIX, Paris, 1909)는 이 선험적인 관조 형태를 칸트의 학설에 의거하여 '범주'라고 하였다. 보통 그것들은 습관의 형태로 있다. 습관은 그 자체는 무의식적이지만 의식을 좌우한다. 저자들은 가정하기를 원상Urbilder은 언어를 통해 부여된다고 했다. 이런 가정은 개별적인 경우에는 옳지만 일반적으로는 다음과 같은 사실 때문에 반론이 제기되고 있다. 즉 꿈의 심리학이나 정신병리학을 통하여 역사적인 언어 관습으로는 전혀 전달할 수 없는 수많은 원형상들과 그에 관련된 것들을 발굴할 수 있다.

26 [climax a maiori ad minus.]

27 양성적 원초적 인간에 해당되는 것으로는 Platons, *Symposion* XIV과 모든 양성적·원초적 존재.

28 영웅이 신적인 부모와 인간적인 부모로부터 유래된다는, 영웅 신화에 잘 알려진 주제에서 '이중탄생'의 의미를 발견할 수 있다. 이 주제는 비의秘儀와 많은 종교에서 세례 또는 재생의 주제로서 중요한 역할을 한다. 이 주제는 프로이트가 그의 연구 논문『레오나르도 다 빈치의 어린 시절의 추억』에서 잘못 판단하게끔 오도한 주제이기도 하다. 레오나르도가 성 안나의 주제를 자기까지 셋〔즉 그의 딸 성모 마리아와 아기 예수〕으로 그린 유일한 화가가 아니라는 사실의 해명 없이 프로이트는 안나와 마리아, 즉 할머니와 어머니를 레오나르도의 어머니와 의붓어머니로 환원하는 시도를 하고 있다. 즉 그림을 그의 이론에 동화하고자 한다. 다른 화가도 모두 계모를 가지고 있었던가? 프로이트로 하여금 이런 난폭한 일을 하게 한 것은 분명 이중출생의 환상인데 이것이 레오나르도의 생활사에 의해서 주의를 환기시킨 것이다. 이 환상이 성 안나가 할머니라는 부적절한 현실에 덧칠을 하였다. 그래서 프로이트가 성 안나를 성모 마리아, 아기 예수의 셋으로 그리는 데 몰두한 다른 화가의 생활사를 탐구하는 일을 가로막았다. 17쪽에 언급한 '종교적 사고 제지'는 저자 자신이 증명했다. 또한 그가 그토록 강조한 근친상간의 이론은 영웅 신화에서 자주 등장하는 잘 알려진 근친상간의 주제인 원형에 근거를 두고 있다. 그것은 논리적으로 아마도 멀리 원시적 선사 시대로 거슬러 올라가는 근원적인 양성형兩性型에서 도출된다. 이

런 심리학적 이론이 강제적으로 난폭스럽게 일어날 때는 언제나 원형적 환상이 진실을 왜곡하고자 시도한다는 이유 있는 의혹이 제기되게 마련이다. 이것이 프로이트의 '종교적 사고 제지'에 해당될 것이다. 원형의 발생을 근친상간의 이론으로 설명하는 것은 마치 사람들이 한 솥의 물을 이미 그 솥과 관으로 연결되어 있는 그 옆의 다른 그릇에 붓는 것과 마찬가지로 수없이 많을 수 있다. 우리는 하나의 원형을 다른 원형으로 설명할 수 없다. 다시 말해 우리는 원형이 어디에서 오는지 설명할 수 없다. 왜냐하면 이 선험적인 조건밖에는 아무런 아르키메데스의 점이 없기 때문이다.

29 「그대는 왜 우리에게 그윽한 눈빛을 보냈던가Warum gabst du uns die tiefen Blicke」, April 1776. [슈타인 부인에게.]
30 Arthur Avalon[Hg.], *The Serpent Power*, London, 1919. *Shrī-Chakra-Sambhara Tantra* und John George Woodroffe, *Shakti and Shâkta*, London, ²1920.
31 Wolfgang Schultz, *Dokumente der Gnosis*, Jena, 1910; 특히 Irenaeus, 앞의 책의 목록.
32 『심리학과 연금술*Psychologie und Alchemie*』[『기본 저작집』 제5권과 제6권] 참조.
33 『자아와 무의식의 관계*Die Beziehungen zwischen dem Ich und dem Unbewußten*』[『기본 저작집』 제3권]에서 나는 치료에서의 본질적인 문제들을 제시했다. 또한 『전이의 심리학*Die Psychologie der Übertragung*』[『기본 저작집』 제3권] 참조. 아니마의 신화학적 측면에 대해서는 카알 케레니Karl Kerényi와 함께 펴낸 *Einführung in das Wesen der Mythologie*[이 책에 실린 융의 논문 「어린이 원형의 심리학에 관하여Zur Psychologie des Kindarchetyps」] 참조.

모성 원형의 심리학적 측면

『에라노스 연감 1938』(Rhein Verlag, Zürich, 1939)에 처음으로 발표하였다. 개정하여 융의 저서 *Von den Wurzeln des Bewußtseins. Studien über den Archetypus*(Psychologische Abhandlungen IX), Rascher, Zürich, 1954. 『전집』 9/I에 포함됨.

1 [Scott, *Hermetica* I, Oxford, 1934, p. 140.]
2 "Instinkt und Unbewußtes"[『전집』 제8권] 참조.
3 Hermann Usener, *Das Weihnachtsfest*, Bonn, ²1911, p. 3.
4 이것은 세 구나(공덕)의 어원학적 의미다. Adolf Weckerling[Hg.], *Das Glück*

des Lebens. Medizinisches Drama von Ānandarāyamakhī, Greifswald, 1937, p. 21ff.; Richard Garbe, *Die Sâmkhya-Philosophie*, Leipzig, 1917, p. 272ff. 참조.

5 여기에 관해서는 미국의 심리학이 큰 비중을 두고 그 실례를 보여주고 있다. 이러한 측면에서 본래적이지만 교육적으로 고안된 풍자라고 할 만한 것은 Philip Wylie, *Generation of Vipers*, New York/Toronto, 1942이다.

6 여기서는 부성 콤플렉스 또한 중요한 역할을 한다.

7 [*Über die Psychologie des Unbewußten*, 『전집』 제7권, 단락 16 이하: 'Die Erostheorie'.]

8 이 장에서 나는 치료 경험에 대하여 설명하지 않고 모성 콤플렉스의 유형들을 열거한다. '유형들'은 개별 사례가 아님을 모든 지식인은 알아야 할 것이다. 또한 '유형들'은 나타나는 모든 현상을 압축해 넣어야 하는 발명된 도식도 아니다. '유형들'은 이상적인 구조, 경험의 평균적인 상像Bild(심상)이며 결코 개별 사례와 동일시될 수 없다. 물론 그 경험을 책이나 심리 실험실에서만 얻은 사람들은 의사의 심리학적 경험에 대하여 바른 생각을 가질 수 없을 것이다.

9 이 문장은 사랑이 없는 곳에 권력이 그 빈자리를 채운다는, 여러 경험의 바탕에서 나온 것이다.

10 내가 이에 관해 영어 세미나에서 사용한 용어는 '자연스러운 마음natural mind'이다.

11 이 경우는 주도권이 딸에 의해 행사된다. 다른 경우에서는 아버지의 심리(아니마 투사)가 딸에게서 근친상간 결합의 원인이 된다.

12 여기서 이 유형은 그와 동류의 것, 즉 여성적 부성 콤플렉스와 구별되어야 한다. 여기서는 반대로 '아버지'가 모성적 보살핌과 알을 품는 행태로 나타난다.

13 단순히 사실에 대하여 무의식적이었다는 의미가 아니라 다만 그 의미가 그들에게 무의식적인 채 있었다는 말이다.

14 이런 종류의 아내는 남편에게 특이하게 안도감을 주는 효능을 가지고 있다. 마침내 남편이 누구와 결혼했고 누구와 동침했는지, 그것이 장모였음을 알아차리기까지는.

15 [『파우스트』, 제2부, 협곡.]

16 [앞의 책, 제1부, 서재.]

17 본능의 투사에 의해 일어남.

18 [『파우스트』, 제2부, 어두운 통로.]

19 ["내부에는 아무것도 없다, 외부에는 아무것도 없다, / 안에 있는 것은 곧 밖에 있는 것이기 때문이다." Goethes, *Gott und Welt. Epirrhema*.]

20 Joh Warneck, *Die Religion der Batak*, Leipzig, 1909.

21 [불공정의 비밀(죄악).]
22 [『파우스트』, 제1부, 밤. 땅의 정령이 말하다.]
23 융의 강조.
24 [불트만Rudolf Bultmann 인용.] Fritz Buri, "Theologie und Philosophie", in *Theologische Zeitschrift* VIII, Basel, 1952, p. 117.
25 물론 딸이 어머니를 이상화할 수도 있으나, 그러자면 특별한 상황이 필요하다. 반면에 남자에게는 이상화가 이른바 통상적인 범위 안에서 일어난다.
26 Julius Ruska (Hg.), *Tabula Smaragdina*, Heidelberg, 1926, p. 2.
27 [*Metamorphoseos*, XI, p. 223ff.]
28 "Synchronizität als ein Prinzip akausaler Zusammenhänge"[『전집』 제8권]; 「동시성에 관하여Über Synchronizität」[이 책].

어린이 원형의 심리학에 대하여

「원초적 시간의 원초적 어린이Das Urkind in der Urzeit」 제하의 케레니 기고 논문과 함께 Pantheon 아카데미출판사(Amsterdam-Leipzig)의 전문연구서(Albae Vigiliae VI/VII)로서 1940년 『신적인 어린이. 그 신화학적, 심리학적 의미』라는 제목으로 출간됨. 그 뒤에 「코레 이미지Korefigur의 심리학적 측면에 대하여」라는 논문과 함께 C. G. Jung und Karl Kerényi, *Einführung in das Wesen der Mythologie. Gottkindmythos / Eleusinische Mysterien*(신화학 입문, 신 어린이 신화/엘레우시스 비의)라는 제목으로 1941년 같은 출판사에서 발간됨. 신간은 제목이 같고 다만 부제가 신적인 소년/신적인 소녀Das göttliche Kind/Das göttliche Mädchen로 바뀌어 1951년 Rhein 출판사에서 출간되었다. 『전집』 9/I.

1 [Kerényi, *Das göttliche Kind*.]
2 [Jung,] "Die Struktur der Seele"[『전집』 제8권, 단락 317 이하].
3 프로이트(*Die Traumdeutung*, p. 185)는 유아 심리의 몇 가지 측면을 오이디푸스 전설과 비교하여 그 '보편타당한 효력'이 비슷한 유아적 전제 아래서 설명된다고 지적하였다. 실질적인 신화 자료의 작업은 나의 제자가 도맡았다. *Archives de psychologie* VI(1907), 354~375에 실린 A. 매더Alphonse Maeder의 "Essai d'interprétation de quelques rêves"와 *Psychologisch-neurologische Wochenschrift* X(1908/1909), 45~55에 실린 "Die Symbolik in den Legenden, Märchen, Gebräuchen und Träumen", 그리고 *Psychologisch-*

neurologische Wochenschrift IX(1907), 269~273에 실린 F. 리클린Franz Riklin 의 "Über Gefängnispsychosen"과 라이프치히와 비엔나에서 1908년에 출판된 *Wunscherfüllung und Symbolik im Märchen*, 1909년 라이프치히와 비엔나에서 출판된 K. 아브라함Karl Abraham의 *Traum und Mythus* 등이 그것이다. 이어서 비엔나 학파에서 나온 O. 랑크Otto Rank의 *Der Mythus von der Geburt des Helden*(라이프치히와 비엔나에서 1909년 출판)이 있다. 그 후 *Wandlungen und Symbole der Libido*(1911)에서 나는 심리학과 신화의 비교에 관한 광범위한 연구를 제시하였다. 이 책에 실려 있는 논문 특히 「아니마 개념을 중심으로 본 원형에 대하여」와도 비교하기 바란다.

4 이 사실은 잘 알려져 있는데, 그와 관계되는 민속학적 문헌을 인용하기에는 너무 방대하다.
5 "Die Struktur der Seele"[『전집』제8권, 단락 328 이하].
6 몇몇의 경우에 예외가 있다. 자연 발생적인 환상의 예(플루르누아의 'automatismes téléologiques')와 내가 제시한 '적극적 명상법'의 과정 등[*Zur Empirie des Individuationsprozesses*, 『전집』제9권, 1부].
7 관련 자료는 취리히 연방공과대학의 심리학 세미나(1936~39) 자료로, 출판되지 않은 것이 대부분이다.
8 M. Berthelot, *Collection des anciens alchimistes grecs*, Paris, 1887/1888, III, xxxv, p. 201.
9 G. Agricola, *De animantibus subterraneis*, Basel, 1549; A. Kircher, *Mundus subterraneus*, Amsterdam, 1678, VIII, 4.
10 J. D. Mylius, *Philosophia reformata*, Frankfurt, 1622.
11 "Allegoriae super librum turbae", in *Artis auriferae* I, p.161.
12 *Texte aus der deutschen Mystik des 14. und 15. Jahrhunderts*, hg. v. A. Spamer, Jena, 1912, pp. 143f., 150f.
13 J. H. Ingram, *The Haunted Homes and Family Traditions of Great Britain*, London, 1897, p. 43ff.
14 Morienes, Morienus 혹은 Marianus(*De compositione alchemiae*, in Mangetus, *Bibliotheca chemica curiosa* I, p. 509ff.)라고 불리는 고대 연금술사가 있다. 『파우스트』제2부의 현저한 연금술적 성격은 이 맥락에서 그리 예상 밖의 일이 아닐 것이다.
15 Schreber, *Denkwürdigkeiten eines Nervenkranken*, Leipzig, 1903.
16 일반적 제시는 "Bewußtsein, Unbewußtes und Individuation"[『전집』제9권, 1부]에서 찾아볼 수 있다. 특수 현상학에 대해서는 『꿈에 나타난 개성화 과정의

상징Traumsymbole des Individuationsprozesses」[『기본 저작집』 제5권], 「개성화 과정의 체험에 관하여Zur Empirie des Individuationsprozesses」[『전집』 제9권, 1부]를 참조.
17 『자아와 무의식의 관계Die Beziehungen zwischen dem Ich und dem Unbewußten』, 제2부, III. [『기본 저작집』 제3권. 더욱 상세한 자료는 이 책의 「초월적 기능」을 참조.]
18 『변환의 상징Symbole der Wandlung』[『기본 저작집』 제7권과 제8권].
19 여기서 항상 신화의 어린이 주제를 구체적인 '어린이'의 경험과 같은 것으로 보려는 비전문가의 소박한 선입견을 지적해도 지나치지 않을 것이다. 이들은 마치 현실의 어린이가 어린이 주제가 있게 된 원인적인 전제인 것처럼 생각하고 있다. 그러나 심리적인 현실에서는 경험적인 관념으로서의 '어린이'는 자세히 파악되지 않는 심적 사실의 표현 수단(단 하나뿐이 아닌)에 불과하다. 그러므로 신화적인 어린이의 관념 또한 결코 경험적인 '어린이'의 복사가 아니라 명백한 상징이다. 신화적이고 경이로운, 다시 말해 인간적이지 않은 어린이가 특수한 상황에서 잉태되고, 태어나며, 성장하는 것이다. 그의 행동은 그의 성질이나 타고난 신체적 상태와 마찬가지로 경이롭거나 괴이하다. 오직 이러한 비경험적인 특성 덕분에, '어린이 주제'를 언급해야 할 필요성이 요구된다. 게다가 신화적인 '어린이'도 신神, 거인, 소인 혹은 동물 등 여러 가지로 변화할 수 있는데, 결코 합리적이거나 구체적인 인간적 인과성을 제시하고 있지 않다. 마찬가지로 신화적으로 비합리적인 상징인 '아버지'의 원형과 '어머니'의 원형에도 같은 말이 해당된다.
20 *Psychologische Typen*[『전집』 제6권, 단락 879 이하]; 『자아와 무의식의 관계』 [『기본 저작집』 제3권], 전반부 3장.
21 *Psychologische Typen*[『전집』 제6권, 단락 315 이하].
22 『꿈에 나타난 개성화 과정의 상징』[『기본 저작집』 제5권]; *Psychologie und Religion*[『전집』 제11권].
23 『자아와 무의식의 관계』. [『기본 저작집』 제3권, pp. 120ff.〔한국어판, 160쪽 이하〕, 『기본 저작집』 제5권, 「만다라의 상징성Die Mandalasymbolik」, 그리고 *Aion*, 제4장, 『전집』 제9권, 2부 참조.]
24 『심리학과 연금술*Psychologie und Alchemie*』[『기본 저작집』 제5권, 주석 부분 159 〔한국어판, 279~280쪽〕].
25 고등 척추동물은 특히 정감성을 상징한다.
26 뱀의 이러한 의미는 이미 히폴리투스Hippolytus의 *Refutatio omnium haeresium*, IV, 49~51에서 찾을 수 있으며, H. 라이제강Hans Leisegang의 *Die Gnosis*, Leipzig, 1924, p. 146에도 나타난다.

27 *Psychologische Typen*[『전집』 제6권, 단락 249 이하].
28 그리스도도 심지어는 불의 특성을 지니고 있다("내 가까이에 있는 자는 불 가까이 있는 것이다." Origenes, *Homiliae in Ieremiam*, XX, 3, Preuschen, *Antilegomena*, p. 44에서 인용). 성령도 마찬가지다.
29 이 자료는 다음에서 발췌했다. 『꿈에 나타난 개성화 과정의 상징』[『기본 저작집』 제5권]; 『연금술에서 본 구원의 관념*Erlösungsvorstellungen in der Alchemie*』[『기본 저작집』 제6권]. 하인으로서의 메르쿠리우스Mercurius는 Eirenaeus Philalethes의 우화 *Erklärung der Hermetisch Poetischen Werke Herrn Georgii Riplaei*, Hamburg, 1741, p. 131ff.에서 찾을 수 있다.
30 [*Katha-Upanishad*, in Sacred Books of the East XV, p. 11 참조. *Psychologische Typen*, 단락 342에 번역하고 주석을 달았다.]
31 Georg Koepgen, *Die Gnosis des Christentums*, Salzburg, 1939, p. 315ff.
32 중간자와 도구로서의 돌lapis; *Tractatus aureus cum scholiis*, in Mangetus, *Bibliotheca chemica curiosa* I, p. 408b와 *Artis auriferae*, p. 641 비교.
33 *Psychologische Typen*[『전집』 제6권], 정의 중 심혼Seele 참조. 『자아와 무의식의 관계』[『기본 저작집』 제3권, 2부, 2장].
34 「호세아Hosea」, 1, 2ff.
35 Leonhard Fendt, *Gnostische Mysterien*, München, 1922 참조.
36 Hennecke, *Neutestamentliche Apokryphen*, Tübingen, 1924, p. 176, 12.
37 Clemens, *Stromata*, III, 13, 92. [그리고 Hennecke, 앞의 책, p. 23.]
38 Mechthild von Magdeburg, *Das fließende Licht der Gottheit*.
39 Richard Salomon, *Opicinus de Canistris*, London, 1936.
40 주교 아스테리우스Asterius의 탄핵(Paul Foucart, *Mystères d'Eleusis*, Paris, 1914, XX장)과 비교할 것. 히폴리투스의 보고 이후 비의를 주재하는 사제는 독초 음료를 즐겨 마심으로써 심지어는 스스로 성불능이 되었다. 모성신을 섬기기 위하여 사제들이 스스로 거세하는 것도 비슷한 의미를 지니고 있다.
41 무의식과의 대면에 관해서는 『자아와 무의식의 관계』[『기본 저작집』 제3권, 1부, 2장]를 보라.
42 『자아와 무의식의 관계』[『기본 저작집』 제3권].

민담에 나타난 정신 현상에 관하여

『에라노스 연감 1945』(Rhein Verlag, Zürich, 1946)에 「정신의 심리학에 관하

여 Zur Psychologie des Geistes」라는 제목으로 처음 발표. 내용을 개정, 확대하여 위의 제목으로 1948년 Rascher 출판(Zürich)에서『정신의 상징론 Symbolik des Geistes』(Psychologische Abhandlungen VI)이라는 제목으로 출간된 저서에 수록됨.『전집』9/I.

1 [Ligamentum animae et corporis.]
2 [인용문의 출처는 찾을 수 없었다. 의미에 적합한 내용은 Wundt, Logik III: Logik der Geisteswissenschaften에서 찾을 수 있다.]
3 이에 관한 나의 부연 설명은 "Geist und Leben",『전집』제8권 참조.
4 영혼. 고대 게르만 언어의 saiwalô는 아마도 αἰόλος('화려하게 빛나는', '움직이는', '변화하는')라는 단어에 가깝다. 이것은 또한 '교활하고 기만적'이라는 뜻도 가지고 있어서 아니마를 메르쿠리우스Mercurius로 보는 연금술적인 정의와 어떤 개연성을 지닌다.
5 [이 부분은 영미판(1959)에서의 실수로 단락 번호가 없다.]
6 신이 스스로 자신을 나타내는 것, 예를 들면 신령 현상과 같은 것은 환각에 불과하다는 견해를 가진 사람이 있다고 해도 이것은 자연 발생적인(우리의 자유의지에 구애받지 않은) 정신 현상이다. 어쨌든 이것은 우리의 목적에 완전히 부합하는 하나의 자율적인 콤플렉스다.
7 이에 해당되는 사례는『심리학과 연금술 Psychologie und Alchemie』[『기본 저작집』제5권,「최초의 꿈 Die Initialträume」]에 나타나 있다.
8 에크하르트 수사의 '벌거벗은 사내아이'에 대한 환상이 여기에 해당한다(이 책 237쪽 참조).
9 브루노 괴츠Bruno Goetz의 소설,『보이지 않는 제국 Das Reich ohne Raum』(Potsdam, 1919, Konstanz, 1925) 속에 나오는 '소년'이 생각난다.
10 이에 대해서는 '신적인 어린이göttliche Kind'(이 책 241쪽 이하)를 보라.
11 ["귀령들Geister이 하나님에게서 온 것인지 시험하라."(「요한1서」, 4장 1절)]
12 그래서 리시스rishis와 마하트마mahatmas의 여러 가지 신기한 이야기들이 있다. 나와 힌두교 스승 구루guru의 존재에 대하여 이야기를 나누었던 교양 있는 한 인도인은 누가 그의 힌두교 스승이었는지를 묻는 나의 질문에 "그는 샹카라Śaṅkarāchārya(8/9세기)입니다"라고 대답했다. 나는 놀라서 "하지만 그는 유명한 주석자인데요"라고 말하였다. 그는 응답하기를 "네, 그랬지요. 물론 그의 혼이죠"라고 했다. 그는 나의 서구적 불안에는 조금도 개의치 않았다.
13 [Analytische Psychologie und Erziehung,『전집』제17권, 단락 208 이하와『자아와 무의식의 관계』,『기본 저작집』제3권, p. 65(한국어판, 86쪽) 참조.]
14 [『파우스트』, 제2부, 어두운 통로.]

15 내가 여기서 사용하는 민담의 자료는 폰 프란츠Marie-Louise von Franz 박사의 친절한 도움 덕택이다.
16 "Wie ein Waisenknabe unverhofft sein Glück fand"(핀란드와 에스토니아의 민담 68번, Die Märchen der Weltliteratur, Diederichs에 수록).
17 산은 나그넷길과 상승의 목표를 나타내기 때문에 심리학적으로는 흔히 자기 Selbst를 의미한다. 『역경易經』에서는 산을 목표로서 묘사하고 있다. "왕은 그를 서산西山에 내놓는다."(제17번괘, 隨Sui, 계승) 〔상육上六의 효사 중 '王用亨于西山'에 대한 리하르트 빌헬름의 번역이다. 이에 대해서는 더 자세한 설명이 있고 국내외의 여러 해석이 있으나 융은 궁극적인 목표로서의 산의 의미를 예시하는 가운데 이 구절을 인용했다. R. Wilhelm, *I Ging*, Diederichs Verlag, Düsseldorf, 1960, pp. 84~85 참조.—옮긴이〕 Honorius Von Autun(*Speculum de mysteriis ecclesiae*, in Migne, P. L. CLXXII, p. 345)에서는 "산은 가부장들이고 예언자다"라고 하였다. 빅토르Richard Von St. Victor는 "영광된 그리스도를 보고 싶으냐? 이 산을 올라서 너 자신을 알도록 하여라"라고 말하였다(*Benjamin minor*, in Migne, P. L. CXCVI, col. 53~56).
18 이와 관련해서는 특히 요가의 현상학을 강조할 만하다.
19 여기에는 많은 실례가 있다. 스페인과 포르투갈의 민담〔34번「흰 앵무새 Der weiße Papagei」, 45번「장미 여왕과 소년 토마스Königin Rose und der kleine Thomas」〕; 러시아의 민담〔26번「손 없는 소녀Das Mädchen ohne Hände」〕; 발칸 반도 지역의 민담〔15번「양치기와 세 사람의 사모빌Der Hirt und die drei Samovilen」〕; 이란의 민담〔「바드 바저드의 비밀Das Geheimnis des Bades Bâdgerd」〕; 북구의 민담 I〔스웨덴 11번「사람 늑대Der Werwolf」, p. 231. 위의 모든 것은 *Die Märchen der Weltliteratur*(Diederichs 출판사)에 수록되어 있다.
20 오빠를 찾는 소녀에게 그는 그들에게 굴러가는 실뭉치를 주었다(핀란드와 에스토니아의 민담 83번「싸우는 형제들Die kämpfenden Brüder」, p. 280). 하늘의 왕국을 찾아 헤매는 왕자에게 스스로 달리는 작은 배를 주었다(그림 형제 이후의 독일 민담「쇠로 된 장화Die eisernen Stiefel」, p. 381). 그 밖의 선물은 모든 사람을 춤추게 하는 피리였고(발칸 반도 지방의 민담「열두 조각Die zwölf Brocken」, p. 173), 혹은 길을 안내해주는 구슬과 보이지 않게 만드는 지팡이(북구의 민담 18번 덴마크, 「열두 짝의 황금신을 가진 공주Die Prinzessin mit den Zwölf Paar Goldschuhen」, p. 97), 또는 신비로운 개(앞의 책, p. 287. 20번 스웨덴, 「세 마리 개 Die drei Hunde」), 비밀스러운 지혜가 담긴 책(중국의 민담, p. 248. 86번「장 량 Dschang Liang」) 등이다.
21 핀란드와 에스토니아의 민담 83번〔에스토니아, 「싸우는 형제들Die kämpfenden

Brüder」], p. 280.
22 그림 형제 이후의 독일 민담[「쇠로 된 장화」], p. 382. 발칸 반도 지방의 민담[15번 「양치기와 세 사람의 사모빌」]에서 노인은 "모든 새들의 황제"다. 까치는 그곳을 잘 알고 있다. 마이링크Gustav Meyrink의 소설 『흰 도미니카 수도자Der weiße Dominikaner』(Wießn, 1921)에 수록되어 있는 신비로운 「비둘기집의 주인 Herrn des Taubenschlags」과도 비교.
23 이란의 민담[Das Geheimnis des Bades Bâdgerd], p. 152.
24 스페인의 민담 34번[Der weisse Papagei], p. 158.
25 앞의 책[41번 Königin Rose oder der kleine Thomas, p.199].
26 북구의 민담 I, 11번[스웨덴, Der Werwolf], p. 231f.
27 캅카스의 민담, p. 35f.[「물새 속에 속하는 새와 나이팅게일Der Sprosser und die Nachtigall」]; p. 35f.[발칸 51번, Die Nachtigall Gisar].
28 발칸 반도 지방의 민담[49번 「루비와 땅의 미녀Die Lubi und die Schöne der Erde」], p. 217.
29 러시아의 민담[6번, 「오크Och」], p. 30f.
30 그림 형제 수집 84번 「그리프라 부르는 새Der Vogel Grief」를 말하는 것이며, 『어린이와 가정의 민담Kinder und Hausmärchen』, Brüder Grimm, 1922, II, p. 29ff. 문구에 음성학적 오류가 많다.
31 Goethe, Die neue Melusine, Märchen.
32 나의 논문 「초시모스의 환상Die Visionen des Zosimos」[『기본 저작집』 9권] 참조.
33 시베리아의 민담(13번, p. 62. 「돌로 변한 남자Der in Stein verwandelte Mann」)에서 노인은 희고, 하늘까지 치솟는 형상으로 나타난다.
34 [이 책의 251쪽 이하 참조.]
35 [『파우스트』 제2부, Kabirenszene; 『기본 저작집』 제5권, 「만다라의 상징성」, '22. 꿈'에서 인용.]
36 남미 인디언의 민담, p. 285[「세상의 끝과 불 도둑질Das Ende der Welt und der Feuerdiebstahl」].
37 북미 인디언의 민담, p. 74[「메네부쉬에 관한 이야기: 불 도둑질Geschichten von Mänäbusch: Der Feuerdiebstahl」].
38 [53번, 「의붓딸과 남의 집 딸의 품삯Der Lohn der Stieftochter und der Haustochter」, p. 192ff.]
39 [영미판은 여기에 한 단락을 제시하고 있는데 우리는 그것을 취하고 싶지 않다.]
40 『그림 형제 이후의 독일 민담Deutsche marchen seit grimm』, Diederichs, p. 189ff.
41 [「다니엘」 7, 9 n. 13.] 「칸틸레나Cantilena」에서, in Georgius Riplaeus(Sir

George Ripley), *Opera omnia chemica*, Kassel, 1649.
42 [발칸 반도 지방의 민담 36번, 「여왕과 그녀의 세 아들Der Königi und seine drei Söhne」.]
43 Prudentius, *Contra Symmachunm*; 라너Hugo Rahner의 『심혼을 치유하는 꽃 *Die seelenheilende Blume*』, p. 132.
44 [36번 「창조주의 개Die Hunde des Schöpfers」.]
45 [발칸 반도 지방의 민담 9번, 「러시아 황제의 아들과 그의 두 동반자의 행적Die Taten des Zarensohnes und seiner beiden Gefährten」.]
46 [35번, 「낯선 곳에서 온 사위Der Schwiegersohn aus der Fremde」.]
47 「나무 위의 공주Die Prinzessin auf dem Baum」(『그림 이후의 독일 민담』).
48 사위성四位性Quaternität에 대하여 나는 이전에 쓴 내 논문 중 특히 『심리학과 종교Psychologie und Religion』[『기본 저작집』 제4권]와 『심리학과 연금술 Psychologie und Alchemie』[『기본 저작집』 제5권과 제6권]을 제시한다.
49 내가 알고 있기로 문제가 제기된 것 중 가장 오래된 것은 호루스Horus의 네 아들에 관한 묘사인데, 그들 중 세 명은 가끔 동물의 머리를 하고, 한 명은 사람의 머리를 한 것으로 묘사되고 있다. 시간적으로는 네 형상의 에제키엘Ezechiel(구약 시대의 예언자) 환상과 연결되며 이것은 그 뒤에 네 복음자의 특성에서 다시 나타나고 있다. 알려진 대로 여기에는 셋이 동물의 머리를, 하나는 (천사의) 사람의 머리를 하고 있다.
50 『에메랄드 서판Tabula Smaragdina』의 문장 뒤에서는 "아래에 있는 것은 위에 있는 것과 마찬가지다"라고 하였다. J. Ruska, Heidelberg, 1926.
51 「심리학과 연금술」[『기본 저작집』 제5권], 그림 54 참조. 더욱 자세한 설명은 「정신인 메르쿠리우스Der Geist Mercurius」[『전집』 제13권]에 수록되어 있다.
52 [*Platons Dialoge Timaios und Kritias*, 29쪽.] 사람들은 설명되지 않은 이 부분을 플라톤의 즐거운 기분 탓으로 돌리려고 하였다.
53 그림의 민담에서(I, 55번 「마리아 아기Marienkind」) 금지된 방에는 주목할 만한 것으로 보이는 '삼위일체'가 있다.
54 클라우디우스 아엘리아누스(Aelian, *De natura animalium*, Leipzig, 1864, I, 47)는 이미 아폴론이 물을 길러 보낸 까마귀가 시간이 오래 걸리자 까마귀를 목말라 죽도록 형벌을 내렸다고 보고하였다. 독일의 민속 음악에서는 까마귀가 6월이나 8월에 갈증으로 고생을 한다고 한다. 이유는 까마귀가 혼자서 그리스도의 죽음을 애도하지 않았거나 혹은 노아가 밖으로 내보냈을 때 돌아오지 않았기 때문이라고 한다. Panzer, *Zeitschrift für deutsche Mythologie* II, p. 171; Köhler, *Kleinere Schriften zur Märchenforschung* I, 3. 악한 것에 대한 비유로

서 까마귀에 대한 것은 라너Hugo Rahner의 *Erdgeist und Himmelsgeist in der patristischen Theologie*, Zürich, 1946에 빠짐없이 수록된 설명을 보도록 하라. 다른 한편으로 까마귀는 아폴론과 가까운 관계에 있으며, 신성시되는 동물이다. 마찬가지로 성서에서 까마귀는 긍정적인 의미로 등장한다.「시편」, 147편 9절: "짐승들과 울어대는 까마귀 새끼에게 먹이를 마련하시는 분."「욥기」, 38장 41절: "새끼들이 먹이가 없어 허둥대며 하나님께 아우성칠 때에, 누가 까마귀에게 먹이를 장만해주느냐?"「누가복음」 12장 24절도 마찬가지다("까마귀를 생각하라. 심지도 아니하고 거두지도 아니하며, 골방도 없고 창고도 없으되 하나님이 기르시나니 너희는 새보다 얼마나 더 귀하냐."『성경전서』 대한성서공회, 1997). 본질적으로 섬길 만한 신으로서의 엘리야가 매일의 양식을 가져오는「열왕기상」 17장 5절에 까마귀들이 등장한다("까마귀들이 그에게 아침에도 빵과 고기를 날라왔고 저녁에도 빵과 고기를 날라왔다. 그리고 그는 시내에서 물을 마셨다." 가톨릭 주석 성서 구약(상)).

55 [『심리학과 연금술』,『기본 저작집』 제5권과 제6권 색인 '예언녀 마리아(마리아 프로페티사Maria Prophetissa)'를 보라.]

56 북구의 민담에서[노르웨이 24번,「하얀 나라의 세 공주Die drei Prinzessinen im Weissland」], 세 명의 속죄하는 공주들은 목까지 땅속에 묻히는 것으로 나타난다.

57 기능학설에 대해서는『심리학적 유형*Psychologische Typen*』참조. [「심리학적 유형에 관한 개설Allgemeine Beschreibung der Typen」,『기본 저작집』제1권.]

58 이 분야를 모르는 일반인을 위하여 보충하겠는데 정신의 구조설은 민담과 신화에서 도출한 것이 아니라 의료심리학적 연구의 많은 경험과 관찰을 토대로 나온 것이다. 이것은 의사와는 상당히 거리가 있는 여러 분야에서 비교 상징 연구를 통하여 이차적으로 증명된 것이다.

59 전형적인 에난치오드로미Enantiodromie(대극의 반전)를 다루고 있다. 여기서는 높은 곳으로 가는 것이 아니라 자신의 다른 측면도 알아차리고 아래쪽을 향해야 한다.

60 젊은이는 커다란 나무를 보고 자신에게 물었다. "내가 만약 저 나무 꼭대기에서 세상을 음미한다면 어떨까!"

61 무의식적 기능 부분이 모든 것을 다 안다는 것은 물론 과장이다. 사실 이것은 역하閾下 지각과 기억, 그리고 본능적이며 원형적인 무의식의 내용을 처리한다. 아니, 그것들에 의해 영향을 받는다는 말이 더 적당할 것이다. 그것은 무의식적인 활동에 예기치 않은 정보를 전달한다.

62 사냥꾼은 무엇을 빠뜨리고 잘못 계산함으로써 기대에 어긋났다. 대개 이런 일

은 자주 일어나게 마련이다. 심혼의 활동이 일으키는 대가를 사람들은 거의 혹은 전혀 생각하지 않는다.
63 헤라클레스 신화와 비교하라.
64 연금술사들은 작품이 이루어지는 긴 시간을 강조하고, 아주 먼 길, 엄청난 명상의 기간longissima via, diuturnitas immensae meditationis 등에 대하여 말하였다. 열둘이라는 숫자는 그리스도의 속죄 작업이 끝나는 기독교 역년과 관계가 있는 듯하다. 속죄양도 이 출처에서 유래한 것이다.
65 바다의 딸. [Aleksey Afanas'ev, *Russian Fairy Tales*, New York, 1946, p. 553ff.]
66 노인은 토막 난 시체를 양동이에 넣어서 바다에 버렸다. 오시리스Osiris(머리와 남근!)의 숙명을 연상시킨다.
67 Von kosth는 뼈Knochen, 그리고 pakosth, kaposth는 역겨운, 더러운.
68 Kamutef는 '그의 어머니의 황소'라는 의미다. Helmut Jacobsohn, *Die dogmatische Stellung des Königs in der Theologie der alten Ägypter*, Glückstadt, 1939, pp. 17, 35, 41ff.
69 『변환의 상징Symbole der Wandlung』 참조. [『기본 저작집』 제8권, 「어머니와 재탄생의 상징들Symbole der Mutter und der Wiedergeburt」, 주석 90번 있는 단락 이하(한국어판, 131쪽 이하)와 「희생Das Opfer」, 주석 44번 있는 단락 이하(한국어판, 385쪽 이하).]
70 그녀가 평범한 소녀가 아니라 왕족이자 악령의 electa라는 사실은 그녀의 인간적이 아닌 신화적인 특성을 증명한다. 이는 아니마의 개념은 다 알고 있는 것으로 전제할 수밖에 없다.
71 나는 알고 있다. 아홉 날 한없는 밤에, 바람에 흔들리는 저 나무에 어떻게 매달려 있었는지, 창에 찔리고 보단 Wodan 신에게 내 몸을 바치면서. 나는 알고 있다. 내가 내 스스로를 축성함을, 저 나무에서. 나는 알고 있다. 그 뿌리가 어디로 뻗쳐 가는지 아무에게도 알리지 않은 저 나무에서.
72 니체가 「아리아드네의 호소Klage der Ariadne」에서 말하는 신의 체험과 비교할 것(*Dichtungen: Dionysos-Dithyramben*, Werke VIII, p. 423).
… 너의 들짐승은 곧 나다,
가장 잔인한 사냥꾼!
너의 거만한 포로,
너는 구름 뒤의 도적…
73 Emma Jung, 「아니마 문제에 관한 논고Ein Beitrag zum Problem des Animus」, *Animus und Anima*, Zürich, 1967과 비교.
74 보탄의 신의 삼위성에 대해서는 Martin Ninck, *Wodan und germanischer*

Schicksalsglaube, Jena, 1935, p. 142f.
75 여기서 다루고 있는 것이 오누이 짝이라는 점은 수말이 암말을 '어린 여동생'이라고 부르며 말을 걸었다는 사실에서 뒷받침된 가정이다. 이것은 한편으로 단순한 호칭에 불과할 수도 있지만, 다른 한편으로 '어린 여동생'이라는 말은 이것이 본질적이든 비유적이든 여자 형제를 의미한다. 게다가 근친상간은 연금술과 신화에서 의미 있는 역할을 한다.
76 아니마가 사람에 의해 대치되는 한 그러하다.
77 커다란 나무는 연금술에서의 현자의 나무에 해당한다. 속세의 인간과 나무 꼭대기에서 내려온 바다의 요정 형상의 아니마와의 만남은 예를 들면 Ripley Scroll에 나타나 있다. 『심리학과 연금술』[『기본 저작집』 제6권], 그림 257번을 보시오.
78 나의 논문 *Aufsätze zur Zeitgeschichte*, Zürich, 1946. 특히 "Wotan", "Nach der Katastrophe"[『전집』 제10권과 *Das C. G. Jung-Lesebuch*] 참조.

초월적 기능

이 제목(Die transzendente Funktion)의 글은 1916년에 이미 기술되었는데 그 원고는 1953년까지 저자의 문서철 속에 잠자고 있었다. 1957년 취리히 C. G. 융 연구소 학생회 주도로 영어 번역본의 사적인 한정판이 발행되었다. 독일어 원본은 저자에 의해 보완되어 Dr. Daniel Brody 75세 생일 기념 문집에 기고하였다. *Geist und Werk. Aus der Werkstatt unserer Autoren. Zum 75. Geburtstag von Dr. Daniel Brody*(정신과 저작. 우리의 저자들의 작업장에서. 다니엘 브로디 박사의 75회 생일을 기념하여), Rhein Verlag, Zürich, 1958. 『전집』 8.

1 [적극적인 명상에 관하여: 이 책 62쪽, 「정신치료의 목표Ziele der Psychotherapie」 (『기본 저작집』 제1권), 「자아와 무의식의 관계Die Beziehungen zwischen dem Ich und dem Unbewußten」(『기본 저작집』 제3권), 「개성화 과정의 경험에 관하여Zur Empirie des Individuationsprozesses」(『전집』 제9권, 1부) 참조.]
2 [*Also sprach Zarathustra*, 'Das Nachtlied', p. 153.]

동시성에 관하여

Ascona의 에라노스 학회에서 행한 강연. 『에라노스 연감 1951』(Rhein Verlag,

Zürich, 1952)로 발표.『전집』8.
1 이 자료는 여러 출처에서 발췌한 것이다. 이것들은 단지 결혼한 사람들의 별자리 운세다. 결코 선택적으로 추출된 것은 아니다. 우리는 얻을 수 있는 모든 결혼의 별자리 운세를 선별 없이 취하였다.
2 「비인과적 원리로서의 동시성Synchronizität als ein Prinzip akausaler Zusammenhänge」,『전집』제8권; 마찬가지로 이 주제가 상세히 다루어진 Briefe(편지) III도 참조(그곳의 색인을 보시오).

C. G. 융 연보

1875. 7. 26.
칼 구스타프 융Carl Gustav Jung이 스위스 동북부 투르가우Thurgau주 보덴 호수 가의 케스빌Keßwil 마을에서 목사인 아버지 요한 파울 아킬레스 융 Johann Paul Achilles Jung(1842~1896)과 어머니 에밀리에 프라이스베르크 Emilie Preiswerk(1848~1923) 사이에서 출생.

1876(생후 6개월)
가족이 라인폭포Rheinfall 상류의 라우펜Laufen으로 이사.

1879(4세)
바젤Basel 근처의 클라인휴닝겐Kleinhüningen으로 이사.

1884(9세)
여동생 게르트루트 융Gertrud Jung(1884~1935) 출생.

1886(11세)
바젤에서 김나지움(대학예비교)에 입학.

1895~1900(20~25세)
바젤대학에서 자연과학 수학 후 의학 전공.

1896(21세)
아버지 사망.

1898년(23세)
학위 예비연구 시작.

1900(25세)
의사 국가시험에 합격하고, 정신의학을 전공하기로 결심. 12월 10일 "부르크횔츨리Burghölzli"라고 불리는 현 취리히 주립정신병원 및 취리히대학 의학부 정신과의 오이겐 블로일러Eugen Bleuler 주임교수 밑에 차석 조수로 들어감.

1902(27세)
부르크횔츨리에서 수석 조수가 되고, 학위논문 "소위 심령 현상의 심리와 병리에 대하여Zur Psychologie und Pathologie sogenannter okkulter Phänomene" 발표. (전집 1)

1902~1903(27~28세)
겨울 학기에 파리Paris 살페트리에르Salpêtrière 정신병원의 피에르 자네 Pierre Janet와 이론 정신병리학을 연구.

1903(28세)
스위스 북부 샤프하우젠Schaffhausen의 기업인의 딸 엠마 라우셴바흐 Emma Rauschenbach(1882~1955)와 결혼. 슬하에 다섯 자녀: 아가테 니후스Agathe Niehus, 그레트 바우만Gret Baumann, 프란츠 융Franz Jung, 마리안네 니후스Marianne Niehus, 헬레네 회르니Helene Hoerni를 둠.

1903~1905(28~30세)
취리히대학 의학부 정신과에서 견습의사Volontärarzt로 근무.
"진단적(정상 및 병적) 단어연상에 관한 실험적 연구Diagnostische Assoziationsstudien"(1906, 1909)(Studies in Word-Association, 1918)를 함. (전집 2)
이미 1900년에 접했던 프로이트Freud의 "꿈의 해석Traumdeutung"을 다시 읽고, 자신이 수행한 단어 연상실험의 결과와 프로이트의 이론에 관련이 있음을 발견함.

1905~1909(30~34세)

취리히대학 의학부의 정신과 강사Dozent, 취리히대학 정신과 상급의사 Oberarzt로 1913년까지 전임교수직(사강사Privatdozent) 유지. 정신신경증과 심리학 강의. 외래의 최면요법 담당.

조발성 치매Dementia Praecox(정신분열증/조현병)에 관한 연구를 시작.

1906(31세)

논문 "진단적 연상실험에 관한 연구Diagnostische Assoziationsstudien"를 프로이트에게 보냄으로써 4월 그와 서신 왕래가 시작되고, 프로이트를 개인적으로 알지 못했으나 뮌헨München의 한 학회에서 그의 이론을 옹호함.

1907(32세)

3월 비엔나Vienna에서 프로이트를 처음으로 만남.
"조발성치매의 심리에 관한 연구Über die Psychologie der Dementia Praecox" 발표. (전집 3)

1908(33세)

잘츠부르크에서 개최된 제1회 국제정신분석학대회에 참석.
취리히 근교 퀴스나흐트Küsnacht시에 자택 신축.

1909(34세)

신화를 심층적으로 연구하기 시작.
퀴스나흐트에서의 개업에 따른 격무로 인해 대학병원 진료를 그만둠.
미국 클라크대학Clark University, Worcester의 초청을 받아 단어연상 연구에 관한 강의를 하고, 명예 법학박사 학위를 받음. 함께 초청을 받은 프로이트와 동행함.

1909~1913(34~38세)

블로일러와 프로이트가 발행한 "정신분석 및 정신병리학 연구 연감 Jahrbuch für psychoanalytische und psychopathologische Forschungen"(Leibzig/Wien)의 편집인이 되어 1913년까지 계속함.

1910(35세)
뉘른베르크Nürnberg에서 개최된 제2차 국제정신분석학대회에 참석.
새로 결성된 국제정신분석협회의 회장직 수행(1914년, 39세까지).

1911(36세)
바이마르Weimar에서 개최된 제3차 국제정신분석학대회에 참석.

1911~1913(36~38세)
프로이트와 점차 거리를 둠.

1912(37세)
뉴욕의 포덤대학Fordham University에서 "정신분석학 이론The Theory of Psychoanalysis" 강의. (전집 4)
"심리학의 새로운 길Neue Bahnen der Psychologie(New Paths in Psychology)" 발표. 후에 개정증보하여 "무의식의 심리학On the Psychology of the Unconscious". (전집 7)
"리비도의 변환과 상징Wandlungen und Symbole der Libido" 발간. 후에 "변환의 상징Symbole der Wandlungen"이라는 이름으로 개정하여 1952년 출간. (전집 5, 기본 저작집 7, 8)

1913(38세)
뮌헨에서 개최된 제4차 국제정신분석학대회에 참석.
프로이트와의 정신분석학 운동을 결별하고, 자신의 심리학을 '분석심리학Analytische Psychologie'이라 명명함(한때 '콤플렉스 심리학'이라고도 함).
취리히대학 교수직 사임.

1913~1919(38~44세)
'철저한 내향기'에 자기 자신의 무의식과 그 자신의 신화적 체험을 관조.
이탈리아 라벤나Ravenna 여행.

1914(39세)
7월 스코트랜드 아버딘Aberdeen시 영국협회British Association에서 강연.

국제정신분석협회의 회장직 사임.

1916(41세)

"죽음에 관한 일곱 가지 설법Septem Sermones ad Mortuos" 발표(자전적 체험기 "C. G. 융의 회상, 꿈, 그리고 사상Erinnerungen, Träume, Gedanken von C. G. Jung"에 수록).

"초월적 기능Die transzendente Funktion"이라는 논문에서 '적극적 명상aktive Imagination'에 대해 처음 기술.(전집 8, 기본 저작집 2)

'개인적 무의식', '집단적 무의식', '아니마Anima', '아니무스Animus', '자기Selbst', '개성화Individuation' 등의 개념을 그의 논문 "무의식의 구조Die Struktur des Unbewußten"에서 처음 사용(전집 7의 부록에 수록). 후에 "자아와 무의식의 관계Die Beziehungen zwischen dem Ich und dem Unbewußten"라는 제목의 논문으로 수정 보충됨.(전집 7, 기본 저작집 3)

파리에서 자아와 무의식의 관계에 관한 강연을 함.

취리히 심리학클럽Psychologischer Club, Zürich 설립.

1917(42세)

"무의식의 과정에 관한 심리학Die Psychologie der unbewußten Prozesse" 발표. 후에 수정 보충하여 "무의식의 심리학에 관하여Über die Psyhcologie des Unbewußten"로 출간.(전집 7)

1918~1919(43~44세)

대위로서 샤토-데Château-d'OEX의 영국군 수용소 의무실장으로 군 복무.

"본능과 무의식Instinkt und Unbewußtes"(전집 8)에서 '원형Archetypus'이라는 용어를 전까지 사용하던 '집단적 무의식의 지배적인 것(주상主想)Dominanten des kollektiven Unbewußten'과 부르크하르트Jakob Burckhardt의 '원상原像, Urbilder' 개념 대신에 처음으로 사용.

만다라 연구.

1918~1926(43~51세)

신지학Gnosis의 문헌을 연구하기 시작.

1920(45세)
북아프리카 튀니지와 알제리를 여행.

1921(46세)
"심리학적 유형Psychologische Typen" 발표. (전집 6, 기본 저작집 1)

1922(47세)
장크트갈렌Sankt Gallen주 볼링겐Bollingen에 취리히 호수를 끼고 있는 토지를 구입하여 '탑Turm'으로 불리는 별장을 짓기 시작.

1923(48세)
볼링겐에 첫 번째 탑을 세움.
모친 사망.
리하르트 빌헬름Richard Wilhelm이 취리히 심리학클럽에서 "역경" 강독.

1924~1926(49~51세)
미국 애리조나Arizona와 뉴멕시코New Mexico의 푸에블로Pueblo 인디언족 답사.

1925~1926(50~51세)
케냐Kenya와 우간다Uganda를 탐사함. 영국령 동아프리카 원주민, 특히 엘곤Elgon산의 마사이족을 탐사.

1925(50세)
런던에서 열린 웸블리Wembley 세계 박람회 방문.
취리히 심리학클럽에서 처음으로 영어 세미나를 주재함.

1928(53세)
"자아와 무의식의 관계Die Beziehungen zwischen dem Ich und dem Unbewußten"(전집 7, 기본 저작집 3), "심혼의 에너지론Über die Energetik der Seele"(전집 8) 발표.
빌헬름과 중국의 도교경전 "태을금화종지太乙金華宗旨, Das Geheimnis der

Goldenen Blüte"를 공동으로 연구하기 시작했고, 1929년 같은 제목으로 출간(융의 저술 부분은 "유럽 평론Europäischer Kommentar"으로 전집 13에 수록). 이 연구를 통하여 처음으로 연금술을 접함.

1928~1930(53~55세)
취리히 심리학클럽에서 영어 세미나 "꿈의 해석Interpretation of Dreams" 주재.

1930(55세)
크레츠머Ernst Kretschmer 교수가 회장직을 맡고 있던 '정신치료 범 의학회Allgemeine Ärztliche Gesellschaft für Psychotherapie' 부회장에 선출.

1930~1934(55~59세)
취리히 심리학클럽에서 영어 세미나 "환영幻影의 해석Interpretation of Visions" 주재.

1931(56세)
"현대의 심혼적 문제Seelenproblem der Gegenwart"(전집 4, 6, 8, 10, 15, 16, 17에 에세이로 수록).

1932(57세)
신문에 발표한 "피카소론"으로 취리히시로부터 문학상 수상.

1933(58세)
취리히 스위스 연방공과대학에서 처음으로 "현대심리학" 강의.
스위스 남부 아스코나Ascona시에서 열린 제1회 에라노스 학술회의에 참가(1933~1952)하고, 그의 첫 강연으로 "개성화 과정의 경험에 관하여Zur Empirie des Individuationsprozesses"를 발표. (전집 8)
이집트Egypt와 팔레스타인Palestine 크루즈 여행.

1934(59세)
국제 정신치료 범 의학회Internationale Allgemeine Ärztliche Gesellschaft für

Psychotherapie(International General Medical Society for Psychotherapy)를 창설하고 회장에 피선.

에라노스 학술회의에서 두 번째 강연으로 "집단적 무의식의 원형Die Archetypen des kollektiven Unbewußten"을 발표. (전집 9/1, 기본 저작집 2)

연금술을 체계적으로 연구하기 시작.

"심혼의 실재Wirklichkeit der Seele"(전집 8, 10, 15, 16에 에세이로 수록).

1934~1939(59~64세)

취리히 심리학클럽에서 영어 세미나 "니체의 차라투스트라의 심리학적 측면Psychological Aspects of Nietzsche's Zarathustra" 주재.

"정신치료 및 인접분야 중앙학술지Zentralblatt für Psychotherapie und ihre Grenzgebiete"(Leipzig) 발행인에 취임하여 1939년까지 역임.

1935(60세)

국제 정신치료 범 의학회의 회장에 피선.

스위스 연방공과대학의 명예교수로 위촉되고, "현대심리학Moderne Psychologie"을 강의.

에라노스 학술회의에서 "꿈에 나타난 개성화 과정의 상징Traumsymbole des Individuationsprozesses" 강연. 후에 보완되어 전집 12 "심리학과 연금술Psychologie und Alchemie"의 제2장으로 수록. (기본 저작집 5)

런던의 의학심리학 연구소Institute of Medical Psychology에서 "분석심리학의 기초 개념들에 관한 강의(타비스톡 강좌Tavistock Lectures)"를 행함. 1968년에 비로소 "분석심리학: 이론과 실제Analytical Psychology: Its Theory and Practice"로 출간. (전집 18)

"티베트 사자의 서書"에 대한 심리학적 논평.

1936(61세)

미국 하버드대학에서 "인간행동의 심리적 결정인자" 강의. 명예박사학위를 받음.

에라노스 학술회의에서 "연금술에서 본 구원의 관념Erlösungsvorstellungen in der Alchemie" 강연. 후에 전집 12 "심리학과 연금술"의 제3장에 수록.

"보탄Wotan" 발표. (전집 10, 기본 저작집 6)

1937(62세)
　미국 예일대학에서 "심리학과 종교Psychology and Religion"를 강의(테리 Terry 강좌)하고, 1940년 독일어로 발표. (전집 11)
　에라노스 학술회의에서 "초시모스의 환영The Visions of Zosimos" 발표. (전집 13)

1938(63세)
　인도 주재 영국 총독부 초청으로 콜카타대학 25주년 축하 행사에 참석. 콜카타대학, 알라하바드Allahabad와 바라나시Varanasi의 힌두대학에서 명예박사학위를 받음.
　그 밖에 우스터Worcester 소재 클라크대학, 뉴욕의 포덤대학, 옥스퍼드대학, 스위스 연방공과대학 ETH에서 명예박사학위 받음.
　에라노스 학술회의에서 "모성원형의 심리학적 측면Psychologische Aspekte des Mutter-Archetypus" 강연. (전집 9/1, 기본 저작집 2)
　영국 옥스퍼드에서 열린 국제 정신치료 의학대회International Medical Congress for Psychotherapy에 참석.
　런던 왕립의학원Royal Society of Medicine의 명예회원으로 위촉됨.

1939(64세)
　에라노스 학술회의에서 "재탄생에 관하여Über Wiedergeburt" 강연. (전집 9/1)

1940(65세)
　에라노스 학술회의에서 "삼위일체 도그마의 심리학적 해석 시론Versuch einer psychologischen Deutung des Trinitätsdogmas" 발표. (전집 11)

1941(66세)
　케레니Karl Kerényi 교수와 공저로 "신화학 입문Einführung in das Wesen der Mythologie(Essays on a Science of Mythology)" 출간(융의 저술 부분은 전집 9/1에 수록, 기본 저작집 2)
　에라노스 학술회의에서 "미사에 나타난 변환의 상징Das Wandlungssymbol in der Messe" 강연. (전집 11, 기본 저작집 4)

1942(67세)

"파라켈수스Paracelsus" 발표. (전집 13과 15에 나뉘어 수록, 기본 저작집 9)
스위스 연방공과대학 교수직 사임.
에라노스 학술회의에서 "메르쿠리우스 영Der Geist Mercurius" 강연. (전집 13)

1943(68세)

"무의식의 심리학에 관하여Über die Psychologie des Unbewußten" 발표. (전집 7)
스위스 학술원Schweizerische Akademie der Wissenschaften 명예회원이 됨.

1944(69세)

바젤대학의 의학심리학과(정신과) 주임교수로 부임했으나, 건강상의 이유로 같은 해에 사임.
"심리학과 연금술" 발표. (전집 12, 기본 저작집 6)

1945(70세)

제네바대학에서 70회 생일 기념으로 명예박사학위 수여.
에라노스 학술회의에서 "정신의 심리학에 관하여Zur Psychologie des Geistes" 강연. (전집 9/1에 "민담에 나타난 정신의 현상에 관하여Zur Phänomenologie des Geistes im Märchen"라는 제목으로 수록, 기본 저작집 2)
스위스 임상심리학회Schweizerische Gesellschaft fur praktische Psychologie 설립, 회장 취임.

1946(71세)

"심리학과 교육Psychologie und Erziehung"(전집 17에 나뉘어 수록), "시대적 사건에 관한 논술Aufsätze zur Zeitgeschichte"(전집 10과 16에 나뉘어 수록), "전이의 심리학Die Psychologie der Übertragung"(전집 16 수록) 발표. (기본 저작집 3)
에라노스 학술회의에서 "심리학의 정신Der Geist der Psychologie" 강연. 이를 보충하여 "정신의 본질에 관한 이론적 고찰Theoretische Überlegungen zum Wesen des Psychischen"로 발표. (전집 8, 기본 저작집 2)

1948(73세)
취리히 C. G. 융 연구소C. G. Jung-Institut, Zürich 설립.
"정신의 상징론Symbolik des Geistes" 발표. (전집 9/1, 11, 13에 나뉘어 수록)

1950(75세)
"무의식의 형상들Gestaltungen des Unbewußten" 발표. (전집 9/1, 15에 나뉘어 수록)

1951(76세)
"아이온Aion" 발표. (전집 9/2)
에라노스 학술회의에서 "동시성에 관하여Über Synchronizität" 강연. (기본 저작집 2)

1952(77세)
파울리Wolfgang Pauli와의 공저인 "자연 해석과 정신Naturerklärung und Psyche"에 "비인과론적 관련 원리로서의 동시성Synchronizität als ein Prinzip akausaler Zusammenhänge"이라는 제목으로 발표. (전집 8)
"변환의 상징Symbole der Wandlung(Symbols of Transformation)" 출간. (전집 5, 기본 저작집 7, 8)
"욥에의 응답Antwort auf Hiob" 발표. (전집 11, 기본 저작집 4)
중병에서 회복.

1953(78세)
영문판 "전집"(R. F. C. Hull 번역)이 뉴욕에서 볼링겐 시리즈Bollingen Series로 간행되기 시작.

1954(79세)
"의식의 뿌리Von den Wurzeln des Bewußtseins" 발표. (전집 8, 9/1, 11, 13에 나뉘어 수록).

1955(80세)
스위스 연방공과대학으로부터 80세 생일 축하로 명예 자연과학 박사학위 수여받음.
11월 27일 부인 사망.

1955~1956(80~81세)
"융합의 비의Mysterium Coniunctionis"를 2권으로 발표. 연금술의 심리학적 의의에 관한 최종 저술. (전집 14)

1957(82세)
"현재와 미래Gegenwart und Zukunft(The Undiscovered Self [Present and Future])" 발표. (전집 10)
자전적 체험기 "칼 융, 회상, 꿈, 그리고 사상Erinnerungen, Träume, Gedanken von C.G. Jung"을 편자인 야페A. Jaffé 여사에게 구술하기 시작. 융 서거 후 1962년에 출판됨.
프리먼John Freeman과 BBC TV 인터뷰.

1958(83세)
"현대의 신화Ein moderner Mythus(Flying Saucers: A Modern Myth)" 발표. (전집 10)

1960(85세)
독일어판 "전집"이 제16권 "정신치료의 실제Praxis der Psychotherapie"(기본 저작집 1 참조)를 필두로 출판되기 시작함.
85회 생일 기념으로 퀴스나흐트시로부터 명예시민권을 받음.

1961(86세)
사망 10일 전 그의 마지막 저술 "무의식에의 접근Approaching the Unconscious" 탈고. 1964년에 "인간과 상징Man and His Symbols"에 수록.

1961년 6월 6일(86세)
퀴스나흐트시의 자택에서 짧은 와병 후에 영면.
6월 9일 퀴스나흐트에서 영결식 및 장례.

참고 문헌

이부영(2011), 분석심리학: C. G. Jung의 인간심성론, 제3판, 일조각, 서울, pp. 16~40.
이철(1986), 심성연구 1: Carl Gustav Jung 연보, 서울, pp. 91~99.
Jaffé, A. (1977), C. G. Jung: Bild und Wort, Princeton University Press.
Jaffé, A. (1979), C. G. Jung: Word and Image, Princeton University Press.
Jaffé, A. (hrsg.)(1962), Erinnerungen, Träume, Gedanken von C. G. Jung, Rascher Verlag, Zürich.
Jaffé, A. (hrsg.), C. G. Jung Briefe, Bd. 1, Zeittafel, Walter-Verlag, Olten u. Freiburg im Breisgau: 15~18.
Von Franz, M.-L. (2007), Sein Mythos in unserer Zeit, Verlag Stiftung für Jung'sche Psychologie, pp. 265~267. [이부영 번역(2007), C. G. 융: 우리 시대 그의 신화, 한국융연구원, pp. 309~311.]

역편자: 이 철李哲

찾아보기(인명)

고다드, 빅터Goddard, Viktor 367
곤잘레스, 로이스Gonzales, Loys 55
괴츠, 브루노Goetz, Bruno 237, 400
괴테Goethe, Johann Wolfgang von 132, 182, 217, 237, 259, 268, 284, 285, 298, 380
그렌펠Grenfell, Bernard 141
기욤 도베르뉴Guillaume d'Auvergne 52, 53
기욤 드 드길빌Guillaume de Deguileville 177
기욤 드 콩슈Guillaume De Conches 53
넬켄Nelken, Jan 146
니체Nietzsche, Friedrich 14, 25, 58, 117, 133, 143, 220, 343, 347, 405
다리엑스Dariex, Xavier 362
데모크리토스Demokritos 168, 169
데소이어, 막스Dessoir, Max 22
도른Dorn, Gerhard 49, 50
드리슈Driesch, Hans 32, 40
디오니시우스 아레오파기타 Dionysius Areopagita 100
디테리히Dieterich, Albrecht 161
라이프니츠Leibniz, Gottfried Wilhelm 230, 373
라인Rhine, J. B. 94, 227, 363~365, 372
레비-브륄Lévy-Bruhl, Lucien 101, 150
로마누스, 모리에누스Romanus, Morienus 53
로이키포스Leukippos 168
로젠크로이츠Rosencreutz, Christian 318
리버스Rivers, W. H. R. 38
리플리 경, 조지Ripley, Sir George 53, 287
립스Lipps, Theodor 21, 28, 73
마그데부르크Magdeburg, Mechthild von 258
마이어Meier, C. A. 94, 380
마크로비우스Macrobius 171
메이틀랜드, 에드워드Maitland, Edward 178
모노이모스Monoimos 56
모스Mauss, Marcel 150, 192, 393
바르데사네스Bardesanes 118
바를라흐Barlach, Ernst 275
바스티안Bastian, Adolf 20, 150, 192, 230
베르누이Bernoulli, R. 145
보빌리우스, 칼Bovilius, Karl 107

볼프, 크리스티안 아우구스트Wolff, Christian August 15, 20
뵈메, 야코프Böhme, Jacob 108, 109
뵐플린Wölfflin, Heinrich 106
분트Wundt, Wilhelm 17~21, 27, 29, 165, 230, 267
브누아, 피에르Benoit, Pierre 132, 135, 185
블랑케Blanke, Fritz 107
블로일러, 오이겐Bleuler, Eugen 32, 33, 378, 380
빌헬름, 헬무트Wilhelm, Helmut 368
쇼펜하우어Schopenhauer, Arthur 25, 26
슈미츠, 오스카Schmitz, Oscar 126
슈피텔러Spitteler, Carl 185
스베덴보리Swedenborg, Emanuel 367
스피노자Spinoza, Benedictus de 267
시네시우스Synesius 211
실러Schiller, Friedrich 256, 268
십자가의 요한Johannes vom Kreuz 87
아그리파 폰 네테스하임Agrippa von Nettesheim 52
아벨라르Abélard, Pierre 53
아풀레이우스Apuleius 137, 147, 162, 224
알렉산드리누스, 클레멘스Alexandrinus, Clemens 258
알베르투스 마그누스Albertus Magnus 53
야페, 아니엘라Jaffé, Aniela 132

어스킨, 존Erskine, John 132
에딩턴Eddington, Arthur 96
에우스타키우스Eustachius 237
에우헤메로스Euhemeros 172
에크하르트Eckhart, Meister 237
오컴William of Ockham 42
우제너, 헤르만Usener, Hermann 192
위베르Hubert, Henri 150, 192, 393
이그나티우스Ignatius von Antiochia 49
이냐시오 데 로욜라Ignatius de Loyola 55
이레나이우스Irenaeus 100
자네, 피에르Janet, Pierre 19, 35, 37, 43, 166, 234, 339, 378
제임스, 윌리엄James, William 42, 69, 166, 269, 376, 379
진스Jeans, James H. 96
질레지우스, 안겔루스Silesius, Angelus 109
첼리니, 벤베누토Cellini, Benvenuto 154
치글러Ziegler, Leopold 236
카니스트리스Canistris 258
카루스Carus, Carl G. 22, 25, 26, 230
칸트Kant, Immanuel 20, 24, 25, 189, 190, 197, 230, 392, 393
케레니Kerényi, Karl 229
케르너, 유스티누스Kerner, Justinus 165
쿠몽Cumont, Franz 54

쿠자누스, 니콜라우스Cusanus, Nicolaus 65, 109
쿤라트Khunrath, Heinrich 48~50, 56, 381
크놀Knoll, Max 368
클라게스Klages, Ludwig 115
키르케고르Kierkegaard, S. 105
킹스포드, 안나Kingsford, Anna 178
파라켈수스Paracelsus 48~52, 381
파울리Pauli, Wolfgang 94, 374, 385, 386
페히너Fechner, Gustav Th. 19, 21, 80, 165, 376
폰 슈타인 부인von Stein, Frau 182
프라이-론, 릴리안Frey-Rohn, Liliane 370
프로이트, 지그문트Freud, Sigmund 31, 35, 36, 42, 43, 57, 99, 134, 150, 152, 154, 166, 196, 326, 328, 332, 351, 353, 384, 387, 393, 394, 396
플라마리온Flammarion, Camille 362
플루르누아, 테오도르Flournoy, Théodore 166, 378, 397
플뤼에Flüe, Niklaus von 70, 106, 177
필로 유다이우스Philo Iudaeus 100, 162
하르트만Hartmann, Eduard von 22, 35, 99, 230
해거드, 라이더Haggard, Henry Rider 132, 135, 184, 185

헌트 Hunt, Arthur S. 141
헤라클레이토스Heraklit 115, 129, 138
헤르메스 트리스메기스토스Hermes Trismegistos 144, 387
헤르바르트Herbart, J. F. 18
호라폴로Horapollo 55, 154, 158, 382
히파르코스Hipparchos 103
히폴리투스Hyppolytus 54, 55, 398, 399

찾아보기(주제어)

ㄱ

가난 114
가이스트(영, 정신)Geist 40, 63,
　64, 75, 83, 115, 119, 125, 141,
　217, 226, 297, 304, 319, 266,
　268~270, 273, 275, 278, 286,
　288, 297
가족 205
각성 상태 243
갈등Konflikt 40, 80, 81, 142, 211,
　248, 300, 315
　도덕적— 133, 142, 210
감각Empfindung 17~19, 27
　무의식적— 21, 376
감각기능 32, 230
감각 능력 377
감각의식 52, 53
감관자극 179, 180
감정 기능 96
강박(성)Zwang 38, 43, 45, 157, 251
강신술 123
강제성 69
개 290
개념체계 21
개성화(과정)Individuations(prozess)
　59, 85, 87, 141, 147, 148, 224,
　238, 244, 246, 253, 254, 263,
　292, 319
개신교Protestantismus 109~111,
　114, 116, 133
개연성Wahrscheinlichkeit 37, 74, 91,
　176, 360, 362
개인(적인) 방정식 persönliche
　Gleichung 76, 189
개인적인 것 151, 152
객관성Objektivität 82, 122
객관적 사실 95
거세 콤플렉스Kastrationskomplex
　181
거울 109, 116, 121
거인(민담) 54, 398
결혼(혼인) 205, 209, 210, 227,
　316, 369
경험(체험)
　심적心的— 224, 260
　의식적— 192
　종교적— 220
　—과학 16, 167
　—론Empirismus 184
계통정신Philopsyche 33
고고학Archäologie 89, 160
고기잡이 126
고대 그리스 52, 105, 112, 133, 161,
　162, 172, 187, 237, 260, 284

고등 척추동물 46
고백Konfessionen 14
고아(민담) 279, 286, 289
곰 107, 117, 295, 296
공동체Gemeinschaft 82, 162, 205, 245, 350
공안公案(화두) 87
공주(민담) 282~284, 287, 293~317, 403, 404
공포증(유아기)Phobien infantile 196
공허함 213
과거過去 14, 22, 227, 236, 240
과대망상 162, 181, 264
과대평가 81, 179, 182, 349
과정
  무의식적― 17, 18, 29, 30, 35, 41, 89, 172, 339, 377
  의식적― 91
  정신― 17, 28, 29, 32, 46, 65, 77, 84, 95, 329
  정신양― 40
과학(학문) 81, 105, 135, 137, 167, 266
광기Wahnsinn 198, 288
광도光度Luminositas 47~49, 52, 55, 56, 93
괘卦Hexagramm 368
교감신경Sympathicus 120, 122
교육 256
교회Kirche
  ―의 권위 111

―의 자궁uterus ecclesiae 153
구나Gunas(삼덕三德) 195
구루guru 276, 400
구세주 118, 141, 174, 256, 301
국가(나라)Nation 67, 245
국가사회주의Nationalsozialismus 319
국가 철학 25
권력 26, 80, 201, 343
  ―본능 86
권위Autorität 275
귀령Geister 120, 130, 269, 271, 294, 297, 321, 400
그노시스Gnosis, Gnostizismus 123, 153, 172, 258
그리스도Christus 152, 153, 162, 195, 225, 255, 320, 399
  ―상像 162
  ―아기 152, 155, 163
  ―의 신격神格 110
  ―의 어머니 153
  ―의 죽음 403
그림자Schatten 66, 121, 122, 134, 144, 148, 275, 310~312, 385
금기Tabu 71
금속 237, 250
기계로부터 나온 신 271
기능Funktion
  뇌피질하― 33
  무의식적― 308
  분화된― 303

심리학적— 310
열등— 303, 306, 307
우월— 303
원시적— 36
의식의— 34
자율적— 254
정신— 16, 33, 57, 69, 77
주主— 303
초월적— 323
기도祈禱 122
기시감旣視感sentiment du déja-vu 362
기억 33, 379
기체氣體Hauchkörper 51, 318
까마귀 286, 295, 296, 301, 302, 305, 403, 404
꽃 129, 194, 238
꿈 35, 52, 59, 62, 63, 101, 116~122, 128, 140~148, 158, 180, 230~235, 261, 274~278, 319, 331, 332, 339, 344, 351, 360, 362, 388, 389
현대인의— 47, 56, 283, 284
—의 내용 336, 351
—의 상들 59, 138
—의 상징 148
—의 심리학 46, 230, 393
—의 언어 139
—의 연구 274, 309
—의 의미 62, 140, 143, 309
—의 해석 159, 331, 339

ㄴ
나무 58, 111, 117, 140, 194, 227, 236, 283, 291, 295, 300, 314, 404~406
나무의 신령Baumnumen 283
나비 129, 271
낙관주의 250
난쟁이 236, 237, 245, 275, 276, 283~285, 288
난쟁이 공주 284
남근Phallus 260
남성과 여성(남성성과 여성성) 131, 199, 213, 215, 275, 310
납 284
네 번째 300, 302
뇌전증Epilepsie 190, 191
누멘Numen(신성한 힘) 48, 95, 117, 312
누미노제Numinosität(신성성) 43, 63, 71, 146, 148, 196
누이동생 313
눈眼 53~56
늑대 294~296, 299, 300, 302, 306
니르드반드바Nirdvandva 142

ㄷ
다수 15, 29, 245
단일성Einheit 221, 234, 244, 306
단자單子Monad 49, 56
달 369~371
대가大家(마이스터) 49, 384

대극Gegensatz 60, 64, 65, 71, 78, 131, 141~143
　—의 합일 109, 227, 228, 248, 255
대극의 결합complexio oppositorum 65, 109
대부, 대모godfather, godmother 153, 182, 207
대지(원형) 198, 223
대지의 여신, 지모신地母神 225
대학Universität 16, 17, 21, 29
도道Tao 119
도그마Dogma 55, 107~110, 128, 130, 171, 224~226, 392
도덕적 양심 127
도시都市(원형) 194, 292, 362
도착倒錯Perversion 185
독수리 상징 154, 158
독자성 125
돌고래Dolphin 260
동기Motivation 40, 58, 62, 204, 267, 289, 352
동기유발 38, 39, 68
동물 20, 51, 59, 88, 133, 167, 191, 194, 294, 309, 312, 313
동성애Homosexualität 198
동시성Synchronizität 55, 74, 93, 359, 368, 373, 384, 386
동일시Identifikation 48, 80, 86, 257, 263
동화同化Assimilation 66, 70, 71, 85

돼지(민담) 288, 294
돼지치기 304, 314, 316~318
두 어머니 주제(이중모성) 152~155
딸 135, 202~205, 212, 395, 396
　—원형 194
　—의 모성 콤플렉스 199, 200
땅의 정령(난쟁이)Gnom 396

ㄹ
라마승 90
라자스rajas 195
로고스Logos 211
링감Lingam 223

ㅁ
마귀 219~221, 274, 300, 303, 315
마나Mana 68, 95, 112, 138
마녀 128, 133, 194, 196, 282, 296~300, 308, 317
마녀의 아이 238
마니교Manichäismus 380
마리아Maria 104, 146, 152, 154, 195, 225, 246
　이집트의— 220
마리아의 공리公理Axiom der Maria 298, 302, 310
마리아 전설 132
마술(주술)Magie 153, 239, 259, 301
마스크(가면)(탈) 121, 213
마우이Māui 247

마하트마mahatma 400
만병통치약 252
말Pferd (꿈, 민담) 140, 297, 299
망상Wahn 115, 155, 180, 238
망상 관념Wahnidee 159, 162
멀린Merlin 289, 311
메디신맨Medizinmann 68, 143, 286, 289
메르쿠리우스Mercurius 53, 237, 275, 399, 400, 403
명상Meditation 62, 70, 132, 148, 158, 276, 326, 392
명-암明-暗 44
모권Matriarchat 210, 298
모든 것을 보는 자Allesseher 54
모성(어머니) 155, 181, 183, 187, 194, 210, 275, 299
　신화적— 155, 222
　—본능 201~203, 206
　—상Mutterimago 195, 207, 222, 224, 225
　—원형 187, 193, 194, 197, 198, 205, 209, 226
　—의 원상 183
모성적 여성성 210, 215
모성 콤플렉스 155, 181, 183, 197~200, 206, 207, 209, 214, 222
　긍정적인— 206
　부정적인— 214
목소리 143

목자 117
목적론Teleologie 240
목표Ziel 40, 67, 72, 146, 194, 200, 202, 243, 244, 257, 401
　—지향성, 정향성 33
묘기법描記法 166
무덤 140, 194, 259, 337
무신론Atheismus 174, 175, 324
무의미 78, 104, 133, 136, 142, 235, 251
무의식das Unbewußte 18, 36, 57, 99, 120, 122, 143, 150, 208, 248, 257, 259, 300, 304, 324, 328, 341, 352, 386
　개인적— 57, 99, 100, 149, 150
　남성의— 131, 148, 259
　여성의— 148
　—의 개념 99, 149
　—의 과정 18, 231, 260
　—의 내용 35, 36, 42, 47, 78~80, 100~102, 147, 149, 234, 243, 249, 293, 326, 330, 331, 334, 339, 340, 346~352, 389, 404
　—의 상징 118, 260
　—의 심리학 53, 135, 150, 293, 324
　—의 영향 331, 344
　—의 원형 99
　—의 위험 123
　—의 의미 22, 235, 334
　—의 이율배반Antinomie des 293

—의 인격화 311
—의 작용 92
—의 지배 298, 303, 313
—의 침입 26, 237, 332
—의 형상 110
무의식성Unbewußtheit 45, 70, 71, 81, 82, 137, 199, 201~203, 207, 210, 211, 215, 250, 313, 321, 349, 379
무질서 136
묵시록 107, 140
문명Zivilisation 329
문턱(식역) 18, 27~32, 93, 326, 350
—값(식역치) 36, 328, 329, 376
문화Kultur 83, 102, 113, 183, 208, 250, 255~257
—사史 229, 274
물고기 53, 118, 360
물리학 41, 74, 76, 92~97, 324
물질Materie 40, 74~76, 96, 205, 225~227, 252, 270, 272, 318, 324
—과 정신 74, 226, 320
—의 신격화 226
물질주의Materialismus 165, 169, 226
물활론物活論Hylozoismus 267
미래 17, 42, 93, 243, 364
미묘체subtle body 51, 271
미묘한 268
미미르Mimir 288

미신 81, 188, 257
미트라Mithra 161, 175
미학 131
민간전승(민속학) 89
민담Märchen 101, 102, 197, 231, 234, 237, 278, 281~284, 286, 288~291, 304, 312, 314, 319
민족심리학Völkerpsychologie 192, 195, 230
믿음(신앙)Glauben 82, 176, 266, 364, 372

ㅂ
바다 56, 72, 124, 194, 210, 260, 313
—의 신들 260
—의 정령精靈(멜루지네Melusine) 127
바람 116, 154, 161~163, 268, 313
바보짓 197
바우보Baubo 201
바위 117, 194, 211
바탁Batak 218
반사Reflex 33, 253
반신半神 245, 252, 314~318
반응Reaktion 27, 29, 32, 38, 44, 91, 121, 130, 179, 209, 281
전체적— 355
정신적— 27, 125
발전 80, 243, 249, 250, 257, 376
심리학적— 223

정신적— 319
밤 87, 103, 117, 247, 250, 287, 347
방법 158, 165, 326, 340, 368
  건설적— 334, 336
방사선 221
백(포)魄 po 171
백합 282
뱀 54, 55, 72, 131, 141, 159, 238, 246, 250, 398
버림받음 245, 247, 249, 261, 264
벌 305, 316
베스Bes 223, 275
변환물질 47
보단Wodan, Wotan 126, 405
보충Komplementarität 93, 94, 311
보편적 정신 100, 128
보호신genius 95
복합성Komplexität 37, 110
본능本能Instinkt 38, 40, 44, 58, 64, 151, 205
  모성— 201~203, 206
  여성적— 199, 201
  정신과— 40
  —설 151
  —유형 58
부가리bugari족 232
부모父母
  신적神的인— 317
  —이마고(상)Imago 179, 300
  —의 신화화 180
부성 콤플렉스 274, 275, 337

부인(여인) 291, 311
부정적 팽창 263
분석Analyse 332, 333
  지적知的— 349
분화分化 15, 39, 303, 373
불 109, 235, 382
불가지론不可知論Agnostizismus 324
불교 104, 324
불꽃 48, 49, 53, 380
  —상징 53
불사不死 153
불순종 301, 302
불안Angst 27, 71, 111, 117, 126, 137, 261
  —을 만드는 자 117
불의 신 162
불쾌감 316
비극 133
비너스Venus 132, 224
비둘기 153, 163
비물질성Immaterialität 271, 272
비밀/비법Arcanum 101, 103, 104, 141, 213, 224
비밀의 물질Arkansubstanz 268, 318
비유Allegorie 44, 72, 87, 102, 235, 388
비합리적인 것 209, 330
빛Licht(Lumen) 48
  원형적— 188
  —의 환상幻像 178

ㅅ

4각 309
사고思考Denken 20, 27, 33, 94, 138, 187, 232, 280, 293, 335
사고 능력 267
사내아이(소년) 237, 400
사냥꾼 295~302, 305~307, 312~319, 405
사랑 106, 128
사로잡힘(빙의)Besessenheit 221, 268, 292, 321
4위성 60
사이왈로saiwalô 129
사자 235, 282, 295, 308, 343
사제 276, 399
사탄 144, 274, 321
사트바sattva 195
사피엔치아sapientia(지혜Weisheit) 153
사회Gesellschaft(Sozietät) 67
사회 질서 208
산山 119
삶(생명)Leben 110, 132, 136, 137, 203, 215, 259, 260, 331, 332, 338, 341, 381
　정신적— 21, 130, 131
　—과 죽음 269
　—의 균형 120
　—의 법칙 135
　—의 원형 137, 292
　—의 의미 215

삼각三角 299, 310
삼위三位 298~302, 308~312
삼위일체Dreieinigkeit(Trinität) 70, 104, 106~108, 110, 114, 177, 298, 301, 310
상像 58, 70, 131, 135, 172, 177, 182, 187, 191, 195, 199, 206, 226, 244, 258, 263
　억압된— 179
　영원한— 104, 105
　—의 동화 70
상부 세계 300, 301, 305
상상Imaginagion(명상) 138
　적극적— 62, 70, 158, 238, 276, 326
　—의 범주 150
상식 24, 194
상징Symbol 31, 336
　고태적— 156, 385
　기독교— 112, 113
　신화적— 159
　역사적— 113
　—사史 160
　—연구 404
　—의 빈곤 111
상태 17, 44
　고태적— 380
　무의식적— 44, 73, 93, 260
　본능적— 45
　정감적— 345
　정신적— 17, 367

새 52, 88
샘 282, 286, 287
생리학Physiologie 27, 32, 135, 166, 240, 259
생명력 110, 128, 235, 238, 243, 251, 256, 333
생명현상 34, 38, 90
생물학Biologie 135, 387
생식 260
석관石棺Sarkophag(원형) 194, 277
섬망Delirium 146, 231, 234
성 불능증Impotenz 198
성상파괴 운동 110
성서 221, 274, 316, 404
성욕Sexualität 205, 235
성인(자)聖人(者) 50, 179, 249, 258
세계 124, 211, 232, 254
　마술적— 300
　—질서 105
세계관 78, 101, 109, 166, 208, 225, 226
세계상世界像 26, 34, 35, 78, 79, 91, 92, 166, 169, 227, 365, 372
세계수世界樹Weltbaum 228, 300, 301, 304, 312, 314, 315, 318
세계혼Weltseele 48, 49, 53
세례 129, 153, 182, 393
세멜레Semele 224, 225
세 번째(그리고 네 번째) 212, 293, 295, 302, 367, 372
세트Seth 288

소년 237, 238, 245, 259, 275, 279, 280, 282, 289, 292, 294, 314, 316
소심증 242
소인素因Disposition 17, 20, 190
　정신적— 17, 191
소피아Sophia 116, 177, 223
수數 95
수소폭탄 225
수은水銀 381
숙명(운명) 102, 135, 156, 213, 246, 308
숫양 286, 369
숲 294, 296, 297
　—의 여인 127
　—의 왕 283, 292
스바스티카Swastika 157
스승(선생) 143, 321, 400
시간Zeit 55, 92, 93, 260, 306, 328, 339, 359, 364, 367, 369, 372
시어머니 194
신神Gott 25, 68, 181, 182, 266, 270, 387
　밤의— 117
　—상像 313, 315
　—어머니 153
　—인神人 308
　—의 눈 53, 54
　—의 생각 272
　—의 신부新婦 314
　—의 아들 225

─의 의지 80, 278
─의 정의 25
─의 짝Syzygie 172, 177, 178, 180~183, 223
─의 체험 108, 405
신격神格 105, 110, 118, 162, 177, 207, 219, 220, 229, 287, 298
신경계 120, 145
신경증(정신신경증)(노이로제 Neurose) 35, 146, 156, 166, 167, 182, 183, 196, 198, 221, 328, 329, 337
  유아기─ 196
  키르케고르식─ 105
  ─의 심리학 43, 166, 168
  ─의 원인 196
  ─의 치료 353
  ─의 치유 148
신랑과 신부sponsus et sponsa 317, 318
신비Mysterium(비의) 24, 48, 101, 102, 147, 153, 162, 259, 393
신비적 참여participation mystique 217
신비주의 19, 87, 106, 151
신생아 129, 179, 190, 207, 260
신성혼神聖婚Hieros gamos 258, 259, 292
신체Physis 254, 258
신체정신Körperpsyche 33
신탁神託 368

신학神學 16, 76, 221, 222
신현神顯Offenbarung 162
신화Mythos 21, 64, 101~103, 152, 167, 216, 230~236, 239, 244, 250, 262, 278, 309, 324, 325
신화소神話素Mythologem 52, 74, 89, 231, 262, 318, 357
신화학 160, 161, 168, 229
  원시─ 172
실존주의 174
실체 26, 265~267, 270, 274
  심혼적─ 272
  하나의─ 270
심리만능주의Psychologismus 190
심리학 14~17, 21~23, 74, 76, 77, 84, 88, 89, 92, 94, 95, 135, 150, 151, 165, 171, 182, 226, 259, 262, 325, 376
  가족─ 175
  경험─ 18, 190
  남성─ 195, 200
  신경증의─ 43
  의학(적)─ 16, 17, 150, 166, 253
  콤플렉스─ 78, 87, 147
  현대─ 134, 233
  ─과 신학 16
  ─적 사실 251
심장 106, 107, 126
심적心的 사실 64, 398
심적心的인 것 170

심혼Seele 22, 24, 37, 128~130,
　　167~169, 211, 232, 305
　고유의— 239
　나쁜— 129
　무의식적— 102, 376
　—의 긴장 115
　—의 보이지 않는 사상 104
　—의 어두운 밤 87
　—의 정의 22
　—의 집단화 83
　—의 토대 230, 263
십자가 195, 300, 301, 343

ㅇ

아니마Anima 128, 130~137, 140,
　　167, 183~185, 195, 304, 307,
　　310~312
　—신화 146
　—투사 202
　—의 개념 134, 165, 168, 405
아니무스Animus 134, 209, 259,
　　268, 275, 292, 310, 313, 389
아담Adam 129
아들 107, 118, 133, 141, 177, 198,
　　199, 225, 291, 316
아르고스Argos 54
아름다운 것 131, 139, 349
아우로라 콘수르겐스Aurora
　　consurgens(떠오르는 새벽빛) 47
아테네Athene 154
아트만Atman 252, 285

아티스타athîsta 68
아폴론Apollon 403
악惡 219, 291
악어 238
악인惡人 292
알코올Alkohol 268
암말 287, 310, 313, 406
암시Suggestion 44, 82, 117, 141,
　　236, 292, 314, 336, 338, 348
암흑 50, 133, 195, 288, 298, 300,
　　305, 381
야훼Jahwe 54, 219
　—와 사탄 274
약수 109
양성자兩性者Hermaphroditus 181
양자養子 153
어둠 49, 52, 60, 87, 141, 143, 195,
　　208, 216, 219, 220, 225, 247,
　　250, 253, 298, 313, 356
어린 시절(소아기)Kindheit 179,
　　181, 198, 240, 245, 335
어린이(아이)Kind 179, 180, 194,
　　196, 229, 398
　영원한— 261
　—신격神格 229
　—원형 229
　—주제 236~245, 398
　—의 버림받음 247
억압 30, 31, 36, 79, 99, 173, 179
언어 26, 66, 87, 113, 137~139, 152,
　　192, 239, 268, 294

고태적— 262
　　헤겔식— 26
에난치오드로미Enantiodromie 79,
　　145, 276, 292, 404
에너지 28, 30, 31, 38, 39, 57, 65,
　　79, 86, 91, 95, 96, 176, 197,
　　208, 217, 227, 285, 326, 330,
　　339, 342, 345, 355, 364, 385
　　정신적— 64, 71
에로스Eros 199~210
　　유아적— 335
　　—와 권력 201
에스Es(이드id) 387
엔텔레키(원만실현)Entelechie 32,
　　244, 246
엔트로피Entropie 37
엘곤족Elgonyi 68
여성성 130, 178, 199~201, 210,
　　213, 215, 304
　　—의 비대 200
여신Göttin 133, 134, 154, 187, 194,
　　218
역경易經(주역周易 I Ging) 368, 401
연금술Alchemie 47~53, 109, 145,
　　148, 211, 227, 252, 275, 298,
　　310, 318
연금술의 일련의 그림들 145
연상Assoziation 33, 36, 43, 339, 345
　　자유— 159, 326, 346, 351
　　종교적— 173
열등감 203, 204, 264, 294, 349

열정 71, 130, 140, 220, 225, 337
염소 194
영리한 한스 377
영웅Held(Heros) 72, 102, 245~247,
　　252, 263, 314, 393
영웅 신화 71, 263
영원한 소년 223, 237
영혼 사냥꾼 302
영혼의 인도자Psychopompos 133,
　　143
예감 104, 105, 112, 145, 248, 249,
　　261, 355
예견豫見Antizipation 260
예수Jesus 49, 107, 301, 317
　　아기— 236, 249, 393
예술(가) 25, 48, 50, 52, 155, 158,
　　185, 349, 351
예시豫示 32
예언 52, 156, 369
오류 74, 206, 207, 320, 345, 349
오성悟性Verstand 14, 24, 41, 59, 64,
　　77, 92, 136, 151, 188, 205, 206,
　　216, 267, 270, 309, 320, 351,
　　381
　　철학적— 25
오시리스Osiris 288, 405
왕(꿈, 민담) 113, 139, 140, 235,
　　277, 282, 291, 314, 316, 344
　　늙은— 140, 287
　　—의 딸 127, 284, 295
　　—의 아들 238, 275

왕국 67, 282, 297, 313
왕자(민담) 140, 282, 297, 313, 314, 316~318
외상外傷 196
외향Extraversion 303
요가 145
요니Yoni 194
요소(요인)
  심혼적— 29
  정신적— 17, 78, 81, 83, 125, 184, 329, 365
요정Nixe 127, 128, 131, 153, 283, 284, 303, 389, 406
용기(그릇)(원형) 238
우라니아Urania 223
우로보로스Uroboros 55, 72
우연 94, 163, 359~365, 371
우울 128, 345
우정 200
우주Kosmos 23, 24, 55, 56, 136, 200, 217, 253, 255
우주혼Allseele 48, 380
운명의 여신 194
원상原像Urbilder 138, 183, 188, 192, 208, 231, 258, 274, 301, 318, 393
  기독교적— 301
원숭이 238
원시성 71
원시인 23, 102, 103, 123, 128, 129, 132, 138, 217, 232, 239, 247, 250, 253, 261, 269, 272, 294, 328
  —심리학 150, 168, 235
  —의식意識 234
  —의 정신상태 231
원열 138
원인 79, 117, 157, 196, 319, 365
원인론Ätiologie 152
원자(핵)Atom 74, 77, 91, 169, 285
원자폭탄 83
원죄peccatum originale 80, 211, 294
원천源泉 109, 144, 158, 159, 208, 212, 214, 250, 275, 340
원초적
  —경험 104, 261
  —사고 150, 192
  —심혼Urseele 377
  —인간 55, 56
  —존재 393
  —집단-환상 175
원형原型Archetypus 20, 48~50, 52, 62~64, 67, 68, 70~73, 75, 88, 93, 100~102, 134, 144, 148, 151, 155, 156, 158, 176, 187, 193, 207, 217, 231, 232, 235, 239, 256, 262, 276, 281, 283, 285, 292, 306, 385, 387
  신화로서의, 신화학적— 180, 234
  의미의— 137, 144
  —과 본능 64

—의 개념 187, 192
　　—의 기능 241
　　—의 성질 72, 75
　　—의 역동성 217
　　—적 구조 234
유령 28, 63, 194, 196, 236, 268, 269
유신론 175
유아성Infantilismus 263
유아적 환상 153, 335
유인원類人猿 269
유일신교 219
유형Typen 183, 184, 202, 204, 209, 214, 231, 234, 245, 395
융합coniunctio 56, 181, 226, 257~259
음陰Yin 119, 172, 213, 227
의도 261, 301, 342
　　의식적— 172
의례儀禮(제식祭式, 의식) 110, 112, 123, 147, 249
의미상의 일치 359, 362~368, 371~373
의미 충족 63
의붓딸 286, 287
의붓어머니 393
의사 155, 168, 173, 174, 331, 334, 353, 354, 357, 404
　　—와 환자 77, 334, 354
의식Bewußtsein 34, 46, 47, 57, 59, 65, 69, 120, 123, 127, 134, 147, 165, 211, 232, 236, 248, 251, 293, 328, 350, 378
　　남성적— 258
　　보다 높은— 215, 250
　　사회적— 78
　　수동적— 62
　　이차적— 30
　　조각난— 380
　　주관적— 79, 81, 91
　　집단적— 78~82
　　—과정 19, 29, 41, 45, 91, 260, 342
　　—능력 69
　　—상태 44, 46, 234, 318, 379, 380
　　—현상 23, 28, 56, 146, 271
　　—과 무의식 41, 69, 218, 244, 259, 328, 329, 334, 348, 380, 386
　　—과 현상계 91
　　—의 내용 21, 30, 35, 43, 45, 57, 62, 69, 76, 78, 89, 91, 92, 150, 171, 173, 230, 242, 328, 339, 386
　　—의 문턱(식역) 17, 18, 27, 28, 30, 36, 93, 326, 329
　　—의 분리 243, 334
　　—의 분화 236
　　—의 뿌리 239, 375, 387
　　—의 상승 304
　　—의 일방성 334, 350

—의 전체성 45, 299
—의 정향성定向性 342
—의 체험 29
—의 통합 78
의식성Bewußtheit 28, 30, 36, 40, 45,
 57, 82, 84, 92, 123, 138, 146,
 151, 178, 210~212, 215, 247,
 250
 보다 높은— 215, 250
의식화Bewußtwerdung 30, 31, 35,
 36, 43, 69, 84, 87, 146, 151,
 159, 173, 174, 208, 211, 212,
 238, 247, 258, 304, 309, 386
 보다 높은— 304
의지Wille 39, 40
 의식적— 281
 —행위 27, 29, 30, 41
 —의 자유 15
이념理念(관념)Idee 48, 84, 105,
 138, 187, 188, 192, 208
 사회적— 113
 원형적— 256
 종교적— 174~176
이마고Imago 50, 100
이상理想 243
이성異性 198
이성理性 51, 111, 320
 —의 한계 25
이시스Isis 147, 162, 209, 224
이중모성 155
이중부모 153

이중의식double conscience,
 Doppelbewußtsein 19
이중인격double personnality 43
이중출생 393
익명 67
인간(개인)Person의 심리학 151,
 243, 244, 248
인간(사람)
 '가장 추악한'— 343
 경험적— 84
 내면적— 324
 문명된— 230, 342, 343, 352
 영적— 129
 원시적—(원시인) 46, 102, 103,
  123, 128, 129, 132, 138, 217,
  232, 239, 247, 250, 253, 261,
  269, 272, 294, 328
 원초적— 55, 56, 393
 정신적— 84, 129, 325
 종교적— 66
 중세의— 80
 —과 동물 319
 —의 본능, 본능 유형 20
 —의 생명력 235
 —의 심혼 102
 —의 자유 321
 —의 전체성 257, 319
인격Persönlichkeit 30, 44, 66, 85,
 121, 144, 221, 234, 243~245,
 257, 261, 264, 275, 280, 281,
 292, 349, 351, 353

경험적— 46
고유의— 190, 199, 201, 203, 210
남성적— 210
무의식적— 85, 257
　—의 단일성 221, 234
　—의 의식성 210
　—의 중심 264
　—의 통합 66
　—의 합성 245
　—의 해리(분리) 46, 56
인과관계(점성학적) 368
인과론 373
인과 법칙 364
인도India 90, 95, 105, 195, 223, 229, 252, 276
인류 83, 87, 118, 122~124, 141, 225, 241, 242, 322, 337
인상환기Ekphorie 33
인식Erkennen 24, 27, 226, 330
　—구조 189
　—대상 24
　—비판 25, 217
　—이론 24
　—행위 147
　—의 일방성 251, 334
　—의 초월적 주체 253
임신(잉태) 205
입김 117, 129, 268~271
입장(태도)Einstellung
　경험적— 166

내성적— 90
새로운— 334
의식의— 248
정신적— 67

ㅈ
자가 조절 342
자궁 153, 194, 205
자극Reiz 28, 61, 211, 215, 323, 356, 379
자기Selbst 86, 87, 123, 148, 244, 246, 252, 257, 292, 401
　—실현 86, 249, 251, 257
　—의 상징 49, 56, 148, 253, 254, 257, 263
　—의 합성 244
자기성찰 88, 281
자기실현 86, 249, 251, 257
자기인식 81, 321, 325, 331
자기 자신과의 만남 121, 122
자기 주장 151
자기화自己化 87
자기희생 201
자동 기술 348
자동증Automatismus 43, 44
자발성 128, 130, 232, 271, 303
자아Ich 45, 80, 85, 218, 245, 352, 355
　두 번째— 46
　무의식적— 45
　의식적— 42, 43, 45, 46

첫 번째— 43
—변화 85
—의식 30, 31, 34, 46, 47, 70, 78, 84, 86, 138, 218, 289, 294
—인격 85
—콤플렉스 46, 47, 85
—와 자기 87, 385
—의 의식화 87
—의 입장 354
—의 팽창 82, 263
자연Natur 211, 270
—과학 16, 24, 41, 64, 76, 84, 99, 167, 169, 225, 227, 265, 365, 372
—법칙 37, 77, 368, 371
—인식 23, 103
—철학 16, 153, 169, 189, 223, 255, 259
—의 질서 78
—의 힘 53, 237
자연의 빛lumen naturae 49~52, 381, 382
자연의 어머니mater naturae 207
자웅동체Androgynie 196, 237, 255, 256, 259, 264
자유 39, 40, 81, 119, 355
창조적— 190
자율성Autonomie 16, 134, 146, 271, 272, 274, 319
작용(효력) 21, 35, 58, 59, 69, 71, 73, 75, 80, 91, 119, 134, 171, 198, 280, 321, 346
작은 요정妖精 237, 284
잠재기억Kryptomnesie 152
잠재력 32, 80, 243, 244, 299
장해 35, 45, 85, 212
재현 336
적응Anpassung 44, 69, 328, 332, 333, 345
—기능 32
전부 아니면 전무의 반응all-or-none reaction 38
전설Sagen 195, 204, 218, 250, 294
전이轉移Übertragung 173, 183, 197, 334, 335, 364
전쟁 83, 124, 156, 321
전제前提 15~17, 32, 88, 144, 166~168, 188~190, 197, 230, 231, 242, 269, 270, 299, 310, 329, 355~357
개인적— 190
심리학적— 190
전체성Ganzheit 31, 45, 47, 57, 81, 86, 244, 246, 248, 251, 256, 257, 261, 298, 299, 302, 306, 307, 319, 333, 355, 357, 385
무의식적— 57, 81, 257
심적— 260
의식적— 45
—의 상징 244, 298, 299
—의 잠재력 244
전통 61, 169, 192, 242, 337, 369

절망 216, 325
젊은이 145, 185, 291, 294~297, 301, 305, 404
점복Mantik 367, 371
점성학Astrologie, Horoskop 368, 369
정감Affekt 27, 47, 100, 123, 184, 211, 345, 346, 353, 355
정감성Affektivität 365
정동Emotion 156, 184, 211, 212, 268
정동성Emotionalität 178, 350
정상인 180, 245, 329, 347
정서Gemüt 267
정수Quintessenz 88, 268
정신
  개인적— 100
  경험적— 95
  무의식적— 24, 27, 36, 45, 158, 231, 233, 248, 253, 317
  민담 속의— 278
  어두운— 116, 319
  어린이의— 196
  원시적— 255
  의식적— 18
  주관적— 271
  —내용 27, 28, 42, 93, 171
  —과 물질 74, 76, 226, 227, 272
  —과 의식 57
  —과 자연 269
  —과 충동 40, 65
  —의 개념 22, 270, 273
  —의 고유성 254
  —의 구성Anlage der 230
  —의 구조 217, 404
  —의 균형 83
  —의 본질(체) 13, 74, 75, 95, 96
  —의 심층 254
  —의 원형 306
  —의 전체성 31
  —의 해리성 29
정신력 69, 280
정신물리학Psychophysik 165
정신병리(학)Psychopathologie 16, 30, 46, 85, 87, 199, 220, 230, 238, 254, 393
정신분석Psychoanalyse 181, 196, 332
정신분열증(조현병)Schizophrenie 43, 160, 180, 245, 326, 353
정신양精神樣 Psychoid 32~34, 40~42, 45, 72~76, 377
정신요법(치료)Psychotherapie 151
정신의학Psychiatrie 17, 29
정신적 인간 84, 129, 325
정신적인 것Psychische, das 17, 34, 36, 38, 39, 42, 57, 73, 75, 77, 84, 95, 165, 170, 171, 217, 227, 261, 269
  —의 정의 34
정신적인 체질 157
정신적 형식 89, 158
정신치료자 47, 171, 178, 181, 254,

정원(뜰) 140, 141, 194
정치 67, 80
제3의 것 60, 235, 248, 250, 253, 355
제신諸神Götter 161, 172
조상 68, 113, 114, 147, 194, 233
조절(자) 61, 62, 140, 342~345, 386
종교Religion 64, 82, 233, 273
  고태적— 156
  —사史 174, 187
  —의 창시자 174
  —학 76, 150, 168
종족 101, 103, 191, 233, 245
  —의 가르침 231
주관성Subjektivität 93, 103, 120
주의력 234, 340, 342, 347, 379
주제Motive 150, 231
  신화적— 61, 148, 152, 155, 171, 230
  원형적— 156, 238
주체Subjekt 14, 19, 20, 24, 29~31, 34, 40, 57, 63, 85, 92, 99, 103, 123, 138, 172, 181, 223, 229, 252, 253, 297, 340, 349~351
  관찰하는— 92
  무의식적— 20
  행동하는— 99
  —와 객체 252, 253
주특성(주상)Dominanten 62, 78
죽은 자의 혼령(유령) 216, 268, 269

죽음 115, 122, 128, 194, 198, 211, 220, 225, 260, 270, 355
중국 90, 105, 145, 171, 172, 271, 368
중년 186
중세 16, 25, 55, 80~82, 133, 224, 237, 255, 258, 318, 320, 324
중심 56, 73
중심잡기(중심화中心化)Zentrierung 60, 67
증류기 366
증상Symptom 31, 35, 94, 184
심인성— 35
임상적— 94
  —행위 340
지각Wahrnehmung 27, 34, 49, 102, 120, 130, 138, 151, 269, 272, 377
주관적— 91
지성Intellekt 114, 115, 168, 189, 208, 233, 235, 267, 270, 357
과학적— 235
비과학적— 233
철학적— 22
지옥 129, 130, 206, 214, 219
지하계 119, 195, 225, 238, 305
지혜Weisheit 135, 140, 143, 153, 194, 218, 220, 223, 224, 283, 286, 294, 299, 338, 402
진리 24, 50, 78, 80, 136, 142, 183, 215, 241

절대적— 235
진보 220, 256, 320, 325
질료Stoff 178, 192, 254, 262, 270, 351
질서 60, 66, 78, 136, 270, 320
집단의식 64, 313
집단적 가치 350
집단표상représentations collectives 101, 123, 148, 150, 153, 157, 174~176
집단화 83, 254
집중 36, 69, 158, 234, 280, 331
징후 93, 227, 276, 328
징후적symptomatisch 31

ㅊ
착각Illusion 23, 47, 66, 174~176, 215
착상Einfall 59, 61, 121, 184, 273, 336, 338, 340, 350~352
참여 197, 218
창조주 83
천국(낙원) 175, 277, 301, 305
천문학 50
천사天使 116, 133, 148, 274, 303, 308
　빛의— 133, 303
　좋은— 148
철학
　그노시스— 255
　도교— 105

독일— 25, 26
연금술— 392
중국— 90, 171, 172, 227
힌두— 142
초세계 270
초인 25, 86, 220
초인격 203
초자아Über-Ich 387
초자연 245, 246
초정신Übergeist 270
추상화Abstraktion 61
충동Trieb 29, 35~41, 44, 57~59, 64~66, 69~72, 76, 78, 83, 102, 120, 130, 135, 226, 343, 378
　—과정 65, 66, 336
　—억제 69
　—위축 343
　—의 역동 70
　—의 의미 38, 59
치유력 138

ㅋ
카무테프Kamutef 310
칼리Kali 195, 216, 219
콤플렉스Komplex 18, 29, 35, 43, 44, 70, 76, 154, 346
쿤달리니 요가Kundaliniyoga 183
크로노스Chronos 54, 383
키벨레-아티스Kybele-Attis 유형 194, 198

ㅌ
타로Tarot 145
타마스tamas 195
타오스푸에블로Taospueblo 124, 147
탈신화脫神化 182
탈신화화脫神話化 222
태양 49, 50, 54, 56, 67, 68, 102,
　　124, 161, 162, 191, 210, 235,
　　286, 300, 368, 369, 371, 381
태양신 147, 162
태양의 아들 147
태양의 음경 160
텔레파시 93, 363, 367, 386
토끼 88, 194
토트Thoth 144
통각統覺Apperzeption 27, 31, 91,
　　176, 179, 180
통찰Einsicht 65, 136, 175, 189, 276,
　　280, 335, 338, 353
통합Integration 60, 66, 78, 84, 85,
　　320, 351
투사投射Projektion 52, 65, 102,
　　121, 127, 128, 133, 154, 169,
　　171~178, 185, 197, 199, 202,
　　204, 212, 216, 247, 249, 259,
　　261, 392, 395
　신화적― 249
티마이오스Timaios 298, 300, 309

ㅍ
파드마Padma 194

파라오Pharao 153, 310
파우스트Faust 70, 133, 237, 259,
　　298, 355
판Pan 117
판단 145, 330
　비판적― 282
　지적知的― 145
팽창Inflation 25, 82, 263, 350
페르세포네Persephone 194, 204
페르조나Persona 121, 241
편견 88, 144, 167, 330, 332
평화 23, 124
폭발점bursting point 30, 69
표명 216, 233, 265, 275, 324
표상表象(관념) 19~21, 27, 28, 46,
　　72~76, 88, 110, 122, 175, 180,
　　192, 198, 255, 260, 376, 387,
　　391
　상속된― 180
　상징적― 47
　선천적― 88
　종교적― 231
푸루샤puruṣa 55, 56, 195
프네우마Pneuma 116, 117, 154,
　　162, 226, 268
프라크리티prakṛti 195
프로세르피나Proserpina 224
플라톤의 동굴 385
플레로마Pleroma 123
플루토Pluto 204
피리 117, 401

ㅎ
하나인 것das Eine 51, 267
하늘 49, 52, 54, 56, 107, 124, 125,
　130, 138, 172, 175, 177, 188,
　225, 226, 228, 274, 282, 382,
　385
하늘 나라 141
하늘의 여왕 132, 177, 220
하늘의 예루살렘 130
하下의식 34, 43, 44, 118, 304, 377,
　378
할머니 152, 194, 218, 393
할아버지 218, 276
함입(투입)Introjektion 128
합리적 관계 309
합리주의Rationalismus 207, 217,
　225, 366
합성Synthese 62, 69, 147, 244~246,
　264
해리Dissoziation 29, 39, 44, 46, 56,
　147, 221, 240, 241, 245, 342
　신경증적— 85, 263
　정신분열성— 380
해리성Dissoziabilität 29, 147
해명 183, 335, 357
해방(해방자) 38, 142, 211, 212,
　316, 392
해석Deutung 65, 234, 239, 335, 339
해와 달의 융합 258
핵물리학Atomphysik 97, 184
핵분열 77

핵폭탄 81
행동유형pattern of behaviour 58, 63,
　388
행위 41, 45, 68, 147, 191, 211, 225,
　247, 259, 263, 264, 280, 294,
　316, 319, 330, 340
헤라클레스Herakles 153, 247, 252
헤르메스Hermes 223, 260, 289
헤카테Hekate 216
헬레나Helena 132, 135
현상
　원형적— 75, 240
　정신적— 75, 96
현상계 73, 90, 91, 93
현상학Phänomenologie 75, 78, 88,
　165~168, 171, 175, 266
　종교적— 71
현자賢者의 돌lapis philosophorum 170
현자의 원형 285
현존Präsenz 207, 269, 270
형이상학Metaphysik 131, 170, 171,
　182, 189, 230, 259
호세아Hosea 257
혼돈Chaos 48, 107, 135, 136, 141
화학 170, 254, 318
확충擴充Amplification 43, 62, 107,
　309
환각Halluzination 400
환경 82, 121, 191, 246, 270, 379
환상幻想Phantasie 27, 35, 56, 59,
　106~108, 159, 162, 177, 178,

253, 254, 340, 392~394
성애性愛적erotische— 335, 337
성적性的— 128, 174
시각적— 47
유아적— 153
자유로운— 345
정신병적— 231
창조적— 191
—상像 179, 183, 233
환상적인 것 176
환원Reduktion 62, 207, 320, 335
환자 59~61, 77, 146, 148, 155,
　　159, 160, 173, 238, 331~340,
　　345~347, 354, 357, 360
　　—의 저항 175
　　—의 착상 336, 338
황금시대 69, 147
황금의 덩어리 56
황금의 알 253
황금의 풍뎅이 366
황도12궁 54, 368
황제 80
황홀경Trance 106
회상 280
흑인 112

융 기본 저작집 총 목차

제1권 정신 요법의 기본 문제

실제 정신치료의 기본 원칙
정신치료의 목표
정신치료와 세계관
정신치료의 현재
정신치료의 기본 문제
제반응의 치료적 가치
꿈 분석의 실용성
꿈의 심리학에 관한 일반적 관점
꿈의 특성에 관하여
콤플렉스 학설의 개요
심리학적 유형에 관한 개설
정신분열증

―

제2권 원형과 무의식

정신의 본질에 관한 이론적 고찰
집단적 무의식의 원형에 관하여
집단적 무의식의 개념
아니마 개념을 중심으로 본 원형에 대하여
모성 원형의 심리학적 측면
어린이 원형의 심리학에 대하여
민담에 나타난 정신 현상에 관하여
초월적 기능
동시성에 관하여

―

제3권 인격과 전이

자아와 무의식의 관계
제1부 의식에 대한 무의식의 작용
개인적 무의식과 집단적 무의식
무의식의 동화에 뒤따르는 현상들
집단정신의 한 단면으로서의 페르조나
집단정신으로부터 개성을 해방하기 위한 여러 가지 시도
제2부 개성화
무의식의 기능
아니마와 아니무스
자아와 무의식의 형상들 사이를 구분하는 기법
마나-인격
전이의 심리학
연금술서『현자의 장미원』의 일련의 그림들

―

제4권 인간의 상과 신의 상

심리학과 종교
무의식의 자율성
도그마와 자연적 상징
자연적 상징의 역사와 심리학
미사에서의 변환의 상징
서론
변환의식의 개별 단계
변환 신비의 유례
미사의 심리학
욥에의 응답

제5권 꿈에 나타난 개성화 과정의 상징

연금술의 종교 심리학적 문제 서론
꿈에 나타난 개성화 과정의 상징
서론
최초의 꿈
만다라의 상징성

제6권 연금술에서 본 구원의 관념

연금술의 기본 개념
연금술 작업의 정신적 특성
작업
원질료
라피스-그리스도-유례
종교사적 틀에서 본 연금술의 상징

제7권 상징과 리비도

사고의 두 가지 양식에 관하여
과거사
창조주의 찬가
나방의 노래
리비도의 개념에 대하여
리비도의 변환
부록: 프랭크 밀러의 원문

제8권 영웅과 어머니 원형

영웅의 기원
어머니와 재탄생의 상징들
어머니로부터 해방되기 위한 투쟁
이중의 어머니
희생
부록: 프랭크 밀러의 원문

제9권 인간과 문화

인격의 형성
유럽의 여성
심리학적 관계로서의 결혼
생의 전환기
심혼과 죽음
심리학적 관점에서 본 양심
분석심리학에서의 선과 악
심리학과 시문학
꿈꾸는 세계 인도
인도가 우리에게 가르쳐줄 수 있는 것
동양적 명상의 심리학에 관하여
『역경』서문
초시모스의 환상
의사로서의 파라켈수스
지그문트 프로이트

번역위원 소개

번역 및 감수: 이부영 李符永

서울대 의대 및 동 대학원을 졸업했다. 의학박사, 신경정신과 전문의, 융학파 분석가, 국제분석심리학회(IAAP) 정회원, 서울대 의대 명예교수이다. 스위스 취리히 C.G. 융 연구소를 수료하고(1966), 동 연구소 강사를 역임했다(1966~1967, 1972). 독일, 스위스의 여러 정신병원에서 근무했다. 서울대 의대 교수(1969~1997), 미국 하와이 동서센터 연구원(1971~1972, '문화와 정신건강' 연구), 서울대 의대 정신과 주임교수 및 서울대병원 신경정신과 과장 등을 역임했다. 뉴욕 유니온 신학대학원 '종교와 정신의학' 강좌 석좌교수(1996)를 지냈고, 한국분석심리학회, 한국융분석가협회(KAJA) 창립회장 및 각종 국내외 학회 회장 및 임원을 역임했다. 서울대 정년퇴임(1997) 뒤 한국융연구원을 설립, 현재 동 연구원 원장으로 후진을 양성하고 있다. 한국융연구원 C. G. 융 저작 번역위원회 대표로 이 기본 저작집의 일부 번역과 전체 감수를 맡고 있다.

주요 저서로는 『분석심리학 ─ C. G. Jung의 인간심성론』(1978), 개정증보판(1998), 제3판(2011), 『한국민담의 심층분석』(1995), 분석심리학의 탐구 3부작: ① 그림자(1999); ② 아니마와 아니무스(2001); ③ 자기와 자기실현(2002), 『한국의 샤머니즘과 분석심리학』(2012), 『노자와 융』(2012); 『괴테와 융, 파우스트의 분석심리학적 이해』(2020), 『동양의학 연구』(2021), 역서로는 융의 『현대의 신화』(1981), 『인간과 상징』(공역, 1995), 야훼(엮음)의 『C. G. 융의 회상, 꿈, 그리고 사상』(1989), 마리 루이제 폰 프란츠, 『C. G. 융 우리시대 그의 신화』(2016)를 위시해 폰 프란츠의 『민담의 심리학적 해석』(2018), 『민담 속의 그림자와 악』(공역, 2021) 등이 있다.

분석심리학, 문화정신의학, 정신병리학, 정신의학사 관련 논문 220여 편이 있다.

번역: 한오수韓五洙

서울대 의대 및 동 대학원을 졸업했으며 의학박사이다. 서울대 의대 부속 병원에서 수련, 신경정신과 전문의이다. 취리히 C. G. 융 연구소에서 수학했고(1978~1984), 독일 리피쉐 신경정신과 병원에서 근무했다(1982~1984). 국제분석심리학회(IAAP) 정회원이며, 한국정신병리·진단분류학회장, 울산의대 서울중앙병원 정신과 과장, 정신과학교실 주임교수 등을 역임했다. 현재 울산의대 명예교수이다. 한국분석심리학회, 임상예술학회 회장을 역임했으며, 현재 한국융연구원 상임고문으로 있다.

K. 슈나이더,『임상정신병리학』(공역, 1996), 마리안느 쉬스,『사랑에 대하여 — 사랑에 대한 칼 융의 아포리즘』(2007), 마리-루이제 폰 프란츠,『꿈과 죽음』(2017) 등의 역서가 있고, 한국융연구원 M.-L.폰 프란츠 저작번역위원회 위원장을 맡고 있다.

번역: 이유경李裕璟

홍익대학교 대학원 미학과 석·박사과정 졸업했으며 「신화의 형성과 해석에 관한 분석심리학적 연구」로 철학박사 학위를 받았다. 스위스 취리히대학에서 철학, 민속학, 심리학을 공부했으며, 스위스 취리히 C. G. Jung 연구소를 졸업하여 국제융학파 분석가 자격을 취득했다(1995). 국제분석심리학회(IAAP) 정회원, 스위스 융 연구소 졸업자 분석가 협회(AGAP) 정회원, 한국융 분석가 협회(KAJA) 정회원이며 현재 분석심리학연구소 대표이다.

논문으로는 「서양 연금술의 분석심리학적 의미」(1996), 「서양 중세 연금술에서의 안트로포스」(1998), 「프로이드 미학」(1999), 「신화의 심층심리학적 이해 및 해석」(2000), 「중국 연금술의 분석심리학적 이해」(2000), 「'이시스-오시리스' 신화의 분석심리학적 해석」(2002), 「분석심리학적 신화 읽기」(2003), 「민담 '손 없는 색시'를 통한 여성 심리의 이해」(2006), 「천도교 교조 수운 최제우의 원형적 체험과 치유적 수용에 관하여」(2008), 「적극적 명상」(2012), 「영성과 무아」(2013), 「Woman in Korean Fairytale "Chun Hyang"」(2016) 등이 있다. 저서로는『원형과 신화』(2008),『한국 민담의 여성상』(2018)이 있으며, 역서로는 C. G. 융 기본저작집『연금술에서 본 구원의 관념』(제6권),『영웅과 어머니 원형』(제8권),『융심리학적 그림해석』(2008),『융심리학적 모래놀이치료』(2009),『의식의 기원사』(2010),『민담에 나타난 모성상』(2012), 『황금꽃의 비밀』(2014)이 있다.

감수(라틴어, 그리스어): 변규용卞圭龍

연세대학교 상경대학 경제학과를 졸업(1951)하고 서울대학교 대학원에서 철학연구(1960), 프랑스 툴루즈Toulouse 대학, 파리Paris 가톨릭대학, 파리 제10대학에서 각각 철학박사(1970), 신학박사(1973), 파리 제1대학 법과대학 경제학 박사과정 수료(1974), 문학박사(1980) 학위를 취득했고 파리 제10대학 비교사상연구소 촉탁교수(1971~78), CNRS(프랑스 국립과학연구소) 연구원(1973~77)을 역임했다. 귀국 후 한국교원대학교 인문학부 교수(1984~97), 서강대학교 국제대학원 교수(1997~2000)를 지냈다. 저서 및 역서로는 TAO ET LOGOS(전 3권, 1970, Toulouse) PERE ET FILS(전 3권, 1973, Paris)등이 있고, Hermeneutique du Tao(전 2권, Paris), Les cent fleurs du Tao(1991, Paris)등이 있고, 주요 역서로서는 『Herakleitos 단편집』(희랍어), 『希拉立德之海光鱗片』(중국어역, Paris, 1973), 『孝經』(불어역 UNESCO, 1976), 『道德經』(불어역, Paris, 1980), C. Lévi-Strauss의 『강의록』(정신문화연구원, 1984), J. Mesnard의 『파스칼』(한국학술진흥연구원, 1997) 등이 있다.

프랑스학술원 학술공로 훈장 (1984), 대한민국 국가유공자 서훈 (2008).

연보 편자: 이철李哲

서울의대 및 서울대 대학원 졸업, 의학박사(1967~1982). 서울의대부속병원 신경정신과 수련(1974~1978), 신경정신과 전문의(1978). 스위스 취리히 C. G. 융연구소 수학(1982~1985). 울산의대 정신의학 교수, 명예교수(1989~). 한국분석심리학회장(1995~1997), 한국융연구원 평의원, 감사 역임. 서울아산병원 교육부원장(1996~2002), 울산대학교 총장(2011~2015), 국립정신건강센터장(2016~2019). 논문 「한국 대학생에 대한 연상검사의 예비적 연구」(1976) 등, 정신의학분야 논문 다수. 번역서로 이부영, 우종인, 이철 공역, 『WHO(1992) ICD-10 정신 및 행태장애 — 임상기술과 진단지침』(1994)이 있다.

융 기본 저작집 2
원형과 무의식

1판 1쇄 인쇄	2001년 7월 10일
개정판 2쇄 발행	2025년 9월 17일

지은이	C. G. 융
옮긴이	한국융연구원 C. G. 융 저작 번역위원회
펴낸이	임양묵
펴낸곳	솔출판사

총괄이사	박윤호
편집	임윤영 김민석
마케팅	한의연
경영관리	백승은

주소	서울시 마포구 와우산로29가길 80(서교동)
전화	02-332-1526
팩스	02-332-1529
블로그	blog.naver.com/sol_book
이메일	solbook@solbook.co.kr
출판등록	1990년 9월 15일 제10-420호

ⓒ 솔출판사, 2002

ISBN	979-11-6020-194-9 (94180)
ISBN	979-11-6020-192-5 (세트)

· 잘못된 책은 구입한 곳에서 바꿔드립니다.
· 책값은 뒤표지에 표시되어 있습니다.